제2판

MG새마을금고 선거론

신우용

박영사

자유롭고 정의로운 선거를 위하여

개정판을 발간하며

2021년 이후 새마을금고법은 마치 입법자의 실험장과 같았다. 2021년 10월 19일 개정에 따라 금고 이사장선거의 직선제와 동시선거 및 의무적 위탁관리가 도입되었고, 2023년 4월 11일 추가적인 개정으로 선거운동에 관한 입법불비를 해소한 바 있다.

그러나 2023년 8월 8일 위탁선거법의 개정에 따라 해당 법률이 이사장선거를 오롯이 포섭하였고, 2024년 1월 30일 다시 위탁선거법이 대폭 개정되어 선거의 공정을 강화하고 선거운동의 자유가 크게 확대되었다. 이사장선거에 위탁선거법이 적용되고 해당 법률의 개정에 따른 선거제도의 변화는 다음과 같다.

첫째, 선거운동 자유가 대폭 확대되었다. 이사장선거에도 예비후보자제도를 도입하여 선거기간개시일 전 30일부터 선거운동을 할 수 있고, 후보자와 예비후보자가 지정한 1명도 선거운동을 할 수 있으며, 금고의 공개행사에서 정책발표를 허용하였다. 또한 이사장선거에는 어깨띠와 소품을 활용한 선거운동이 허용되고, 후보자의 선거벽보도 첩부하며, 선거공보는 8면으로 증면된다.

둘째, 선거의 공정이 한층 강화되었다. 휴대전화 가상번호 제도를 도입하여 개인정보를 보호하면서 전화를 이용한 선거운동에 공정한 기회를 보장하고, 장애인 후보자에게는 활동보조인을 두어 선거운동을 할 수 있도록 하는 한편, 선거범에 관한 재판을 신속히 처리하여 위법한 방법으로 취득한 당선인의 지위를 조속히 박탈함으로써 부정한 이익을 누릴 수 없도록 하였다.

셋째, 선거인의 알권리가 확대되었다. 후보자는 선거공보에 의무적으로 자신의 범죄경력을 적어야 한다. 선거공보를 제출하지 않더라도 범죄경력에 관한 서류를 따로 작성하여 선거관리위원회에 제출해야 한다. 해당 서류는 모든 선거인에게 배부된다.

넷째, 선거인의 투표편의가 극대화되었다. 동시이사장선거에서도 공직선거의 사전투표처럼 통합선거인명부를 활용하여 투표를 실시하므로, 선거인은 관할 선거관리위원회가 설치한 어느 투표소에서나 자유롭게 투표할 수 있다.

동시이사장선거를 1년여 앞두고 위탁선거법이 대폭 개정됨에 따라 초판의 내용에 큰 틀의 수정이 불가피해졌다. 개정판 발간을 서두른 이유다. 개정판에는 새마을금고에서 퇴임한 간부의 전 직장에 대한 애틋한 정과 두고 온 후배들에 대한 신뢰가 행간에 스며 있다. 그것은 바로 중앙회에서 본부장을 역임한 후 현재 법무법인 대륙아주에서 활동하고 있는 허종일고문의 흔적이다.

그의 조언은 새마을금고에 대한 애정과 신뢰만큼이나 깊고 심오하였다. 덕분에 시간에 쫓겼던 초판의 많은 오류가 바로잡혔다. 아울러 작년 가을 MG인재개발원의 초청에 따라 현직 이사장들을 대상으로 4차례의 강의를 진행하면서 폭포수처럼 쏟아져 내렸던 수강생들의 거대한 질문에 대한 소박한 답도 실었다. 결과적으로 이 책은 그분들의 질문을 통하여 완성된 셈이다.

끝으로 개정판에서도 변함없는 애정을 베풀어 주신 박영사 관계자분들과 이제는 치열한 비평가로 거듭난 사랑하는 아내에게 더욱 깊은 감사를 드린다.

2024. 3.

신대호수 그늘에서

책을 내면서

　2022년 4월 20일 시행된 새마을금고법에 따라 금고의 이사장선거에 직선제가 전면적으로 도입되었고, 2025년 3월 12일에 이사장선거를 전국적으로 동시에 실시하며, 그 선거의 관리는 의무적으로 관할 구·시·군선거관리위원회에 위탁해야 한다.

　또한 2023년 4월 11일 새마을금고법 개정법률이 공포되어 6개월 후인 10월 12일부터 시행된다. 개정내용 중 금고의 임원선거와 관련된 주요 부분을 살펴보면 다음과 같다.

　첫째, 회원이나 그 가족에 대한 현직 이사장의 기부행위를 상시 제한하고, 이사장이 회원의 경조사에 금고의 경비로 축·부의금품을 주는 경우 해당 금고의 명의로 제공하도록 하여 선심경영을 방지하고 후보자 간 기회균등을 담보하도록 하였다.

　둘째, 임원선거에 후보자가 되려는 사람과 그 가족은 임기만료일 전 180일부터 선거일까지 회원과 그 가족에 대한 기부행위를 금지하여 선거문화를 개선하고 선거부정을 방지하도록 하였다.

　셋째, 선거운동과 관련한 입법불비를 해소하여 후보자만이 선거운동을 할 수 있음을 명확히 하고, 후보자의 선거운동 방법을 일부 확대하는 대신, 일체의 사전선거운동을 금지하였다.

　넷째, 금고의 다른 임직원에 대한 폭행, 강요, 추행 등의 범죄로 일정 금액 이상의 벌금형을 선고받으면 금고의 임원이 될 수 없도록 하여 직장 내 갑질과 성폭력을 근절하고자 하였다.

　다섯째, 선거운동방법에 관한 세부적인 사항과 기부행위로 보지 않는 행위를 행정안전부령으로 정하도록 하였다.

　행정안전부령은 개정법률의 시행일에 맞추어 공포·시행될 것으로 예상되나, 유사법제의 입법례를 통하여 해당 규범에 담길 내용을 충분히 예상할 수 있는 반면, 금년 10월 12일부터 현직 이사장의 기부행위 등이 상시 제한되고 사전선거운동이 전면 금지됨에 따라 이 책의 출간은 더 이상 미룰 수 없는 과제가 되었다.

　새마을금고는 주민의 자주적인 협동조직을 바탕으로 상부상조의 정신에 입각하여 자금의 조성과 이용, 회원의 경제적·사회적 지위의 향상, 그리고 지역사회 개발을 통한 건전한 국민정신의 함양과 국가발전에 이바지함을 목적으로 설립된 비영리법인이다.

　새마을금고는 1963년 경상남도 산청군, 창녕군, 의령군에 설립된 다섯 개의 협동조합을 효시로 출범한 이래 2023년 7월 현재 전국적으로 1,295개의 금고, 260조 원이 넘는 자산, 2,180만여 명의 고객을 보유한 종합금융 협동조합으로 거듭나고 있다.

　특히 새마을금고가 우리나라 고유의 자율적 협동조직인 계, 향약, 두레의 상부상조 정신을 계승하여 신용사업, 공제사업, 지역 공헌사업을 적극적으로 수행해온 점은 이제 그들의 존재 이유이자 자부심이 되었다.

　그러나 유사한 설립목적과 조직특성을 보유한 농업협동조합의 경우 직선제를 도입하여 대표자 선출의 민주성과 정당성을 담보하고 기관운영의 투명성을 강화하고 있지만, 새마을금고는 80퍼센트 정도가 여전히 간선제 방식으로 대표자를 선출하여 왔다.

　이에 따라 이사장 등 소수 임원의 결탁과 담합으로 금고를 자의적으로 운영하여 투명성이 훼손되고 경영부실화를 초래하는 등 사회적 문제도 함께 노출되었다. 소수의 선거인이 참여하는 간접선거에 따른 매수 등 선거부정은 자율관리의 다른 얼굴이었다.

　이를 근원적으로 해결하기 위한 방안으로 입법권자들은 새마을금고 이사장선거에 주목하여 2021년 10월 19일과 2023년 4월 11일 두 차례 새마을금고법의 개정을 통하여 선거제도 개혁을 완성함으로써 새마을금고는 새로운 시험대에 올라서게 되었다.

이제 새마을금고 이사장선거의 총체적인 모습을 조망하려면 새마을금고 관계 법령과 자치법규인 금고의 정관을 기본으로 하고, 선거에 관한 규범인 공공단체 등 위탁선거에 관한 법률과 공직선거법에 대한 전반적인 이해까지 확보해야 하는 어려움이 따른다.

이와 같이 새마을금고의 이사장선거에는 다양한 층위의 복잡한 규범들이 중층적으로 적용되므로, 이를 알기 쉽게 설명하기 위하여 이 책에서는 각 규범의 조문체계에 얽매이지 않고 분야별·주제별로 재구성하는 방식을 취하였다.

한편 규범간 상충되거나 모순되는 부분에 관하여는 규범의 위계구조(hierarchy)를 적용하여 각 규범의 효력을 판단하고, 선거에서 공정과 투명성을 강조하는 시대정신에 따라 규범의 배후에 감추어진 정의의 의미를 찾아내고자 하였다.

아울러 신들에게서 불을 훔쳐 인류에게 나누어 준 프로메테우스처럼 법철학의 불을 인류에게 나누어 준 것으로 평가받는 루돌프 폰 예링의 경구를 좇아 철학자와 전문가의 언어인 법조문을 시민과 농부의 일상언어로 번역하고자 하였다.

법규를 바라보는 시선 또한 이사장선거에 뜻을 둔 사람의 눈높이에 맞추고자 하였으나 관료적 시각이 여전한 부분은 아직 시간의 도움이 필요한 터이니 독자들의 너그러운 이해를 구한다.

모름지기 붓끝과 혀끝은 같아야 한다고 배웠다. 29년 3개월 동안 자부심과 긍지를 가지고 선거관리위원회에 근무하면서 체득한 지식과 경험을 잉크로 삼고 공정과 정의의 신념을 펜으로 삼아 이 책을 쓰려 했으나, 군데군데 문장이 어색한 점은 잉크의 품질도 문제이거니와 펜이 흔들린 탓도 크다.

그럼에도 불구하고 현재 선거관리위원회에 닥친 신뢰의 위기를 초래한 책임에서 자유로울 수 없는 필자의 참회록, 그리고 후배들에 대한 믿음과 새로운 희망은 행간에 묻어 두었다.

아무쪼록 이 책이 이사장선거에서 직선제라는 낯설고 거친 바다를 항해하는 분들에게 등대가 되고, 새마을금고의 발전을 위하여 고민하는 분들에게 든직한 길잡이가 되기를 희망한다.

마지막으로 퇴임 직전까지 필자에게 강의를 청탁한 대가로 원고 검토를 자청했던 제주도선거관리위원회 직원들에게 깊은 감사를 드린다. 그들은 이미 선거관리위원회 직원 중에서 최고의 전문성을 갖추었다는 점을 스스로가 증명한 사람들이다. 그들의 지식은 오름보다 높고 경험은 바당보다 깊다. 그 넉넉한 지혜로 무장한 법리는 뭍 생명을 키워 내는 곶자왈보다 풍성하다.

필자가 제주도선거관리위원회의 상임위원을 끝으로 공직에서 퇴임했음을 명예롭게 여기는 합리적 근거이기도 하다. 그러나 이 책의 내용에 오류가 있다면 그것은 전적으로 법보다 정의를 더 사랑한 저자의 몫이다.

사랑하는 아내 덕분에 이 책이 세상 밖으로 나왔지만, 나무들의 아픔만큼은 미처 돌보지 못하였다. 이 책을 재생용지로 인쇄한 이유이다.

2023. 7.
너븐숭이를 떠나며

차 례

제1장 임원선거의 출마자격과 필요서류

제2장 기부행위 제한과 50배 과태료

제3장 이사장선거의 위탁과 선거관리위원회

제4장　선거절차와 후보자의 참여방법

제5장 이사장선거의 선거운동

제7장 이사장선거의 선거범죄

제8장 선거범죄 조사와 피조사자의 권리

제9장 특별 형사제도와 과태료 특례

제10장 선거에 관한 분쟁과 그 절차

부 록

일러두기

- **줄임말 표기**
  - 공공단체등 위탁선거에 관한 법률은 '위탁선거법'으로 줄였다.
  - 공공단체등 위탁선거에 관한 규칙은 '위탁선거규칙'으로 줄였다.
  - 새마을금고 정관(예)는 '정관예'로 줄였다.
  - 선거관리위원회법에 따른 관할 구·시·군선거관리위원회는 '관할 선거관리위원회'로 줄였다.
  - 새마을금고는 '금고'로, 새마을금고 이사장선거는 '이사장선거'로, 새마을금고 중앙회장은 '중앙회장'으로 줄였다.

- **규범의 적용과 표기 방법**
  - 위탁선거법은 2024. 7. 31. 시행법률을 기준으로 하되, 다른 규범은 2024. 2. 10. 현재 시행 중인 내용을 기준으로 하였다.
  - 같은 문장에서 규범의 명칭이 언급된 경우 후미의 괄호 안에 해당 규범의 명칭기재를 생략하고 조항만을 표시하였다.
  - 임원선거규약은 회원의 투표로 이사장을 선출하는 경우 적용되는 제2안을 기준으로 조항번호를 표시하였다.
  - 이사장선거에 원용할 수 있는 공직선거와 위탁선거의 법리는 해당 분야에서 관련 판례와 함께 설명하였다.
  - 부록에는 위탁선거법·새마을선거법 등 관계 법령과 자치규범 중 이사장선거에 적용되는 조항을 발췌하여 실었다.

제 1 장

임원선거의 출마자격과 필요서류

선거에 출마하여 당선될 수 있는 권리를 피선거권이라 한다. 피선거권은 해당 기관 또는 단체가 추구하는 가치의 실현과 설립목적 달성을 위하여 선거권보다 가중요건을 두는 것이 일반적이다.

기관이나 단체의 특성에 따라 피선거권에 청렴성, 도덕성, 준법성에 관하여 높은 수준의 윤리적 기준을 요구할 수도 있고, 해당 단체의 발전에 기여한 실적이나 성과 또는 특별한 경력을 요구하기도 한다.

이 장에서는 법령과 자치법규에서 이사장선거 등 금고 임원선거의 후보자에게 요구하는 자격요건과 필요서류에 관하여 살펴본다.

제1절
피선거권의 규정형식과 관련 규범

1. 피선거권 규정형식

선거에 출마하려면 선출될 수 있는 자격, 소위 피선거권이 있어야 한다. 일반적으로 피선거권이란 일정한 공동체의 선거에 입후보하여 당선될 수 있는 권리를 말한다.

입법기술적으로 이를 규정하는 방식은 피선거권의 적극적 요건을 두어 일정한 자격을 갖춘 사람에게만 출마자격을 부여하는 한편, 소극적 요건으로서 결격사유를 규정하여 이에 해당하는 사람에게는 출마자격을 배제하는 것이 일반적 형식이다.[1]

2. 피선거권에 관한 규범

위탁선거법은 후보자의 피선거권에 관해서는 공공단체의 자율성을 존중하여 해당 단체에 관한 법령이나 자치법규에서 정한 바에 따르도록 규정하고 있다(§12). 새마을금고법은 임원선거에서 피선거권의

---

1) 공직선거법 제16조 및 제18조 참조.

적극적 요건에 관하여 기본적으로 대한민국 국민으로서 금고의 회원 자격을 갖추고, 선거일공고일 현재 정관으로 정하는 출자좌수를 2년 이상 계속하여 보유할 것을 요구하고 있다(§21① 16.). 상근임원은 이에 더하여 새마을금고의 업무에 대한 전문지식과 경험이 풍부한 사람으로서 대통령령으로 정하는 경력요건을 갖출 것을 요구한다(§18② 후단).2)

이에 따라 2023년 10월 12일 시행된 새마을금고법 시행령에서는 상근이사장의 피선거권에 관해서 금고에서 상근임원으로 4년 또는 비상근 임원으로 6년 이상 근무한 경력을 요구하는 등 엄격한 요건을 두었다(§8① 1.).

한편, 새마을금고법은 임원선거에서 피선거권의 소극적 요건으로 무려 20가지의 결격사유를 직접 열거하는 한편, 추가적으로 금고의 정관으로 정하는 사유에 해당하는 사람도 임원이 될 수 없도록 규정하고 있다(§21①). 이에 따라 정관예는 새마을금고법에 열거된 임원의 결격사유를 다시 확인하면서 납입출자금 요건 미구비자, 연간 사업이용실적 미달자, 신용불량자, 겸직자, 당선무효자 등을 임원의 결격사유에 추가하고 있다(정관예 §39①).

다만, 정관예의 임원 결격사유에서는 납입출자금 요건 미구비자와 연간 사업이용실적 미달자를 피선거권의 소극적 요건으로 규정하는 형식을 취하고 있으나(정관예 §39① 2.·4.), 해당 규정은 금고에 대한 일정한 출자금 규모와 사업이용실적을 갖출 것을 요구하고 있으므로 실질적으로는 이를 피선거권에 관한 적극적 요건으로 해석하는 것이 타당해 보인다.

---

2) 해당 자격요건은 2023년 10월 12일 시행된 새마을금고법에 신설되었다. 다만, 해당 법률의 시행일 당시 이사장이 퇴임하는 등의 사유로 실시하는 보궐선거에서는 종전의 규정에 따른다. 부칙 제3조 단서 참조.

제 2 절

갖추어야 할 자격 : 적극적 요건

1. 금고의 회원

가. 금고별 회원의 자격

새마을금고법은 이사장을 회원 중에서 회원의 무기명 비밀투표로 직접 선출하도록 규정하여 이사장선거에서 직접선거의 원칙과 비밀선거의 원칙을 선언하고 있다(§18⑤). 이사장을 제외한 임원은 총회에서 무기명 비밀투표로 선출하되, 다수득표자 순으로 임원의 정수에 해당하는 사람으로 한다(§18⑨).

한편, 정관예에 따르면 금고의 종류는 크게 2가지로 구분할 수 있다. 일정한 행정구역을 업무영역으로 하는 지역금고와 공공기관·법인·조합의 구성원을 업무영역으로 하는 직장금고가 바로 그것이다(정관예 §8). 단체금고는 지역금고의 특수형태로서 시장·상가 또는 단체의 회원을 업무영역으로 한다.

지역금고의 회원은 금고 업무구역에 주소나 거소가 있는 사람 또는 생업에 종사하는 사람으로 하고, 단체금고의 회원은 시장·상가 또는 단체에 소속된 사람과 그의 배우자 및 직계혈족인 사람 중에서 회원으로 가입된 사람으로 한다.

직장금고의 회원은 공공기관·법인·조합에 소속된 사람과 그의 배우자 및 직계혈족인 사람을 회원으로 한다. 직장금고의 경우에는 해당 법인·단체에 소속된 사람뿐만 아니라 해당 법인·단체와 협력관계에 있는 법인·단체에 소속된 사람도 회원이 될 수 있다.

금고의 임원이 되려면 회원으로서 2년 이상 정관에서 정한 규모 이상의 출자금을 계속하여 유지하고 있어야 하므로, 신생금고가 아닌 한 회원으로 가입한지 최소한 2년이 지나야 현실적으로 이사장선거 등 금고의 임원선거에 출마할 수 있다(새마을금고법 §21① 16.). 참고적으로 새마을금고법에 따른 회원의 자격은 임원과 달리 굳이 대한민국 국민으로 제한하지 않는다.3)

나. 회원가입 절차

금고에 회원으로 가입하려는 사람은 해당 금고에 회원가입신청서를 제출해야 한다. 회원가입신청서에는 주소 또는 거소, 성명, 주민등록번호, 금고에 출자하려는 출자좌수를 적어야 한다. 회원가입신청서를 접수한 금고는 그 적격성을 심사하여 적합하다고 판단될 때에는 출자금을 현금으로 납입하게 하고 지체 없이 회원명부에 올려야 한다(정관예 §9②).

한편, 2023년 12월 28일 개정된 정관예에서는 모든 금고에서 출자 1좌의 금액을 2만원 이상으로 정하도록 가이드라인을 제시하고 있으나(§15), 대부분의 지역금고는 이미 해당 금액을 3만원 내지 10만원 정도로 상향 조정한 것으로 알려져 있다.4)

---

3) 1983. 1. 1. 제정·시행된 새마을금고법에서 외국인은 금고의 회원이 될 수 없도록 하였으나, 2011. 9. 9. 해당 법률의 개정으로 이러한 제한을 폐지하였다.

4) 필자가 2023년 7월 경기도 용인지역에 소재한 새마을금고에 회원으로 가입할 때 출자 1좌의 금액으로 3만원을 납입한 바 있다.

2. 대한민국 국민

이사장 등 금고의 임원이 되려면 대한민국 국민이어야 한다(정관
예 §39① 1의2.).[5] 우리 헌법 제2조제1항에서 대한민국 국민이 되는 요
건은 법률로 정하도록 하였고, 이에 따라 국적법은 혈통주의를 근간으
로 국내와 해외를 불문하고 대한민국 국적을 가진 부 또는 모에게서
출생한 아기는 출생과 동시에 대한민국 국적을 취득한 것으로 보도록
규정하고 있다(§2① 1.).

국민이 해외에 거주하고 있더라도 우리 국적을 상실하지 않으므
로, 이민을 위하여 국외이주 신고를 마친 사람이나 외국에서 영주권을
받은 사람이라도 해당 국가의 시민권 등 외국의 국적을 취득하기 전
까지는 대한민국 국민이다.[6] 따라서 조총련계 재일교포나 심지어 북
한 주민들도 대한민국 국민으로 간주된다.

대한민국 국민에게는 생애 전체의 기간에 걸쳐 출생, 혼인, 입양,
사망 등 계통적인 변동상황에 관하여 국가에 대한 신고를 의무화하고
국가는 이를 공부(公簿)로 관리하고 있다. 그 공부의 이름이 바로 과거
에는 호적, 현재는 가족관계등록부로 불린다. 외국인이 귀화하여 대한
민국 국적을 취득한 경우에는 귀화자의 등록기준지 시·읍·면의 장이
가족관계등록부를 작성한다.[7]

따라서 가족관계등록부에 올라 있다면 다른 특별한 결격사유가
없는 한 일단 대한민국 국민으로 인정할 수 있다.

---

5) 금고의 임원 자격에 대한민국 국민을 요구하는 규정은 2023년 12월 28일 정관
   례의 개정에 따라 신설되었다. 참고적으로 신용협동조합에서도 임원선거규약에
   서 국민의 자격을 요구하고 있으나, 농업협동조합법 등 조합법에서는 법률에서
   이를 직접 규정하고 있다. 농업협동조합법 제49조 등 참조.
6) 대법원 1981. 10. 13. 선고 80다2435 판결
7) 가족관계의 등록 등에 관한 법률 제94조제2항 참조.

3. 일정규모 출자금

이사장선거에 출마하려면 선거공고일 현재 해당 금고에 100좌 이상의 납입출자금을 2년 이상 계속 보유하고 있어야 한다(새마을금고법 §21① 16.). 출자 1좌의 금액이 10만원 이하인 경우에는 그 금액의 100배로 산정하지만, 1좌의 금액이 10만원을 넘는 때에는 1좌의 금액을 10만원으로 보아 그 100배의 금액으로 산정한다.

이에 따라 2024년부터 이사장선거의 피선거권을 갖추기 위해 후보자가 되려는 사람이 유지해야 할 납입 출자금 규모는 금고별 최소 200만원에서 최대 1,000만원 사이가 된다. 다만, 금고의 설립이나 합병으로 2년이 지나지 않은 신생 금고의 경우 2년 이상 계속하여 출자금을 보유할 요건을 갖추기가 사실상 불가능하므로 해당 요건은 적용하지 않는다(정관예 §39① 2.).

4. 사업이용실적

이사장선거에 출마하려는 사람은 선거공고일 1년 전부터[8] 공고일 전날까지 해당 금고에 대한 사업이용실적이 아래에 열거한 네 가지 중 최소 두 가지 이상을 충족해야 한다.
  ① 입출금이 자유로운 예금 평균잔고가 해당 금고의 정관이 정한 금액 이상일 것
  ② 거치식 예금과 적립식 저금액을 합산한 저축성 예금의 평균잔고가 해당 금고의 정관이 정한 금액 이상일 것

---

8) 신생 금고는 1년의 요건충족이 불가능하여 적용하지 않고, 직장금고의 경우 사업이용실적 요건은 금고의 성격에 반하여 적용하지 않는다.

③ 회원으로서 받은 대출금 평균잔고가 해당 금고의 정관이 정한 금액 이상일 것

④ 공제사업 이용에 따른 공제유효계약건수가 해당 금고의 정관이 정한 건수 이상일 것.

정관예는 ①부터 ③까지의 금액요건을 최근 1회계연도의 해당 금고 회원의 평균잔액의 100분의 30 이상부터 평균잔액 이내에서, ④의 공제유효 계약건수는 1건 이상 5건 이내에서 과도하지 않은 범위로 정하도록 그 기준을9) 제시하고 있다(§39① 4.).

5. 금융분야 전문경력

금고의 상근이사장선거에 출마하려는 사람은 새마을금고법 시행령에 따라 다음 중 어느 하나에 해당하는 전문경력을 갖추어야 한다(§8①). 다만, 지역금고가 아닌 금고의 경우 업무구역에 해당하는 직장에서 상근직으로 5년 이상 근무한 경력도 무방하다(§8②).

① 금고에서 상근임원으로 4년 이상 근무10)

② 금고에서 임원으로 6년 이상 근무

③ 금고나 중앙회에서 상근직으로 10년 이상 근무

④ 금융 관련 국가기관·연구기관·교육기관에서 공무원이나 상근직으로 10년 이상 근무

⑤ 금융위원회의 설치 등에 관한 법률 제38조에 따른 검사대상기관에서 상근직으로 10년 이상 근무

---

9) 계약건수는 선거공고일 전날까지 공제청약이 승낙된 계약으로 산정한다.

10) 다만, 새마을금고법 시행령의 부칙 제3조에 상근이사장의 자격요건에 관한 특례를 두어 해당 시행령의 시행 후 최초로 실시하는 이사장선거에서는 상근임원 '4년 이상'의 경력요건을 '1년 이상'으로 완화하였다.

제3절
입후보 결격사유 : 소극적 요건

1. 입후보 결격사유 개요

새마을금고는 공공성이 강한 특수법인으로서 주된 업무가 금융업이므로 그 경영을 책임지는 임원은 고도의 윤리의식과 준법의식을 가질 필요가 있다.

임원의 불법행위로 인한 손해는 다수의 회원에게 집단적으로 미치고 그 피해액수도 일반적인 재산범죄의 경우와는 비교가 되지 않을 정도로 클 가능성이 높으므로, 금고의 건실한 준법운영을 도모하기 위해 새마을금고법은 임원이 될 수 있는 사람의 자격을 엄격히 제한하고 있다.[11] 금융업의 특성상 미성년자·피성년후견인·피한정후견인은 물론, 파산선고를 받고 복권되지 않은 사람도 당연히 금고의 임원이 될 수 없다.

금고 임원의 결격사유는 새마을금고법 제21조와 정관예 제39조에서 구체적으로 정하고 있는데, 그 결격사유가 바로 피선거권의 소극적 요건이므로, 그중 어느 하나라도 해당되면 이사장선거 등 금고의 임원선거에 출마할 수 없다.

---

11) 헌법재판소 2005. 12. 22. 2005헌마263 결정

금고의 임원이 될 수 없어 해당 선거의 피선거권 결격사유에 해당하는 주요 내용을 유형별로 범주화하면 다음과 같다.

첫째, 유죄판결을 받고 그 집행이 끝나거나 면제된 후 일정 기간이 지나지 않은 사람이다. 이 경우 범죄전과는 금고 운영과 관련된 범죄, 임원선거와 관련된 범죄, 직장 내 성폭력과 갑질 범죄, 그 밖에 일반범죄 등 범죄의 종류와 전과의 경중에 따라 피선거권의 제한기간이 각각 다르다.

둘째, 금융 관계 법령을 위반하여 징계를 받고 일정 기간이 지나지 않은 사람도 이사장선거 등 금고의 임원선거에 출마할 수 없다. 징계에 따른 피선거권의 제한기간은 면직·해임, 직무정지·정직 등 징계의 경중에 따라 각각 차등을 두고 있다.

셋째, 금융기관에 채무를 연체하거나 세금을 체납하는 등 신용이 불량한 사람도 금고의 임원선거에 출마할 수 없다.

넷째, 다른 금고의 임직원을 맡고 있거나, 경업관계를 해소하지 않고 있거나, 해당 금고에 재임 중인 임직원의 가족은 이사장선거 등 금고의 임원선거에 출마할 수 없다.

다섯째, 법원의 판결이나 다른 법률에 따라 자격을 잃거나 자격이 정지된 사람도 금고의 임원선거에 피선거권이 없다.

유죄판결의 경우 피선거권 자격기준 기산일은 임원선거 공고일 전날로 한다(임원선거규약 §18②). 동시이사장선거에서는 선거인명부작성개시일 전일에 선거일을 공고한 것으로 본다.

결격사유 중 어느 하나라도 해당되면 임원선거에 출마할 수 없고, 후보자로 등록한 후에 그 사실이 발견되면 등록이 무효로 되며, 선거일 후 임기개시 전에 그 사실이 확인되면 당선이 무효로 되는 한편, 임기개시 후에 그 사실이 발견되면 퇴직사유가 된다.[12]

---

12) 새마을금고법 제21조제2항, 정관예 제39조제2항 참조.

2. 입후보할 수 없는 사람

가. 유죄확정 후 일정기간이 지나지 않은 사람

(1) 횡령·배임 범죄

금고 또는 중앙회의 임직원 신분으로 자금을 사업목적 외에 사용·대출하거나 금고나 중앙회의 재산을 투기 목적으로 처분·이용하는 등 새마을금고법 제85조제1항의 죄를 범한 사람, 또는 금고나 중앙회 사업과 관련하여 횡령·배임, 배임수증죄 등 형법 제355조부터 제357조까지의 죄13)를 범한 사람으로서 다음 중 어느 하나에 해당하는 사람은 금고의 임원선거에 출마할 수 없다(새마을금고법 §21① 3.~6.).

① 금고 이상의 실형을 선고받고 그 집행이 끝나거나 면제된 날부터 5년이 지나지 않은 사람

② 금고 이상의 형의 집행유예14) 또는 선고유예를 선고받고 그 유예기간이 끝난 날부터 3년이 지나지 않은 사람

---

13) **형법 제355조(횡령, 배임)** ① 타인의 재물을 보관하는 자가 그 재물을 횡령하거나 그 반환을 거부한 때에는 5년 이하의 징역 또는 1천 500만원 이하의 벌금에 처한다.
② 타인의 사무를 처리하는 자가 그 임무에 위배하는 행위로써 재산상의 이익을 취득하거나 제삼자로 하여금 이를 취득하게 하여 본인에게 손해를 가한 때에도 전항의 형과 같다.
제356조(업무상의 횡령과 배임) 업무상의 임무에 위배하여 제355조의 죄를 범한 자는 10년 이하의 징역 또는 3천만원 이하의 벌금에 처한다.
제357조(배임수증재) ① 타인의 사무를 처리하는 자가 그 임무에 관하여 부정한 청탁을 받고 재물 또는 재산상의 이익을 취득하거나 제3자로 하여금 이를 취득하게 한 때에는 5년 이하의 징역 또는 1천만원 이하의 벌금에 처한다.
② 제1항의 재물 또는 재산상 이익을 공여한 자는 2년 이하의 징역 또는 500만원 이하의 벌금에 처한다.
14) 2016년 형법개정으로 소액의 벌금형도 집행유예 선고가 가능해졌다.

③ 벌금형을 선고받고 그 형이 확정된 후 3년이 지나지 않은 사람

여기에서 벌금형의 경우 그 금액의 많고 적음을 묻지 않는다. 따라서 10만원 정도 소액의 벌금형으로도 3년간 금고 임원선거의 피선거권이 박탈된다는 점에 유의할 필요가 있다. 입법권자가 금고 임원의 청렴성을 사랑하는 독특한 방식으로 보인다.

(2) 선거범죄

금고의 임원선거와 관련하여 회원이나 그 가족에 대한 매수 또는 기부행위, 후보자에 관한 허위사실 공표 또는 비방, 선거운동의 주체·방법·장소 또는 기간을 위반하여 새마을금고법 제85조제3항에 규정된 죄를 범하거나, 위탁선거법에 규정된 죄[15]를 범하여 100만원 이상의 벌금형을 선고받고 그 형이 확정된 후 3년이 지나지 않은 사람은 피선거권이 없다(새마을금고법 §21① 8.).

한편, 정관예는 임원선거에서 당선된 사람이 새마을금고법에 규정된 선거범죄로 당선이 무효 또는 취소된 후 4년이 경과되지 않은 경우에도 임원선거의 피선거권을 부인하고 있으나(정관예 §39① 5.). 위탁선거법에 따른 범죄로 당선이 무효로 된 경우 피선거권을 제한할지에 관해서는 따로 언급이 없다.

그러나 2023년 10월 12일 시행된 개정 새마을금고법에서 위탁선거법에 규정된 범죄를 범한 사람도 임원의 결격사유에 포함되도록 개정하였으므로, 정관예의 관련 규정 또한 개정법률의 취지를 반영하여 보완하는 것이 법령의 위계구조와 체계정당성의 측면에서 바람직해 보인다.

---

15) 이사장선거는 위탁선거법 전체의 제한·금지규정과 벌칙이 온전하게 적용된다. 다만, 일반 임원선거의 경우에는 임의적으로 위탁하더라도 벌칙 중 일부만 적용된다. 위탁선거법 제57조제1항 단서 참조.

14

(3) 갑질·성폭력 범죄

금고의 임직원으로 재임 또는 재직 중 다른 임직원을 대상으로 소위 갑질을 하거나 성폭력 범죄를 범하여 일정 금액 이상의 벌금형을 선고받은 경우 3년간 이사장선거 등 금고의 임원선거에 피선거권이 없다. 이와 같이 피선거권을 엄격하게 제한하는 규정이 신설된 취지는 거울을 들여다보면 잘 알 수 있다.

우선 금고의 임직원을 대상으로 폭행, 상해 및 강요 등 직장 내 갑질의 죄를 범하여 300만원 이상의 벌금형을 선고받고 그 형이 확정된 후 3년이 지나지 않은 사람은 임원선거의 피선거권이 없다(새마을금고법 §21① 11의2.). 대상 범죄로는 형법 제257조제1항의 상해죄,16) 제260조제1항의 폭행죄,17) 제261조의 특수폭행죄,18) 제262조의 폭행치사상죄19) 및 제324조의 강요죄20)가 이에 해당한다.

또한, 금고의 다른 임직원을 대상으로 업무상 위력 등에 의한 간음 또는 추행 등 직장 내 성폭력의 죄를 범하여 100만원 이상의 벌금형을 선고받고 그 형이 확정된 후 3년이 지나지 아니한 사람도 임원

---

16) **제257조(상해, 존속상해)** ① 사람의 신체를 상해한 자는 7년 이하의 징역, 10년 이하의 자격정지 또는 1천만원 이하의 벌금에 처한다.

17) **제260조(폭행, 존속폭행)** ① 사람의 신체에 대하여 폭행을 가한 자는 2년 이하의 징역, 500만원 이하의 벌금, 구류 또는 과료에 처한다.

18) **제261조(특수폭행)** 단체 또는 다중의 위력을 보이거나 위험한 물건을 휴대하여 제260조제1항의 죄를 범한 때에는 5년 이하의 징역 또는 1천만원 이하의 벌금에 처한다.

19) **제262조(폭행치사상)** 제260조와 제261조의 죄를 지어 사람을 사망이나 상해에 이르게 한 경우에는 제257조부터 제259조까지의 예에 따른다.

20) **제324조(강요)** ① 폭행 또는 협박으로 사람의 권리행사를 방해하거나 의무없는 일을 하게 한 자는 5년 이하의 징역 또는 3천만원 이하의 벌금에 처한다.
② 단체 또는 다중의 위력을 보이거나 위험한 물건을 휴대하여 제1항의 죄를 범한 자는 10년 이하의 징역 또는 5천만원 이하의 벌금에 처한다.

선거의 피선거권이 없다(새마을금고법 §21① 11의3.).

구체적인 대상 범죄로는 형법 제303조제1항에 따른 업무상 위력 등에 의한 간음죄,[21] 또는 성폭력범죄의 처벌 등에 관한 특례법 제10 조제1항에 따른 업무상 위력 등에 의한 추행죄[22]가 이에 해당한다.

최근 공공단체 임직원의 결격사유로 직장 내 갑질과 성폭행 관련 범죄의 전과를 추가하는 입법추세가 유행처럼 번져가고 있다.[23] 2023 년 3월 23일 관련 내용이 반영된 새마을금고법 일부개정법률안에 대한 국회 표결 당시 해당 법안에 반대한 의원이 단 한 명도 없었다는 점에서 금고의 임원에게 요구되는 높은 수준의 국민적 기대를 엿볼 수 있었으리라 본다.

(4) 일반범죄

새마을금고법 제85조제1항에 따른 죄 및 금고나 중앙회의 사업과 관련하여 형법 제355조부터 제357조까지의 죄를 제외한 일반범죄[24] 를 범한 사람으로서 금고 이상의 실형을 선고받고 그 집행이 끝나거나 면제된 후 3년이 지나지 않은 사람은 임원선거의 피선거권이 없다(새마을금고법 §21① 9.).

---

21) **제303조(업무상위력등에 의한 간음)** ① 업무, 고용 기타 관계로 인하여 자기의 보호 또는 감독을 받는 사람에 대하여 위계 또는 위력으로써 간음한 자는 7년 이하의 징역 또는 3천만원 이하의 벌금에 처한다.

22) **제10조(업무상 위력 등에 의한 추행)** ① 업무, 고용이나 그 밖의 관계로 인하여 자기의 보호, 감독을 받는 사람에 대하여 위계 또는 위력으로 추행한 사람은 3 년 이하의 징역 또는 1천 500만원 이하의 벌금에 처한다.

23) 금고의 이사장선거처럼 관할 선거관리위원회에 의무적으로 위탁해야 하는 선거 중 직장 내 성폭력 범죄로 임원의 결격사유를 규정한 법률로는 수산업협동조합 법 제51조제1항제8호의2와 산림조합법 제39조제1항제5호의2를 들 수 있다.

24) 여기에서 대상 범죄는 형법 각칙의 죄, 특정범죄 가중처벌법·국가보안법 등 특 별형법에 규정된 죄, 조세·식품·위생·환경 등 행정형법에 규정된 모든 죄가 해 당되는 것으로 보인다.

또한, 새마을금고법 제85조제1항에 따른 죄 및 금고나 중앙회의 사업과 관련하여 형법 제355조부터 제357조까지의 죄를 제외한 일반 범죄를 범한 사람으로서 금고 이상의 형의 집행유예 또는 선고유예를 선고받고 그 유예기간 중에 있는 사람도 피선거권이 없다(새마을금고법 §21① 10.·11.).

나. 징계를 받았거나 받았을 사람

새마을금고법, 은행법, 보험업법 등 대통령령으로 정하는 금융관계법령을[25] 위반하여 징계를 받은 사람으로서 징계면직 또는 해임된 날부터 5년이 지나지 않은 사람, 직무정지 또는 정직의 제재조치 종료일부터 4년이 지나지 않은 사람은 임원선거의 피선거권이 없다(새마을금고법 §21① 12.·12의2.).

또한 재직 또는 재임 중이었더라면 금융관계법령에 따라 징계 또는 제재조치를 받았을 임·직원으로서 다음 중 어느 하나에 해당하는 사람도 피선거권이 없다.

① 징계면직 또는 해임요구의 조치를 받았을 것으로 통보된 경우 그 날부터 5년이 지나지 않은 사람. 이 경우 통보가 있은 날부터 5년이 퇴직 또는 퇴임한 날부터 7년을 초과하는 경우에는 7년으로 한다(새마을금고법 §21① 13.).

② 업무의 집행정지를 포함하여 직무정지 또는 정직의 제재조치를 받았을 것으로 통보된 경우 그 날부터 4년이 지나지 않은 사람. 이 경우 통보가 있은 날부터 4년이 퇴직 또는 퇴임한 날부터 6년을 초과하는 경우에는 6년으로 한다(새마을금고법 §21① 13의2.).

---

25) 새마을금고법 시행령 제10조의2는 은행법, 보험업법, 신용협동조합법, 여신전문금융업법, 외국환 거래법 등 25개의 금융 관련 법령을 열거하고 있다.

이와 같이 금융관계법령을 위반한 행위로 징계를 받았거나 받았을 사람에게도 피선거권을 제한하는 규정은 2011년 9월 9일 시행된 새마을금고법에 도입된 이후 현재에 이르고 있다.[26]

한편, 공공기관 또는 다른 법인이나 회사에서 징계면직된 사람으로서 징계면직된 날부터 2년이 지나지 않은 사람도 임원선거의 피선거권이 없다(새마을금고법 §21① 15.).

다. 신용이 불량한 사람

임원선거 공고일 현재 금고 또는 신용정보제공·이용자에게 100만원 이상의 채무를 3개월을 초과하여 연체하고 있는 사람은 임원선거의 피선거권이 없다. 이 경우 채무에는 원리금을 포함하되 보증채무는 제외한다(새마을금고법 §21① 17., 정관예 §39① 3.).

또한 국세 또는 지방세 체납으로 공공정보에 등록된 사람, 어음·수표 관련 부도 정보에 등록된 사람도 임원선거의 피선거권이 없다(정관예 §39① 3의2.).

라. 겸직자, 임직원의 가족

후보자 등록개시일 전날까지 해당 금고의 임원이나 직원이 그 직을 사임하지 않은 경우 후보자로 등록할 수 없다. 다만, 임원이 그 직을 가지고 동일한 직에 후보자로 등록하는 경우에는 예외로 한다(정관예 §39① 7.·8.). 예컨대, 현직 이사장이 해당 금고의 이사장선거에 출마하거나 현직 감사가 해당 감사선거에 출마하는 경우에는 그 직을 가지고 출마할 수 있다는 의미이다.

---

26) 이와 유사한 규정은 신용협동조합법에서도 그 입법례를 찾아볼 수 있다. 신용협동조합법 제28조제1항 제10호 및 제11호 참조.

후보자등록개시일 전날까지 다른 금고의 대의원이나 임·직원 또는 공무원의 직을 사임하지 않은 사람도 피선거권이 없다. 이 경우 지방의회의원 등 선거에 의하여 취임하는 공무원은 사직하지 않아도 무방하고, 공무원으로 구성된 단체금고의 경우에는 당연히 본 규정을 적용하지 않는다(정관예 §39① 7.·9.).

한편, 선거공고일 현재 금고에 재임 중인 임직원의 배우자, 직계존비속과 그 배우자, 배우자의 직계존비속은 해당 금고의 임원선거에 출마할 수 없다. 여기에서 배우자의 범위에는 모두 사실혼을[27] 포함한다(정관예 §39① 11.).

마. 경쟁업종 종사자

해당 금고의 사업과 실질적으로 경쟁관계에 있는 사업을 경영하거나 이에 종사하는 사람은 금고의 임원이 될 수 없다(정관예 §39① 10.). 이 경우 임원선거에 출마하려면 후보자등록개시일 전날까지 경업관계를 해소해야 한다. 금고 임원으로서 직무전념성을 보장하고 이해충돌을 방지하기 위한 취지로 보인다.

금고와 실질적인 경쟁관계에 있는 사업이란 다음 중 어느 하나에 해당하는 사업을 말한다(새마을금고법 시행령 §11①).

① 금융위원회의 설치 등에 관한 법률 제38조에 따른 검사대상기관
② 농업협동조합법에 따른 농협과 그 중앙회
③ 수산업협동조합법에 따른 수협과 그 중앙회

---

27) 법률적으로 사실혼이 성립하기 위해서는 주관적으로 당사자 사이에 혼인의 의사가 있어야 하고 객관적으로는 사회통념상 부부공동생활로 인정될 만한 사실이 존재해야 한다. 대법원 1979. 5. 8. 선고 79므3 판결 참조. 배우자의 범위에 사실혼을 포함한 것은 2023년 12월 28일 정관예의 개정으로 반영되었다. 친족경영에 따른 폐단을 엄격하게 방지하려는 취지로 보인다.

④ 산림조합법에 따른 산림조합과 그 중앙회

⑤ 우체국 예금·보험에 관한 법률에 따른 체신관서

⑥ 보험업법에 따른 보험대리점·보험설계사 및 보험중개사

⑦ 대부업 등록 등에 관한 법률에 따른 대부업자

⑧ 자산유동화에 관한 법률에 따른 유동화전문회사

새마을금고법 시행령은 위에 열거한 외에 행정안전부장관이 지정하는 사업자가 행하는 사업도 금고 사업과 실질적으로 경쟁관계에 있는 사업으로 규정하고 있다(§11① 9.). 현재로서는 시행규칙이나 행정안전부 고시[28])에서 추가로 지정한 바가 없어 보인다.

바. 자격정지 판결을 받은 사람

형법의 일반원칙상 유기징역 또는 유기금고에 자격정지가 병과(倂科)된 때에는 징역형 또는 금고형의 집행을 종료하거나 그 집행이 면제된 날부터 자격정지형의 기간을 기산한다(형법 §44②).

따라서 법원의 판결로 징역형이나 금고형에 자격정지형을 병과받은 사람에게는 징역형이나 금고형의 집행이 종료되더라도 별도의 사면과 복권이 이루어지지 않는 한 자격정지 기간이 따로 경과되기 전까지는 임원선거의 피선거권이 제한된다.

사. 타법률에 따라 자격이 없는 사람

새마을금고법은 다른 법률에 따라 자격을 잃거나 정지된 사람에게 금고의 임원이 될 수 없도록 규정하고 있다(§21① 14.) 다른 법률에

---

28) 행정안전부고시 제2022−60호(2022. 8. 3. 시행) 새마을금고 설립인가 처리기준 11쪽에서도 경업자의 임원 취임금지 조항 저촉 여부에 대한 확인을 강조할 뿐 경업자의 범위를 더 이상 확장하지는 않고 있다.

따라 이사장선거 등 금고 임원선거의 피선거권이 제한되는 사례로는 특정경제범죄 가중 처벌 등에 관한 법률이 있다. 해당 법률은 건전한 윤리에 반하는 특정 경제범죄에 대한 가중처벌과 그 범죄행위자에 대한 취업제한을 규정함으로써 경제질서를 확립하고 나아가 국민경제 발전에 이바지함을 목적으로 제정된 법률이다.

해당 법률에 따른 아래의 죄를 범하여 징역형의 집행이 종료되거나 집행을 받지 않기로 확정된 날부터 5년간, 징역형의 집행유예기간이 종료된 날부터 2년간 금고, 시중은행, 농업협동조합 등 금융기관에 취업할 수 없다(§14).

① 가액이 5억원을 넘는 사기·횡령·배임 등의 죄를 범한 사람
② 가액 5억 이상의 재산을 해외로 도피하여 재산국외도피의 죄를 범한 사람과 그 미수범
③ 금융회사의[29] 임직원으로서 그 직무에 관하여 3,000만원 이상의 금품을 요구·약속·수수하여 수재 등의 죄를 범한 사람
④ 금융회사의 임직원으로서 사금융 알선 등의 죄를 지은 사람

임원선거의 피선거권과 관련하여 특정경제범죄 가중 처벌 등에 관한 법률이 중첩하여 적용됨에 따라 임원선거의 피선거권에 대한 특별제한 효과가 발생한다.

예컨대, 일반범죄로 금고형을 선고 받은 사람은 그 집행이 종료된 후 3년간, 집행유예를 선고받은 사람은 그 유예기간 중에만 피선거권이 제한되지만, 특정 경제범죄를 저지른 사람이 징역형 또는 징역형의 집행유예가 확정된 경우 일반범죄에 비하여 피선거권 제한기간이 각각 2년씩 더 연장되는 것이다.

---

29) 해당 법률에서 금융회사란 한국은행을 비롯한 시중은행, 농·수협, 상호저축은행 등 대부분의 금융기관을 총 망라한 포괄적 개념이다. 특정경제범죄 가중 처벌 등에 관한 법률 제2조 참조.

제 4 절
피선거권 제한의 정당성과 보완 검토

1. 피선거권의 엄격한 제한과 그 정당성

가. 임원 피선거권 제한의 엄격성

새마을금고법에서 정한 임원의 결격사유, 즉 피선거권 제한조항은 농업협동조합법, 신용협동조합법, 국민체육진흥법 등 다른 공공단체의 유사법제에서도 그 유래를 찾아볼 수 없을 정도의 높은 기준을 요구하고 있다. 최고의 성직자를 선출하는 콘클라베조차 이 정도의 가혹한 피선거권 제한규정을 두지는 않을 것이다.

금고의 임원선거에서 엄격한 피선거권 제한의 대표적 사례로서 일반범죄로 금고형의 선고유예를 받은 사람도 그 유예기간 중 피선거권을 제한하는 부분을 들 수 있다. 금고형의 선고유예를 받고 그 유예기간 중에 있는 사람의 피선거권을 제한하고 있는 법률은 신용협동조합법에서도 찾아볼 수 있기는 하다.[30] 모두 서민금융기관이라는 공통점이 있다.

심지어 새마을금고법은 금고의 운영과 관련한 범죄에서는 소액의

---

30) 신용협동조합법 제28조제1항제4호 참조. 반면에 농업협동조합법·수산업협동조합법 및 산림조합법에서는 선고유예로 인한 피선거권 제한이 없다.

벌금형만으로도 피선거권을 제한하거나, 100만원 이상의 채무를 3개월을 초과하여 연체하고 있는 사람, 또는 금융관계법령을 위반하여 징계를 받았을 것으로 예정되었던 사람까지도 임원이 될 수 없도록 규정하고 있다.

국가권력의 창설과 통치기관의 구성원리로 작용하는 공직선거에서도 후보자에게 이렇게까지 엄격한 자격을 요구하지 않는다. 오로지 재산·세금납부·체납·병역 및 전과기록을 낱낱이 공개하여 주권자에게 그 판단을 맡길 뿐이다. 만일 공직선거에서 금융채무나 연체 또는 징계를 이유로 피선거권을 제한한다면 과잉금지의 원칙이나 평등권 침해로 위헌판단을 피하기 어려울 것으로 보인다.

나. 피선거권 제한의 헌법적 정당성

헌법재판소는 금고 운영과 관련한 업무상배임죄 등의 경우에는 금액의 다과를 묻지 않고 소액의 벌금형으로도 임원선거의 피선거권을 제한하는 새마을금고법 관련 조항에 대한 헌법소원심판에서 이를 합헌으로 판단한 바 있다.[31]

그 합헌 판단의 논거로서 헌법재판소는 업무상배임죄로 벌금형을 선고받은 사람은 그렇지 않은 사람에 비하여 금고의 업무수행과 관련하여 준법의식이 낮을 가능성이 높으므로, 이들을 일정기간 임원으로부터 배제한다는 것은 그만큼 준법의식이 높은 사람들로 금고의 경영진을 구성하는 셈이 되며, 또 현직 임원이 그러한 사유에 해당되면 임

---

31) 헌법재판소 2005. 12. 22. 2005헌마263 결정 참조. 해당 사안은 2004. 1. 15. 경남의 모 새마을금고에서 이사장으로 선출된 사람이 해당 금고의 이사장으로 선출되기 직전인 2003. 11. 27. 업무상배임죄로 기소되어 2004. 8. 18. 창원지방법원(2003고단1668)에서 벌금 700만원의 선고유예를 받자 헌법소원심판을 청구한 사건이다.

원직에서 당연 퇴임되므로 그만큼 관련 법령을 준수하여 금고를 경영할 가능성이 높다는 점을 들었다.

아울러 헌법재판소는 업무상배임죄를 범한 사람은 금고를 운영함에 있어 준수하여야 할 기본적인 규범을 위반한 사람이므로, 지역 금융시장에서 차지하는 금고의 비중과 임원의 불법행위로 인한 피해가 회원에게 직접적·집단적으로 미치는 점 등을 고려할 때, 업무상배임죄에 따른 처벌전력은 금고의 준법경영에 부정적인 영향을 미칠 가능성이 크기 때문에 한층 더 엄격하게 임원자격을 제한할 필요가 있다고 보았다.

이에 따라 헌법재판소는 금고임원의 결격사유를 정함에 있어서 해당 처벌전력이 새마을금고의 준법경영에 어떠한 영향을 미칠 것으로 예상되는가에 따라 다른 법률과는 그 취급을 달리할 수 있다고 보아 청구인의 주장을 배척하고 새마을금고법의 해당 규정이 헌법의 평등권 규정에 위반되지 않는다고 판단하였다.

이제 금고의 임원선거에서 피선거권을 엄격하게 제한하는 조항의 헌법적 정당성까지 확인되었으므로, 향후 해당 규정의 규범력은 앞으로도 상당한 기간 동안 확고하게 유지되고 그 규제의 당위성 또한 의심받지 않을 것으로 보인다.

2. 피선거권 제한의 보완 검토

가. 현행규정의 문제점

앞서 살펴본 바와 같이 금고 임원에게 가혹할 정도의 도덕적·윤리적 염결성(廉潔性)을 요구하는 입법의도와 달리 새마을금고법의 피선거권 제한규정은 입법취지와 일부 조화되기 어려운 부분도 있다.

대표적인 내용으로 금고 운영과 관련된 범죄, 즉 새마을금고법 제85조제1항에 따른 금고 불법운영죄를 범하였거나, 같은 법 제85조 제3항 또는 위탁선거법에 따른 선거범죄를 범하였거나, 금고나 중앙 회 사업과 관련하여 형법 제355조부터 제357조까지의 죄를 범하여 벌 금형을 선고받은 사람에 대한 피선거권 제한기간을 들 수 있다(새마을 금고법 §21① 6.·8.).

통상적으로 선거와 관련된 법률에서 해당 범죄의 벌금형으로 피 선거권을 제한하는 경우 그 기간은 대부분 선출자의 임기와 일치시키 는 것이 일반적이다. 공직선거법의 경우 선거범죄로 100만원 이상의 벌금형을 선고 받은 경우 그 제한기간이 국회의원, 지방의회의원 또는 지방자치단체장의 임기와 다른 5년으로 규정되어 있는데, 이는 대통 령선거의 임기가 5년이라는 점을 고려하면 탓할 바가 못된다.

그러나 새마을금고법 제20조제1항은 이사장의 임기를 4년으로 규정하면서 주요 범죄의 벌금형에 따른 피선거권 제한기간을 3년으로 정함에 따라 자격요건을 회피할 가능성을 열어두고 있다. 예컨대, 이 사장 취임 직후 금고 운영과 관련한 배임죄를 범하고 수사와 재판이 신속히 진행되어 다음 선거의 선거일전 3년 전에 벌금형이 확정된다 면, 3년의 피선거권 제한기간을 충족할 수 있으므로 그 선거에 출마하 는 데 아무런 지장이 없다.

선거범죄의 경우에는 당선자와 낙선자간 벌금형 동종전과에 대 한 규제의 형평성에도 문제가 있다. 예컨대, 낙선한 사람은 새마을금 고법의 선거범죄나 위탁선거범죄로 100만원 이상의 벌금형이 확정되 면 3년이 지나면 피선거권이 회복되지만(새마을금고법 §21① 8.), 당선 된 사람은 동종범죄로 100만원 이상의 벌금형이 확정될 경우 당선이 무효로 되고 정관예에 따라 4년간 피선거권이 제한되기 때문이다(정 관예 §39① 5.).

나. 피선거권 제한규정 보완방안

새마을금고법과 위탁선거법의 선거범죄를 범한 사람이나 금고 운영과 관련된 배임죄[32] 등 형법상 직무와 관련된 범죄를 범한 사람은 새마을금고의 운영에 관한 기본적인 규범을 위반한 것이므로, 최소한 앞으로 다가올 선거에도 출마할 수 없도록 관련 규정을 개정하여 피선거권 제한기간을 현행의 3년에서 각각 4년으로 연장하는 것이 임원선거의 피선거권을 엄격하게 제한하려는 입법의도에 부합되는 조치로 보인다.

이 경우 앞서 언급한 당선자와 낙선자간 같은 선거범죄의 동종 벌금형 전과에 따른 피선거권 제한기간의 불공정에 관해서도 형평을 회복할 수 있다.

비교법적 측면에서 살펴보더라도 농업협동조합법 또는 산림조합법 같은 유사법제에서는 이미 선거 관련 범죄로 100만원 이상의 벌금형이 확정된 경우 임원 결격사유 제한기간을 그 조합장의 임기와 같은 4년으로 하여 다음 선거에 출마할 수 없도록 제한하고 있다.[33]

---

32) 업무상배임죄의 벌금형에 따른 금고 임원의 결격사유 제한 연혁을 살펴보면, 1982. 12. 31. 제정 당시에는 벌금형에 따른 피선거권 제한을 전혀 두지 않았다. 1989. 12. 30. 개정에 따라 업무상배임죄의 벌금형이 확정되면 5년간 피선거권을 제한하도록 신설하였고, 2001. 7. 24. 개정으로 그 제한기간을 3년으로 단축하여 현재에 이르고 있다.

33) 농업협동조합법 제49조제1항제8호, 산림조합법 제39조제1항제9호 참조.

제 5 절
후보자등록을 위한 서류와 기탁금

1. 후보자등록신청서

가. 작성시 유의사항

선거에 출마하려는 사람이 준비해야 할 가장 기본적인 서류가 바로 후보자등록신청서이다. 이사장선거의 후보자등록신청서는 위탁선거규칙 별지 제6호 서식으로 정해져 있으며, 중앙선거관리위원회의 인터넷 홈페이지나 법제처에서 운영하는 국가법령정보센터에서 '공공단체등 위탁선거에 관한 규칙'을 검색한 후 규칙의 맨 하단에 표시되어 있는 서식을 출력하여 활용하면 된다.

위탁선거규칙에 따른 후보자등록신청서의 기재항목은 성명, 주민등록번호, 등록기준지, 주소, 전화번호, 직업, 학력, 경력뿐이다. 후보자등록신청서 작성요령은 서식의 하단에 자세히 설명되어 있다. 후보자등록신청서 등 후보자가 선거관리위원회에 제출하는 대부분의 서류는 선거인에게 공개를 예정하고 있다. 따라서 제출서류의 내용이 사실과 다를 경우 허위사실공표죄가 성립될 수 있으니 정확하게 작성해야 한다.

나. 비정규학력 게재 가능 여부

새마을금고법이나 위탁선거법은 금고의 임원선거에서 비정규학력을 게재할 경우 공직선거법과는[34] 달리 이를 처벌하는 벌칙을 두고 있지는 않다. 새마을금고법 시행규칙에서 선거공보 등 후보자의 홍보물에 비정규학력의 게재를 금지하고 있을 뿐이다.[35] 비정규학력의 게재에 관한 이러한 태도는 농업협동조합 등 조합 관련 법규나 신용협동조합법 등 유사법제에서도 마찬가지다.[36]

이에 따라 선거관리위원회는 농업협동조합 등 조합장선거에서 정규학력으로[37] 오인되지 않는 방법으로 비정규학력의 게재를 조심스럽게 허용하여 왔다.[38] 물론 금고의 이사장선거에도 위탁선거법이 조합장선거와 동일하게 적용된다는 점은 틀림이 없다.

그러나 금고의 이사장선거나 조합장선거에서 위탁선거법이 특별법적 지위로 우선 적용되더라도 이와 상충되지 않는 범위에서 새마을금고법 등 개별 법률의 선거 관련 일반조항의 적용이 배제되는 것으로 보기 어렵다. 이렇게 해석한다면 금고의 이사장선거에서 비정규학력을 게재할 경우 비록 허위사실공표죄로 처벌되지는 않더라도 선거에 관한 규정 위반으로 해당 선거의 효력과 당선인 결정의 적법성에 관한 논란이 제기될 가능성이 있다고 본다.

---

34) 공직선거법에서는 고등교육법 등이 인정하는 정규학력 외에 '최고 경영자 과정', '최고 정책과정' 등 유사학력을 게재하면 허위사실 공표죄로 처벌된다.

35) 새마을금고법 시행규칙 제5조의2 및 별표 1의2. 참조.

36) 이러한 규제는 공공단체의 선거를 규율하고 있는 각 개별 법률의 시행규칙에서 공통적으로 발견된다. 농업협동조합법 시행규칙 제8조의2제1항 및 별표, 신용협동조합법 시행규칙 제4조 및 별표 등 참조.

37) 정규학력이란 초·중등교육법 및 고등교육법에서 인정하는 정규학력과 이에 준하는 외국의 교육기관에서 이수한 학력을 말한다. 공직선거법 제49조제4항제6호 참조.

38) 중앙선거관리위원회 2022. 10. 『위탁선거법 사례예시집』 55쪽 참조.

위탁선거법이 전면적으로 적용되는 농업협동조합·수산업협동조합 및 산림조합의 조합장선거에서 비정규학력 게재와 관련하여 아직 구체적인 판례는 형성되지 않았다. 그러나 지방체육회장선거에서 비정규학력의 게재를 금지하는 규정이 없었음에도 이를 게재한 이유로 선거무효를 결정한 하급심의 판례는[39] 우리에게 많은 시사점을 던져 주고 있다.

헌법재판소도 공직선거에서 비정규학력 게재를 허용할 경우 유권자들이 후보자의 학력을 과대평가하여 공정한 판단을 흐릴 수 있다고 판시한 바 있다.[40] 금고의 이사장선거에서도 당선무효 또는 선거무효의 위험을 확실하게 회피하고자 한다면 선거홍보물에 비정규학력의 게재를 자제함이 마땅해 보인다.

다만, 이사장선거를 제외한 금고의 일반 임원선거의 경우 새마을금고법이 오롯이 적용되고, 새마을금고법 시행규칙에서 선거공보와 명함에 비정규학력의 게재를 명시적으로 금지하고 있으므로, 선거공보 등 선거홍보물에 비정규학력을 게재하였다면 새마을금고법 시행규칙과 임원선거규약 위반에 따라[41] 당선되더라도 선거 또는 당선의 효력이 무효로 될 개연성이 아주 높다.

2023년 4월 중앙선거관리위원회는 유사학력이더라도 학점인정 등에 관한 법률에 따라 학사학위를 받은 경우 '△△대학교 경영학 학사' 또는 '△△대학교 경영학사(경영 전공)' 등 해당 학위를 취득한 사실은 게재할 수 있도록 유권해석 선례를 변경하는 결정을 하였다.[42]

39) 울산지법 2020. 9. 9. 선고 2020가합10349 판결
40) 헌법재판소 2000. 11. 30. 99헌바95 결정
41) 임원선거규약 제30조제1항은 선거공보에 학력을 게재할 경우 정규학력만을 적도록 규정하고 있다. 중앙회는 임원선거규약으로 두 종류의 규범을 제시하고 있다. 이 책에서는 직선제에 적용되는 제2안을 기준으로 설명한다. 제1안은 제23조제1항에서 제2안과 동일한 내용을 담고 있다.
42) 2023. 4. 10. 중앙선거관리위원회 질의회답 참조.

다만, 이 경우에도 '△△대학교 경영학과 졸업' 또는 '△△대학교 졸업' 등 단과대학 또는 해당 학과를 졸업한 것으로 게재하는 경우에는 정규학력으로 오인될 소지가 있으므로 공직선거법 제250조 제1항에 따른 허위사실공표죄에 해당할 수 있다고 보았다.

공직선거에서 비정규학력을 게재하여 허위사실공표죄로 단죄된 후보자는 무수히 많다. 처벌을 모면하려고 재판부에 해당 규정에 대한 위헌법률심판재청을 신청하거나, 그 신청이 기각되어 헌법소원을 청구하였지만 비정규학력 게재에 대한 법원과 헌법재판소의 단호한 입장만을 확인하였을 뿐이다.

금고의 이사장선거에서 비정규학력을 게재한 후보자가 당선된 후 낙선자가 이를 이유로 선거무효소송을 제기할 경우 피고석을 바라보게 될 재판부의 싸늘한 시선이 두렵다.

2. 피선거권 증명서류

앞서 우리는 임원선거에 출마하려면 관계법규와 자치규범이 요구하는 적극적 요건으로서 일정한 자격을 갖추고 소극적 요건으로서 결격사유가 없어야 한다는 점을 확인한 바 있다. 이에 따라 이사장선거의 후보자로 등록하려는 사람은 그 등록을 신청하는 때에 피선거권에 관한 증명서류를 제출하여야 한다.

한편, 2024년 1월 30일 위탁선거법의 개정에 따라 후보자의 범죄경력에 관한 증명서류 제출이 추가되었다(§18④ 후단). 후보자가 되려는 사람은 선거기간개시일 전 60일부터 본인의 범죄경력을[43] 국가경

---

43) 여기에서 말하는 범죄경력이란 일체의 전과를 말하는 것이 아니라 해당 법령이나 정관 등 자치법규에서 정하는 범죄경력을 말한다. 주로 피선거권 결격사유에 해당하는 범죄경력이 이에 해당할 것으로 보인다.

찰관서의 장에게 조회할 수 있고, 그 요청을 받은 국가경찰관서의 장은 지체 없이 그 범죄경력을 회보(回報)해야 하며, 회보된 범죄경력은 후보자등록신청시 제출하여야 한다.

다음은 금고의 임원선거규약에 따라 후보자 등록신청시 반드시 제출해야 하는 서류들이다(§21①).

① 가족관계증명서 1통

② 주민등록등본 1부

③ 이력서 1부

④ 최종학력증명서[44]

⑤ 개인(신용)정보 제공·활용 동의서

⑥ 연체채무유무 확인서 1부

⑦ 회원가입 및 출자금 확인서 1부

⑧ 금고거래이용실적 충족유무 확인서 1부

⑨ 경력증명서 또는 재직증명서[45]

제출해야 할 서류 중 ⑥의 연체채무유무 확인서는 ⑤의 개인(신용)정보 제공·활용 동의서를 첨부하여 해당 금고로부터 발급받고, ⑦·⑧의 확인서도 해당 금고로부터 발급받는다. 금고의 사업과 실질적으로 경쟁관계에 있었던 사업을 경영하거나 이에 종사하였던 사람이 후보자로 등록하려면 해당 금고로부터 비경업사실 확인서를 추가로 발급받아 제출해야 한다.

---

44) 새마을금고법 시행규칙 제5조의2제1항과 별표 1의2에서는 후보자가 선거홍보물에 학력을 게재하는 경우 공직선거법 제64조제1항에 따르도록 규정하고 있다. 그 의미는 후보자등록신청시 학력증명서를 제출한 정규학력에 한정하여 게재할 수 있다는 의미다. 한편, 임원선거규약 제21조제1항제6호는 이력서 및 선거공보에 학력을 기재할 경우 후보자등록신청시 최종학력증명서를 제출하도록 규정하고 있다.

45) 2023년 10월 12일 시행된 새마을금고법과 그 시행령에 따라 상근이사장에게 금융분야 전문경력을 요구하고 있으므로, 임원선거규약 개정시 피선거권 증명서류로 경력증명서 또는 재직증명서가 추가될 것으로 보인다.

해당 금고의 임·직원, 다른 금고의 대의원과 임·직원 또는 공무원은 그 직을 가지고 출마할 수 없으므로 퇴직증명서 또는 사직원 접수증을 추가로 제출해야 한다. 본인이 직접 후보자등록신청을 하지 않을 경우에는 후보자의 대리인임을 증명할 수 있도록 위임장과 인감증명서를 따로 제출해야 한다.

피선거권에 관한 증명서류 중 어느 하나라도 제출하지 않으면 후보자등록신청이 수리되지 않고, 착오로 후보자등록신청이 수리되었더라도 나중에 해당 서류가 제출되지 않았음이 발견된 경우에는 그 등록을 무효로 한다(위탁선거법 §19①).

후보자등록신청서와 피선거권에 관한 증명서류 등 후보자 등록에 필요한 서류는 후보자 등록신청기간이 도래하기 전에 미리 관할 선거관리위원회를 방문하여 사전검토를 받는 것이 바람직하다.

공직선거에서도 선거관리위원회가 후보자등록신청서류에 대한 사전검토를 시행해 온 것이 지금은 오랜 전통이 되었다. 정당한 자격을 갖춘 사람이 서류미비로 등록이 무효로 되거나, 법을 몰라 선량한 후보자가 허위사실공표죄로 처벌되는 비극을 사전에 방지하기 위함이다. 이러한 업무처리는 헌법기관인 선거관리위원회 직원들이 묵묵히 국민에게 봉사해 온 자연스러운 방식 중 하나이다.

3. 기탁금

가. 기탁금 제도의 취지

기탁금 제도는 후보자 난립을 방지하여 선거의 과열·혼탁을 예방하고, 불법선거운동의 감시와 투·개표 등 선거관리를 용이하게 하며, 당선자가 다수표를 획득할 수 있도록 하여 선출된 대표자에게 민주적 정당성을 부여하기 위한 것이다. 따라서 후보자 난립 방지를 통하여 선거의 신뢰와 정당성을 확보하는 것은 입법자가 추구해야 할 중대한 공익으로 평가될 수 있다.

그러나 과도한 기탁금은 경제력이 약한 후보자의 평등권과 피선거권이 침해될 우려가 있고, 유권자의 입장에서는 후보자 선택의 자유가 제한될 가능성도 있다. 그렇지만 금고의 임원선거에서 적절한 기탁금액에 관한 논리필연적 결론은 없는 것으로 보인다. 다만, 기탁금은 포말후보의 난립을 방지하기 위해 필요한 정도에 그쳐야지 진지하게 입후보하려는 사람의 피선거권을 실질적으로 제한하는 정도에 이르러서는 안 될 것이다.[46]

위탁선거법은 후보자에게 기탁금 납부를 요구할지는 물론이고 기탁금액과 그 반환요건을 전혀 규정하지 않고 있으므로(§18② 3.), 공공단체 선거에서 기탁금제도는 개별 법률과 위탁단체의 내부규범이 정한 바에 따르고 있다.

나. 이사장선거의 기탁금

이사장선거의 후보자 기탁금은 700만원 이상 1,000만원 이내의 범위에서 금고의 실정에 따라 정한다. 다만, 직장금고의 이사장선거에서는 기탁금을 납부하지 않는다(임원선거규약 §23①).

새마을금고법에서 임원선거에 관하여는 이미 엄격한 피선거권 제한규정을 두고 있어 후보자 난립 방지효과가 상당할 것이므로, 굳이 고액의 기탁금 납부를 요구할 필요가 있는지 그 필요성에 강한 의문이 든다. 2025년 3월 5일 제1회 동시이사장선거를 실시한 후 후보자 난립으로 인한 부작용이 감당할 만한 수준이라면 기탁금액을 낮추는

---

46) 헌법재판소 2001. 7. 19. 2000헌마91·112·134(병합) 결정

방안을 적극 검토할 필요가 있다고 본다.

참고적으로 공직선거의 기탁금은 여러 개의 읍·면·동을 묶어 하나의 지역구로 하는 기초의원선거는 200만원, 시·도의원선거는 300만원, 시장·군수·구청장선거는 1,000만원이다.[47] 반면에 지역구국회의원선거의 기탁금은 시장·군수·구청장선거보다 고액인 1,500만원으로 정하고 있는데, 이는 선거인수의 다과나 지역의 광협에 따른 것이 아니라 대표성에 차이를 둔 것으로 보인다.

다. 이사장선거의 기탁금 반환요건

이사장선거에서 당선되거나 사망한 사람에게는 기탁금 전액을 반환한다. 낙선된 사람이라도 유효투표총수의 30% 이상을 득표한 후보자에게는 기탁금 전액을, 유효투표총수의 15% 이상 30% 미만을 득표한 후보자에게는 기탁금의 절반을 반환한다(임원선거규약 §23②). 후보자가 납부한 기탁금은 선거일 후 30일 이내에 반환하고, 반환하지 않는 기탁금은 해당 금고에 귀속된다.

일정 득표를 하지 못한 후보자의 기탁금을 반환하지 않고 귀속시키는 것은 기탁금 제도의 본질적 요소로 볼 수 있다. 그러나 과도하게 엄격한 기탁금 반환요건은 논란의 소지가 있다.[48] 공직선거의 기탁금 제도에 관한 판단이기는 하지만, 헌법재판소는 대통령선거에서 유효투표 총수의 7% 또는 5% 득표를 기탁금 반환요건으로 정한 규정은 합헌으로 판단한 반면, 유효투표 총수의 1/3 이상 득표 또는

---

47) 고액의 기탁금으로 두드러진 나라는 우리나라와 일본뿐이다. 기탁금 제도에 관한 외국의 사례를 살펴보면, 미국·프랑스·독일·캐나다·스웨덴·스위스·오스트리아·핀란드의 경우 기탁금이 아예 없고, 기탁금을 요구하는 국가도 통상 200만원 이하의 소액으로서 상징적 금액에 그친다. 중앙선거관리위원회『2022년도 각국의 선거제도 비교연구』325쪽 참조.

48) 헌법재판소 2011. 6. 30. 2010헌마542 결정

34

20% 이상 득표 등 엄격한 반환요건을 정한 규정은 헌법에 위반된다고 보았다.

이사장선거의 기탁금제도는 고액의 기탁금과 엄격한 반환요건이[49] 결합하여 경제력이 약한 후보자를 선거관리위원회의 문 앞에서 제법 머뭇거리게 하는 효과는 거둘 수 있을 것이다. 그러나 경제력에 여유가 있는 후보자에게 기탁금의 액수나 엄격한 반환요건은 아무런 장애가 될 수 없다. 기탁금제도에 내재된 불편한 진실이 바로 여기에 있다.

따라서 이사장선거에서 기탁금제도의 필요성을 인정하더라도 선거공영제를 선언한 새마을금고법 제22조제1항의 입법취지, 기탁금제도가 경제력의 차이에 따라 후보자간 불공정을 초래할 수 있는 위험성, 농업협동조합 등 다른 공공단체의 선거에서 상대적으로 완화되고 있는 기탁금 반환 추세,[50] 그리고 기탁금제도의 내재적 한계 등을 고려하여 기탁금 반환요건에 좀 더 완화된 기준을 적용할 필요가 있다고 본다.

헌법재판소는 공직선거에서 고액의 기탁금과 엄격한 반환요건은 헌법에 위반될 수 있다며 여러 차례에 걸쳐 그리고 단호하게 판시한 바 있다.[51]

---

49) 지방자치단체장 선거의 경우 유효투표 총수의 15% 이상을 득표하면 기탁금 전액을, 10% 이상 득표하면 기탁금의 절반을 돌려받는다. 장애인 또는 39세 이하인 청년 후보자의 경우 이보다 반환요건이 완화되어 10% 이상 득표하면 기탁금 전액을, 5% 이상 득표하면 기탁금 절반을 돌려받는다.
50) 농협·수협 및 산림조합의 조합장선거에서 15% 이상 득표한 경우 기탁금 전액을, 10% 이상 15% 미만을 득표한 경우 기탁금의 절반을 돌려받는다.
51) 헌법재판소 2004. 3. 25. 2002헌마383 결정, 헌법재판소 2003. 8. 21. 2001헌마687 결정 등

제 2 장

기부행위 제한과 50배 과태료

이사장으로 선출될 수 있는 적극적인 자격요건을 갖추고 소극적인 결격사유가 없다면 후보자가 될 수 있다. 이제 후보자가 되려는 사람에게는 위탁선거법과 새마을금고법의 규제가 중층적으로 적용된다.

대표적인 규제가 바로 사전선거운동의 전면적 금지와 선거인에 대한 기부행위 제한이다. 현직 이사장에게는 기부행위가 상시 제한되고 금고의 경비로 축·부의금을 제공하는 경우 명의표시도 제한된다.

이 장에서는 기부행위의 정의와 위법성 조각사유 등을 알아보고 기부받은 사람에 대한 50배 과태료에 관해서도 함께 살펴본다.

제1절
후보자 등의 기부행위 제한

1. 기부행위를 제한하는 두 개의 법률

가. 새마을금고법의 기부행위 제한

2023년 4월 11일 공포되고 6개월의 경과조치를 두어 2023년 10월 12일부터 시행된 개정 새마을금고법은 이사장선거 등 금고의 임원선거와 관련하여 후보자, 그 배우자, 후보자가 속한 기관·단체·시설은 임기만료일 전 180일부터 선거일까지 회원이나 그 가족[1] 또는 그들이 설립·운영하고 있는 기관·단체·시설에 대한 기부행위 제한을 신설하였다(§22의2①).

아울러 개정 새마을금고법은 누구든지 해당 선거에 관하여 후보자를 위하여 기부행위를 하거나 하게 할 수 없도록 금지하였다. 이 경우 후보자의 명의를 밝혀 기부행위를 하거나 후보자가 기부하는 것으로 추정할 수 있는 방법으로 기부행위를 하는 것은 해당 선거에 관하여 후보자를 위한 기부행위로 본다(§22의2⑤).

---

[1] 여기에서 가족의 범위는 회원의 배우자, 회원 또는 그 배우자의 직계존비속과 형제자매, 회원의 직계존비속 및 형제자매의 배우자를 말한다. 새마을금고법 제22조제2항제1호 참조.

기부행위 제한기간 개시일이 임원선거의 후보자등록신청 개시일보다 상당히 앞서므로, 기부행위가 제한되는 후보자의 범위에는 후보자가 되려는 사람이 포함된다.

임원선거규약은 선거공고일 전날 현재 회원명부에 등재된 사람 중 6월 이상 회원자격을 보유하고 있는 사람에게만 선거권을 부여하도록 규정하고 있으나(§17①), 기부행위의 상대방인 회원은 선거권이 있는지를 묻지 않는다. 예컨대, 기부행위의 대상으로서 회원의 범위에는 금고에 가입신청을 한 사람도 포함되므로(새마을금고법 §22의2①), 선거가 인접한 시기에 회원 가입신청을 한 사람은 선거권이 없어 선거인명부에는 오를 가능성은 전혀 없더라도 기부행위의 상대방으로는 부족함이 없다.

참고적으로 재선거·보궐선거 또는 금고의 합병에 따른 개별 선거의 경우에는 기부행위 제한기간의 시기(始期)를 특정할 수 없으므로 선거의 실시사유가 확정된 날부터 기부행위가 제한된다.

나. 위탁선거법의 기부행위 제한

위탁선거법은 2014년 제정당시부터 기부행위 제한규정을 두어 위탁관리가 의무화된 공공단체의 선거에 적용하여 왔다(§32~§35). 위탁선거법에 따른 기부행위 제한의 주체는 새마을금고법과 같다, 다만, 2024년 1월 30일 위탁선거법의 개정에 따라 기부행위 제한기간 개시일을 '임기만료일전 1년부터'로 변경하여 새마을금고법의 기부행위 제한기간보다 6개월을 더 확장하였다(위탁선거법 §34 1.).

위탁선거법의 기부행위의 상대방은 원칙적으로 선거인이다.[2] 다만, 선거인명부를 작성하기 전이라면 선거인명부에 오를 자격이

---

2) 선거인의 신분을 기준으로 규율하는 것은 위탁선거법의 금품 관련 범죄의 특징이다. 반면, 새마을금고법은 회원을 기준으로 규제한다.

있는 사람을 포함한다. 여기에서 선거인명부에 오를 자격이 있는 사람이란 금고에 가입되어 법령이나 정관 등 자치법규에 따라 선거권이 있는 사람 및 해당 금고에 가입 신청을 한 사람을[3] 말한다(위탁선거법 §32 1.).

이에 따라 위탁선거법의 기부행위 상대방은 새마을금고법에 따른 기부행위 상대방보다 다소 협소한 범위를 보이는 반면(위탁선거법 §32), 위탁선거법의 기부행위 제한기간이 더 길고 기부행위 위반죄의 법정형도 새마을금고법보다 무겁다.[4]

한편, 2024년 1월 30일 위탁선거법의 개정에 따라 직무상 행위로서 법령과 정관에 따른 금고의 사업계획과 예산으로 집행하는 금품을 해당 금고의 명의로 제공하는 경우, 그리고 의례적 행위로서 회원의 관혼상제에 통상적인 범위에서 축의·부의금품을 제공하는 경우 선거인 등에게 화환과 화분을 제공하는 행위를 허용하였다(위탁선거법 §33 ① 1.·2.).

이제 직무상 행위와 의례적 행위로서 선거인 등에게 화환과 화분을 제공하는 행위를 기부행위로 보지 않는 기준이 위탁선거법과 새마을금고법이 서로 일치되어[5] 이사장선거에서 기부행위에 관한 법집행의 혼선을 방지할 수 있게 되었다.

한편, 새마을금고법에서는 기부를 받은 사람에 대한 벌칙이 없다. 형벌은 물론 과태료도 부과되지 않는다. 그러나 위탁선거법에서는 기부받은 사람에게 그 가액에 따라 형벌 또는 50배 과태료가 부과된다는 점에 유의해야 한다(위탁선거법 §35③·§68③).

---

3) 위탁선거법 제32조제1호 참조. 2024년 1월 30일 개정에 따라 선거인명부에 오를 자격이 있는 사람을 입법적으로 명확히 정의하였다.

4) 새마을금고법의 기부행위 위반죄는 2년 이하의 징역이나 2천만원 이하의 벌금형에 처해지나(§85③), 위탁선거법의 기부행위 위반죄는 3년 이하의 징역 또는 3천만원 이하의 벌금형에 처해진다(§59).

5) 새마을금고법 제22조의2제2항 제1호 및 제2호 참조.

다. 두 법률의 기부행위제한 비교

새마을금고법의 선거규제는 주로 회원을 중심으로 형성되어 있는 반면, 위탁선거법의 선거규제는 선거인을 중심으로 형성되어 있다. 기부행위 제한규정도 이러한 연장선상에서 벗어나지 않는다. 새마을금고법과 위탁선거법의 기부행위 제한규정에서 어문규범의 형식적 차이 외에 실질적 내용의 차이는 발견하기 어렵다.

다만, 위탁선거법의 기부행위 상대방 범위에서 벗어나는 사람, 즉 해당 선거에서 선거인명부에 오를 자격이 전혀 없으나 회원의 자격을 보유한 사람에 대한 금품 등 이익제공에 한정하여 새마을금고법의 기부행위 제한규정이 보충적으로 적용될 수 있을 것으로 보인다.

한편, 위임입법의 측면에서 기부행위로 보지 않는 행위를 새마을금고법은 행정안전부령에, 위탁선거법은 중앙선거관리위원회 규칙에 각각 위임하고 있으나, 이는 소관의 원칙상 불가피한 부분이다.

라. 선거별 각 법률의 적용

(1) 이사장선거

앞에서 살펴본 바와 같이 새마을금고법과 위탁선거법 등 두 개의 서로 다른 법률에서 각각 유사한 내용의 기부행위 제한규정을 두고 있다. 그러나 이사장선거에는 위탁선거법이 새마을금고법에 우선하여 적용되므로(§5), 이사장선거에는 위탁선거법의 기부행위 제한규정을 우선 적용하되, 위탁선거법에서 공백으로 둔 부분에 한정하여 새마을금고법의 관련 규정이 보충적으로 적용되어야 할 것으로 보인다.

예컨대, 선거공고일을 기준으로 회원명부에 등재된 사람 중 6월 이상 회원자격을 보유하고 있는 사람은 일응 선거인명부에 오를 자격이 있으므로, 후보자가 되려는 사람이 그 사람에게 금품을 제공한 경우 제공자에게는 새마을금고법과 위탁선거법의 기부행위위반죄에 관한 상상적 경합이 성립하고, 받은 사람은 위탁선거법에 따라 수령액을 기준으로 형벌 또는 50배 과태료에 처해진다.

그러나 후보자가 되려는 사람이 선거인명부에 올라갈 가능성이 전혀 없는 회원에게 금품을 제공한 경우에는 새마을금고법의 기부행위 위반죄만 성립된다. 아울러 그 금품을 받은 사람에게는 형벌이든 과태료든 아무런 벌칙을 부과할 수 없다.

(2) 일반 임원선거

금고는 일반 임원선거의 관리를 정관으로 정하는 바에 따라 관할 선거관리위원회에 위탁할 수 있다(새마을금고법 §23의2②). 그러나 일반 임원선거는 그 관리를 관할 선거관리위원회에 위탁하더라도 이는 어디까지나 임의적 위탁에 해당하므로 위탁선거법의 각종 제한·금지규정이나 벌칙은 극히 일부분만 적용된다(위탁선거법 §22·§57①). 위탁단체의 자율성을 존중하기 때문이다.

당연히 선거운동에 대한 규제나 기부행위 제한규정도 적용되지 않는다. 따라서 금고의 일반 임원선거에서 기부행위 제한 여부는 오직 새마을금고법의 해당 규정이 정하는 바에 따른다.

따라서 신설된 새마을금고법의 기부행위 제한규정은 선거관리를 의무적으로 위탁해야 하는 이사장선거보다는 금고의 일반 임원선거에서 금품제공에 따른 선거의 타락과 고비용 선거문화의 폐해를 방지할 수 있는 안전판으로 삼을 수 있다는 점에 그 의의를 찾을 수 있을 것으로 보인다.

42

2. 기부행위를 제한하는 취지

선거인에게 금품 등 재산상의 이익을 제공하는 행위는 비록 선거운동 목적이 없더라도 후보자의 지지기반을 조성하는 데 기여하거나 매수행위와 결부될 가능성이 높아 선거권자의 자유로운 의사를 왜곡시켜 선거의 공정을 해하고, 선거가 후보자의 정책이나 공약에 대한 평가보다 후보자의 경제력에 의하여 선거결과가 좌우됨으로써 혼탁한 선거문화를 조성하기 때문에 이를 금지한다.6)

아울러 선출된 이사장의 기부행위를 상시 제한함으로써 선심경영을 방지하고 경영합리화를 도모하는 부수적 효과도 있다.

선거운동을 위해서는 필연적으로 비용이 소요되므로 위탁선거에서도 후보자간 무기대등의 원칙을 구현하기 위하여 선거비용제한액을 도입하여 총량규제로서 후보자 또는 후보자가 되려는 사람의 선거운동을 규제하는 방안을 검토할 수도 있을 것이다.

그러나 일상적인 품위유지와 지지기반 배양활동은 선거운동이 아니므로 선거운동이 성립됨을 전제로 하는 선거비용으로 규제하기가 곤란하다. 이는 결국 후보자간 경제력의 차이에 따라 지지기반 배양활동의 폭과 깊이가 달라지고 선거인을 대상으로 하는 활동의 기회에 불평등을 초래한다.

이러한 문제는 결과적으로 선거운동의 기회균등 원칙을 위협할 수 있으므로, 2014년 6월 위탁선거법 제정당시부터 공직선거법의 입법례에 따라 기부행위 제한규정을 둠으로써 후보자간 실질적인 기회균등을 도모하고 선심경영을 방지하고자 하였다.

6) 헌법재판소 2009. 4. 30. 2007헌바29 결정, 대법원 2002. 2. 21. 선고 2001도2819 판결 등 참조.

3. 기부행위의 정의와 판단기준

가. 기부행위의 정의

위탁선거법에서 '기부행위'란 선거인이나 그 가족 또는 그들이 설립·운영하는 기관·단체·시설을 대상으로 금전·물품 그 밖의 재산상 이익을 제공하거나 그 이익제공의 의사를 표시하거나 그 제공을 약속하는 행위를 말한다(§32).

선거인의 범위에 선거인명부에 오를 자격이 있는 사람을 포함하고, 선거인의 가족의 범위에는 선거인의 배우자, 선거인 또는 그 배우자의 직계존비속과 형제자매, 선거인의 직계존비속 및 형제자매의 배우자가 포함된다. 여기에서 '선거인'을 '회원'으로 대체하면 새마을금고법의 기부행위 상대방과 정확히 일치한다.

기부행위의 정의에 관하여 유의할 점은 금품 기타 재산상의 이익을 무상으로 제공하는 경우는 물론이고, 정당한 채무의 이행 등 대가관계가 있더라도 급부와 반대급부의 불균형으로 그 일부가 무상이나 다름없는 경우에도 기부행위가 성립된다는 점이다. 아울러 유상으로 이루어지더라도 이를 통하여 다른 사람이 얻기 어려운 재산상의 이익을 얻게 되면 기부행위가 된다.[7]

예컨대, 회원에 대한 특혜대출이 형법상의 배임이나 새마을금고법의 목적외 대출뿐만 아니라 이제는 기부행위에도 해당될 수 있다는 의미이다. 한편, 물품의 경우에는 가액이 아무리 소액이더라도 재산적 가치가 있고 그 제작이나 배부를 위하여 비용지출이 수반되는 것이라면 기부행위에 해당한다.[8]

---

7) 대법원 1996. 12. 23. 선고 96도1558 판결
8) 대법원 2004. 4. 9. 선고 2003도8168 판결

나. 이익제공 의사표시의 판단기준

기부행위 정의규정에 따라 재산상의 이익을 실제 제공하는 행위 뿐만 아니라 이익제공의 의사를 표시하거나 이익제공을 약속하는 행위 자체가 기부행위 개념에 포섭된다는 점에 유의할 필요가 있다. 따라서 금품 등 재산상의 이익제공을 약속하고 사후에 이를 취소하더라도 기부행위 성립에는 지장이 없다.

다만, 금품 등 이익제공의 의사표시는 사회통념상 쉽게 철회하기 어려울 정도로 진정한 의지가 담긴 것으로 외부적·객관적으로 나타나는 정도에 이르러야 한다. 따라서 금품제공과 관련하여 어떤 대화가 있었더라도 그것이 단지 의례적이나 사교적인 인사치레에 불과하다면 이를 금품제공의 의사표시로 볼 수 없다.[9]

예컨대, 후보자가 되려는 사람이 커피숍에서 선거구민들과 함께 차를 마신 후 참석자 중 한 사람이 찻값을 지불하려 하자 "내가 낼 테니까 그냥 가라"는 식으로 자신이 찻값을 지불하겠다면서 계산을 만류하였으나 실제로는 본인이 찻값을 내지 않은 사안을 이익제공의 의사표시죄로 기소한 사례가 있었다.

판례는 해당 사안에 대하여 피고인이 실제로 차를 대접할 의사가 있었던 것은 아니었다고 주장하고 있고, 모임 당시 찻값을 지불하려 했던 참석자도 피고인이 실제로 찻값을 내려는 의사가 없었던 것으로 판단하였다는 취지로 진술함에 따라 기부행위 위반죄의 성립을 부인한 바 있다.[10]

또한 판례는 조합장선거의 후보자가 "조합장의 억대 연봉 어떻게 생각하십니까? 매년 5,000만원을 조합원의 복지기금으로 내놓겠습니다"라는 내용을 선거공보에 게재한 사안에 대하여, 이는 금품이나 재

---

9) 대법원 2007. 3. 15. 선고 2006도8869 판결
10) 대전고법 2006. 11. 24. 선고 2006노385 판결

산상 이익을 제공하겠다는 의사표시라기보다 향후 해당 조합의 복지기금 운영에 관한 자신의 계획을 밝힌 것에 불과하여 금품이나 재산상 이익제공의 의사표시로 볼 수 없다고 판단하였다.[11]

참고적으로 기부행위의 상대방은 금품이나 재산상 이익 등을 제공받을 수 있는 구체적이고 직접적인 상대방이어야 하므로, 추상적이고 잠재적인 수혜자에 불과할 경우에는 이에 해당되지 않는다.[12] 위탁선거법에서는 기부행위의 의사표시 행위와 기부행위를 약속하는 행위를 실제 기부를 한 행위와 동일하게 모두 3년 이하의 징역 또는 3천만원 이하의 벌금형으로 처벌한다(§59).

4. 기부행위가 금지된 주체

가. 후보자와 배우자, 후보자가 속한 단체

이사장선거의 후보자와 그의 배우자, 후보자가 속한 기관·단체·시설은 임기만료일전 1년부터 선거일까지 명목여하를 불문하고 기부행위를 할 수 없다. 여기에서 후보자의 범위에는 후보자가 되려는 사람이 포함되고, 후보자가 속한 기관·단체·시설에는 금고가 포함된다.

후보자가 되려는 사람이란, 입후보 의사가 확정적으로 외부에 표출된 사람뿐만 아니라 입후보 의사를 외부에 밝히지 않았더라도 그 신분이나 접촉대상 또는 언행에 비추어 선거에 입후보할 의사를 가진 것을 객관적으로 인식할 수 있을 정도에 이른 사람도 해당된다.[13]

---

11) 대법원 2008. 6. 12. 선고 2008도3019 판결
12) 대법원 2008. 6. 12. 선고 2008도3019, 대법원 2003. 10. 23. 선고 2003도3137 판결 등
13) 대법원 2001. 6. 12. 선고 2001도1012 판결

나. 누구든지

누구든지 제한기간 중 해당 선거에 관하여 후보자를 위하여 기부행위를 할 수 없다. 이 경우 후보자의 명의를 밝혀 기부행위를 하거나 후보자가 기부하는 것으로 추정할 수 있는 방법으로 기부행위를 하는 것은 해당 선거에 관하여 후보자를 위한 기부행위로 본다.

'해당 선거에 관하여'의 의미는 비록 해당 선거를 위한 직접적인 선거운동까지는 이르지 않더라도 해당 선거를 동기로 하거나 빌미로 하는 등 해당 선거와 관련이 있으면 족하다.[14] 여기에서 우리가 유의할 점은 후보자의 명의를 밝히거나 후보자가 기부하는 것으로 추정할 수 있는 방법으로 기부행위를 하는 경우 해당 선거에 관하여 후보자를 위한 기부행위로 간주한다는 점이다.

입법기술적으로 간주규정을 두는 이유는 실제 그렇지 않은 경우에도 법률적용을 명확히 하기 위하여 그렇다고 의제하는 것이다. 따라서 누구든지 후보자의 명의가 추정되는 방법으로 기부행위를 한다면, 간주규정에 따라 해당 선거에 관하여 후보자를 위하여 기부행위를 하는 것으로 사실관계가 확정되고 반증을 허락하지 않는다.[15]

다. 소유자와 제공자가 다른 경우 기부행위자 판단

기부행위는 기부의 효과를 후보자 또는 후보자가 되려는 사람에게 돌리려는 의사를 가지고 기부행위의 상대방에게 금품 기타 재산상

---

14) 대법원 1996. 6. 14. 선고 96도405 판결
15) 반면 추정규정은 어느 쪽인지 증거가 분명하지 아니한 경우 일응 그러리라고 잠정적인 판단을 내려놓은 것을 말한다. 반대증거가 제출된 경우 당초 추정의 효력은 전복될 수 있다. '아내가 혼인 중에 임신한 자녀는 남편의 자녀로 추정한다'는 민법 제844조제1항을 추정규정의 대표적 사례로 꼽을 수 있다.

의 의익을 제공하는 것으로서 통상 출연자가 기부행위자가 되지만, 기부행위를 하였다고 평가되는 주체인 기부행위자는 항상 금품의 출연자에 한정되는 것은 아니다.

만일 출연자와 기부행위자가 일치하지 않거나 외형상 기부행위에 함께 관여하는 듯이 보여서 어느 쪽이 기부행위를 한 사람인지 분명하지 않은 경우에는 금품 등이 출연된 동기 또는 목적, 출연행위와 기부행위의 실행 경위, 기부자와 출연자 그리고 기부받은 자와의 관계 등 모든 사정을 종합하여 기부행위자를 가려내야 한다.[16]

달리 말하면, 금품 제공의 명의, 공모 또는 실행행위 역할분담의 내역 등을 종합적으로 고려하여 사회통념상 그 사람이 한 것으로 인정할 수 있으면 기부행위자가 특정된 것으로 볼 수 있다.[17] 따라서 기부행위 위반의 주체는 기부행위자로 평가되는 사람에 해당하면 충분하고, 반드시 제공한 물품에 대한 소유권 또는 처분권을 보유한 사람에 해당해야 하는 것은 아니다.[18]

다만, 자신은 전달자에 불과하다는 사실을 명백히 밝히고 금품을 제공한 경우에는 기부의 효과를 자신에게 돌리려는 의사가 없는 것이므로 그 사람을 기부행위자로 보아서는 안 될 것이다.[19]

5. 기부행위의 상대방

위탁선거법상 기부행위의 상대방은 선거인이나 그 가족 또는 그들이 설립·운영하는 기관·단체·시설로서 매수 및 이해유도죄의 상대

---

16) 대법원 2018. 5. 11. 선고 2018도4075 판결
17) 서울고법 2006. 5. 2. 선고 2006노233 판결
18) 대법원 2021. 6. 24. 선고 2019도13234 판결
19) 대법원 2010. 4. 15. 선고 2009도11146 판결

방 범위와 동일하다(위탁선거법 §32·§58).

반면 새마을금고법의 기부행위와 매수의 상대방은 '회원'으로 위탁선거법보다 그 범위가 더 넓다. 한편, 선거인의 가족의 범위에는 선거인의 배우자, 선거인 또는 그 배우자의 직계존비속과 형제자매, 선거인의 직계존비속 및 형제자매의 배우자가 포함된다.

선거인의 범위에는 선거인명부에 오를 자격이 있는 사람을 포함한다. 따라서 선거인명부 작성기준일 이전이라도 기부행위 상대방의 회원 가입시기, 연령 등 제반 사정을 기초로 판단할 때 선거인으로 될 수 있는 사람이면 이를 '선거인명부에 오를 자격이 있는 사람'으로 보는 것이 타당할 것이다.[20]

2024년 1월 30일 개정된 위탁선거법은 선거인명부에 오를 자격이 있는 사람의 범위에 해당 위탁단체에 가입되어 해당 법령이나 정관 등 내부규범에 따라 위탁선거의 선거권이 있는 사람 및 해당 위탁단체에 가입 신청을 한 사람을 포함하도록 하여 이를 입법적으로 명확히 하였다.

만일 선거가 임박한 시기에 기부행위가 이루어졌다면, 기부행위 위반죄가 성립하는지를 판단하기 위해서는 선거인명부 작성전이라면 기부를 받은 사람이 선거인명부에 오를 자격이 있는지를 구체적 사안마다 개별적으로 판단해야 하지만, 선거인명부를 작성한 후에는 명부에 등재되었는지를 확인하는 것으로 족하다.

여기에서 쟁점이 되는 부분은 선거인명부에 오를 자격이 있는 사람에 대한 판단이다. 비록 금품제공이 이루어졌더라도 그 상대방이 실질적으로는 선거인명부에 오를 자격이 전혀 없는 경우에는 위탁선거법의 기부행위 위반죄가 성립되지 않기 때문이다.[21]

새마을금고법은 미성년 회원 또는 회원 자격을 유지한 기간이 6

---

20) 대법원 2011. 6. 24. 선고 2011도3824 판결
21) 대법원 2021. 7. 21. 선고 2021도6073 판결

개월 미만인 회원에 대하여는 정관으로 정하는 바에 따라 선거권을 제한할 수 있도록 하였고(§9⑤), 정관에서는 이들 회원에게 선거권을 인정하지 않고 있다(§10①). 한편, 임원선거규약에서는 파산선고를 받은 사람, 피성년후견인, 미성년자, 회원 탈퇴를 한 사람의 선거권도 부인하고 있다(§17①).

이 경우 선거권이 없어 선거인명부에 오를 자격이 없는 회원에 대한 재산상의 이익제공은 위탁선거법의 기부행위가 성립될 여지가 없으므로 새마을금고법에 따른 기부행위 성립 여부만을 다투어 볼 수 있을 뿐이다. 참고적으로 2023년 10월 12일 시행된 개정 새마을금고법은 종전22)과 달리 위탁선거법에 규정된 선거범죄로 100만원 이상의 벌금형을 선고받은 경우에도 임원의 결격사유로 추가하고 있으므로(§21① 8.), 이제는 각 법률간 선거범죄로 인한 피선거권 제한의 효과가 같아졌다.

아울러 2025년 이후 4년의 임기를 주기로 이사장선거의 선거일은 3월 첫째 주 수요일로23) 법정되었으므로, 선거일을 기준으로 이사장선거의 절차사무 일정을 정비하는 것이 바람직해 보인다.24) 최소한 형벌의 구성요건에 해당하는 선거인 자격에 관한 판단 기준일이라도 명확성의 원칙에 충실하도록 공직선거법의 입법예에 따라 선거일로 변경할 필요가 있다.25)

---

22) 구 새마을금고법(2023. 4. 11. 법률 제19329호로 개정되기 전의 것을 말한다) 제21조제1항제8호 참조.

23) 위탁선거법 제14조제1항 참조. 이 또한 2024년 1월 30일 개정되었다.

24) 다만, 동시이사장선거의 경우 선거권의 판단기준이 되는 선거일 공고일은 사실상 법정되었다. 위탁선거법 제14조제6항 및 제15조제1항 단서 참조.

25) **공직선거법 제17조(연령산정기준)** 선거권자와 피선거권자의 연령은 선거일 현재로 산정한다. 선거일이 법정됨에 따라 임기만료 선거에서는 선거일 공고절차가 폐지된 영향도 있다.

6. 현직 이사장의 기부행위 상시제한

가. 기부행위 상시제한

2023년 10월 12일 시행된 새마을금고법에서 이사장은 재임 중 기부행위를 할 수 없도록 기부행위 상시제한을 신설하였고(§22의2⑥), 2024년 2월 9일부터는 이사장의 재임 중 기부행위를 상시 제한하는 위탁선거법 개정법률이(§35⑤) 시행됨으로써 이제 이사장에게는 위탁선거법과 새마을금고법에 따른 기부행위 상시제한 규정이 중첩하여 적용된다.

이사장에 대한 기부행위 상시제한은 후보자가 되려는 사람들 사이에 실질적인 기회균등을 도모하기 위한 목적뿐만 아니라 금고의 선심경영을 방지하려는 입법취지도 가미되어 있으므로, 이사장이 다음 선거에 출마하는지를 불문하고 적용된다.

위탁선거법과 새마을금고법에서 각각 이사장의 기부행위 상시제한 규정을 두어 합리적·객관적 직무수행과 선심경영을 구분하는 기준을 제시함으로써 금고의 경영합리화를 도모하고 현직 프리미엄을 완화하여 선거에 공정을 기할 수 있으리라 본다.

위탁선거법의 상시제한 규정 위반으로 현직 조합장이 실제 처벌된 사례를 살펴보면 다음과 같다.

조합장이 직원과 공모하여 설명절을 계기로 조합원 41명에게 25,000원 상당의 사과 1상자씩을 제공한 행위로 처벌되었고,[26] 조합장이 '풍요롭고 행복한 추석 보내세요. 1등 농협을 이룬 큰 일꾼 농업협동조합장 △△△' 내용의 스티커가 부착된 1만원 상당의 쌀을 77명의 조합원에게 제공하여 처벌된 사례도 있다.[27]

---

26) 대법원 2021. 5. 7. 선고 2021도1707 판결

한편, 조합장이 조합원을 자신의 사무실로 이끈 후 해당 조합원에게 "형님, 손자들 세뱃돈이나 주십시오"라고 말하며 20만원을 제공한 행위도 처벌을 받았고,[28] 조합장이 조합원 180명에게 '○○농협 △△△'이라고 표시한 시가 17,500원 상당의 멸치세트 1박스를 각각 택배로 발송하여 처벌된 사례도 있다.[29]

또한 조합장이 관내 게이트볼장 준공식에 즈음하여 조합원이 설립·운영하는 게이트볼 모임에 개인의 경비로 43만원 상당의 철제 난로를 제공한 행위도 처벌을 면치 못하였다.[30]

전임 조합장이 입원한 병원을 방문하여 시가 32,700원 상당의 음료수 1상자를 제공한 현직 조합장도 기부행위 위반죄로 단죄되었고,[31] 조합장선거 1~2개월 전에 조합원과 그 가족 7명에게 양말 1세트씩을 제공한 조합장의 행위도 처벌되었다.[32]

참고적으로 현직 이사장이 기부행위 상시제한을 위반하여 제공한 금품 등 재산상의 이익을 받은 사람에게는 형벌은 물론 50배 과태료도 부과되지 않는다(위탁선거법 §68③). 따라서 기부행위 제한기간 중 현직 이사장이 금품이나 재산상의 이익을 제공한 경우에는 그 이사장이 후보자가 되려는 사람인지에 따라 금품 등을 제공받은 사람에 대한 벌칙적용 여부가 달라진다.

예컨대, 현직 이사장이 연임제한으로 후보자가 될 수 없는 사람이라면, 금품을 제공받은 사람에게 아무런 죄책을 물을 수 없지만, 그 이사장이 후보자가 되려는 사람이라면 금품을 제공받은 사람은 받은 가액에 따라 형벌 또는 50배 과태료에 처해지는 것이다.

---

27) 대구지법 2019. 8. 22. 선고 2019고단3283 판결
28) 광주지법 해남지원 2015. 11. 19. 선고 2015고단296 판결
29) 전주지법 2015. 8. 28. 선고 2015고단830 판결
30) 수원지법 여주지원 2015. 7. 10. 선고 2015고단403 판결
31) 대법원 2022. 2. 24. 선고 2020도17430 판결
32) 춘천지법 속초지원 2010. 7. 9. 선고 2010고합14 판결

나. 축·부의금품 명의표시 상시제한

위탁선거법은 금고의 경비로 관혼상제의식이나 그 밖의 경조사에 축의·부의금품을 제공하는 경우에는 해당 금고의 경비임을 명기하여 해당 금고의 명의로 하도록 규정하고 있다(§36). 쉽게 말하자면 명의 표시를 하지 않은 행위 자체가 형사처벌 대상이 된다는 의미이다(§66 9.). 개정 새마을금고법도 위탁선거법과 사실상 동일한 내용을 담고 있다(새마을금고법 §22의2⑥ 1.).

본 규정은 이사장이 해당 금고의 경비, 즉 공금으로 축·부의금품을 제공하는 때에 적용되는 규정이므로, 이사장이 개인의 경비로 축·부의금품을 제공하는 경우에는 적용되지 않는다. 다만, 이 경우에도 축·부의금품의 제공이 법에 위반되지 않으려면 의례적 행위로서 기부행위로 보지 않는 행위의 단가기준을 따라야 한다.

한편, 위탁선거법은 금고의 경비로 이사장의 직명 또는 성명을 밝히거나 그가 제공하는 것으로 추정할 수 있는 방법으로 축의·부의금품을 제공하는 행위는 기부행위로 본다(§36). 이 경우 금품의 출연자는 금고이지만 금품제공의 효과가 이사장에게 귀속되므로 행위 양태에 따라 이사장의 기부행위위반죄가 성립될 수도 있다. 이 경우 명의표시 위반에 비하여 법정형도 무겁다.[33]

결론적으로 금고는 후보자가 되려는 사람이 속한 단체이므로 원칙적으로 임기만료일전 1년부터 선거일까지 기부행위가 제한되지만, 금고의 경비로 해당 이사장이 제공하는 형식이나 방법으로 축의·부의금품을 제공하는 행위는 상시 제한되는 것이다. 가급적 계좌입금을 권한다. 생색은 못 내지만 마음은 편하다.

---

33) 명의표시 위반은 제66조 각종 제한규정 위반죄가 적용되어 2년 이하의 징역 또는 2천만원 이하의 벌금에 처하지만, 기부행위 위반죄는 제59조가 적용되어 3년 이하의 징역 또는 3천만원 이하의 벌금에 처한다.

위탁선거법의 축·부의금품 명의표시 제한규정이 적용되어 현직 조합장이 처벌된 사례를 살펴보면, 조합장이 총 360회에 걸쳐 조합원들의 장례식에 시가 14,000원 상당의 근조조향세트를 조합 경비로 제공하면서 '농업협동조합 조합장 △△△'라고만 기재하여 조합의 경비임을 명기하지 않아 처벌되었다.[34]

또한 조합장이 조합의 경비로 총 37회에 걸쳐 조합원들에게 축·부의금 등을 지급하면서 자신의 명의를 밝히거나 자신이 직접 지급하는 등의 방법으로 합계 325만원 상당을 제공하여 처벌된 사례도 있다.[35]

아울러 조합장이 조합원의 장인상에 참석하여 조합의 경비로 부의금 5만원을 제공하면서 그 봉투에 '○○농업협동조합'이라고만 기재하여 그 부의금이 조합의 경비임을 명기하지 않았고, 총 35회에 걸쳐 조합원의 장례식에 조화를 제공하면서 그 비용이 조합의 경비임을 명기하지 않아 처벌받은 사례도 있다.[36]

7. 기부행위제한 위반의 벌칙

누구든지 기부행위를 하거나, 하게 하거나, 기부를 받거나, 기부의 의사표시를 승낙하거나, 기부를 지시·권유·알선 또는 요구한 사람은 위탁선거법의 기부행위의 금지·제한 등 위반죄로 3년 이하의 징역 또는 3천만원 이하의 벌금에 처한다(§59). 다만, 단순하게 금품 등을 제공받은 사람으로서 그 제공받은 금액이나 가액이 100만원 이하인 경우에는 50배 과태료에 처해진다.

---

34) 전주지법 제2형사부 2020. 8. 20. 선고 2019노1649 판결
35) 대전지법 공주지원 2016. 9. 23. 선고 2015고단308 판결
36) 제주지법 2015. 12. 22. 선고 2015고단987 판결

반면, 새마을금고법에 규정된 기부행위 제한규정을 위반한 경우
에는 제공한 사람만 2년 이하의 징역이나 2천만원 이하의 벌금에 처
한다(§85③). 받은 사람에 대한 형벌이나 과태료는 없다.

한편, 새마을금고법뿐만 아니라 공직선거법과 위탁선거법의 벌칙
에서도 기부행위를 '하게 한 자'도 처벌하도록 규정하고 있다.[37] 이러
한 규정은 일반 형사범과 달리 선거사범에는 교사범을 각 범죄의 구
성요건으로 포함하였다는 데 그 특징이 있다.

이러한 규정을 둔 취지는 실제 위반행위를 한 사람 외에 뒤에서
행위자를 배후조종한 인물도 함께 처벌하겠다는 입법권자의 의지를
명백히 표명함으로써 금품제공 행위에 대한 일반예방효과를 거양하려
는 의도이다. 따라서 해당 규정을 학설과 판례가 이견 없이 취하고 있
는 공범종속성이론을 배제하고 피교사자의 범행실행 여부와 관계없이
피교사자에게 지시하는 행위 자체를 처벌하는 새로운 구성요건을 형
성한 것으로 오인해서는 안 될 것이다.[38]

예컨대, 甲이 乙에게 기부행위를 하게 하였으나, 乙이 이를 승낙
하지 않거나 승낙하였더라도 실행의 착수에 이르지 않은 경우 甲을
기부행위위반죄로 처벌할 수 없다는 의미이다. 형법의 일반원칙상 미
수범은 별도의 특별한 처벌규정이 없으면 처벌할 수 없고(형법 §29),
위탁선거법이나 새마을금고법에는 기부행위의 미수범을 처벌하는 특
별한 규정이 없기 때문이다.

---

37) 새마을금고법 제22의2제5항·제85조제3항, 공직선거법 제115조·제257조제1항제1
호, 위탁선거법 제35조제2항·제59조 참조.
38) 대검찰청 2020. 3. 『공직선거법 벌칙해설』 제10개정판 134·135쪽 참조.

제 2 절
기부행위로 보지 않는 행위

1. 기부행위로 보지 않는 행위의 의미

후보자가 되려는 사람 등 선거에서 기부행위가 제한되는 주체에게 회원이나 그 가족에 대한 금품 등 재산상의 이익제공 행위를 일절 금지하게 되면, 구호·자선행위까지 제한되어 사회적 안전망이 붕괴되고 구호·자선행위를 주관하는 단체의 정상적인 기능수행에도 지장을 초래할 우려가 있다.

아울러 후보자라는 이유만으로 기부행위 제한의 수범자(受範者)가 되어 사람의 도리로 행하는 인사치레조차 금지한다면 자연인으로서 품위유지가 불가능하여 인간의 존엄을 해칠 우려도 있다. 이러한 이유로 위탁선거법과 새마을금고법에서는 직무상 행위, 의례적 행위, 구호적·자선적 행위와 법령에 근거한 금품의 찬조·출연행위는 기부행위가 아닌 행위로 보아 허용하고 있다.

따라서 법률에서 기부행위로 보지 않는 행위로 열거된 행위에 해당하지 않는 금품 등 이익제공 행위는 일단 기부행위 위반죄의 구성요건해당성이 충족되는 것으로 보아야 할 것이다. 이 경우에도 기부행위 위반죄로 처벌하기 위해서는 위법성 조각사유와 책임조각사유의 존재 여부를 별도로 판단해야 한다.

2. 직무상 행위

가. 직무상 행위 개요

직무상의 행위란 법령·조례 또는 행정관행·관례에 따라 그 지위의 성질상 필요로 하거나 수반되는 모든 행위나 활동을 말한다. 위탁선거법과 새마을금고법에서 다음에 해당하는 이익 제공의 경우에는 직무상 행위로서 이를 기부행위로 보지 않는다(위탁선거법 §33① 1., 새마을금고법 §22의2② 1.)

① 금고 외에 기관·단체·시설이 자체사업계획과 예산에 따라 의례적인 금전·물품을 그 기관·단체·시설의 명의로 제공하는 행위. 이 경우 포상을 포함한다.

② 금고에서 해당 법령이나 정관 등에 따른 사업계획과 예산에 따라 집행하는 금전·물품을 해당 금고의 명의로 제공하는 행위. 이 경우에도 포상을 포함한다.[39]

③ 물품구매·공사·역무의 제공 등에 대한 대가의 제공 또는 부담금의 납부 등 채무를 이행하는 행위

④ 그 밖에 법령에 근거하여 물품 등을 찬조·출연 또는 제공하는 행위

여기에서 유의할 점은 본래 직무상 행위로 적법하게 허용되었더라도 후보자가 되려는 사람의 명의가 표시될 경우에는 위법한 기부행위가 되어 처벌대상이 될 수 있다는 점이다.

---

39) 2024년 1월 30일 위탁선거법의 개정에 따라 금고에서 해당 법령이나 정관 등에 따른 사업계획과 예산에 따라 집행하는 경우 화환과 화분의 제공이 허용되었다. 해당 법률은 공포 후 6개월이 경과한 날부터 시행하지만, 화환과 화분 제공을 허용하는 등 기부행위의 정의와 관련된 제33조의 개정규정은 공포한 날부터 시행하도록 하였다. 부칙 제1조 참조.

예컨대, 후보자가 되려는 사람이 장학금이나 노인정 개소식 비용을 기부한 행위가 형식적으로는 새마을금고의 이사회 결의에 따라 이를 집행하는 형식으로 이루어졌더라도 장학증서에 후보자가 되려는 사람의 이름이 명기된 점 등을 고려하여 기부행위 위반죄로 처벌한 사례가 있다.[40]

또한 시장이 보조금조례에 근거하여 장애인 및 독거노인 위안잔치에 보조금을 지급하고 해당 행사에 참석하여 "제가 이 자리를 베풀었습니다... 텐트도 제가 만들어 주었습니다"라고 인사하는 바람에 당초 적법한 직무상 행위가 위법한 기부행위로 변질되어 처벌된 사례도 있다.[41]

아무튼 직무상 행위로 회원이나 선거인에게 금품 기타 재산상의 이익을 제공하는 경우에는 후보자 또는 후보자가 되려는 사람의 명의를 밝혀서는 안 된다.

나. 직무상 행위 판단기준

금고의 회원이나 선거인 또는 그 가족 등에 대한 재산상의 이익제공 행위가 새마을금고법 제22조의2제2항제1호 나목과 위탁선거법 제33조제1항제1호 나목에 따른 직무상 행위로서 기부행위에 해당하지 않으려면 다음의 조건을 모두 갖추어야 한다.[42]

첫째, 금품 등 재산상의 이익제공이 법령 또는 해당 금고의 정관이나 규약 등 자치규범에 그 근거가 있어야 한다.

---

40) 대법원 2005. 2. 18. 선고 2004도6323 판결
41) 부산고법 2000. 5. 25. 선고 99노1085 판결. 지방자치단체의 직무로 행하는 금품제공 행위는 지방자치단체의 명의로만 허용할 뿐, 자치단체장의 명의를 밝히는 경우 이를 직무상 행위가 아니라 기부행위로 본다.
42) 대법원 2022. 2. 24. 선고 2020도17430 판결

둘째, 금품 등 재산상의 이익제공은 해당 금고의 사업계획과 예산에 따라 집행되어야 한다.

셋째, 금품 등 재산상의 이익을 제공하는 경우 해당 금고의 명의로 해야 한다.

결국 금고의 운영과 관련한 직무상 행위로서 기부행위로 보지 않는 행위의 핵심은 바로 법령이나 정관 등에 터잡은 사업계획과 예산에 따라 금고의 명의로 금품을 제공하는 것이다. 다시 말하면, 정관 등 자치규범에 따라 수립된 사업계획과 이를 집행하기 위하여 편성된 예산에 금품제공의 근거가 있다면, 금액을 불문하고 해당 금고의 명의로 제공되는 한 기부행위로 보지 않는다는 의미이다.[43]

여기서 금품을 해당 금고의 명의로 제공하는 것인지는 대상자 선정과 집행과정에서 내부결재 등 금고 내부의 공식적 절차를 거쳤는지 여부, 금품제공이 금고의 사업수행과 관련성이 있는지 여부, 금품 제공 당시 제공의 주체가 금고임을 밝혔는지 여부, 수령자가 금품 제공의 주체를 금고로 인식했는지 여부, 금품의 제공에 관해 종전에 유사한 관행이 있었는지 여부 등을 종합적으로 고려하여 판단한다.

따라서 제공된 금품이 단순히 금고의 사업계획과 예산에 따라 집행되었다는 사정만으로는 직무상 행위에 해당한다고 쉽게 단정해서는 안 된다. 특히 직무상 행위의 외관을 빌렸으나 실질적으로는 금품제공의 효과를 후보자가 되려는 사람에게 돌리려는 의도가 드러난 경우에는 더더욱 직무상 행위로 볼 수 없다. 이는 처벌대상인 기부행위가 된다.

---

43) 예컨대, 해당 금고의 정관 등 자치규범에 따라 소속 임직원의 사기진작을 위한 후생복지에 관한 사업계획을 수립하고 이를 뒷받침하기 위한 예산을 편성하여 금품 제공에 객관적 근거를 두고 있다면, 기부행위제한기간 중 임직원의 경조사에 5만원을 초과하는 축의금이나 부의금을 지급하더라도 무방하다. 이 경우 금고의 경비임을 명기하지 않으면 처벌대상이 된다.

다. 기부행위로 간주되는 행위

2024년 1월 30일 위탁선거법의 개정에 따라 금고의 직무상 행위는 법령이나 정관 등 자치법규에 따라 포상하는 경우를 제외하고는 해당 금고의 명의로 하도록 금품 등의 제공방법을 입법적으로 명확히 하고, 이사장의 직명 또는 성명을 밝히거나 이사장이 하는 것으로 추정할 수 있는 방법으로 제공하는 행위는 모두 기부행위로 보도록 간주규정을 신설하였다.[44]

다음 중 어느 하나에 해당하는 경우에는 '이사장이 하는 것으로 추정할 수 있는 방법'으로 제공하는 것으로서 기부행위가 된다.

첫째, 법령이나 정관 등 자치법규의 제정 또는 개정 없이 종전의 대상·방법·범위·시기 등을 확대 변경하여 제공하는 경우

둘째, 이사장의 업적을 홍보하는 등 그를 선전하는 행위가 부가되어 제공하는 경우

라. 직무상 행위로 인정되지 않은 예

위탁선거법에 따른 기부행위 제한규정이 적용되는 농업협동조합 등 조합장선거에서 조합원과 그 가족에 대한 금품 등 재산상의 이익 제공행위가 비록 직무상 행위의 외형을 갖추긴 하였으나, 이를 직무상 행위로 인정하지 않고 기부행위로 판단한 사례를 살펴보면 다음과 같다.

① 조합장이 해당 조합의 사업계획과 수지예산서에 분과위원회 실비로 책정된 예산을 전용하여 조합의 이사, 감사, 대의원,

---

44) 이는 2024년 1월 30일 위탁선거법의 개정에 따라 제33조의 종전 제2항을 제3항으로 이동하고 제2항을 신설하여 도입된 것이다. 해당 규정도 부칙 제1조 단서에 따라 유예기간이 없이 공포한 날부터 시행되었다.

봉사단원들을 대상으로 선진지 견학 명목으로 관광을 실시하
면서 음식물, 주류, 선물 등을 제공한 행위[45]

② 조합의 사업계획과 예산서에 영농회 총회를 개최하는 때에 상
품권과 식사를 제공하는 것으로 결정되어 있었으나, 별도의
근거없이 업무추진비로 총회에 참석한 반장들에게 물품을 제
공한 행위[46]

3. 의례적 행위

가. 의례적 행위 개요

의례적 행위란 사람이 살아가는 도리로서 행하는 행위를 말한다.
위탁선거법과 새마을금고법에서는 후보자가 되려는 사람과 그 가족
등 기부행위 제한의 주체에게 사람이 살아가는 도리와 자연인으로서
품위유지를 위한 금품 제공은 의례적 행위로서 허용하고 있다.

다음의 경우에는 의례적 행위로서 선거인이나 회원에게 금품 기
타 재산상의 이익이 제공되더라도 이를 기부행위로 보지 않는다(위탁
선거법 §33① 2., 새마을금고법 §22의2② 2.)

① 친족의 관혼상제나 그 밖의 경조사에 축의·부의금품을 제공
하는 행위. 이 경우 친족의 범위는 민법 제777조에 따른 친족
을 말한다. 8촌 이내의 혈족과 4촌 이내의 인척으로 그 범위
가 한정되므로 금액 범위에 대한 제한은 없다.

② 친족 외의 사람의 관혼상제의식에 5만원 이내의 범위에서 축
의·부의금품을 제공하거나 주례를 서는 행위[47]

---

45) 대구지법 2010. 10. 15. 선고 2010고단855 판결
46) 춘천지법 2009. 12. 3. 선고 2009고단463 판결

③ 후보자가 되려는 사람 본인의 관혼상제의식이나 그 밖의 경조
사에 참석한 하객이나 조객 등에게 3만원 이내의 음식물 또는
1만원 이내의 답례품을 제공하는 행위

④ 소속 기관·단체·시설의 유급 사무직원이나 친족에게 연말·
설 또는 추석에 3만원 이내의 선물을 제공하는 행위. 이 경우
기관·단체·시설의 범위에 해당 금고는 제외한다.

⑤ 친목회·향우회·종친회·동창회 등 각종 사교·친목단체 및 사
회단체의 구성원으로서 그 단체의 정관 또는 운영관례상 의무
에 따라 종전의 범위에서 회비를 내는 행위

⑥ 평소 자신이 다니는 교회·성당·사찰 등 종교시설에 통상의
예에 따라 헌금하는 행위. 이 경우 물품 제공을 포함한다.

위에서 1명에게 제공할 수 있는 축의·부의금, 음식물, 답례품 및
선물의 단가는 위탁선거법과 새마을금고법의 위임에 따른 규칙에서
정하고 있다(위탁선거규칙 §16, 새마을금고법 시행규칙 §5의3).

다행히도 2023년 10월 25일 시행된 새마을금고법 시행규칙에서
는 위탁선거규칙에 규정된 항목별 단가와 동일한 금액으로 규정하였
다. 기부행위 제한의 입법취지를 존중하고 위탁선거와 관련한 규범체
계의 통일성을 확보하기 위한 조치로 보인다.

나. 의례적 행위로 인정되지 않은 예

위탁선거법이 적용되는 조합장선거에서 외형상 의례적 행위의 형
식을 갖추고 있으나 이를 의례적 행위로 인정하지 않고 기부행위로
판단한 사례를 살펴보면 다음과 같다.

---

47) 2024년 1월 30일 위탁선거법의 개정에 따라 관혼상제의식에 축의·부의금품을
제공하는 경우 화환과 화분의 제공이 허용되었다. 해당 규정도 유예기간 없이
부칙 제1조 단서에 따라 공포한 날부터 시행하도록 하였다.

① 후보자가 평소 자신이 다니는 교회가 아닌 다른 교회, 그 것도 자신의 소속 교파와 다른 교회의 예배에 참석하여 봉투에 자신의 이름을 적고 2만원을 넣어 헌금한 행위[48]

② 입후보예정자가 상당수의 선거인과 그 가족들이 다니는 교회 3곳의 예배에 참석하여 감사헌금 봉투에 자신의 이름을 기재한 후 헌금 명목으로 각각 5만원씩을 헌금함에 넣은 행위

③ 입후보예정자가 명절을 앞두고 조합원의 집을 방문하여 "설 잘 쉬라"며 현금 5만원을 제공하고 그 조합원의 손녀에게 "할아버지 세뱃돈이다"라며 현금 5만원을 제공한 행위[49]

④ 조합장이 자신의 모친상에 10만원을 제공한 조합원의 결혼식에 그 답례의 취지로 10만원의 축의금을 제공한 행위[50]

⑤ 후보자가 병원에서 입원치료를 받고 있는 조합원을 문안하면서 현금 20만원을 제공한 행위[51]

⑥ 후보자가 선거일에 관광버스 6대를 동원하여 조합원들이 투표소까지 이동하는 데 필요한 교통편의를 제공한 행위

4. 구호적·자선적 행위

본래 기부행위는 측은지심이라는 인간 본성에서 발휘되는 미덕이다. 선거법의 영역에 포섭되기 전까지는 그렇다. 그러나 금권선거의 방지와 후보자간 기회균등을 보장하기 위한 이상에 치우쳐 회원에 대한 일체의 이익제공 행위를 원천적으로 금지할 경우 사회적 약자와

---

48) 서울고법 1996. 4. 10. 선고 96노350 판결
49) 창원지법 전주지원 2015. 8. 11. 선고 2015고단312, 520(병합) 판결
50) 광주지법 2010. 5. 25. 선고 2010노335 판결
51) 청주지법 2009. 2. 5. 선고 2008고단969 판결

소외계층에 대한 사회적 안전망이 붕괴될 우려가 있다.

이에 따라 새마을금고법과 위탁선거법에서는 공직선거법에 따른 구호적·자선적 행위와 이에 준하는 금품 등 재산상의 이익제공은 기부행위가 아닌 행위로 보아 허용하고 있다(새마을금고법 §22의2② 3., 위탁선거법 §33① 3.).

공직선거법의 기부행위 규정 중 구호적·자선적 행위로서 기부행위로 보지 않는 행위는 다음과 같다(공직선거법 §112② 3.).

① 법령에 의하여 설치된 사회보호시설 중 수용보호시설에 의연금품을 제공하는 행위

② 재해구호법에 따른 구호기관이나 대한적십자사에 천재·지변으로 인한 재해의 구호를 위하여 금품을 제공하는 행위

③ 장애인복지법 제58조에 따른 장애인복지시설에 의연금품·구호금품을 제공하는 행위. 이 경우 장애인복지시설의 범위에 유료시설은 제외한다.

④ 국민기초생활 보장법에 의한 수급권자인 중증장애인에게 자선·구호금품을 제공하는 행위

⑤ 자선사업을 주관·시행하는 국가·지방자치단체·언론기관·사회단체 또는 종교단체 그 밖에 국가기관이나 지방자치단체의 허가를 받아 설립된 법인 또는 단체에 의연금품·구호금품을 제공하는 행위. 다만, 광범위한 선거구민을 대상으로 하는 경우 제공하는 개별 물품 또는 그 포장지에 직명·성명을 표시하여 제공하는 행위는 제외한다.

⑥ 자선·구호사업을 주관·시행하는 국가·지방자치단체, 그 밖의 공공기관·법인을 통하여 소년·소녀가장과 후원인으로 결연을 맺고 정기적으로 제공하여 온 자선·구호금품을 제공하는 행위

⑦ 국가기관·지방자치단체 또는 구호·자선단체가 개최하는 소

년·소녀가장, 장애인, 국가유공자, 무의탁노인, 결식자, 이재민, 국민기초생활 보장법에 따른 수급자 등을 돕기 위한 후원회 등의 행사에 금품을 제공하는 행위. 다만, 개별 물품이나 그 포장지에 직·성명을 표시하여 제공하는 행위는 제외한다.

여기에서 주의할 부분은 경로당, 노인회관, 마을회관은 구호행위나 자선행위의 대상 시설이 결코 아니라는 점이다. 장애인복지시설도 아니고 수용보호시설은 더더욱 아니다.

장애인복지시설에 의연금품이나 구호금품을 제공하는 행위는 원칙적으로 자선적·구호적 행위로서 기부행위가 아닌 것으로 보지만, 그 장애인복지시설조차 유료시설이라면 해당 시설에 금품을 제공하는 행위는 기부행위가 된다는 점도 유의해야 한다.

특히 구호적·자선적 행위의 외관을 빌렸더라도 기부자에게 진정한 자선 내지 구호의 의사가 있어야만 기부행위로 보지 않는다. 예컨대, 예비후보자가 국민기초생활 보장법에 따른 수급권자인 중증장애인에게 '약값에 보태쓰라'며 5만원을 제공하면서 '잘 부탁한다'는 발언을 부가한 사안에 대하여 판례는 기부자에게 자선 내지 구호의 의사가 인정될 수 없다며 기부행위위반죄로 처벌한 사례가 있다.[52]

5. 중앙선거관리위원회 규칙으로 정하는 행위

위탁선거법은 직무상 행위, 의례적 행위, 구호적·자선적 행위 외에 이에 준하는 행위로서 중앙선거관리위원회 규칙으로 정하는 행위를 기부행위로 보지 않도록 규정하고 있다(§33① 4.).

그러나 위탁선거법에서 고비용 선거구조를 해소하고 금권선거를

---

52) 대법원 2007. 3. 16. 선고 2007도617 판결

방지하며 후보자간 실질적인 기회균등을 보장하기 위하여 도입한 기부행위제한의 입법취지를 고려한다면, 중앙선거관리위원회가 위탁선거규칙의 개정을 통하여 기부행위에 대한 추가적인 예외를 허용할 가능성은 매우 낮다.

공직선거법에서도 기부행위로 보지 않는 행위를 법에서 열거하면서 이에 준하는 행위로서 중앙선거관리위원회 규칙으로 정하는 행위를 기부행위로 보지 않도록 위임하였으나, 실제 중앙선거관리위원회 규칙으로 정한 사례가 전혀 없다.

6. 행정안전부령으로 정하는 행위

새마을금고법은 기부행위로 보지 않는 직무상 행위, 의례적 행위, 구호적·자선적 행위를 직접 열거하면서 추가적으로 이에 준하는 행위로서 행정안전부령인 새마을금고법 시행규칙으로 정하는 행위를 기부행위로 보지 않도록 규정하고 있다(§22의2② 4.).

위탁선거법은 공직선거법과 달리 법령에 근거하여 금품을 제공하는 행위를 기부행위로 보지 않는 행위로[53] 열거하지는 않고 있더라도, 행정안전부령에 기부행위로 보지 않는 행위를 추가할 경우 형법의 일반원칙상 법령에 의한 행위로서[54] 위탁선거법에 따른 기부행위위반죄의 위법성이 조각될 여지가 있어 보인다.

만일 행정안전부령인 새마을금고법 시행규칙에서 회원에 대한 금품 등 재산상의 이익을 제공하는 행위를 기부행위가 아닌 행위로 폭넓게 열거하면 할수록 기부행위 위반죄의 구성요건 조각사유가 더욱

---

53) 공직선거법 제112조제2항제5호 참조.
54) **형법 제20조(정당행위)** 법령에 의한 행위 또는 업무로 인한 행위 기타 사회상규에 위배되지 아니하는 행위는 벌하지 아니한다.

확대되어 가벌성의 범위는 축소된다. 이 경우 죄형법정주의 원칙이 직접적으로 침해될 우려는 없어 보인다.

그러나 이러한 조치는 고비용 선거구조를 지양하고 후보자간 실질적인 기회균등을 담보하기 위하여 기부행위 제한제도를 도입한 새마을금고법의 입법취지가 몰각되고 관련 규정의 규범력이 형해화될 가능성이 높다. 이는 입법권의 침해와 의회법률주의 원칙의 훼손에 따라 위헌논란이 제기될 가능성도 내포하고 있다.

새마을금고법 시행규칙에서 기부행위로 보지 않는 행위를 추가할 경우 신중한 판단이 요구되는 이유이다. 이러한 사정은 새마을금고법이 통상적인 범위에서 1명에게 제공할 수 있는 축의·부의금품, 음식물, 답례품 및 의례적인 선물의 금액 범위를 행정안전부령으로 정하도록 위임한 부분도 마찬가지이다(새마을금고법 §22의2③).

만일 행정안전부령인 새마을금고법 시행규칙에서 기부행위로 보지 않는 행위를 추가로 허용하거나, 통상적인 범위에서 1명에게 제공할 수 있는 축의·부의금품, 음식물, 답례품, 선물의 금액 범위를 증액하더라도 현직 이사장이나 이사장선거에 참여하는 사람에게는 위탁선거법의 기부행위 제한규정이 우선 적용되므로 당사자들에게 별다른 실익이 없다.

그러나 당위성과 필요성은 별론으로 하더라도 새마을금고법 시행규칙에서 기부행위 제한을 완화할 경우 그 효과는 이사장선거를 제외한 임원선거에만 제한적으로 미치는 반면, 공공단체의 위탁선거를 규율하는 법체계의 통일성이 훼손될 것이므로 이에 따른 혼란은 모든 임원선거의 후보자와 정부의 감독기관, 그리고 선거관리기관이 공동으로 인수해야 할 위험이 된다.

7. 정관이나 규약 등 내부규범으로 정하는 행위

위탁선거법과 새마을금고법의 기부행위 제한규정이 지나치게 엄격하여 사적자치의 이념을 훼손하고 금고의 자율성을 침해하여 정상적인 운영에 저해가 된다면, 금고의 입장에서는 그 절차와 과정이 복잡하고 어려운 법령개정을 추진하는 것보다 해당 금고의 정관이나 규약 등 내부규범을 개정하여 회원에 대한 이익제공의 근거를 마련하는 것이 보다 현실적인 방안으로 보인다.55)

위탁선거법에서는 정관이나 임원선거규약 등 자치규범에 근거를 두어 수립된 사업계획과 수지예산에 따라 집행하는 금품을 해당 금고의 명의로 제공하는 행위는 직무상 행위로서 기부행위로 보지 않기 때문이다. 새마을금고법에서도 정관에 근거를 둔 경우에는 기부행위의 예외로 인정한다.56)

다만, 경제력의 차이에 의한 불공정을 시정하여 후보자간 기회균등의 원칙을 구현하고 금고의 선심경영을 방지하려는 위탁선거법과 새마을금고법의 입법취지를 형해화할 정도로 내부규범에서 과도하게 회원에 대한 금품제공을 허용하는 근거를 둘 경우 그 효력이 문제될 수 있다. 정관은 법규명령과 달리 법원을 기속하는 재판규범이 아니기 때문이다.

---

55) 정부입법의 경우 부처협의, 관계기관 의견조회, 입법예고, 공청회, 법제처 심사, 차관회의, 국무회의 심의, 대통령 재가 등의 절차를 거쳐 국회에 법률안을 제출한다. 그 후에는 다시 상임위 심사, 법사위 심사, 본회의 의결 등 국회의 시간을 기다려야 한다.

56) 위탁선거법 제33조제1항제1호 나목에서는 '정관등'으로 표현하여 정관뿐만 아니라 규약, 규정, 준칙 등 자치규범을 포함하고 있으나(§3 8.), 새마을금고법 제22조의2제2항제1호 나목에서는 '정관'으로만 규정하고 있으므로, 임원선거규약 등 정관이 아닌 자치규범의 제정이나 개정을 통하여 기부행위로 보지 않는 행위를 추가적으로 허용할 수 없는 것으로 보인다.

금권선거 또는 금권정치를 풀루토크라시(plutocracy)라 한다. '재물의 신' 풀루토스(plutos)와 '지배'라는 의미의 크라시(cracy)가 합성된 그리스 말이다. 풀루토스는 출생의 비극으로[57] 눈이 멀어 아무에게나 재물을 뿌리고 다녔다고 한다. 공정한 재판을 위하여 법의 여신은 눈을 가리고 있지만, 공정하고 정의로운 선거를 위해서라면 이제라도 금고의 여신은 눈을 떠야 하지 않겠는가?

---

57) 호메로스의 『오디세이아』에 따르면 풀루토스는 대지의 여신 데메테르와 제우스의 아들 이아시온이 3번이나 갈아놓은 부드러운 밭고랑에서 사랑을 맺어 태어났으나, 분노한 제우스에 의해 이아시온은 벼락을 맞고 죽었다고 한다.

제 3 절
위법성 조각사유에 해당되는 행위

1. 위법성 조각사유의 의의

　　앞서 살펴본 바와 같이 기부행위로 보지 않는 행위로 열거한 규정의 성격은 구성요건 조각사유이다. 그러므로 이에 해당하지 않는 금품 등 재산상의 이익제공 행위는 원칙적으로 새마을금고법이나 위탁선거법상 기부행위위반죄의 구성요건해당성이 충족되는 것으로 보아야 할 것이다. 그러나 새마을금고법이나 위탁선거법에 규정된 벌칙에도 형법총칙의 적용이 배제되는 것이 아니므로 기부행위위반죄가 성립하려면 형법의 일반원칙에 따라 위법성 조각사유와 책임조각사유의 존재 여부를 면밀하게 따져봐야 한다.

　　따라서 위탁선거법에서 개별적으로 열거한 기부행위의 예외에 해당하지 않는 행위라도 그것이 지극히 정상적인 생활형태의 하나로서 역사적으로 생성된 사회질서의 범위 안에 있는 것이라면, 그러한 행위는 일종의 의례적 또는 직무상의 행위로서 결과적으로 사회상규에 위배되지 않아 위법성이 조각된다. 이러한 법리는 일정한 행위가 범죄 구성요건에 해당하는 경우라도 그 행위가 법질서 전체에 의한 가치평가에 따라 위법하지 않은 것으로 평가되는 경우에는 위법성이 조각된다는 형법상의 기본원칙에 따른 것이다.

2. 위법성 조각사유 인정요건

위탁선거법에서 기부행위에 해당하지 않는 행위를 구체적으로 상세하게 열거하고 있고, 그에 해당하지 않는 행위는 원칙적으로 사회상규에도 반하는 것으로 엄격하게 해석함이 상당하므로 위법성 조각사유을 인정함에는 신중을 요한다.[58]

따라서 위법성 조각사유의 존부 판단에 있어서는 금품 등 재산상의 이익을 받은 사람의 범위와 지위, 기부행위가 이루어진 동기, 기부행위에 제공된 금품 등의 종류와 가액, 기부행위 시점, 기부행위와 관련한 기존의 관행, 기부행위자와 기부를 받은 사람과의 관계 등 제반 사정을 종합적으로 고려하여야 한다.[59]

그 밖에 새마을금고법과 위탁선거법에서는 개별적으로 기부행위의 명시적 예외규정으로 두고 있지는 않지만, 법령에 근거한 재산상의 이익제공 행위도 형법 제20조[60]에 따른 정당행위이므로 위법성이 조각되어 기부행위 위반죄는 성립되지 않는다.

예컨대, 학교의 환경개선을 위하여 초·중등교육법[61]에 따라 학교발전기금을 기부하는 행위나, 도서관법[62]에 근거하여 각종 도서관에 금품을 기증하는 것은 법령에 따른 행위로서 가능하다.

---

58) 대법원 2006. 7. 13. 선고 2006도1879 판결
59) 대법원 2022. 2. 24. 선고 2020도17430 판결
60) **형법 제20조(정당행위)** 법령에 의한 행위 또는 업무로 인한 행위 기타 사회상규에 위배되지 아니하는 행위는 벌하지 아니한다.
61) **초·중등교육법 제33조(학교발전기금)** ① 제31조에 따른 학교운영위원회는 학교발전기금을 조성할 수 있다.
62) **도서관법 제47조(금전 등의 기부)** ① 누구든지 도서관의 설립 및 운영을 지원하기 위하여 금전 또는 그 밖의 재산을 도서관에 기부할 수 있다.

3. 위법성 조각사유를 인정한 사례

판례는 자동차 가스충전소를 경영하는 후보자가 설명절 직전에 고객에 대한 감사와 가스충전소 홍보를 위해 택시기사들에게 시가 3,500원 상당의 선물세트를 제공한 행위에 대해 가스충전소의 영업관행을 고려하여 위법성 조각사유를 인정하였다.63)

아울러 판례는 공직선거에 후보자로 출마한 새마을금고 이사장이 해당 동의 바르게살기협의회 등 지역단체에 10만원씩 찬조금을 제공한 사안에서, 수년간 지역사업의 일환으로 새마을금고가 지역단체에 유사한 금액을 기부하여 온 경위와 내역, 기부방식 등에 비추어 기부행위 위반죄의 구성요건에 해당하지 않거나 사회상규에 반하지 아니하여 위법성이 없다고 판시한 바 있다.64)

한편, 동갑계의 관광여행시 입후보예정자인 계의 간부가 운영관행에 따라 계원의 식대와 유람선 이용료를 부담한 사안에 관해서도, 판례는 일반인의 건전한 상식과 사회통념에 비추어 계의 간부의 자격에서 행한 의례상의 행위로서 사회상규에 위배되지 않는 것으로 보아 위법성 조각사유를 인정하였다.65)

또한 출어 준비 중이던 어선 3척에 맥주 각 1박스씩을 실어준 행위에 대하여66) 어선이 1달 가량 정비를 마치고 출어에 나서게 되면

---

63) 대법원 1996. 5. 10. 선고 95도2820 판결
64) 대법원 2007. 9. 7. 선고 2007도3823 판결
65) 대법원 1996. 5. 10. 선고 96도668 판결
66) 이 판례는 위법성 조각사유를 인정한 사례가 별로 없어 소개하였을 뿐, 1997. 8. 22. 선원법의 개정으로 선내에서의 음주행위는 선원법 제22조제1항제4호에 위반된다. 낚시어선에서의 음주행위도 낚시 관리 및 육성법 제35조제2항에 따라 관할 지방자치단체장이 금주를 고시한 경우에는 100만원 이하의 과태료에 처해질 수 있다.

그 친지나 이웃들이 풍어를 기원하는 뜻으로 배에 술을 실어주는 지역 풍습에 따른 것이고, 후보자의 명의를 밝히거나 이를 추정할 수 있는 말이나 행동을 하지 않았음을 고려하여 위법성 조각사유를 인정한 사례도 있다.[67]

4. 위법성 조각사유를 인정하지 않은 사례

판례는 후보자가 되려는 사람이 장학금을 지급하고 노인정 개소식 비용을 기부하며 청년회와 부녀회에 경비를 지원한 기부행위가 형식적으로는 해당 새마을금고 이사회의 결의에 따라 이를 집행하는 형식으로 행하여졌더라도 실질적으로는 후보자가 되려는 사람이 각 기부행위의 주체인 사실을 알 수 있었던 사안에 대하여 위법성 조각사유를 인정하지 않았다.[68]

또한 판례는 군수가 예산에 편성되어 있는 업무추진비로 군 관내 경찰, 기자, 향우회에 사례금 명목으로 현금을 지급한 행위는 물론,[69] 이장인 입후보예정자가 마을회관 겸 경로당 준공식장에서 자신의 성명이 기재된 마을회관 준공기념 수건을 참석자에게 배포한 행위도[70] 위법성이 조각되지 않는다고 판시하였다.

아울러 판례는 국회의원이 자신의 선거구민들로 구성된 조기축구회 창단식에 참석하여 현금 20만원이 든 봉투를 고사상 위에 놓은 행위도 제공자의 신분, 조기축구회의 구성원 및 그 성격과 규모, 제공된 현금의 액수 등에 비추어 볼 때 위법성 조각사유가 인정될 수 없다고

---

67) 대법원 1996. 3. 26. 선고 95도2985 판결
68) 대법원 2005. 2. 18. 선고 2004도6323 판결
69) 대구고법 2007. 1. 11. 선고 2006노569 판결
70) 대법원 1999. 5. 11. 선고 99도499 판결

판시한 바 있다.[71]

한편, 후보자가 선거구민에게 결혼축의금으로서 5만원을 지급한 사유가 자신의 모친상에서 해당 선거구민으로부터 받은 같은 금액의 부의금에 대한 답례 취지였더라도 그것이 미풍양속으로서 사회상규에 위배되지 않는다고 볼 수 없다며 위법성 조각사유를 모질게 부인한 판례도 있다.[72]

여기에서 우리는 선거에 관한 기부행위를 바라보는 법원의 엄중한 시선을 본다. 그 시선이 우리에게 돌려지지 않기를 바란다.

---

71) 대법원 2005. 9. 9. 선고 2005도2014 판결
72) 대법원 1999. 5. 25. 선고 99도983 판결

제 4 절
기부행위 위반죄와 다른 벌칙과의 관계

1. 매수죄와의 관계

만일 선거인에게 금품을 제공한 사실이 있더라도 급부와 반대급부가 균형을 이루고 있다면 재산상의 이익제공이 될 수 없어 새마을금고법이나 위탁선거법상 다른 규정에 의한 처벌은 별론으로 하더라도 최소한 기부행위 위반죄는 성립되지 않는다.

예를 들면, 이사장선거에서 명목상 자원봉사자라고 부르더라도 처음부터 대가를 지급하기로 하고 선거운동을 할 사람을 모집하여 선거운동을 하게 한 후 그 대가로서 실제 일당을 지급하였다면, 이들은 진정한 의미의 자원봉사자가 아니라 이는 일종의 유상계약이고 일당의 지급은 채무의 이행에 불과하여 최소한 기부행위 위반죄는 성립하지 않을 것이다.[73]

그러나 새마을금고법과 위탁선거법에서는 정당한 대가관계가 인정될 수 있는 사적인 계약의 이행행위일지라도 선거운동 목적으로 선거인이나 회원 또는 그 가족에게 금품, 향응, 그 밖에 재산상의 이익을 제공하거나 제공받은 경우에는 급부와 반대급부가 균형을 이

---

73) 대법원 1996. 11. 29. 선고 96도500 판결

루는지를 불문하고 매수 및 이해유도죄로 처벌될 수 있다(새마을금고법 §22② 1.·3., 위탁선거법 §58 1.·3.).

다만, 새마을금고법상 매수죄와 기부행위 위반죄의 상대방은 모두 회원을 대상으로 하는 점에 비하여 위탁선거법의 매수죄와 기부행위 위반죄는 선거인명부 작성 전에는 선거인명부에 오를 자격이 있는 사람을, 선거인명부 작성 후에는 선거인명부에 오른 사람을 대상으로 한다는 점에 차이가 있다.

2. 50배 과태료와의 관계

가. 50배 과태료 도입 배경

공직선거법에서 정치인이나 후보자가 되려는 사람의 기부행위를 상시 제한함에 따라 과거 소액의 금품수수에 따른 위반자가 속출함으로써 전과자를 양산하고, 비교적 가벌성이 낮은 경미한 범죄에 대한 수사와 공소유지를 위하여 형사사법시스템의 자원이 낭비되며, 법원이 경미범죄의 바다에 익사할 위기에 처해 있다는 비판까지 제기되었다. 또한 기부받은 사람에 대한 가벼운 벌금형만으로는 유권자의 금품기대심리를 효과적으로 근절하기 어려운 형사정책적 한계도 함께 노출되었다.

이에 따라 2004년 공직선거법을 개정하여 과거 기부행위위반죄 중 가액 100만원 이하의 금품을 기부받은 행위에 대하여는 형벌 대신 기부받은 가액의 10배 이상 50배 이하의 과태료를 부과하도록 벌칙을 보완함으로써 전과자의 양산을 방지하고 처벌의 실효성을 확보하며 금품기대심리를 근절하고자 하였다.

나. 50배 과태료 도입 경과

50배 과태료 제도는 2004년 3월 12일 공직선거법의 개정에 따라 최초로 도입된 이래 농업협동조합법, 수산업협동조합법 등 개별 법률의 선거 관련 규정에 경쟁적으로 도입된 후 2014년 위탁선거법에도 수용된 바 있다.[74]

그러나 2009년 3월 헌법재판소는 50배 과태료 제도가 구체적·개별적 사정을 고려하지 않고 오로지 기부받은 물품 등의 가액만을 기준으로 일률적으로 정해진 액수의 과태료를 부과하는 것이어서 구체적 위반행위의 책임 정도에 상응한 제재가 되기 어렵다는 점을 이유로 들어[75] 헌법불합치결정을 하였다. 이에 따라 공직선거법뿐만 아니라 다른 법률의 50배 과태료 규정도 헌법재판소 결정의 취지에 부합하도록 모두 현행 내용으로 개정되었다.

다. 형벌과 과태료의 병과(併科) 가능 여부

과태료 부과는 실제 금품을 받은 사람에게 적용된다. 따라서 후보자 등에게 금품을 요구하거나, 후보자 등이 금품 제공의 의사를 표시하자 선거인이 이를 승낙한 경우, 즉 기부행위를 약속한 사람에게는 실제 금품이 제공된 것이 아니므로 형벌이 적용된다.

이 경우 후보자가 되려는 사람에게 금품을 요구하여 실제 100만 원 이하의 금품을 수령한 사람에게 형사처벌과 별도로 50배 과태료를 부과할 수 있는지가 쟁점이 될 수 있다.

그러나 기부행위 요구죄와 50배 과태료는 금권선거의 척결과 금품기대심리의 근절이라는 입법목적과 보호법익이 동일한 점,[76] 금품

---

74) 농업협동조합법 제174조제4항, 수산업협동조합법 제180조제3항 등 참조.
75) 헌법재판소 2009. 3. 26. 2007헌가22 결정

의 수령행위는 요구죄의 불가벌적 사후행위에 해당하여 요구죄에 흡수될 수 있다는 점, 과태료가 비록 형벌은 아니더라도 국가의 일반통치권에 따른 처벌임에는 틀림이 없다는 점 등을 고려하면, 요구하여 수령한 행위로 기부행위위반죄가 적용되어 형사처벌되는 사람에게 50배 과태료를 함께 부과하는 것은 헌법이 금지한 이중처벌에 해당할 수 있을 것으로 보인다.

헌법재판소는 과태료가 형벌의 목적·기능과 중복되는 면이 없지 않으므로 동일한 행위를 대상으로 형벌을 부과하면서 과태료까지 함께 부과한다면 그것은 이중처벌금지의 기본정신에 배치되어 국가 입법권의 남용으로 인정될 여지가 있음을 부정할 수 없다고 판시한 바 있다.77) 따라서 후보자 등에게 금품을 요구하고 100만원 이하의 금품을 수령한 사람에게 50배 과태료를 부과할 수 있는 요건은 다음의 두 가지 경우로 한정하는 것이 적절할 것이다.

첫째, 선거관리위원회가 금품수수행위를 적발하였으나 정상을 참작하여 고발 또는 수사의뢰 조치를 하지 않은 경우

둘째, 경찰 등 수사기관의 자체인지 사건으로서 기소유예 등 불기소 처분이 확정된 경우

위의 두 가지 사례 모두 형사처벌을 모면하였더라도 법익침해의 정도가 상당하여 행위의 가벌성이 높으므로 법정 최고액의 과태료가 적용된다(위탁선거규칙 §34③, 별표 2). 자유롭고 정의로운 선거질서는 관용만으로 유지되는 것이 아니다.

---

76) 대법원 판례는 과태료의 부과처분과 형사처벌이 그 성질이나 목적을 달리하는 별개의 것이라면, 과태료를 부과한 후에 형사처벌을 하더라도 이를 일사부재리의 원칙에 반하는 것이 아니라고 보았다. 대법원 1996. 4. 12. 선고 96도158 판결
77) 헌법재판소 1994. 6. 30. 92헌바38 결정

제 5 절
기부받은 사람에 대한 50배 과태료

1. 50배 과태료 부과요건

　기부행위제한기간 중 후보자, 후보자의 배우자, 후보자가 속한 기관·단체·시설, 그리고 그 밖에 기부행위가 제한되는 사람에게서 해당 위탁선거에 관하여 금전·물품 등 100만원 이하의 재산상 이익을 제공받은 회원 등에게는 선거관리위원회가 총 3천만원 이하의 범위에서 제공받은 금액이나 가액의 10배 이상 50배 이하에 상당하는 금액의 과태료를 부과한다(위탁선거법 §68③).

　다만, 기부행위가 제한되는 사람으로부터 100만원을 초과한 금품 또는 재산상의 이익을 받거나, 100만원 이하의 금품이라도 기부행위가 제한되는 사람에게 요구하여 금품 등 재산상의 이익을 받은 사람은 과태료가 아니라 여전히 형벌 적용 대상으로서 위탁선거법의 기부행위 위반죄에 따라 처벌된다(§59).

　아울러 소액의 금품이라도 이사장선거와 관련하여 선거운동 목적으로 금품을 받은 사람에게는 행정질서벌인 50배 과태료가 부과되는 것이 아니라 매수죄의 형벌이 적용되어 무겁게 처벌된다는 점에도 유의할 필요가 있다.

2. 50배 과태료 부과기준

기부행위가 제한되는 사람으로부터 금품이나 재산상의 이익을 제공받은 사람으로서 다음 중 어느 하나에 해당하는 행위를 하고 제공받은 사람에게는 그 제공받은 가액의 50배를 과태료로 부과한다(위탁선거규칙 §34③, 별표 2). 이 사안은 과태료 부과대상 중 가벌성이 가장 높은 행위이다.

① 금전·물품 등의 제공을 알선·권유·요구하는 행위

② 금전·물품 등이 제공된 각종 모임·집회 및 행사를 주관·주최하는 행위

③ 금전·물품 등이 제공된 각종 모임·집회 또는 행사에 참석할 것을 연락하거나 독려하는 등 다른 사람에 앞장서서 행동하는 행위

여기에 해당하는 사람은 주로 후보자가 되려는 사람 등 기부행위 제한의 주체와 기부행위를 공모하거나 기부행위에 적극 가담한 후 금품이나 재산상의 이익을 받은 사람들이다. 이 경우 가벌성이 높아 법정 최고 배수의 과태료를 부과한다. 다만, 법정 상한액인 3천만원을 초과할 수는 없다.

반면, 기부행위를 주도함이 없이 소극적으로 단순히 금품을 제공받은 사람에게는 제공받은 가액의 30배를 과태료로 부과하고, 본인의 수령의사와 무관하게 우편·택배 등을 통하여 금전이나 재산상의 이익을 수령하였으나 지체 없이 이를 반환하지 않은 사람에게는 제공받은 가액의 10배를 과태료로 부과한다.

관할 선거관리위원회는 과태료 부과대상자의 위반행위와 관련하여 해당 위반행위의 동기와 그 결과, 선거에 미치는 영향, 위반기간과 위반의 정도, 조사에 협조하여 진실발견에 기여한 정도 등을 종합적으

로 고려하여 부과기준액의 2분의 1의 범위에서 이를 감경하거나 가중할 수 있다. 다만, 과태료를 감경하는 경우에도 부과액은 제공받은 가액의 10배 미만으로 정할 수 없고, 가중하는 경우에도 법정 상한 배수인 50배를 초과할 수 없다(위탁선거규칙 별표 2).

3. 자수자에 대한 과태료의 감경·면제

가. 과태료 면제의 조건

기부행위가 제한되는 사람으로부터 제공받은 금전, 음식물 또는 물품 등을 관할 선거관리위원회에 반환하고 자수한 경우에는 그 과태료를 감경 또는 면제할 수 있다. 이 경우 음식물 등 제공받은 것을 반환할 수 없는 경우에는 자수하는 때에 그 가액에 상당하는 금액을 반환해야 한다(위탁선거법 §68③).

제공받은 금액 또는 음식물·물품 등을 선거관리위원회에 반환하고 자수한 사람으로서 아래에 해당하는 사람에게는 과태료를 면제한다(위탁선거규칙 §34⑤ 2.).

① 선거관리위원회와 수사기관이 금품·음식물 등의 제공 사실을 알기 전에 선거관리위원회 또는 수사기관에 그 사실을 단순하게 알려 위탁선거범죄에 관한 조사 또는 수사단서를 제공한 사람

② 선거관리위원회와 수사기관이 금품·음식물 등의 제공사실을 알게 된 후에 자수한 사람으로서 금품·음식물 등을 제공한 사람과 제공받은 일시·장소·방법·상황 등을 선거관리위원회 또는 수사기관에 자세하게 알린 사람

나. 과태료 감경의 요건과 정도

관할 선거관리위원회에 자수를 하였으나 과태료의 면제요건에 해당하지 않는 사람에게는 금품·음식물 등을 제공받은 경위, 자수의 동기와 시기, 금품·음식물 등을 제공한 사람에 대한 조사의 협조 여부, 그 밖의 사정을 고려하여 위탁선거규칙에 따라 과태료 부과기준액과 감경기준을 정한다.

특히 관할 선거관리위원회가 고발 또는 수사의뢰 조치 전에 자수한 경우와 고발 또는 수사의뢰 조치 후에 자수한 경우를 구분하여 과태료 부과액에 합리적 차등을 둔다. 자수시점에 따라 기부행위의 실체적 진실을 발견하는데 기여한 정도가 현저하게 다르기 때문이다.

예컨대, 본인의사와 무관하게 우편·운송회사 등을 통하여 금품 등을 제공받은 사람으로서 기부받은 금품을 반환하지 않고 자수한 사람의 경우 그 시점이 관할 선거관리위원회의 고발 또는 수사의뢰 조치 전이라면 기부받은 가액만큼, 고발 또는 수사의뢰 조치 후에는 제공받은 가액의 2배에 해당하는 과태료를 부과한다.

관할 선거관리위원회의 고발 또는 수사의뢰 조치 전에 자수한 사람에게도 과태료를 부과하는 이유는 기부받은 금품을 반환하지 않고 자수하였기 때문에 그 가액에 해당하는 과태료를 부과하여 부정한 이익을 향유할 수 없도록 하기 위함이다. 이 경우의 과태료 부과는 형법상 몰수의 취지와 다를 바가 없다.

한편, 우편이나 운송회사를 통하여 금품을 수령한 정도의 수동적 요건을 갖춘 것은 아니지만, 기부행위가 제한되는 사람으로부터 소극적으로 금품이나 재산상의 이익을 제공받은 사람이 자수한 경우, 그 시점이 관할 선거관리위원회의 고발 또는 수사의뢰 조치 전이라면 기부받은 가액의 2배를, 고발 또는 수사의뢰 조치 후에는 기부받은 가액의 5배를 과태료로 부과한다.

반면, 금품제공을 알선·권유·요구하거나 금품이 제공된 행사를 주관하는 등 기부행위 위반에 적극적·주도적 역할을 하고 선거관리위원회가 금품의 제공사실을 알게 된 후 고발 등 조치 전까지 자수하였으나, 금품 등을 제공한 사람과 제공받은 일시·장소·방법·상황 등을 선거관리위원회에 자세하게 알리지 않은 사람에게는 제공받은 가액의 5배를 과태료로 부과한다(위탁선거규칙 별표 3).

이 경우 기부행위를 주도한 사람이 비록 자수하였으나, 해당 사건의 전모에 관하여 자세하게 진술하지 않음에 따라 그 자수의 효과가 제한적이어서 제공받은 가액의 5배를 과태료로 부과하는 것이다.

관할 선거관리위원회는 50배 과태료 부과대상자가 자수한 경우 그 사람의 신원을 보호하여야 하며, 선거관리위원회와 수사기관이 금품·음식물 등의 제공사실을 알기 전에 자수하여 선거범죄에 관한 조사 또는 수사단서를 제공한 사람에게는 포상금을 지급할 수 있다(위탁선거규칙 §34⑥).

4. 50배 과태료 부과 사례

후보자가 되려는 사람과 그가 속한 기관·단체·시설 등 기부행위가 제한되는 사람으로부터 금품 등 재산상의 이익을 제공받아 50배 이하 과태료가 부과된 사례를 살펴보면 다음과 같다.[78]

2019년 제2회 동시조합장선거를 앞두고 79명의 조합원이 후보자가 되려는 사람으로부터 택배를 통해 개인별로 사과, 배 등 과일 1~2박스 총 610만원 상당을 제공받아 관할 선거관리위원회가 1명당 25만원에서 135만원까지 총 3,765만원의 과태료를 부과하였다.

---

78) 중앙선거관리위원회 2022. 10. 발행 『위탁선거법 사례예시집』 67쪽 참조.

또한, 같은 해 제2회 동시조합장선거를 앞두고 20명의 조합원이 야유회에서 후보자가 되려는 사람으로부터 총 40만원 상당의 점심식사와 젓갈세트, 소금, 기념품 등을 제공받아 1명당 60만원에서 133만원까지 총 2,057만원의 과태료를 부과 받았다.

2018년도에는 후보자가 되려는 사람이 준비한 5~10만원을 제3자로부터 전달받은 조합원 14명에게 1명당 75만원에서 300만원까지 총 1,913만원의 과태료가 부과되었다.

한편, 농협 감사와 조합원이 제공한 양주와 식사 등 총 277만원 상당의 음식물을 제공받은 조합원 12명에게 1명당 15만원에서 230만원까지 총 1,907만원의 과태료가 부과되기도 하였다. 후보자가 되려는 사람이 속한 기관·단체·시설도 후보자가 되려는 사람과 마찬가지로 기부행위 제한의 주체이기 때문이다.[79]

또한 2019년 3월 후보자가 되려는 사람으로부터 조합 여성산악회 찬조금 명목으로 10만원을 제공받은 조합원 1명에게 300만원의 과태료가 부과된 사례도 있다.

50배 과태료 부과제도는 선거범죄 신고자에 대한 포상금 지급제도, 그리고 자수자에 대한 특례제도와 결합되어 금품선거를 억제하는 강력한 안전판으로 기능하고 있다. 후보자나 후보자가 되려는 사람이 다수의 선거인에게 금품 기타 재산상의 이익을 제공한 경우, 금품을 제공받은 사람들은 신고할 것인지 아니면 자수할 것인지 죄수의 딜레마에 빠지고, 금품을 제공한 후보자나 후보자가 되려는 사람은 공소시효가 완성될 때까지 밀고의 두려움과 불안으로 가득 찬 독방에 갇히게 된다.

금품을 제공받은 사람 중 한 사람이라도 선거범죄 신고자 포상금 지급제도에 매력을 느끼거나 50배 과태료에 압박을 받아 금품수수 사

---

79) 위탁선거법 제35조제1항 참조.

실을 신고하거나 자수한 경우, 해당 지역은 선거범죄 조사와 50배 과태료 처분에 따라 인심까지 흉흉해진다.

이 경우 선거의 공정은 고사하고 선거 자체가 의미를 잃는다. 과거 모 지역에서 군수선거와 관련한 금품 제공 행위가 수사선상에 오르자 금품 제공자는 극단적 선택을 하고, 금품을 받은 사람들은 단체로 관광버스를 대절하여 경찰서에 자수하러 왔던 풍경을 상상해 보는 것으로 충분하다.

주권자의 자수가 긴 행렬을 이룰 때, 선거의 공정은 수치스러운 얼굴을 가리고 맨 마지막에 줄을 선다. 이사장선거를 수탁하여 관리하는 관할 선거관리위원회는 물론, 그 선거의 관리를 위탁한 금고도 상상하기에 끔찍한 일이다.

제 3 장

이사장선거의 위탁과
선거관리위원회

2021년 10월 19일 새마을금고법의 개정으로 개별 금고의 이사장 임기를 조정하여 2025년 3월 5일에 동시이사장선거를 실시한다. 동시이사장선거부터는 의무적으로 선거관리위원회가 수탁하여 관리한다.

이사장선거를 자율적으로 관리하겠다는 희망은 이제 잊혀진 꿈이 되었다. 금고의 규모와 이사장 선출방식을 불문하고 그 선거의 관리를 관할 선거관리위원회에 위탁해야 한다는 사실에는 변함이 없다.

이 장에서는 의무위탁의 범위와 추진배경을 살펴보고 선거관리위원회의 조직체계와 위탁관리에 관한 주요 쟁점을 알아보기로 한다.

제1 절
이사장선거의 의무적 위탁 관리

1. 의무위탁 추진배경

새마을금고가 회원의 경제적·사회적·문화적 지위의 향상, 지역 사회 개발과 국가경제 발전에 이바지하는 등 공적인 기능을 수행함에 따라 새마을금고법에서는 국가와 지방자치단체의 금고에 대한 지원의 무를 규정하고 있다(새마을금고법 §3①·②).

반면 금고가 아무리 공적인 기능을 수행하고 국가와 지방자치단 체의 지원을 받더라도 그 태생이 주민의 자주적이고 자발적인 협동조 직으로 설립되었고, 주된 활동양식이자 존립근거가 금융업무인 만큼 국가의 규제와 개입은 필요 최소한에 그쳐야 할 것이다.

그러나 이사장과 감사 등 임원진의 결탁과 자의적이고 불투명한 운영에 따른 금고의 부패와 부정이 구조화되면서 대형 금융사고의 위 험신호가 포착되고 지역사회와 금융계에 부담으로 인식되자 이를 해 결하기 위한 조치로서 입법권자들은 금고 이사장 선출방법의 공정성 과 투명성에 시선을 집중하게 되었다.

이에 따라 2011년 3월 8일 새마을금고법의 개정으로 임원선거의 관리를 해당 금고의 정관으로 정하는 바에 따라 그 주된 사무소의 소 재지를 관할하는 구·시·군선거관리위원회에 위탁할 수 있도록 하였다(§23의2).

　　그러나 금고는 이사장선거의 관리를 선거관리위원회에 위탁하는 점에 있어서는 신용불량자에 대한 대출만큼이나 인색하였다. 실제 위탁사례를 거의 찾아볼 수 없었기 때문이다.

　　이사장의 선출 방법에 관해서도 종전에는 총회 선출, 대의원회 선출, 회원 직접투표 방법 중 한 가지를 자유롭게 선택하도록 자율성을 보장하였으나, 전체 금고 중 약 79% 정도가 간선제인 대의원회 선출방식을 선택하여 왔다.[1]

　　간선제는 평소 현직 이사장과 유대가 강한 대의원들이 선거인으로 참여하여 현직 이사장에게 유리한 선거지형이 형성됨에 따라 선거의 공정성에 강한 의문이 제기되었고, 선거를 실시하는 때마다 이사장 선출권을 가진 대의원에 대한 매표행위가 사회적 문제로 비화되기도 하였다.

　　이에 따라 2022년 4월 20일 시행된 새마을금고법은 이사장선거에 원칙적으로 회원의 직접 투표에 의한 직선제를 적용하도록 하고, 그 선거의 관리는 의무적으로 관할 선거관리위원회에 위탁하도록 하였다.

　　물론 이사장선거에 직선제를 전면적으로 적용하는 것만으로는 그 효과가 제한적이어서 이사장선거의 고질병을 기적적으로 치유하는 마법의 탄환은 될 수 없다고 본다. 그러나 직선제가 그 선거의 관리를 외부 전문기관인 선거관리위원회에 의무적으로 위탁하는 제도와 결합하여 시너지 효과가 발휘된다면, 이사장선거에서 부정과 불공정을 억제하고 공정한 선거를 지켜내는 버팀목으로 작용할 것이라 기대할 수 있다.

---

1) 2021. 8. 27. 국회 행정안전위원회 법안심사제1소위원회 제1차회의 전문위원 검토보고 참조.

2. 위탁관리 신청절차

새마을금고법은 이사장선거의 관리에 대하여 정관으로 정하는 바에 따라 그 주된 사무소의 소재지를 관할하는 구·시·군선거관리위원회에 의무적으로 위탁하도록 규정하고 있다(§23의2①).

한편, 2024년 2월 9일 위탁선거법 개정법률의 시행으로 금고의 이사장선거가 해당 법률에 전면적으로 포섭됨에 따라 동시이사장선거에서는 임기만료일전 180일에 별도의 신청없이 관할 선거관리위원회에 위탁한 것으로 간주한다(위탁선거법 §8 1.).

이에 따라 전국적으로 1,300여개에 달하는 금고마다 개별적으로 관할 선거관리위원회에 위탁관리를 신청해야 하는 번거로움이 사라졌다. 다만, 재선거, 보궐선거, 금고의 설립·분할 또는 합병으로 인한 선거의 경우에는 그 선거의 실시사유가 발생한 날부터 5일까지 별도로 관할 선거관리위원회에 위탁관리를 신청하여야 한다.[2]

참고적으로 이사장선거를 제외한 일반 임원선거도 금고의 자유의사에 따라 선거관리위원회에 위탁관리를 신청할 수 있다. 이 경우 위탁관리 신청을 접수한 관할 선거관리위원회는 7일 이내에 위탁관리 여부를 결정하고 지체 없이 그 결과를 해당 금고에 통지하여야 한다(위탁선거법 §9).

구·시·군선거관리위원회의 한정된 인력과 업무부담, 그리고 사적자치 원칙을 고려하면 일반 임원선거는 가급적 자율관리가 타당해 보인다. 이사장선거의 의무적 위탁관리만으로도 충분히 입법의도를 구현하고 정책목표를 달성할 수 있다고 본다.

---

2) 위탁선거법 제8조 각 호 외의 부분 단서 참조.

3. 의무위탁 적용 시기와 대상

가. 의무위탁 적용 시기(始期)

이사장선거에 전면적인 직선제 도입과 그 선거의 관리를 의무적으로 관할 선거관리위원회에 위탁하도록 하는 것을 주요 내용으로 하는 개정 새마을금고법은 2021년 10월 19일 공포되었으나, 부칙에 6개월의 경과조치를 두어 2022년 4월 20일부터 시행되었다.

그러나 이사장선거 관리의 선거관리위원회 의무위탁에 관하여는 다시 해당 법률의 부칙 제6조에 경과조치를 두어 2025년 3월 동시이사장선거 전까지 개별적으로 실시하는 이사장선거에 관하여는 개정규정에도 불구하고 종전의 규정에 따르도록 하였다.

또한, 같은 법 부칙에서는 이사장의 선출방법에 관해서도 경과조치를 두어 2025년 3월 5일 전까지 실시하는 이사장의 선출에 관하여는 직선제 선출을 원칙으로 하는 개정규정에도 불구하고 종전의 규정에 따르도록 하였다(부칙 §5).

결국 2025년 3월 5일 제1회 동시이사장선거를 실시하기 전까지는 사실상 종전과 달라진 것이 없다. 부칙의 경과조치가 인공호흡기 역할을 하여 이사장선거에서 간접선거의 자체 관리에 따른 부작용과 폐단도 함께 그 수명이 연장된 셈이다.

최근 일부 언론보도에[3] 따르면 2021년 12월 16일 실시한 모 새마을금고 이사장선거에서 자신의 당선이 어려울 것으로 예상한 후보자가 자신까지 연루된 금품수수 사실을 스스로 폭로하는 등 다소 창의적인 방법으로 선거운동을 하였으나, 예상과 다르게 본인이 당선되자 금품수수 의혹의 당사자들은 물론이고 지역사회까지 모두 곤혹스

---

3) 경북도민일보 2023. 1. 5. 관련 기사 참조.

러운 상황에 처해진 것으로 알려졌다. 그 이사장 선거의 선출방식은 대의원 120명이 참여하는 간선제였고, 그 선거의 관리는 선거관리위원회에 위탁되지 않았다.

나. 선출방식별 위탁대상 여부

이사장선거에서 선거권을 행사할 수 있는 회원의 수는 금고별 평균 6,000여 명 정도로 추산되고 있다. 그러나 금고는 100명 이상의 회원으로 조직되므로(새마을금고법 §9②), 선거인 수가 불과 200명에서 300명 정도에 불과한 소규모 금고도 있을 것이다.

이러한 금고의 경우 하루 종일 투표소를 열어두어야 하는 투표방식이 현저히 불합리하거나 비효율적인 방법이 될 수 있다. 전국적으로 동시에 실시하는 이사장선거에 참여하는 대신 독자적으로 아담한 시설을 활용하여 한 두 시간의 투표로 간편하게 이사장을 선출할 수도 있기 때문이다.

국회 상임위에서 새마을금고법 일부개정법률안을 심의하는 과정에서 법안심사소위에 출석한 중앙회 관계자는 1,300여 개의 금고 중 1억 미만의 당기순이익을 내는 366개의 열악한 금고와 전국적으로 회원들이 흩어져 있는 100여 개의 직장금고에는 직선제를 적용하기 곤란하다는 점을 적극적으로 피력하였다.[4]

이러한 사정을 반영하여 개정법률은 이사장의 선출은 회원의 무기명 비밀투표로 직접 선출하는 투표소 투표방식을 원칙으로 하되, 대통령령으로 정하는 금고는 총회에서 선출하거나 대의원회에서 선출하는 방법 중 정관으로 정하는 방법을 택할 수 있도록 자율성을 부여하

---

[4] 제390회 임시국회 행정안전위원회법안심사소위원회 제1차회의(2021. 8. 27.) 회의록 참조. 당시 중앙선거관리위원회에서는 이창열 선거2과장이 출석하여 논의에 심도를 더한 바 있다.

고 있다(새마을금고법 §18⑤).

새마을금고법의 위임에 따라 개정된 새마을금고법 시행령은 이사장 선출방법을 선택할 수 있는 금고의 범위를 다음과 같이 정하고 있다(새마을금고법 시행령 §8의2).

첫째, 이사장을 선출하는 연도의 전전 사업연도의 총자산이 2,000억원 미만인 지역금고. 이 경우 총자산액의 산정은 해당 사업연도의 평균 잔액으로 계산한다.

둘째, 지역금고 외의 금고. 이 경우는 자산규모를 묻지 않고 이사장 선출방식을 선택할 수 있다. 직장금고가 이에 해당할 것이다.

이는 사정이 열악하거나 영세한 금고, 그리고 조직 특성상 선거의 공정이 위협받을 개연성이나 선거부정의 가능성이 거의 없는 금고에 한정하여 이사장선거의 선출방식에 대한 예외를 허용한 것일 뿐, 그 선거의 관리를 관할 선거관리위원회에 의무적으로 위탁해야 하는 부분까지 예외를 인정한 것은 아니다.

이사장선거의 관리를 선거관리위원회에 의무적으로 위탁하도록 개정한 입법자의 의도는 투표관리, 개표관리 등 금고의 선거관리 능력에 대한 의심에서 비롯된 것이 아니기 때문이다. 자체적으로 관리한 선거의 부정과 불공정, 그리고 이로 인하여 고착화된 금고 운영의 불투명성과 부정의 악순환을 바로잡기 위한 것이 이사장선거에 대한 의무적 위탁관리 도입의 근본 취지라는 점은 새삼스럽게 강조할 필요가 없다.

공공영역뿐만 아니라 사적 영역에서도 공정성과 투명성이 강조되는 시대정신을 감안한다면, 이제 금고도 소수의 대의원만이 참여하는 간접선거를 적용하여 자율적으로 이사장을 선출해 왔던 익숙한 과거와 결별해야 할 시기가 다가온 것이다.

한편, 직장금고의 경우 자산이나 회원의 규모에 불문하고 투표소 투표 대신 총회나 대의원회의 방식으로 이사장을 선출할 수 있다. 직

장금고는 임원들이 해당 직장의 간부들로 구성되어 운영이 투명한 점
을 배려한 것으로 보인다. 그러나 그 선거를 관할 선거관리위원회에
의무적으로 위탁해야 한다는 사실에는 조금도 변함이 없다.

참고적으로 총자산이 2,000억원 미만의 지역금고인 경우에도 해
당 금고의 정관으로 정한다면 총회나 대의원회 대신 일반 투표소에서
투표하는 방식으로 이사장을 선출할 수 있다.

다. 총회·대의원회 의무위탁 여부

새마을금고법은 이사장선거의 관리에 대하여 정관으로 정하는 바
에 따라 사무소의 소재지를 관할하는 선거관리위원회에 위탁을 의무
화하고 그 예외를 전혀 인정하지 않는다(§23의2①). 이러한 점은 위탁
선거법의 관련 규정도 마찬가지다(§4 1.).

앞서 살펴본 바와 같이 새마을금고법에서는 직장금고와 총자산이
2,000억원 미만인 금고의 이사장은 회원의 투표로 직접 선출하는 방
법, 총회에서 선출하는 방법 또는 대의원회에서 선출하는 방법 중 정
관으로 정하는 방법을 택하여 선출할 수 있지만, 이러한 배려는 금고
의 성격과 사정에 따라 이사장을 선출하는 방법의 예외를 규정한 것
일 뿐이다.

이제 이사장선거는 금고의 성격과 규모,[5] 그리고 총회·대의원회
등 선출방법을 불문하고 일단 선거를 실시하게 되면 의무적으로 관할
선거관리위원회의 위탁관리 대상이 되는 것이다.

---

5) 수원에 사업장을 둔 모 대기업의 직장금고의 경우 회원수가 14만여 명에 달하는
   것으로 알려졌다. 만일 해당 금고가 투표소 투표방식으로 이사장을 선출하는 방
   법을 선택한다면 최소 30여 개 이상의 투표소가 설치되어야 할 것으로 보인다.
   지역금고의 경우에도 자산이 1조원을 초과하는 대형금고는 회원수가 4만명을
   넘는 것으로 알려져 있다.

4. 위탁관리와 단속활동의 범위

가. 위탁사무의 범위

새마을금고법은 정관으로 정하는 바에 따라 이사장선거의 관리를 선거관리위원회에 위탁하도록 강행규정만을 두고 있을 뿐, 그 위탁의 범위에 관하여는 명시적으로 정한 바가 없다(§23의2). 반면에 위탁선거법은 위탁의 성격을 불문하고 관할 선거관리위원회가 관리하는 사무의 범위를 다음과 같이 규정하고 있다(§7).

첫째, 선거관리 전반에 관한 사무. 다만, 선거인명부의 작성 및 확정에 관한 사무는 제외한다.

둘째, 선거참여·투표절차, 그 밖에 위탁선거 홍보에 관한 사무

셋째, 위탁선거 위반행위에 대한 단속과 조사에 관한 사무

여기에서 선거인명부의 작성 및 확정에 관한 사무를 위탁사무의 범위에서 제외한 이유는 선거인명부 생성에 필요한 기초자료인 회원명부를 해당 금고가 관리하고 있기 때문이다. 금고 회원의 신상에 관한 정보는 민감한 개인정보이고, 그 정보는 해당 금고에서 회원명부로 엄격히 관리하고 있으며, 회원가입시 제공한 개인정보를 이사장선거의 관리를 위하여 관할 선거관리위원회에 제공하는 부분까지 명시적 또는 추정적으로 동의한 것으로 보기 어렵다.

따라서 위탁선거에서는 정보 주체의 권리를 존중하고 개인정보의 목적외 이용·제공 제한을 규정한 개인정보 보호법의 입법취지를 살리기 위해서라도 선거인명부는 해당 단체가 작성하는 것이 논리필연적 결론이다. 공직선거에서도 선거인명부 작성은 주민등록을 관리하는 구·시·군의 장의 소관으로 하고 있다. 관할 선거관리위원회의 역할은 명부작성을 감독하는 데 그친다.

나. 정관 등 자치법규 위반행위 단속

위탁선거법에서는 정관, 규약, 규정, 준칙, 그 밖에 위탁단체의 조직과 활동을 규율하는 자치규범을 총칭하여 '정관등'이라 약칭하고 있고(§3 8.), '이 법 또는 위탁선거와 관련하여 다른 법령(해당 정관등을 포함한다)을 위반한 행위'를 '위탁선거 위반행위'로 정의하고 있다(§7 3.). 아울러 위탁선거 위반행위에 대한 정의에서 '이하 같다'라고 표현하고 있으므로, 위탁선거 위반행위에 정관과 규약을 위반한 행위가 포함되는 것으로 정의한 해당 규정의 효력은 위탁선거법의 본칙은 물론 부칙 끝까지 미친다.

위탁선거법은 선거관리위원회의 위원과 직원에게 위탁선거 위반행위에 대한 조사권을 부여하고 있으므로, 해당 규정은 금고의 이사장선거를 수탁하여 관리하는 관할 선거관리위원회의 위원과 직원이 위탁선거법과 새마을금고법의 선거규정 위반뿐만 아니라 해당 금고의 정관 위반은 물론이고 임원선거규약 위반행위까지 조사 및 단속할 수 있다는 의미이다(§73).

아울러 관할 선거관리위원회의 위원과 직원은 직무수행 중 위탁선거 위반행위를 발견한 때에는 중지·경고 또는 시정명령을 해야 하고(위탁선거법 §72①), 관할 선거관리위원회는 위탁선거 위반행위가 선거의 공정을 현저하게 해치는 것으로 인정되거나 중지·경고 또는 시정명령을 이행하지 않는 때에는 관할 수사기관에 수사의뢰 또는 고발할 수 있다(위탁선거법 §72②).

물론 죄형법정주의 원칙에 따라 고발 또는 수사의뢰 조치는 자치규범까지 포괄하는 모든 위탁선거 위반행위가 아니라 위탁선거법이나 새마을금고법의 선거와 관련된 벌칙 중 형벌에 해당하는 범죄행위만을 대상으로 한정해야 할 것이다.

자치규범 위반행위는 범죄가 아니므로 비록 사법적 조치는 불가능하지만, 관할 선거관리위원회는 정관이나 규약을 위반한 행위에 대해서도 중지·경고 또는 시정명령을 할 수 있으므로, 일종의 위축효과 (chilling effect)를 통하여 정관과 선거규약의 규범력을 확보하고 공정한 선거를 실현할 수 있으리라 본다.

정관예에서도 관할 선거관리위원회가 임원선거를 수탁·관리하는 경우 법률 위반행위 단속과 조사에 관하여 위탁선거법에 따른 중지·경고 및 시정명령권과 조사권을 수용하고 있고(§40의2④), 정관예와 규약의 제한행위를 위반하거나 그 밖에 선거의 공정을 해치는 행위에 대해서도 관할 선거관리위원회가 위탁선거법의 조사권에 준하는 조사·단속 및 중지·경고 또는 시정명령권을 행사할 수 있도록 규정하고 있다(§40의2⑤).

금고의 정관이나 임원선거규약은 자치규범이므로 그 특성상 외부인에게는 효력이 미치지 않고, 내부 구성원이라도 자치규범 위반에 대하여는 징계를 넘어서는 벌칙을 부과할 수는 없다. 그러나 위탁선거법에 자치규범 위반에 대한 조사·단속권이 명시되었고, 해당 금고의 정관에서도 이를 수용하고 있으므로, 내부 회원의 위탁선거 위반행위는 상당 부분 억제가 가능할 것으로 본다.

5. 위탁관리 소요예산과 집행의 통제

가. 소요예산 추정 규모

이사장선거의 위탁관리에 필요한 경비는 원인자 부담의 원칙을 적용하여 해당 금고가 부담한다. 다만, 위탁선거 사무의 지도·감독 등 통일적인 업무수행을 위하여 필요한 경비는 정책적으로 국가가 부담한다(위탁선거법 §78③).

위탁선거 관리비용 중 선거 준비 및 관리에 필요한 경비는 선거기간개시일 전 60일까지, 계도·홍보에 필요한 경비, 위반행위 조사·단속에 필요한 경비 및 질병·부상 또는 사망에 대한 보상을 위한 재해보상준비금은[6] 위탁신청을 한 날부터[7] 10일까지 관할 선거관리위원회에 납부하여야 한다(위탁선거법 §78①).

직선제가 적용되는 동시이사장선거의 위탁관리에 소요되는 경비가 얼마가 될지 현재로서는 속단하기 어려우나, 금고별 부담비용은 동시조합장선거에서 조합별 평균부담액인 2,500만원을 상회할 것으로 추정된다. 선거관리 비용의 독립변수인 평균 선거인 수가 조합장선거보다 3배나 많기 때문이다.[8]

이사장선거의 선거관리 경비는 투표안내문과 선거공보 발송비용, 투표소와 개표소 설치·운영비용, 투표사무원과 개표사무원 수당과 식비, 후보자의 투표참관인과 개표참관인 수당과 식비, 공정선거지원단 운영비용 등이 대부분을 차지한다. 투표·개표 관리비용은 선거인 수가 일정 부분 증가하더라도 규모의 경제가 형성되어 그 비용상승이 체감되지만, 후보자의 선거공보와[9] 투표안내문을 발송하는 데 소요되는 비용만큼은 절감의 여지가 없다.

따라서 이사장선거의 위탁 여부를 불문하고 직선제 선출방식을 적용하는 이상 간접선거 방식에 비하여 선거관리비용의 증가는 불가

---

6) 2024년 1월 30일 위탁선거법 개정에 따라 투표관리관, 공정선거지원단원, 투표·개표 사무원이 선거업무로 인하여 질병·부상 또는 사망한 때에는 보상금을 지급하도록 재해보상제도가 도입되었다. 위탁선거법 제79조 참조.

7) 동시이사장선거의 경우에는 임기만료일 전 180일에 별도의 신청이 없더라도 위탁한 것으로 본다. 위탁선거법 제8조제1호 참조.

8) 2023년 3월 8일 실시한 제3회 동시조합장선거에서 집행액을 기준으로 조합별 평균 선거관리비용은 2,442만원 정도이다. 중앙선거관리위원회 2023. 8.『제3회 전국동시조합장선거총람』53쪽·56쪽 참조.

9) 후보자가 제출한 선거공보는 선거인명부 확정 후 2일까지 투표안내문과 동봉하여 모든 선거인에게 발송한다. 위탁선거법 제25조 참조.

피한 측면이 있다. 소수의 대의원이 아니라 전체 선거인을 대상으로 선거관리를 집행해야 하기 때문이다. 이사장선거의 경우 조합장선거보다는 투표율이 낮을 것으로 예상되지만,[10] 선거비용의 집행규모는 사후적인 투표참여자 수가 아니라 투표소 설치와 선거공보 제작·발송의 기준이 되는 선거인 수에 크게 의존하므로, 투표율이 낮더라도 경비절감에 별 도움이 되지 못한다. 단지 개표시간이 단축될 뿐이다.

나. 예산 집행에 대한 통제

관할 선거관리위원회는 선거일 후 30일까지 위탁단체로부터 납부받은 선거관리 경비를 해당 금고에 정산·반환해야 한다. 이때 선거관리위원회는 성질별·세목별·항목별 위탁선거경비 집행내역을 금고에 통지해야 하고, 이를 접수한 금고는 그 내역을 회원들에게 공개할수 있다(위탁선거규칙 §44②).

한편, 구·시·군선거관리위원회는 선거관리경비 출납계산서를 작성하여 중앙선거관리위원회에 제출해야 하고, 중앙선거관리위원회는 위탁선거관리 경비에 대한 회계검사를 실시하여 집행의 합목적성과 투명성을 검증한다(위탁선거규칙 §46①).

중앙선거관리위원회는 위탁선거 관리경비에 관한 결산개요, 사업 설명자료, 성질별·세목별 집행내역 등 결산서를 다음 연도 4월까지 국회 소관 상임위원회에[11] 제출하여 위탁선거관리 경비집행의 투명성을 담보하고 있다(위탁선거규칙 §46③).

---

10) 조합장선거의 경우 누가 조합장으로 선출되느냐에 따라 각종 환원사업의 종류와 규모가 달라지는 등 조합원의 삶과 직접적인 이해관계를 가지므로 관심이 높아 농업협동조합의 경우 투표율은 평균 80%를 상회한다.

11) 중앙선거관리위원회의 국회 소관 상임위원회는 행정안전위원회로 새마을금고 중앙회의 국회 소관 상임위원회와 같다.

제 2 절
선거관리위원회의 조직체계

1. 선거관리위원회의 위탁선거 관리

2000년 이후 선거관리위원회가 공직선거의 공정한 관리를 통하여 축적한 국민적 신뢰와 권위를 민간영역의 선거관리에 활용하기 시작하여 농·수협의 임원선거, 재개발조합 임원선거, 체육회장선거까지 선거관리위원회가 위탁 관리하도록 제도화되었다.

본래 공공단체의 선거는 사적자치의 원칙이 적용되는 영역으로서 공직선거가 추구하는 가치와 다소 거리가 있으나, 법적 분쟁과 사회갈등을 예방하기 위한 목적에서 선거관리위원회, 정부 소관부처, 해당 단체 등 3자의 이해관계가 맞아떨어진 것이 공공단체 위탁선거 제도의 도입 배경으로 볼 수 있다.

선거관리위원회 입장에서는 조합장선거 등 위탁선거의 선거인이 공직선거의 선거인과 중첩되므로, 생활주변 선거의 정화를 통하여 공직선거를 투명하고 공정하게 관리하고 민주정치 발전의 토대를 다지기 위한 전략의 일환으로 위탁선거를 수용하였다.

반면, 농림축산식품부, 해양수산부, 행정안전부 등 정부 주무부처는 소관 공공단체의 선거부정과 부패구조의 악순환에 따른 사회적 비판과 감독 소홀에 대한 비난에서 벗어나고자 하였고, 해당 단체의 입

100

장에서는 선거관리의 위탁이 썩 내키지 않았지만 사회적 압력에 대한 부담을 덜고 선출된 대표자의 정당성과 단체운영의 투명성 확보를 위하여 위탁관리를 수용한 것으로 보인다.

2010년 위탁선거 도입초기에는 아파트 동대표선거까지 위탁관리를 수용한 사례도 있으나,[12] 최근에는 선거의 일상화로 선거관리위원회의 업무가 과중해짐에 따라 공공성이 강한 단체의 선거만 위탁관리를 수용하고 있다. 새마을금고의 뒤를 이어 이제는 신용협동조합이 유사한 운명을 기다리고 있다.[13]

2. 선거관리위원회를 헌법기관으로 둔 취지

공직선거는 국민주권주의를 대의민주주의 방식으로 실현하기 위하여 국민의 대표자를 선출하는 과정이다. 이 과정이 공정하게 관리되지 않으면 대표자 선출에 국민의 의사가 올바르게 반영되지 못하여 결국 국민주권이 위협받고 민주주의는 필연적으로 위기에 빠지게 된다.

따라서 선거는 자유롭고 공정하게 치러져야 하고, 우리 헌법의 통치구조에서 그 무거운 책임을 맡고 있는 기관이 바로 선거관리위원회이다. 선거관리위원회는 헌법상 독립기관[14]으로서 국회·정부·

12) 2010년 주택법시행령 개정으로 아파트 동대표선거를 선거관리위원회가 수탁하여 관리하도록 최초로 법제화되었다.
13) 2023년 10월 19일 시행된 개정 신용협동조합법은 자산 1천억원 이상을 보유한 지역조합 이사장선거의 관리를 의무적으로 선거관리위원회에 위탁하도록 하고, 2025년 11월 12일에 해당 이사장선거를 전국 동시에 실시하도록 하였다. 다만, 제1회 동시이사장선거에는 극히 일부의 조합만 참여대상이다.
14) 선거관리기관을 헌법상 독립기관으로 설치한 국가는 그리 많지 않다. 필리핀, 인도, 브라질, 칠레 정도의 국가가 그 예가 될 수 있다.

법원·헌법재판소와 병립하는 합의제 기관이다.

선거와 국민투표가 공정하게 관리되지 못하고 정당에 관한 사무
가 불공정하게 처리되는 경우에는 선거와 국민투표는 본래의 민주정
치적 기능을 수행할 수 없을 것이다. 선거와 국민투표 관리 등 고도의
중립성과 공정성이 요구되는 정치발전적 집행업무를 담당하는 기관을
일반 행정기관과는 별도로 독립기관으로 구성해야 한다는 헌법적 요
청15)이 바로 여기에서 나온다.

본래 선거관리위원회가 담당하는 업무의 성격은 집행업무에 속한
다는 점은 부인할 수 없는 사실이지만, 그 업무의 중요성과 고도의 정
치적 중립성이 요구되는 점을 고려하여 이를 일반 행정업무와 분리하
여 독립된 헌법기관에 맡김으로써 정부 또는 일반 행정기관의 부당한
선거간섭을 배제할 수 있도록 하는 일종의 기능적 권력 통제장치로서
의 의미를 가진다.

선거관리위원회의 독립성을 헌법과 법률이 두텁게 보장하는 근본
적 이유는 독립성 그 자체가 목적이 아니라 직무수행의 공정성을 담
보하기 위한 수단이기 때문이다. 그 구성원들의 윤리적 수준이나 그
기관에 대한 사회적 평가와는 아무런 관련이 없다.

3. 각급 선거관리위원회 구성방식

선거관리위원회는 중앙, 시·도, 구·시·군 그리고 읍·면·동선거
관리위원회 등 총 4단계의 조직으로 구성되어 있다. 중앙선거관리위
원회는 대통령이 임명하는 3인, 국회에서 선출하는 3인, 대법원장이

---

15) 우리나라 제1공화국에서는 행정부 안에 선거위원회를 두었다. 그 폐해는 조직적
    관권선거의 대표적 사례인 3·15 부정선거로 증명되었다. 이에 대한 반성으로
    제2공화국부터는 선거관리기관을 헌법상 독립기관으로 설치하였다.

지명하는 3인 등 총 9인의 위원으로 구성된다.

　중앙선거관리위원회의 위원은 모두 국회의 인사청문을 거쳐 임명·선출 또는 지명된다. 중앙선거관리위원회는 공직선거는 물론이고 위탁선거의 관리에 대해서도 하급 선거관리위원회의 위법·부당한 처분을 취소하거나 변경할 수 있다.

　시·도선거관리위원회의 위원정수는 9인으로 선거권이 있고 당원이 아닌 사람 중에서 국회 교섭단체를 구성한 정당이 추천한 사람 각 1명, 지방법원장이 추천하는 3인, 그리고 학식과 덕망을 갖춘 사람 3인을 중앙선거관리위원회가 위촉한다. 시·도선거관리위원회 또한 공직선거와 위탁선거의 관리에 관하여 구·시·군선거관리위원회의 위법·부당한 처분을 취소하거나 변경할 수 있다.16)

　구·시·군선거관리위원회의 위원은 선거권이 있고 당원이 아닌 사람 중에서 국회 교섭단체를 구성한 정당이 추천한 사람 각 1명과 법관·교육자 또는 학식과 덕망을 갖춘 사람 6인을 시·도선거관리위원회가 위촉한다.

　읍·면·동선거관리위원회의 위원은 선거권이 있고 당원이 아닌 사람 중에서 국회 교섭단체를 구성한 정당이 추천한 사람과 학식과 덕망을 갖춘 사람 4인을 구·시·군선거관리위원회가 위촉한다.

　선거관리위원회 위원장은 위원 중에서 호선(互選)17)하며, 중앙선거관리위원회 위원장은 대법관이, 시·도선거관리위원회 위원장은 지방법원장 또는 수석부장판사가, 구·시·군선거관리위원회 위원장은 지방법원 또는 지원의 부장판사 등 현직 판사가 관행적으로 위원장에 호선되고 있다.

---

16) 공직선거법 제12조 및 위탁선거법 제11조 참조.

17) 호선이란 선거권을 행사하는 모든 구성원이 별도의 후보자 등록절차 없이 대표자로 선출될 수 있는 선거방식을 의미한다. 대표적인 예가 교황선출방식인 콘클라베를 들 수 있다. 국회의장과 지방의회의장 선출방식도 호선의 일종이다.

4. 선거관리위원회 소관 업무

가. 소관업무의 범위

선거관리위원회의 소관 업무는 헌법에서 정한 선거와 국민투표의 관리 및 정당에 관한 사무처리를 기본으로 하고, 조직법인 선거관리위원회법에서 공공단체선거의 위탁관리와 선거권자의 주권의식 앙양을 위한 상시계도를 소관 업무에 추가하고 있다.

또한 주민투표법에 따른 주민투표 관리, 주민소환법에 따른 주민소환투표 관리, 지방교육 자치에 관한 법률에 따른 시·도교육감선거 관리, 새마을금고법, 신용협동조합법, 농·수산업협동조합법, 산림조합법, 국민체육진흥법, 중소기업협동조합법 등에 따른 공공단체의 임원선거 관리도 선거관리위원회의 소관 업무에 속한다.

선거관리위원회는 민주적 기본질서 중 자유롭고 정의로운 선거질서를 수호하는 막중한 헌법적 책무를 수행하는 만큼, 우리 헌법 제115조제1항은 선거관리위원회에 선거와 국민투표 사무에 관하여 관계 행정기관에 필요한 지시를 할 수 있도록 명시하고 있다.

한편, 위탁선거법에서도 국가기관·지방자치단체·위탁단체 등은 위탁선거의 관리에 관하여 선거관리위원회로부터 인력·시설·장비 등의 협조 요구를 받은 때에는 특별한 사정이 없는 한 이에 따르도록 협조의무를 부과하고 있다(§6).

나. 이사장선거 수탁관리의 소관

이사장선거를 수탁하여 관리하는 관할 선거관리위원회는 해당 금고의 주된 사무소 소재지를 관할하는 구·시·군선거관리위원회가 된다. 후보자등록신청 수리, 투표와 개표 관리, 당선인 결정에 이르기까지 이사장선거에 관한 일련의 선거관리 업무는 모두 해당 구·시·군선거관리위원회가 맡아서 처리한다.

다만, 위탁선거 사무의 관리집행의 하자 또는 투표의 효력에 대한 이의제기의 처리는 관할 선거관리위원회의 직근 상급 선거관리위원회인 시·도선거관리위원회가 담당한다(위탁선거법 §55).

5. 사무처와 사무국의 설치·운영

중앙선거관리위원회와 시·도선거관리위원회에는 위원회를 보좌하기 위하여 각각 사무처를 두고, 구·시·군선거관리위원회에는 사무국 또는 사무과를 두며, 읍·면·동선거관리위원회에는 지방공무원 중에서 간사와 서기 약간명을 위촉하여 운영한다.

시·도선거관리위원회 사무처에는 총무과, 선거과, 지도과, 홍보과를 두고 있고, 구·시·군선거관리위원회 사무국 또는 사무과에는 선거담당관 또는 선거계와 지도담당관 또는 지도계를 두고 있다.

선거관리위원회 사무처 또는 사무국 소속 직원들은 모두 국가공무원 신분으로서 임용 절차와 방법, 복무와 보수 등에 관하여 국가공무원법의 적용을 받는다.

제 3 절
위탁선거법규와 상충되는 규범의 효력

1. 위탁선거법규와 상충되는 금고법령

우리는 입법자의 무오류성(無誤謬性)을 믿어서는 안 된다. 2024년 3월 1일 현재 대한민국에서 시행되고 있는 법률의 숫자가 1,618건이나 되는데, 그 많은 법률간 상호 모순·저촉됨이 없이 규범조화적으로 전체 법체계의 완결성을 유지하는 것이 오히려 불가능에 가까운 입법적 과제이기 때문이다. 이에 따라 해석론에서는 법률간 상호 모순·저촉되거나 충돌되는 경우 상위법 우선의 원칙, 특별법 우선의 원칙, 신법 우선의 원칙을 적용하여 법의 해석과 집행에 구체적 타당성을 확보하고 있다.

일반적으로 특별법이 일반법에 우선하고 신법이 구법에 우선한다는 원칙은 동일한 형식의 성문법규인 법률이 상호 모순·저촉되는 경우에 적용된다. 이때 법률이 상호 모순·저촉되는지 여부는 법률의 입법목적, 규정사항 및 적용범위 등을 종합적으로 검토하여 판단하여야 한다.18) 이러한 측면에서 법률의 총칙 부분에 두는 다른 법률과의 관계에 관한 규정은 일반법과 특별법과의 관계는 물론이고 관련된 여러

---

18) 대법원 2016. 11. 25. 선고 2014도14166 판결

개의 법률간 적용의 우선순위에 관한 사항을 정하기 위한 것으로서 해석·집행상의 모순이나 저촉을 방지하는 데 중요한 역할을 한다.

다른 법률과의 관계에서 해당 법률을 우선 적용한다는 규정을 둔 경우에는 해당 법률이 다른 법률에 대하여 특별법적 성격을 가진다는 것을 의미한다.[19] 반면에 다른 법률에 특별한 규정이 있는 경우 다른 법률을 우선적으로 적용한다는 규정을 둔 경우에는 해당 법률이 일반법적인 성격을 가지고 있다는 것을 뜻한다.

위탁선거법은 공공단체의 위탁선거에 관하여 다른 법률에 우선하여 해당 법률이 우선 적용됨을 밝히고 있는데(§5), 이는 위탁선거에 관한 다른 법률과의 지위에서 위탁선거법이 특별법적 성격을 가진다는 점을 명확히 한 것이다. 따라서 위탁선거법이 적용되는 선거에서 해당 법률과 상충되는 모든 개별 법률의 선거 관련 규정은 위탁선거법과 저촉되는 범위에서 그 효력을 잃는다. 이 점에 있어서는 새마을금고법도 결코 예외가 될 수 없다.

예컨대, 총회·대의원회 등 선출방법을 불문하고 금고 임원선거의 후보자는 새마을금고법 제22조제3항제4호에 따라 도로·시장 등 행정안전부령으로 정하는 다수인이 왕래하거나 모이는 공개된 장소에서의 지지를 호소하거나 명함을 배부하는 방법으로 선거운동을 할 수 있다. 그러나 위탁선거법 제24조제3항제3호는 대의원회에서 이사장을 선출하는 경우 해당 선거운동 방법을 허용하지 않는다.[20] 따라서 새마을금고법의 해당 규정은 이사장선거를 제외한 일반 임원선거에 한정하여 규범력을 가지게 된다.

---

19) 국회 법제실 2022. 10. 『법제 이론과 실제』 273쪽 참조.
20) 대의원회는 선거인이 소수이고, 평소 지면이나 친교가 있는 사람들이기에 지지 호소나 명함배부 방법의 선거운동을 금지하는 것으로 보인다.

2. 위탁선거규칙에 저촉되는 자치규범

가. 중앙선거관리위원회 규칙의 성격

중앙선거관리위원회는 헌법적 근거에 따라 위임입법권을 보유하고 있으므로 법령의 범위에서 선거관리·국민투표관리 또는 정당사무에 관한 규칙을 제정할 수 있고, 법률에 저촉되지 않는 범위에서 내부 규율에 관한 규칙을 제정할 수 있다(헌법 §114⑥).

한편, 위탁선거법은 위탁선거의 관리에 관하여 해당 법률의 시행에 필요한 사항은 중앙선거관리위원회규칙으로 정하도록 포괄적으로 위임하고 있다(§79).

일반적으로 알려져 있는 규칙의 의미는 지방자치단체장이 발하는 행정규칙으로서 법규성이 인정되지 않는다. 그러나 명칭 여하를 불문하고 중앙선거관리위원회, 대법원, 헌법재판소 등 헌법기관이 헌법상 위임입법권에 근거하여 제정한 규칙은 법규명령으로서[21] 대통령령과 동일한 효력을 보유하고 있다. 대외적으로 일반 국민을 기속하고 법원의 재판규범이 된다는 의미이다.

중앙선거관리위원회가 위탁선거법에서 위임한 사항과 위탁선거 관리에 필요한 사항을 정하기 위하여 제정한 위탁선거규칙은 법규명령으로서 위임명령[22]과 집행명령[23]의 성격이 혼재되어 있다. 중앙선

---

21) 법규명령이란 일반적·추상적 규정으로서 법규의 성질을 가지는 것을 말한다. 법규란 국민과 행정권을 구속하고 법원의 재판규범이 되는 성문규범을 총칭하는 개념이다.

22) 위임명령이란 법률보충명령으로서 법률의 개별적 위임의 범위에서 국민을 대상으로 권리를 창설하거나 의무를 설정할 수 있다.

23) 집행명령이란 법률의 명시적·개별적 위임이 없더라도 직권에 의하여 법률의 시행에 필요한 사항을 정하는 위임입법을 말한다.

거관리위원회가 제정한 규칙의 법규성에 관하여는 학설과 판례가 일치되어 이견이 없다.[24]

나. 위탁선거규칙에 저촉되는 정관·규약의 효력

정관은 법인의 조직과 활동에 관하여 단체 스스로가 자율적으로 정한 최고(最高)의 규범이지만, 자치법규라는 태생적 한계상 내부적으로만 효력을 가질 뿐 대외적으로 제3자를 구속할 수 없는 것이 원칙이다. 그 형성과정과 효력 발생의 요건에 있어서도 법규명령과는 차이가 크다.[25]

법령의 내용이 강행규정인 경우 공공단체의 정관으로 달리 변경하여 규정할 수 없다는 점은 상식의 영역에 속한다. 따라서 정관이 법령의 강행규정을 위반한 경우에는 해당 정관은 무효이다. 그러나 일부 규정에만 무효 사유가 존재하는 경우에는 해당 정관 전체가 당연히 무효로 되는 것은 아니다.[26] 만일 위탁선거와 관련하여 금고의 정관이나 선거규약 등 자치규범의 일부 내용이 위탁선거규칙과 상충된다면 그 상충되는 범위에서 자치규범의 해당 규정은 효력을 상실하는 것으로 보아야 한다.

반면에 법령이 임의규정인 경우 위탁단체는 사회통념상 현저히 타당성을 잃은 것이 아니라면 임의규정과 달리 규정할 수 있으며, 이 경우에는 법령의 임의규정보다 해당 단체의 정관이 우선적으로 적용된다.[27]

---

24) 대법원 1996. 7. 12. 선고 96우16 판결, 헌법재판소 2000. 6. 29. 2000헌마325 결정, 헌법재판소 2015. 4. 30. 2013헌바55 결정 등 참조.
25) 헌법재판소 2019. 5. 30. 선고 2018헌가12 결정
26) 대법원 1994. 10. 25. 선고 93다50635 판결
27) 대법원 2007. 7. 24. 선고 2006마635 결정

3. 두 종의 임원 선거규약

금고는 50명 이상의 발기인이 모여 중앙회장이 정하는 정관예에
따라 정관을 작성하고 창립총회의 의결을 거친 후 지방자치단체장의
인가를 받아 그 주된 사무소의 소재지에서 설립등기를 함으로써 성립
한다(새마을금고법 §7①).

중앙회장은 새마을금고법과 이에 따른 명령 또는 정관으로 정하
는 바에 따라 금고를 지도·감독하고, 지도·감독에 필요한 규정을 제
정하며, 보고서 제출을 명하는 등 금고 운영의 전반에 관하여 필요한
지시를 할 수 있다(새마을금고법 §79①·②).

이에 따라 중앙회는 이사장선거 등 금고의 임원선거에 관하여 2
종의 임원선거규약을 준칙으로 제시하고 있다. 제1안은 이사장을 총
회 또는 대의원회에서 선출하는 경우에 적용되는 규범이고, 제2안은
직선제, 즉 이사장을 총회 또는 대의원회 외에서 회원의 투표로 직접
선출하는 경우에 적용하는 규범이다.[28]

반면에 이사와 감사의 선출에 관하여 제1안과 제2안은 조문배치
의 형식적인 차이 외에 그 내용에 관해서는 실질적인 차이가 보이지
않는다. 이사장을 직선제로 선출하는 제2안에 따를 경우에도 이사와
감사는 별도로 개최하는 총회에서 선출하도록 규정하고 있기 때문이
다(임원선거규약예 제2안 §44①).

금고는 중앙회장이 정하는 규약예와 규정예에 따라 규약 또는 규
정을 정한다. 다만, 법령에 따르거나 중앙회장이 금고에 위임한 사항
은 다르게 정할 수 있으나(정관예 §47②), 금고는 중앙회의 지도·감독

---

28) 2025년 3월 5일 전까지는 이사장 선출을 종전의 예에 따를 수 있으므로, 주로
　　대의원회에서 이사장 선출이 이루어지는 현실적 관행을 고려하여 이에 적용되는
　　규범을 제1안으로 한 것으로 보인다.

을 받고 있으므로 금고의 자치규범을 제정하거나 개정하는 때에는 사실상 중앙회가 제시한 규약예와 규정예를 따를 수밖에 없을 것으로 보인다.

현재 이사장선거의 직선제 실시와 그 선거관리의 의무위탁을 핵심 내용으로 하는 새마을금고법 개정법률이 시행되긴 하였으나, 그 부칙에 경과조치를 두어 2025년 3월 5일 전까지는 종전의 예에 따르도록 그 적용을 유예함에 따라 현행 두 종의 임원선거규약은 개정법률의 취지를 살리기도 어렵고 종전의 예를 따르기도 어려운 과도기의 혼란스러움을 고스란히 담고 있다.

더구나 자치법규에 불과한 임원선거규약이 법규명령인 위탁선거법이나 위탁선거규칙에 위배되거나 위탁선거제도의 본질과 모순되는 부분도 여러 군데서 발견된다. 임원선거규약은 간접선거를 적용하여 자체적으로 이사장선거를 관리하던 시절의 경험이 유산처럼 남겨져 있는 것으로 보인다.

2025년 3월 5일에 제1회 동시이사장선거가 실시된다는 점을 고려할 때, 선거에 참여하는 이해 당사자의 혼란과 선거관리의 혼선을 방지하기 위하여 가급적 조속한 시일 내에 2023년 10월 12일 시행된 새마을금고법과 그 시행령 및 시행규칙의 개정내용과[29] 그 취지에 부합하도록 두 종의 임원선거규약을 보완하는 것이 적절해 보인다.

아울러 이사장선거에 위탁선거법이 전면적으로 적용되는 부분과 2024년 해당 법률이 대폭 개정된 부분까지 임원선거규약에 반영할 수 있다면 그야말로 금상첨화이다.

---

29) 주요 개정내용은 이사장 연임제한 회피 방지규정을 신설하고, 직장 내 갑질 및 성폭력 범죄로 벌금형이 확정된 사람의 피선거권 제한을 신설하며, 선거운동 주체와 방법 등을 개선하는 한편, 후보자와 그 가족 등의 기부행위 제한규정을 신설한 점이다.

4. 두 개의 선거관리위원회

금고는 임원선거를 공정하게 관리하기 위하여 선거 공고일 전날부터 선거일 후 2월까지 자체적인 선거관리위원회를 구성·운영해야한다.[30] 금고 선거관리위원회는 임원의 선출방식이나 선거관리의 위탁 여부를 불문하고 반드시 설치·운영해야 하는 필수적 기관이다. 금고 선거관리위원회는 이사회가 위촉하는 5명 이상의 위원으로 구성하며, 2명 이상의 위원을 외부인으로 위촉해야 한다.

금고 선거관리위원회 운영에 공정을 기하기 위하여 임원선거에 후보자로 등록한 사람이나 후보자와 친족 관계에 있는 사람은 금고 선거관리위원회의 위원이 될 수 없다(새마을금고법 시행령 §10의3②).

금고 선거관리위원회의 위원장은 위원 중에서 호선하고, 선거관리위원회를 대표하며 선거관리위원회의 의장이 된다. 위원장 유고시에는 위원 중에서 호선하여 위원장의 직무를 대행하게 한다(정관예 §40의6①). 금고 선거관리위원회의 회의는 재적위원 과반수의 출석으로 개의하고 출석위원 과반수의 찬성으로 의결한다(정관예 §40의5).

위원장은 이사장에게 요청하여 직원 중 1인 또는 2인을 간사로 지명할 수 있으며, 간사는 위원장의 명을 받아 선거사무를 보좌하여야 한다(정관예 §40의6②). 금고 선거관리위원회는 다음 사무를 관장한다(새마을금고법 시행령 §10의3⑥).

① 선거인명부의 확정
② 후보자 등록서류의 심사 및 접수
③ 선거공보의 심사 및 접수
④ 합동소견발표회의 운영관리

30) 새마을금고법 제23조제1항, 새마을금고법 시행령 제10조의3제1항, 정관예 제40조의2제1항 참조.

⑤ 선거 투·개표 관리

⑥ 선거록 작성

⑦ 선거결과 공표 및 당선 통지서 발송

⑧ 선거에 관한 이의신청의 심사·결정

⑨ 선거와 관련한 분쟁의 조정

⑩ 불법선거운동 감시(자료수집 포함)

⑪ 선거운동 제한 및 금지사항 위반 여부의 심사와 심사결과에 대한 통보

⑫ 공명선거감시단 단원의 위촉 및 해촉

여기에서 핵심문제는 이사장선거는 선거관리위원회에 의무적으로 위탁해야 하고, 공공단체 등의 위탁선거에 관해서는 위탁선거법이 다른 법률에 우선하여 적용되므로(위탁선거법 §5), 선거관리가 위탁되는 순간부터 이사장선거에 관하여 금고 선거관리위원회가 관장하는 사무의 대부분은 관할 선거관리위원회가 담당하게 된다는 점이다.

이 경우 금고 선거관리위원회가 처리하게 되는 실제 직무는 선거인명부 열람기간 중 선거인명부에 관한 이의신청에 대한 심사·결정, 선거 후 선거관리의 하자를 이유로 제기된 선거의 효력 또는 당선의 효력에 대한 이의신청을 심사·결정하는 업무에 한정될 것으로 보인다. 그러나 이 또한 결코 가벼운 업무가 아니다.

금고의 임원선거규약에서도 이미 이사장선거의 관리가 관할 선거관리위원회에 위탁될 경우 두 개의 서로 다른 선거관리위원회간 합리적 역할 분담을 예정하고 있다(임원선거규약 §14②).

제4절
이사장선거 위탁관리의 기대효과

1. 선거 관련 자치법규의 공정성 확보

단체의 정관은 국가의 헌법과 마찬가지로 조직 내부적으로 최고 규범성이 인정되는 자치법규이다. 그러나 정관이나 임원선거규약 등 내부규범의 내용에 문제가 있더라도 법원에 그 효력의 유무를 확인하는 소송을 제기할 수 없다.[31] 확인의 소의 대상은 구체적인 권리 또는 법률관계의 존부에 대한 것이어야 하므로 추상적인 법령 또는 법규 자체의 효력 유무를 다툴 수 없기 때문이다.

따라서 금고의 정관이나 선거규약 등 자치법규의 선거에 관한 규정이 현직 이사장이나 특정 입후보예정자에게 현저하게 유리하거나 다른 입후보예정자에게 불리한 경우, 즉 그 내부규범이 불공정하고 상당성을 잃은 경우에도 다른 입후보예정자나 회원의 입장에서는 법원에 해당 자치법규의 무효를 구하지 못한다. 정관 등 내부규범의 전부 또는 그 일부의 무효확인을 구하는 것은 일반적·추상적 법규의 효력을 다투는 것일 뿐, 당사자 사이의 구체적인 권리 또는 법률관계를 대상으로 하는 것이 아니기 때문이다.[32]

---

31) 대법원 1992. 8. 18. 선고 92다13875, 13882, 13899(병합) 판결 참조.
32) 대법원 1995. 12. 22. 선고 93다61567 판결 등 참조.

이 경우에는 내부규범의 내용에 따라 구성원이 어떤 처분이나 불이익을 받은 때에 한정하여 해당 내부규범의 관련 규정에 대한 무효를 주장하면서 그 처분의 무효를 다투는 방법으로 권리를 구제받을 수밖에 없다.

만일 이사장선거에서 불공정한 자치규범이 기득권을 감싸고 있을 때 선거를 위탁받은 관할 선거관리위원회가 해당 자치규범을 엄격하게 집행하면 할수록 오히려 불공정을 옹호하고 적극적으로 불의를 행하게 되는 모순에 빠지게 된다.

이것은 이사장선거를 선거관리위원회에 의무적으로 위탁하도록 제도화한 입법자의 의도가 아니다. 이러한 딜레마를 해결하기 위하여 위탁선거규칙은 관할 선거관리위원회가 위탁단체의 정관, 규약 등 선거에 관한 내부규정이 위탁선거를 관리하는 데 현저하게 불합리하다고 판단할 경우 위탁단체에 해당 규정의 개정을 권고할 수 있도록 정관 등에 관한 의견표시권을 규정하고 있다(§4).

이러한 의견표시권을 적절히 활용한다면, 불공정한 내부규범으로 인하여 이사장선거가 기울어진 운동장에서 진행될 우려가 있을 때, 관할 선거관리위원회가 해당 자치법규에 대한 개선을 권고하여 경기장을 평탄하게 고른 후 공정하게 경기를 치를 수 있는 제도적 평형수(平衡水)로 활용할 수 있다고 본다.

만약 불합리한 선거규범이 공고한 카르텔을 형성하여 내부를 지배하고 있고, 이를 개정하려는 목소리가 기득권의 장벽을 넘지 못하는 경우라면, 후보자가 되려는 사람이나 일반 회원의 입장에서는 자치법규 개정의견 표시권을 행사하도록 관할 선거관리위원회에 건의하는 것도 이사장선거의 관리를 선거관리위원회에 의무적으로 위탁하도록 제도화한 개정법률의 취지에 부합되는 방법이라 생각한다.

2. 선거부정 억제와 정의로운 선거 실현

이사장선거를 선거관리위원회에 위탁하도록 금고의 자율성을 제한한 이유가 금고의 자체적인 선거관리 역량에 관한 의심은 아니다. 불공정한 선거에 따른 기득권의 제도화와 이로 인한 부정의 고착이 금고 부실화의 근본 원인이라는 것을 입법권자가 지목하고 있었다는 점은 국회의 속기록이 넉넉히 입증하고 있다.

과거 농업협동조합 등 조합장선거도 선거관리위원회가 위탁하여 관리하기 전까지는 비난과 조롱의 대상이었다. 조합장선거의 부정과 부패가 오히려 공직선거에 전이되어 금품기대심리를 조장하고 선거의 불가매수성을 위협하는 지경에 이르자, 입법권자의 최후의 결단은 공공단체 선거의 자율성에 대한 제한이었다.

2010년대 이후 선거관리위원회가 조합장선거를 의무적으로 위탁받아 2023년까지 총 3회의 동시조합장선거를 치르는 동안 유권자 매수 등 선거부패는 많이 사라졌고 선거절차는 투명해졌으며 결과는 공정하여 대부분의 조합에서 갈등이 종식되었다.[33]

이러한 성과가 곧바로 입법권자에게 영감을 주어 금고 이사장선거를 선거관리위원회가 수탁하여 관리하도록 의무화한 것이다. 여기서 우리는 이사장선거의 미래를 본다. 그 이사장선거의 미래를 통하여 중앙회도 새로운 꿈을 꿀 수 있을 것이다.

---

33) 동시조합장선거의 선거법위반행위 조치현황을 살펴보면, 2015년 실시한 제1회 선거에서 전국적으로 기부행위 위반 349건과 비방·허위사실공표 54건이 적발되었으나, 2019년 제2회 선거에서는 기부행위 위반은 259건으로, 비방·허위사실공표는 40건으로 각각 감소하였다. 한편, 2023년 실시한 제3회 선거에서는 기부행위 위반 209건, 비방·허위사실공표 36건으로 더욱 감소하였다. 중앙선거관리위원회 2019. 7. 『제2회 전국동시조합장선거총람』111쪽, 2023. 8. 『제3회 전국동시조합장선거총람』100쪽 참조.

3. 금고 발전의 모멘텀 확보

선거관리위원회는 헌법적 책무인 선거와 국민투표의 공정한 관리를 통하여 자유롭고 정의로운 선거질서를 수호하고 민주정치의 건전한 발전을 도모하는 정치발전적 집행기관이다. 선거관리위원회 창설이래 그동안 수많은 공직선거를 관리하면서 쌓아온 공정성과 신뢰라는 국가적 자산을 위탁선거에 활용하여 생활주변의 선거를 정화하고, 이를 토대로 공직선거를 견인하여 민주정치의 발전에 기여하겠다는 것이 선거관리위원회의 궁극적 정책 목표이다.

선거관리위원회의 위탁관리를 통하여 공공단체 선거의 후보자들은 정교하고 치밀한 규범에 따라 공정한 경쟁의 기회를 부여받고, 선거인들은 후보자의 자질과 공약의 타당성에 관한 객관적 정보를 제공받아 의사형성의 자유와 후보자 선택의 자유, 그리고 구성원으로서의 알권리를 함께 누릴 수 있게 된다.

이러한 이사장선거의 위탁관리를 통하여 당선된 대표자에게는 높은 수준의 정당성과 도덕성이 부여되어 금고 개혁의 리더십과 새로운 발전의 모멘텀을 확보할 수 있을 것이다. 고객으로부터도 금고 운영의 투명성에 대한 인식이 제고되어 새마을금고가 주민들의 자발적인 협동조직으로 지역사회의 신뢰를 다져나가면서 4대 은행과 농협 다음의 자산규모를 갖는 금융기관으로서의 새로운 위상도 확보하게 될 것으로 보인다.

그리되면 이제 새마을금고의 시선과 발걸음은 자연스럽게 세계로34) 향하지 않을까?

---

34) 새마을금고법 제4조는 금고와 중앙회에 외국의 협동조합과 상호협력을 위하여 노력하도록 국제협력의무를 부과하고 있다.

제 4 장

선거절차와 후보자의 참여방법

이사장선거는 임기만료, 사퇴 또는 사망, 당선·선거의 취소, 금고의 신설·합병에 따라 선거의 실시사유가 결정되고, 선거인명부 작성을 통하여 선거인을 확정하며, 후보자등록을 통하여 후보자를 특정한다.

이후 정해진 기간·방법의 선거운동을 통하여 유권자들에게 후보자의 정책과 공약, 능력과 자질을 홍보한다. 선거일에는 투표를 실시하고 그 결과는 개표로 확인하여 다수득표자를 당선인으로 결정한다.

이 장에서는 위탁선거법에 따른 이사장선거의 주요 선거절차를 살펴보고 그 절차와 과정별로 후보자의 선거 참여방법을 설명한다.

제1 절
이사장선거의 동시 실시

1. 선거일 결정방법

　선거일을 정하는 방법에 관해서는 공고주의와 법정주의가 있다. 공고주의는 법령에서 선거를 실시할 수 있는 기간만 정해놓고 구체적인 선거일은 공고권자에게 위임하는 방식이고, 법정주의는 공고주의의 폐단과 부작용[1]을 시정하기 위하여 선거일을 법령 자체에서 특정하는 방식이다.

　이사장선거는 선거일 법정주의를 채택하여 그 임기가 만료되는 연도 3월 중 첫 번째 수요일을 선거일로 하여 동시에 실시한다(위탁선거법 §14①). 이 경우 선거일을 따로 공고하지 않는다(위탁선거법 §14⑥ 후단). 다만, 2024년 1월 30일 위탁선거법의 개정에 따라 동시이사장선거일을 종전보다 1주일 앞당긴 부분은 반드시 재검토가 필요하다고 본다.[2]

---

1) 1994년 이전 통합선거법 제정 전에는 선거일 공고주의를 채택함에 따라 선거일을 예측하기 곤란하여 출마 준비가 어렵고 여당 후보자에게 유리하다는 비판이 제기되어 왔다. 선거일 결정 자체가 여권의 프리미엄으로 인식되던 시기였다.

2) 개정된 위탁선거법에 따르면 제4회 동시조합장선거는 2027년 3월 3일에 실시하게 된다. 그날이 바로 제21대 대통령선거일이다. 2037년 3월 4일에는 제23대 대통령선거와 동시이사장선거를 같은 날짜에 실시하게 된다.

2. 과도기의 이사장선거 일정

2021년 10월 19일 공포된 새마을금고법은 이사장선거의 동시실시를 도입하면서 2025년 3월에 제1회 동시이사장선거를 실시하도록 하였다. 동시이사장선거는 2023년 8월 8일 개정된 위탁선거법에도 수용되어 2021년 10월 19일 공포된 새마을금고법의 부칙과 동일한 내용으로 규정되었다(위탁선거법 §14①).

이사장선거를 전국적으로 동시에 실시할 수 있도록 2021년 10월 19일 공포된 새마을금고법 부칙에서는 2019년 3월 22일 이후 선출된 이사장의 임기를 다음과 같이 조정하고 있다(§3).

첫째, 2019년 3월 22일부터 2021년 3월 20일까지 약 2년간 임기가 개시된 이사장은 그 임기를 연장하여 2025년 3월 20일에 만료되도록 한다(부칙 §3①). 2025년 3월 5일 실시하는 제1회 동시이사장선거에 참여하기 위하여 해당 이사장에게는 최장 2년의 임기연장 특혜가 주어졌다.

이 경우 당초 이사장선거에서 4년의 임기를 전제로 후보자간 선의의 경쟁을 하였고, 회원들 또한 4년간 권한을 위임하는 것을 전제로 투표권을 행사하였으므로, 예기치 못한 임기연장에 따라 차기 이사장선거에 출마하려는 사람의 피선거권을 제약하고 새로운 이사장을 선택하려는 회원들의 선거권이 유보되는 측면이 있다.

둘째, 2021년 3월 21일부터 개정법률의 시행 전일인 2022년 4월 19일까지 임기가 개시된 이사장에게는 4년의 통상적인 임기를 보장한다(부칙 §3① 단서). 2025년 실시하는 동시이사장선거에 참여하려면 임기를 단축해야 하지만 해당 법률의 시행일 전에 이미 이사장의 임기가 개시되었으므로 신뢰보호의 원칙상 선출된 이사장의 임기단축이 곤란하기 때문이다.

따라서 여기에 해당하는 금고는 2025년 3월 5일 실시하는 제1회 동시이사장선거에 참여하지 않는다. 다만, 해당 이사장의 임기만료 후 2025년 3월부터 2026년 4월까지 개별 선거에서 따로 선출되는 후임 이사장의 임기는 최장 1년 정도 단축하여 2029년 3월 20일에 만료되도록 하고(부칙 §3②) 같은 해 3월 7일에3) 실시하는 제2회 동시이사장선거에 모두 합류하도록 한다.

셋째, 개정 새마을금고법의 시행일인 2022년 4월 20일부터 2023년 3월 21일까지 임기가 개시된 이사장은4) 그 임기를 단축하여 2025년 3월 20일에 만료되도록 하고(부칙 §3① 본문). 같은 해 3월 5일 실시하는 제1회 동시이사장선거에 참여한다.

해당 기간에 선출된 이사장의 임기가 최장 2년 정도 단축된다는 사실은 2021년 10월 19일 공포되고 2022년 4월 20일에 시행된 새마을금고법 개정법률에 담겨 있어 이미 관련 내용이 이해당사자에게 알려진 것으로 볼 수 있으므로, 해당 이사장의 임기 단축으로 인하여 신뢰보호의 원칙이 훼손되거나 회원들의 선거권 또는 피선거권이 침해되는 것으로 평가하기는 어려울 것이다.

금고별 이사장의 임기만료일이 시기별로 골고루 분산되었다고 가정할 때, 이러한 선거일정에 따르면, 2025년 3월 5일 실시하는 제1회 동시이사장선거에는 전체 금고의 대략 73% 정도가 참여한다. 나머지 27% 정도의 금고는 2026년 4월까지 개별적으로 선거를 실시하므로 2029년 제2회 동시이사장선거에 이르러서야 비로소 모든 금고가 참여하는 전국동시이사장선거가 된다.

---

3) 2024년 1월 30일 위탁선거법 개정에 따라 2027년 3월 동시조합장선거와 대통령 선거를 함께 실시하게 되므로, 그 전에 위탁선거법이 다시 개정될 것으로 보인다. 이 경우 동시이사장선거의 선거일도 함께 변경된다.

4) 2023년 3월 22일 이후 2025년 제1회 동시이사장선거일까지는 임기만료에 따른 선거는 실시하지 않는다. 2019년 3월 22일 이후 임기가 개시된 이사장의 임기만료일이 2025년 3월 20일로 연장되므로 따로 선거를 실시할 필요가 없다.

3. 동시이사장선거 이탈 요건

2021년 10월 19일 공포된 새마을금고법은 이사장선거에 전면적인 직선제 도입과 선거관리의 의무위탁을 신설하면서 그 부칙에서 이사장선거의 전국 동시실시를 제도화하였다. 그러나 다음과 같이 특별한 사정이 있는 금고는 동시선거에 참여하지 않을 수 있도록 예외를 허용하고 있다(부칙 §3⑥).

첫째, 금고의 합병의결이 있는 때

둘째, 다음 중 어느 하나에 해당하여 주무장관 또는 중앙회장이 선거를 실시하지 않도록 권고한 때

① 중앙회장의 합병 권고·요구 또는 명령을 받은 경우[5]

② 거액의 금융사고, 천재지변 등으로 선거실시가 곤란한 경우

이러한 객관적인 사정이 발생해도 해당 금고가 동시선거에서 이탈하려면 이사회의 의결 절차를 필수적으로 거쳐야 한다. 당초에 동시이사장선거에 참여하지 않았으나 그 사유가 해소된 때에는 지체없이 이사회 의결로 선거일을 정하고 30일 이내에 이사장선거를 실시하여야 한다(부칙 §3⑦ 전단).

이 경우 이사장의 임기는 동시선거에 참여하지 않아 선출하지 못한 이사장 임기의 남은 기간으로 하여 다음에 실시하는 동시이사장선거에 합류할 수 있도록 한다. 다만, 임기의 남은 기간이 1년 미만인 경우에는 해당 이사장선거를 실시하지 않는다(부칙 §3⑦ 후단).[6]

---

5) 새마을금고법 제38조제1항에서 중앙회장은 금고의 원활한 합병을 위하여 합병을 권고할 수 있도록 하고, 같은 조 제3항에서는 정당한 사유 없이 그 권고를 받은 날부터 6개월 이내에 합병에 관한 의결 절차를 이행하지 않은 금고에는 자금지원 등을 감축하거나 중단할 수 있도록 규정하고 있다.

6) 본 부칙은 지속적으로 효력을 가진다는 점에 유의할 필요가 있다. 해당 부칙을 개정하기 위해서는 통상적인 법률개정 절차를 거쳐야 한다.

따로 실시하는 이사장선거도 관할 선거관리위원회에 그 관리를 위탁해야 한다. 개별적으로 선거를 실시해야 하므로 동시이사장선거에 비하면 선거관리비용이 상당할 것으로 예상된다.

한편, 합병·해산 등 법령이나 정관 또는 규약이 정하는 바에 따라 선거를 실시하지 않을 사유가 발생한 경우, 해당 금고는 지체없이 합병과 관련된 등기서 사본, 합병·해산과 관련된 총회 의결록 또는 인가서의 사본, 그 밖에 합병 또는 해산 사유를 증명할 수 있는 서류를 첨부하여 그 사유를 관할 선거관리위원회에 통보하여야 한다(위탁선거규칙 §3③).

참고적으로 2023년 3월 8일 실시한 제3회 동시조합장선거에서 합병이 추진중인 9개 조합과 폐업 등으로 사실상 기능을 상실한 28개 조합이 동시조합장선거에 참여하지 않은 것으로 알려졌다.

제2절
선거인명부 작성

1. 선거인명부 작성 방법

선거에서 누구를 선거인으로 할 것인지는 선거의 공정뿐만 아니라 해당 단체의 정체성과도 관련된 부분이므로 그 중요성은 아무리 강조해도 지나치지 않다. 이를 위해 2024년 1월 30일 개정된 위탁선거법은 위탁단체가 선거인명부작성개시일 전 30일까지 해당 위탁단체의 조합원 자격 등을 확인하여 회원명부를 정비하도록 특별한 의무를 부과하고 있다(§15④).

동시이사장선거에서 금고는 선거일 전 19일부터 5일 이내에 선거인명부를 작성하고, 그 선거인명부는 선거일 전 10일에 확정된다(위탁선거법 §15① 단서).[7] 이 경우 금고는 주민등록법 제30조에 따른 주민등록전산정보자료를 이용할 수 있다(위탁선거법 §15⑤).[8] 선거인명부를 작성하는 때에는 회원명부에 따라 엄정히 조사·작성하여야 한다.

---

7) 동시이사장선거에서는 구·시·군단위로 선거인명부를 작성·확정한다. 통합선거인명부를 구축·활용하기 위함이다. 위탁선거규칙 제7조제5항 참조.

8) 2024년 1월 30일 위탁선거법의 개정에 따라 동시이사장선거에서 선거인명부 작성시 주민등록전산정보자료를 이용할 수 있는 근거가 마련되었다. 이에 따라 정확한 명부작성과 통합선거인명부의 운용에 원활을 기할 수 있게 되었다.

회원은 출자좌수에 관계없이 평등한 선거권을 가지지만, 정관으로 정하는 바에 따라 미성년자 또는 회원자격을 유지한 기간이 6개월 미만인 회원의 선거권은 제한할 수 있다(새마을금고법 §9⑤). 이에 정관예는 회원가입 후 6월을 넘지 않은 사람에게 선거권을 인정하지 않고 있고(§10조① 본문), 임원선거규약도 선거공고일 전날 현재 회원명부에 등재된 사람 중 6월 이상 회원자격을 보유하고 있는 사람에게 선거권이 있음을 확인하고 있다(§10①).

만일 선거일전 6개월 전에 특별한 사정없이 회원가입 신청이 급증하였다면 일단 그 진정성을 의심하면서 회원가입 심사에 신중을 기하여야 할 것으로 보인다. 공직선거에서는 오로지 특정한 선거구에서 투표할 목적으로 주민등록을 이전한 경우, 즉 위장전입에 해당하는 경우 이는 위법이고 그의 선거권은 부인되어야 하며 그가 한 투표는 무효로 한다는 것이 원칙이다.[9] 이러한 점에서 회원가입 신청에 대한 엄정한 심사가 부정선거에 대한 일차적 게이트 키핑(gate keeping) 기능을 수행할 수 있을 것으로 보인다.

만일 선거인명부 작성을 담당하는 임직원이 회원명부를 부실하게 관리하여 자격이 없는 사람이 선거인명부에 오르도록 방치하였다면 위탁선거법 제63조제2항에 따라 부실기재죄가 적용되어 3년 이하의 징역 또는 3천만원 이하의 벌금형에 처해질 수 있다.[10] 판례는 선거인명부 작성과 관계 있는 사람이 회원명부 관리에 대한 무관심만으로도 형사처벌될 수 있음을 확인해 주고 있다.

선거인명부가 작성된 때와 확정된 때에는 금고에서 각각 그 등본 1통을 관할 선거관리위원회에 보낸다(위탁선거법 §15③). 다만, 동시이사장선거에서는 통합선거인명부를 활용하므로 이를 생략할 수 있다(위탁선거법 §15④).

---

9) 대법원 1989. 5. 11. 선고 88수61 판결
10) 대법원 2017. 4. 26. 선고 2016도14861 판결

126

2. 선거인명부 작성내용 검증방법

공직선거에서 위장전입 등 거짓의 방법으로 선거인명부에 등재되는 행위는 이제 역사적인 의미를 가질 뿐이지만, 아직도 많은 위탁선거에서는 정당한 자격을 가진 사람을 선거인명부에 올리지 않거나, 자격이 없는 사람을 선거인명부에 올려 선거가 종료된 후에도 선거의 적법성을 둘러싼 분쟁이 계속되고 있다.[11]

이러한 측면에서 선거인명부의 작성내용에 대한 철저한 검증의 필요성이 인정된다. 위탁선거법은 선거인명부 작성 방법에 관하여는 해당 위탁단체의 자율성을 존중하지만, 일단 작성된 선거인명부의 검증방법에 관해서는 엄격한 규정을 두고 있다.

우선 금고가 선거인명부를 작성한 때에는 선거인명부 작성기간만료일의 다음 날부터 3일간 선거권자가 선거인명부를 열람할 수 있도록 해야 한다. 이 경우 선거인명부의 열람은 공휴일에도 불구하고 매일 오전 9시부터 오후 6시까지 할 수 있다(위탁선거법 §16①). 금고의 임원선거규약에서는 열람기간 중 금고의 주사무소에 선거인명부를 비치하여 선거인이 열람할 수 있도록 의무를 부과하고 있다(§7).

선거권자는 누구든지 선거인명부에 누락 또는 오기(誤記)가 있거나 자격이 없는 사람이 선거인으로 올라 있다고 판단되면 열람기간 중 해당 금고에 이의를 신청할 수 있다(위탁선거법 §16②). 이러한 이의신청 제도는 금고 이사장선거에서 선거인명부 작성의 정확성을 담보하고 선거부정의 여지를 차단하기 위하여 일종의 민중심사의 방법으로 선거인명부를 검증하려는 것이다.

금고는 선거권자의 이의신청이 있는 때에는 신청을 받은 날의 다

---

11) 광주고법 2009. 10. 23. 선고 2009나2773 판결

음 날까지 이를 심사·결정하되, 그 신청이 이유가 있다고 결정한 때에는 즉시 선거인명부를 정정하고, 관할 선거관리위원회와 신청인 및 관계인에게 통지하며, 이유 없다고 결정한 때에는 신청인에게 그 사유를 통지하여야 한다(위탁선거법 §16③).

여기서 관계인이란 자격이 없음에도 선거인명부에 올라 있는 사람 또는 정당한 자격이 있음에도 선거인명부에 누락된 사람으로서 이의제기의 대상이 된 사람을 말한다.

3. 선거인명부 확정 후 오류 처리방법

금고는 선거인명부 확정 후 오기 또는 선거권이 없는 사람이나 사망한 사람이 있는 것을 발견한 때에는 선거일 전일까지 관할 선거관리위원회에 그 사실을 통보하고, 관할 선거관리위원회는 선거인명부의 비고란에 그 사실을 적어야 한다(위탁선거규칙 §8①).

관할 선거관리위원회는 선거인명부를 투표관리관에게 인계한 후에도 위탁단체로부터 오기 등을 통보 받은 경우에는 지체 없이 이를 투표관리관에게 통지하여야 하며, 투표관리관은 그 사실을 선거인명부의 비고란에 적도록 하여 선거일에 권한이 없는 사람의 투표참여를 차단하고 있다(위탁선거규칙 §8②).

후보자는 후보자등록마감일의 다음 날부터 선거일 전일까지 선거인명부 사본에 대한 교부신청을 할 수 있으며, 교부받은 선거인명부 사본은 선거 이외의 다른 목적으로 사용할 수 없다(위탁선거법 §17, 임원선거규약 §9).

제3절
후보자 등록신청과 자격 검증

1. 후보자 등록신청

후보자가 되려는 사람은 선거기간개시일전 2일부터 2일 동안 관할 선거관리위원회 사무실을 방문하여 후보자등록을 신청하여야 한다. 이 경우 후보자등록신청서의 접수는 공휴일에도 불구하고 매일 오전 9시부터 오후 6시까지로 한다(위탁선거법 §18①).

이사장선거의 관리를 위탁받은 관할 선거관리위원회가 후보자 등록업무를 적정하게 처리할 수 있도록 금고는 후보자등록 신청시 제출해야 하는 서류의 목록을 후보자등록신청개시일 전 30일까지 관할 선거관리위원회에 제출하여야 한다(위탁선거규칙 §9②).

금고 이사장선거에서 후보자등록을 신청하려는 사람은 후보자등록신청서에 제1장 제5절 "2. 피선거권 증명서류"에서 열거한 서류를 모두 첨부해야 하고, 해당 금고의 정관이 정하는 액수의 기탁금을 납부해야 한다. 기탁금의 납부는 관할 선거관리위원회가 기탁금의 예치를 위하여 개설한 금융기관의 예금계좌에 후보자의 명의로 입금하고 후보자 등록신청시 입금표를 제출하면 된다. 다만, 부득이한 사유가 있는 경우에는 현금이나 금융기관이 발행한 자기앞수표로 납부할 수도 있다(위탁선거규칙 §9③).

후보자등록신청을 접수한 후 관할 선거관리위원회는 해당 후보자의 피선거권에 관한 증명서류가 모두 제출된 것과 기탁금 납부가 확인되면 즉시 이를 수리한다.

2. 후보자의 피선거권 확인을 위한 조회

관할 선거관리위원회는 후보자등록마감 후 후보자의 피선거권 보유 여부에 관한 조사를 하여야 하며, 그 조사를 의뢰받은 기관 또는 단체는 지체 없이 그 사실을 확인하여 해당 선거관리위원회에 회보(回報)해야 한다(위탁선거법 §18④).

우선 관할 선거관리위원회는 후보자등록신청시 제출된 후보자의 범죄경력에 대하여 그 확인이 필요하다고 인정되는 경우에는 후보자등록마감 후 해당 위탁단체의 주된 사무소 소재지를 관할하는 검찰청의 장에게 해당 후보자의 범죄경력을 조회할 수 있고, 해당 검찰청의 장은 그 범죄경력의 진위여부를 지체 없이 관할 선거관리위원회에 회보하여야 한다(위탁선거법 §18⑥).

한편, 관할 선거관리위원회는 해당 금고에 후보자의 금융관계 법률 위반에 따른 징계경력 유무, 채무의 연체 또는 세금의 체납 등 여부, 경업관계 해소 여부를 조회하여 후보자의 피선거권 결격 여부를 다시 확인한다.

그 밖에 피성년후견인, 피한정후견인, 파산선고를 받고 복권되지 않은 사람은 이사장선거에 피선거권이 없으므로(새마을금고법 §21①), 관할 선거관리위원회는 이를 확인하기 위하여 후보자의 등록기준지를 관할하는 구·시·읍·면의 장에게 후견등기사실 등의 여부를 조회한다.

3. 후보자의 기호 결정방법

이사장선거에서 후보자의 기호는 후보자등록마감 후 후보자의 추첨으로 결정한다. 만일 후보자가 추첨에 불참한 경우에는 관할 선거관리위원회 위원장이나 그가 지정하는 사람이 불참한 후보자를 대리하여 추첨할 수 있다.

후보자의 기호는 1, 2, 3 ⋯ 으로 한다. 이렇게 결정된 기호가 바로 투표용지의 게재순위이고 선거운동에서 후보자를 특정하는 숫자가 된다.

일반적으로 후보자의 기호를 결정하는 가장 공정한 방법은 추첨으로 알려져 있다. 외국의 입법례도 추첨이 일반적이다. 일부 국가의 경우 성명의 알파벳순으로 기호를 정하는 경우도 있고, 비례대표선거에서는 직전 선거의 득표율을 기준으로 기호를 결정하는 사례도 있다.

참고적으로 우리나라의 공직선거에서는 극도의 정당국가를 지향하던 제3공화국에서도 추첨으로 후보자의 기호를 결정하였으나, 1970년대 유신시절부터 정당의 다수의석 순으로 기호를 부여한 이래 현재에 이르고 있다. 정의롭지 않은 방법으로 보이나 세월의 흐름에 따라 지금은 당연한 것으로 받아들여지고 있는 듯하다.

제4절
이사장선거의 투표 관리

1. 투표소 설치와 운영

가. 투표소 설치기준

투표소는 장소와 시설에 관한 문제이므로 선거인 수용능력이 핵심이다. 따라서 투표소 설치시 우선적으로 고려할 사항은 선거인수와 투표시간이다. 예상 투표율도 고려한다.[12] 과거 공직선거에서는 오전 6시부터 오후 6시까지 투표를 기준으로 선거인 5,000명당 1개의 투표소를 설치하여 왔다. 그러나 최근 사전투표율이 50%에 육박함에 따라 선거관리위원회는 투표소 설치기준을 7,000명당 1개소로 완화하였다.

동시이사장선거에서는 읍·면·동마다 1개소씩 투표소를 설치하는 것이 원칙이다. 다만, 금고의 주된 사무소가 설치되지 않은 지역 등 중앙선거관리위원회규칙으로 정하는 경우에는 관할 선거관리위원회가 해당 금고와 협의하여 일부 읍·면·동에 투표소를 설치할 수 있다(위탁선거법 §41①).[13]

---

12) 동시조합장선거에서 평균 투표율은 농협 82%, 수협 80%, 산림조합 68% 정도를 보이고 있다.

13) 이에 따라 전국적으로 읍·면·동투표소는 제1회 동시조합장선거에서 1,785개, 제2회 동시조합장선거에서 1,807개, 제3회 전국동시조합장선거에서 1,792개가

이 경우 동시이사장선거에서는 금고별 평균 선거인수가 조합장선거의 3배에 달하고, 금고의 영업점이 주로 도회지에 소재하고 있다는 점을 고려할 필요가 있다.

한편, 감염병 발생 등 부득이한 사유가 있는 경우[14] 중앙선거관리위원회규칙으로 정하는 바에 따라 추가로 투표소를 설치할 수 있다(위탁선거법 §41① 본문).[15]

나. 투표소 설치장소

동시이사장선거에서 투표소는 과거 대의원회 개최시설이나 공공기관의 회의실 등을 활용하면 무난할 것이다. 특히 동시이사장선거의 투표에는 통합선거인명부를 활용하여 투표하므로 해당 투표소에 통신망 설치가 가능해야 한다.

위탁선거법은 국가기관·지방자치단체·위탁단체 등에 위탁선거의 관리에 관하여 관할 선거관리위원회로부터 인력·시설·장비 등의 협조 요구를 받은 때에는 이에 따르도록 협조의무를 부과하고 있다(위탁선거법 §6).

특히 관할 선거관리위원회로부터 투표소 설치를 위한 장소 사용 협조 요구를 받은 공공기관·단체 등의 장은 정당한 사유가 없으면 이에 따라야 한다(위탁선거법 §40③). 동시이사장선거는 임기만료에 따른 공직선거와 달리 공휴일이 아니므로 관공서나 학교 등 공공시설을 투표소로 활용하기에 어려움이 있다.

설치되었다. 중앙선거관리위원회 앞의 책 참조.

14) 2023년 3월 8일 실시한 제3회 전국동시조합장선거에서 코로나19 격리자 투표를 위하여 전국적으로 210개의 특별투표소를 설치한 바 있다. 중앙선거관리위원회 2023. 8.『제3회 전국동시조합장선거총람』71쪽 참조.

15) 해당 규정은 2024년 1월 30일 개정을 통하여 코로나19 격리자 투표를 위한 특별투표소 설치근거를 입법적으로 명확히 한 점에 의의가 있다.

관할 선거관리위원회가 투표소를 확정한 때에는 선거일 전 10일까지 그 명칭과 소재지를 공고하여야 한다. 천재지변 등 부득이한 사유로 투표소를 변경한 경우에도 즉시 공고하여 그 사실을 알린다(위탁선거규칙 §18①).

2023년 3월 8일 실시한 제3회 전국동시조합장선거에서 투표하기 위하여 대기하던 선거인들에게 1톤 트럭이 돌진하여 다수의 사상자가 발생함에 따라 향후 투표소 설치·운영에 안전의 확보가 핵심적 과제로 등장하였다.

다. 투표시간과 투표소 운영

동시이사장선거에서 투표시간은 오전 7시부터 오후 5시까지로 법정되었다(위탁선거법 §44①). 다만, 투표를 마감할 때에 투표소에서 투표하기 위하여 대기하고 있는 선거인에게는 번호표를 부여하여 투표하게 한 후에 닫아야 한다(위탁선거법 §44②).

관할 선거관리위원회는 공정하고 중립적인 사람 중에서 선거일 전 30일부터 선거일 후 10일까지 투표소마다 투표에 관한 사무를 관리할 투표관리관 1명과 투표사무를 보조할 투표사무원 약간명을 위촉한다(위탁선거법 §40②).

관할 선거관리위원회로부터 투표관리관 또는 투표사무원의 추천을 요청받은 공공기관과 위탁단체의 장은 우선적으로 이에 따라야 한다(위탁관리규칙 §17⑤).

동시이사장선거의 성공적 관리를 위해서는 금고 직원들의 적극적 참여가 필수적이고 긴요한 부분이다. 동시조합장선거의 성공적 관리도 조합 직원들의 헌신적 참여에 힘입은 바가 크다.

134

2. 이사장선거의 투표 방식

가. 1인 1표제 기표방식 적용

선거에서 투표의 의미는 선거인이 선호하는 후보자를 선택하는 의사표시를 말한다. 투표방식은 선거인이 후보자의 성명을 투표용지에 직접 적어 넣는 자서투표제(自書投票制)와16) 1장의 투표용지에 모든 후보자의 기호와 성명을 인쇄한 후 기표용구를 활용해 선호하는 후보자에게 표를 하는 기표투표제로 구분할 수 있다.

선택의 수를 기준으로 하면 하나의 투표용지에서 한 명의 후보자만을 선택하는 단기투표제(單記投票制)와17) 복수의 후보자를 선택할 수 있는 연기투표제(連記投票制)로 구분할 수도 있다.

이사장선거는 투표방식으로 하고, 투표는 선거인 1명마다 1표를 행사하도록 하되, 선거인이 직접 투표용지에 기표(記票)하는 방법으로 한다. 다만, 해당 법령이나 정관 또는 규약으로 정하는 사람이 법인을 대표하여 행사하는 경우에는 1인 1표제의 예외를 둘 수 있다(위탁선거법 §39①~③).

위탁선거법에서 이러한 예외를 규정한 것은 대의원회에서 임원을 선출하는 경우 단체의 대표자가 대의원회를 주관하면서도 정작 선거권은 행사하지 못하는 모순이 발생하므로, 해당 단체의 대표자에게 법

---

16) 자서투표제는 일본의 공직선거 외에 적용하는 사례를 찾아보기 어렵다. 선거인이 써넣은 내용에 오탈자가 많아 무효표가 속출하기 때문이다. 문맹률이 높은 국가에서는 적용하기 어려운 방식이다.

17) 단기투표제(單記投票制)는 1명의 후보자에게만 기표해야 하므로 복수의 후보자에게 기표하면 무효가 된다. 우리나라의 기초의원선거에서 중선거구제를 적용함에 따라 선거구별로 2~4명의 대표자를 선출하지만, 단기투표제가 적용되므로 기표는 1명의 후보자에게만 해야 한다. 기초의원선거에서 무효표가 많은 이유이다.

인을 대표하여 투표권을 부여한 때에는 그 대표자가 해당 단체의 정관이나 규약에서 정한 수만큼 투표권을 행사할 수 있도록 허용하기 위한 취지로 보인다.

그러나 이러한 예외는 위탁단체의 자율성을 존중한다는 긍정적 측면이 있음에도 간접선거와 기득권이 이사장선거를 지배하던 시대의 유산으로 평가할 수 있어 현대의 민주적 선거제도에서는 평등선거의 이상과 조화되기 어렵다. 다만, 금고나 조합에 선거권을 부여하여 실시하는 중앙회장선거에서는 의미가[18] 있다.

나. 동시선거에 통합선거인명부 활용

금고의 동시이사장선거에서 선거인은 자신이 올라 있는 선거인명부의 작성 구역단위, 즉 해당 구·시·군에 설치된 어느 투표소에서나 투표할 수 있다(위탁선거법 §15③, §41②). 투표할 수 있는 지역이 해당 구·시·군으로 제한된다는 점을 제외하고는 공직선거의 사전투표와 동일한 방식이다. 이 경우 여러 금고에 중복으로 가입된 선거인은 어느 한곳의 투표소에 가더라도 가입된 금고의 모든 투표용지를 한꺼번에 교부받아 투표를 마칠 수 있다(위탁선거법 §41④).

이러한 투표방식이 가능한 기술적 이유는 동시이사장선거에서는 금고마다 구·시·군단위로 선거인명부를 작성·확정하고, 중앙선거관리위원회는 확정된 선거인명부의 전산자료 복사본을 해당 금고로부터 제출받아 하나의 통합선거인명부를 구축한 후 모든 투표소와 전용통신망으로 연결하여 정당한 선거인 여부와 이중투표 여부를 확인할 수 있기 때문이다(위탁선거법 §15③).

---

18) 농업협동조합법에 따른 중앙회장선거에서는 조합원수에 따라 조합별로 차등하여 투표권을 부여한다. 예컨대, 조합원 3,000명 미만의 조합은 1표, 3,000명 이상은 2표의 투표권을 행사한다. 농업협동조합법 제130조제1항 참조.

통합선거인명부를 활용한 투표방식은 투표하려는 선거인에게 본인임을 확인할 수 있는 신분증명서를 제시하게 하여 이를 확인한 다음 전자적 방식으로 지장을 찍거나 서명하게 하고, 투표용지 발급기를 이용하여 투표용지를 출력한 후 선거인에게 교부한다. 이러한 투표방식은 투표기록이 서버에 저장되므로 이중투표, 대리투표 등 투표부정을 원천적으로 방지하면서도 유권자의 투표편의를 극대화할 수 있다. IT 강국의 유권자만이 누릴 수 있는 특권이다.

투표를 마치면 모든 투표소의 투표함을 관할 선거관리위원회가 설치한 개표소로 옮겨 개표한다. 공직선거에서 관외 사전투표처럼 투표지를 다른 선거관리위원회로 우송하지 않는다.

한편, 동시이사장선거에서 관할 선거관리위원회는 해당 금고와 협의하여 섬 또는 산간 오지에 거주하는 등 부득이한 사유로 투표소에 가기 어려운 선거인에게는 그 의결로 거소투표, 순회투표, 인터넷투표 등의 방법으로 투표하게 할 수 있다.(위탁선거법 §41①). 그러나 금고의 특성상 동시조합장선거와 달리 실제 적용사례가 거의 없을 것으로 추정된다.[19]

다. 개별선거·총회·대의원회 선출시 종이명부 사용

개별적으로 실시하는 선거와 동시선거에서 총회 및 대의원회의 방식으로 이사장을 선출하는 경우에는 투표소별로 종이명부를 활용하여 투표를 실시하므로 반드시 정해진 투표소에서만 투표할 수 있다. 따라서 2 이상 금고의 선거인명부에 올라 있는 사람은[20] 선거일에 각

---

19) 전국적으로 순회투표소는 2019년 제2회 동시조합장선거에서 36개, 2023년 실시한 제3회 동시조합장선거에서는 42개가 설치된 바 있다.

20) 새마을금고의 경우 회원가입에 대한 규제가 상대적으로 느슨하여 예금보호를 받기 위하여 복수의 금고에 가입한 회원이 상당할 것으로 추정된다. 그러나 개별

각 따로 설치된 투표소를 순차적으로 방문하여 투표해야 한다.

2021년 10월 19일 공포된 새마을금고법의 부칙 제3조제1항에 따라 2021년 3월 21일부터 해당 법률의 시행일 전일인 2022년 4월 19일까지 새로이 선출되거나 임기가 개시된 이사장에게는 통상의 임기를 보장하므로 2025년 3월 5일 실시하는 제1회 동시이사장선거에 참여하지 않는다.[21] 여기에 해당하는 금고와 제1회 동시이사장선거 후에 확정된 재선거, 보궐선거, 합병 또는 신설로 인한 이사장선거가 바로 개별적으로 실시하는 선거가 된다.

금고의 이사장선거를 개별적으로 실시하는 경우 선거인명부는 투표소 설치 단위별로 작성하고, 그 구역의 선거인 성명의 가, 나, 다 순으로 선거인명부에 올린다.[22] 따라서 선거인명부의 동일한 지면에 성명이 비슷한 사람들이 근접하여 등재될 것이므로, 투표용지를 수령한 선거인이 착오로 선거인명부에서 자신과 인접하고 성명이 유사한 다른 선거인의 투표용지 수령란에 서명할 가능성이 높아 혼란이 예상된다.

이 경우 나중에 온 해당 선거인에게 투표용지를 교부하여 투표하도록 조치하는 것으로 족하다. 다만, 이러한 에피소드는 모두 투표록에 기재되어야 한다. 그 투표록은 개표소로 전달되어 투표의 효력 판단에 활용되고, 선거결과에 다툼이 발생한 경우에는 선거의 효력과 당선인 결정의 적법성 판단의 증거로 활용된다.

적으로 실시하는 선거에서는 2 이상의 금고에 투표권을 행사할 가능성이 거의 없을 것으로 추정된다.

21) 이에 해당하는 이사장의 임기만료에 따라 실시되는 차기 이사장선거에서 선출된 사람은 그 임기를 단축하여 2029년 3월 14일에 실시하는 제2회 동시이사장선거에 합류하도록 하였다. 구 새마을금고법(제18492호, 2021. 10. 19.) 부칙 제3조 제1항 단서 및 제2항 참조.

22) 위탁선거규칙 제7조 제2항에 따라 설계된 별지 제2호 서식의 하단에 깨알같이 적힌 내용이다.

공직선거에서도 동명이인이 있는 경우 다른 동명이인에게 투표용지를 교부하여 나중에 투표하러 온 해당 동명이인으로부터 항의를 받는 사례가 가끔 있다. 통합선거인명부를 활용한 투표가 아니라면 선거인이 투표안내문에 적혀 있는 자신의 선거인명부 등재번호를 메모하여 투표소에 온 후 자신의 투표용지 수령인란에 정확하게 서명해야만 이러한 혼란을 예방할 수 있다.

라. 투표관리에 공직선거법 준용

이사장선거의 투표와 개표의 관리에 관하여 위탁선거법에 규정된 것을 제외하고는 그 성질에 반하지 않는 범위에서 공직선거법에 규정된 투표와 개표방식을 준용한다(위탁선거법 §51①).

새마을금고법에서 금고의 이사장은 회원 중에서 회원의 무기명 비밀투표로 직접 선출하도록 규정하면서(§18⑤) 투표의 방법·절차, 투표의 사전 통지 등에 필요한 사항은 정관에서 정하도록 위임하고 있다(§18⑥). 그러나 이사장선거는 위탁선거법이 우선 적용되므로(위탁선거법 §5), 투표의 절차와 방법에 관하여 새마을금고의 관계 법령이나 해당 금고의 정관이 적용될 수 없다.

참고적으로 위탁이 의무화되지 않은 선거를 임의적으로 위탁해온 경우 관할 선거관리위원회가 해당 위탁단체와 협의하여 투표와 개표 절차를 위탁선거법과 달리 정할 수 있다(위탁선거법 §51②). 이 경우 관할 선거관리위원회가 위탁신청을 수용할지를 별론으로 한다면 투표와 개표방식을 창의적이고 유연하게 적용할 수 있는 법적 근거로서의 의미는 있다고 본다.[23]

---

23) 임원선거규약 제47조는 비상근 이사·감사의 선거방법으로 연기투표와 단기투표를 선택할 수 있도록 하면서, 관할 선거관리위원회에 선거관리를 위탁한 경우에는 단기투표 방식을 적용하도록 규정하고 있다.

마. 대리투표 가능 여부

새마을금고법에서 금고의 회원은 출자좌수에 관계없이 평등한 의결권과 선거권을 가진다고 규정하여(§9⑤) 회원의 권리로서 의결권과 선거권을 구분하고 있다. 회원은 다른 회원을 대리인으로 하여 의결권을 행사할 수 있지만(새마을금고법 §9⑥), 그 대리의 범위는 일반 안건에 대한 의결권에 한정될 뿐이므로, 해당 조문을 임원선거에서 대리투표가 허용되는 문장으로 오독해서는 안 된다.

게다가 위탁선거법에서 투표는 선거인이 직접 투표용지에 기표하는 방법으로 하도록 명시적으로 규정하고 있으므로(위탁선거법 §39②), 이사장선거에서는 선거인 스스로가 선거일에 투표할 수 없는 상황이라면 그 책임을 돌릴 사유가 어디에 있든 선거권 행사를 구제받을 절차나 방법은 존재하지 않는다.

일부 외국의 경우 투표를 할 수 없는 불가피한 사정이 있는 선거인에게는 선거권 행사를 보장하기 위하여 다소간 투표의 비밀침해나 매수의 위험성을 감수하고 위임장, 선서문 제출 등 엄격한 요건을 두어 대리투표를 허용하는 경우도 있다.

투표부정의 방지보다 주권행사의 보장이 더 우월한 가치이기 때문이다. 이는 아주 선진적인 정치제도를 운영하면서 정치와 선거에 대한 신뢰가 높아 투표 부정의 시비로부터 자유로운 일부 유럽 국가에서나 찾아볼 수 있는 사례이다. 대리투표는 영국, 프랑스, 스웨덴, 벨기에 등의 국가에서 인정하고 있다.[24]

3·15 부정선거의 유산을 선택의 여지 없이 상속받은 것도 억울한데, 온전하게 실시된 선거마저 악의적으로 부정선거 프레임을 씌우고 가짜뉴스가 활개를 치는 세상에서는 부러움도 사치가 된다.

---

24) 중앙선거관리위원회 2022. 12.『각국의 선거제도 비교연구』571~574쪽

3. 투표 참관 방법

가. 투표참관인 선정·신고

동시이사장선거에서 투표참관인은[25] 투표소마다 12명으로 한다. 후보자수가 12명을 넘는 경우에는 후보자별로 1명씩 우선 선정한 후 추첨에 따라 12명을 지정하고, 후보자수가 12명에 미달하지만 후보자가 선정·신고한 참관인의 수가 12명을 넘는 때에는 후보자별로 1명씩 선정한 사람을 우선 참관인으로 지정한 후 나머지 인원은 추첨에 의하여 지정한다(위탁선거법 §45⑤).

개별 이사장선거에서는 후보자가 선거인 중에서 투표소마다 2명 이내의 참관인을 선정하여 선거일 전 2일까지 관할 선거관리위원회에 신고하여야 한다. 이 경우 개표참관인은 투표참관인이 겸임하게 할 수 있다(위탁선거법 §45①).

후보자가 참관인을 신고하지 않은 때에는 포기한 것으로 본다. 후보자 전원이 참관인을 신고하지 않거나, 한 후보자가 선정한 참관인 밖에 없는 경우 관할 선거관리위원회가 공정하고 중립적인 사람 중에서 4명을 선정하여 참관하게 한다(위탁선거규칙 §24②).

참관인에게는 관할 선거관리위원회가 수당과 식비를 지급한다.[26] 투표감시권은 기본권의 측면에서 참정권의 중요한 부분이고, 객관적으로는 공정하고 투명한 선거를 함께 완성하여 선거의 신뢰를 확보하는 수단이기도 하므로 포기해서는 안 될 것이다.

---

25) 투표참관인은 해당 금고의 회원 중에서 선정해야 한다. 2024년 1월 30일 위탁선거법 제45조제1항의 개정에 따라 반드시 선거인 신분을 요하지 않는다.

26) 참관인 수당으로 10만원을 지급한다. 교대하여 참관하는 경우에는 6시간 이상 참관한 사람에게만 수당을 지급한다. 개표참관인도 마찬가지다. 식비는 정부예산의 급식비 단가를 지급한다. 위탁선거규칙 제24조제3항 참조.

후보자와 그의 배우자, 금고의 임직원은 투표참관인이나 개표참관인이 될 수 없다(위탁선거법 §45④). 따라서 후보자나 그 배우자는 본인이 투표하는 경우를 제외하고는 어떠한 경우에도 투표소에 들어갈 수 없다. 후보자에게 투표참관을 허용할 경우 투표소 상주에 따른 선거인의 심리적 부담을 없애기 위한 조치로 보인다.

나. 투표참관 요령

투표를 참관하기 위해서는 우선 옷차림부터 살펴야 한다. 이사장선거에서 투표와 개표에 관하여 위탁선거법에 따로 정한 바가 없다면 공직선거법의 투표와 개표에 관한 사항을 준용하고 있고(위탁선거법 §51①), 공직선거법에서 투표참관인은 선거관리위원회가 제공하는 참관인 표지 외에 선거에 영향을 미치는 어떠한 표지도 달거나 붙일 수 없기 때문이다(공직선거법 §166③). 투표소 안에서 후보자의 선전물이나 홍보물을 착용한 탈법적인 선거운동을 방지하기 위한 취지이다.

투표관리의 가장 핵심이 되는 부분은 투표하러 온 사람이 정당한 선거인에 해당하는지를 확인하는 것이다. 정당한 선거인 여부는 오직 관할 선거관리위원회가 투표소에 보낸 확정된 선거인명부 등재여부만으로 판단한다.

동시이사장선거에서는 통합선거인명부를 활용하므로 선거인의 신분증을 스캔하여 선거인명부 등재여부를 확인한다. 해당 선거의 모든 선거인을 데이터 베이스로 구축한 통합선거인명부와 투표소의 조회단말기를 전용통신망으로 연결한 시스템의 위력이다.

정당한 선거인에게는 전자적 방식으로 무인 또는 서명하게 하고, 투표용지 발급기를 이용하여 선거권이 있는 해당 선거의 투표용지를 출력하여 자신의 도장을 찍은 후 선거인에게 교부한다(위탁선거법 §41③). 선거인명부에 등재된 사람과 투표하러 온 사람의 일치 여부는 사진이 부착된 신분증명서로 판단한다. 신분증명서는 본인확인을 위한 용도이므로 그 유효성을 따지지 않는다. 예컨대, 대학교를 졸업한 사람이 학생증으로 본인임을 확인받을 수 있고, 면허가 취소된 사람이라도 그 운전면허증으로 투표할 수 있다.

투표를 참관하는 때에는 투표하러 온 선거인이 제시한 신분증명서의 사진과 실제 외모를 꼼꼼히 대조하는지 지속적으로 확인할 필요가 있다. 만일 투표사무원의 집중력이 떨어진 경우 투표관리관에게 요청하여 적절히 주의를 환기시키도록 한다.

다. 투표참관시 유의사항

투표참관인은 투표에 간섭하거나 투표를 권유하거나 기타 어떠한 방법으로든지 선거에 영향을 미치는 행위를 해서는 안 된다. 다만, 투표소에서 사고가 발생한 경우에 한정하여 투표상황을 촬영할 수 있다 (공직선거법 §161⑩·⑫).

투표참관인은 다른 사람이 투표에 간섭하거나 부정투표 등 그 밖의 선거에 관한 규정에 위반되는 사실을 발견한 때에는 투표관리관에게 그 시정을 요구할 수 있다. 이 경우에도 투표의 평온한 진행에 지장을 초래하지 않는 방법으로 해야 한다.

만일 폭언이나 완력을 행사하여 투표소의 질서를 혼란하게 할 경우 투표소교란죄가 적용되어 1년 이상 7년 이하의 징역 또는 1천만원 이상 7천만원 이하의 벌금으로 무겁게 처벌될 수 있다(위탁선거법 §65 2.). 위탁선거범죄 중 법정형이 가장 무겁다.

어떤 경우에도 참관인이 투표하러 온 선거인이나 투표사무관계자에게 직접 질문하거나 시정을 요구할 수는 없다(공직선거관리규칙 §89 ①). 반드시 투표관리관에게 요청하여 바로잡을 일이다.

투표관리관에게는 일종의 투표소 가택권이 있다. 투표소 안에서 또는 투표소로부터 100미터 안에서 소란한 언동을 하거나 소란하지 않더라도 특정 후보자를 지지 또는 반대하는 사람이 있는 경우 투표관리관은 이를 제지할 수 있다. 만일 투표관리관의 명령에 불응하는 때에는 투표소 또는 제한거리 밖으로 퇴거하게 할 수 있다(공직선거법 §166①). 이 경우 투표관리관은 경찰공무원 또는 경찰관서의 장에게 원조를 요구할 수 있다.

4. 전자투표의 도입 가능성

가. 전자투표 관계법규

위탁선거법은 관할 선거관리위원회가 위탁단체와 협의하여 전산조직을 이용한 투표와 후보자별 득표수의 집계 등을 처리할 수 있는 전자투표의 도입 가능성을 열어두고 있다(§69①).

투표에 관한 전자투표의 원칙은 투표의 비밀이 보장되고 투표가 용이해야 하며, 정당 또는 후보자의 참관이 보장되어야 하고, 기표착오의 시정, 무효표의 방지 기타 투표의 정확성을 기할 수 있어야 한다(공직선거법 §278②).

개표에 관한 전자투표의 원칙은 득표수의 계산이 정확하고, 투표결과를 검증할 수 있어야 하며, 정당 또는 후보자의 참관이 보장되어야 한다(공직선거법 §278③).

관할 선거관리위원회가 전자투표를 실시하려면 이를 지체 없이 공고하고 해당 위탁단체 및 후보자에게 통지하여야 하며, 선거인의 투표에 지장이 없도록 홍보하여야 한다(위탁선거법 §69②).

한편, 위탁선거법은 전자투표를 실시하는 경우 투표 및 개표의 절차와 방법, 그 밖에 필요한 사항은 중앙선거관리위원회규칙으로 정도록 위임하고 있으나(위탁선거법 §69③), 위탁선거규칙에서는 전자투표에 관하여 백지로 비워두고 있다.

전자투표 도입에 가장 신중해야 할 공직선거에서도 해당 법률의 위임에 따라(공직선거법 §278), 공직선거관리규칙에서 전자 투·개표의 구체적 절차와 방법을 정하고 있는 입법례와(공직선거관리규칙 §148~§159) 명료하게 대비된다.

이러한 입법부작위는 중앙선거관리위원회의 직무유기라기보다는 아마도 위탁선거에서 전자투표의 도입 가능성이 거의 백지 수준에 가깝다는 점을 상징하는 것처럼 보인다. 다행이 이로 인하여 침해되는 국민의 권리는 없는 것으로 보인다.

한편, 임원선거규약에서는 관할 선거관리위원회가 투·개표사무의 정확하고 신속한 관리를 위하여 공공기관등 위탁선거에 관한 법률에 따라 전자투·개표를 실시할 수 있도록 규정하고 있으나(§40①), 상위규범의 침묵에 따라 공허한 독백으로 남아있다.

나. 전자투표 의의와 도입 추세

위탁선거법규와 임원선거규약에서 전자투표를 언급하고 있으나 그 개념을 정확하게 정의하기는 쉽지 않다. 전자투표는 주소지의 투표소에 가서 투표기계만 사용하는 낮은 수준부터 모바일과 인터넷 투표를 활용하는 높은 수준까지 다양한 층위가 존재한다.

그러나 가장 낮은 수준의 전자투표 방식도 연기투표, 누적투표, 선호투표 등 다양한 투표방식을 적용할 수 있고, 비례대표선거에서 정당이 추천한 후보자의 순위를 선거인이 변경할 수 있어 정당제 민주주의 국가에서 실질적인 국민주권을 실현할 수 있다.

가장 높은 수준의 전자투표를 도입하게 되면 유비쿼터스 선거가 실현되어 투표 참여에 시간과 공간의 제약을 극복할 수 있고, 고대 그리스 도시국가에서나 가능하였던 직접 민주주의를 현대국가에서도 실현할 수 있는 기회가 열린다.

전자투표의 이러한 가능성에 주목한 여러 나라들은 1990년대부터 다양한 방식의 전자투표를 추진하였다. 일본의 경우 자서식(自署式) 투표가 가진 고유한 문제점으로 무효표가 속출하자 이를 방지하기 위한 목적으로 전자투표 도입을 추진하였다.

반면에 우리나라와 유럽의 경우 투표 편의성 확대에 따른 투표참여 제고를 주요 정책목표로 삼았다. 한편, 인도·브라질 같은 제3세계의 국가들은 투표부정 방지와 개표의 합리화를 위하여 전자투표를 도입한 것으로 알려졌다.

그러나 일본은 2002년 지방선거에서 시범적으로 전자투표를 도입한 이래 전자투표 시스템의 빈번한 고장과 작동오류로 2016년 이후 전자투표 실시를 중단한 것으로 알려졌다.[27]

독일의 경우 2005년 실시한 연방의원선거에서 일부 지역에 전자투표를 실시하였으나 2009년 3월 3일 연방헌법재판소가 전자투표 실시의 근거가 된 전자투표기규칙을 위헌[28]으로 판결한 후 보완입법이 이루어지지 않아 전자투표가 중단된 상황이다.

독일 연방헌법재판소는 위헌결정의 이유로 전자투표기규칙에 따른 전자투표 방식이 전문지식이 없는 일반 유권자에게는 투표결과에 대한 사후검증이 어려워 선거의 공공성 원칙에 위배된다는 점을 지적하였지만, 전자투표기 사용 자체를 위헌으로 판단한 것은 아니라는 점에서 위헌결정 이후 독일에서 전자투표 실시가 중단된 것은 많은 아쉬움을 남긴다.[29]

우리나라는 중앙선거관리위원회가 2004년 전자선거 로드맵을 발

---

27) 중앙선거관리위원회 2022. 12.『각국의 선거제도 비교연구』658쪽 참조
28) 독일 연방헌법재판소 2009. 3. 3. 선고 2 BvC 3/07, 2BvC 4/07 결정
29) 중앙선거관리위원회 2022. 12.『각국의 선거제도 비교연구』656쪽 참조.

표한 후 2006년 터치스크린 방식의 전자투표기를 개발하고 정당의 당내경선과 단체의 선거지원에 활용하여 왔다. 중앙선거관리위원회가 개발한 전자투표기는 프린터와 투표기를 일체형으로 통합한 시스템으로 투표결과가 실시간으로 인쇄되고 그 내용을 선거인이 직접 육안으로 확인할 수 있는 점에 기능적 특장점이 있다.

그러나 공직선거에서 전자투표 추진에 대한 정치적 합의에 실패하여 전자투표 사업 추진에 필요한 예산이 삭감되었고, 터치스크린 전자투표기도 내용연수를 경과함에 따라 2018년에 전량 폐기하였다. 전자투표 시스템 제작 기술과 운용 경험마저 폐기되지 않기를 기대한다.

다만, 전자투표 추진사업의 성과물인 통합선거인명부와 그 조회 시스템을 공직선거의 사전투표와 동시조합장선거의 선거일 투표에 활용하고 있는 점은 그나마 큰 위안으로 삼을 수 있다. 이제 곧 동시이사장선거에서도 그 위력을 확인할 수 있다.

다. 전자투표 도입의 전망

중앙선거관리위원회는 개표사무의 합리화를 위하여 2002년부터 투표지분류기를 제작하여 개표관리에 활용하여 왔다. 사실 투표지분류기는 전자투표와 전혀 관련이 없는 장비다.

그저 투표지를 판독하여 특정 후보자에게 명확하게 기표된 투표지만 해당 후보자에게 지정된 칸으로 보내고, 기표내용이 불명확한 투표지는 스스로 판단하지 않고 재확인 대상 투표지로 분류하여 사람에게 판단을 맡기는 개표관리의 보조장치에 불과하다. 내부이든 외부로든 통신망과 연결되지 않고 연결할 필요도 없다.

그러나 일부 시민단체는 선거때마다 투표지분류기 활용이 법적 근거가 없다거나 공직선거법에 위반된다거나 해킹의 우려가 있다는 등의 이유로 지속적으로 투표지분류기 사용중지 소송을 제기하여 왔고, 선거 후에는 낙선한 후보자와 함께 선거무효소송을 제기하면서 투표지분류기 활용을 선거불복의 근거로 삼아 왔다.

일부 시민단체는 이 사안을 헌법재판소까지 끌고 갔으나 결과는 항시 기각결정이었다. 반면 중앙선거관리위원회는 전자투표를 추진할 경우 그 사회적 합의과정이 얼마나 험난할 것인지 반면교사의 교훈을 얻었을 뿐이다. 최근에는 법원도 합리적 근거없이 반복적으로 투표지분류기 사용중지 소송을 제기하거나 선거무효의 사유로 주장하는 것은 소권남용에 해당한다며 각하판결을 하고 있다.[30]

그렇다고 전자투표 도입을 반대하는 사람들이 모두 가짜뉴스에 포획되거나 정치적 진영논리에 갇히거나 역사의 수래바퀴를 거꾸로 돌리려는 디지털 러다이트(Digital Luddite)들은 아니다. 전자투표의 도입에 관해서는 높은 수준의 정치적·사회적 합의를 전제로 선거절차의 투명성 그리고 선거결과에 대한 검증가능성을 요구하는 것으로 이해하는 것이 바람직해 보인다.

최근 유행하는 블록체인 기술을 활용한 전자투표도 저장된 투표기록의 무결성만을 보장할 뿐 그 기록을 인간의 오감으로 확인할 수 있는 방법, 즉 검증가능성까지 보장하는 것은 아니다.

한때 전자투표를 의욕적으로 추진하였던 중앙선거관리위원회도 2022년 대통령선거에서 소쿠리투표로 상징되는 사전투표 관리의 정책실패에 따라 자존심에 큰 상처를 입으면서 이제 전자투표 추진의 동력을 잃은 것으로 보인다.

---

30) 대법원 2016. 11. 24. 선고 2016수64 판결, 대법원 2016. 12. 30. 선고 2016수101 판결

제 5 절
이사장선거의 개표 관리

1. 개표소 설치와 개표사무원 위촉

개표소는 관할 선거관리위원회가 해당 위탁단체의 시설 등에 설치한다(위탁선거법 §46①). 동시이사장선거에서는 동시조합장선거의 예와 같이 체육관 등 공공시설을 이용하여 설치할 것으로 예상된다. 동시이사장선거의 개표소는 다수 금고의 투표를 동시에 개표하므로 상당한 공간이 필요하기 때문이다.

섬 또는 산간오지에 투표소를 설치한 경우에는 관할 위원회의 의결로 해당 투표소에 개표소를 설치할 수도 있지만(위탁선거법 §46① 단서), 이는 농업협동조합, 수산업협동조합 등 조합장선거에서나 의미를 가질 뿐, 회원들이 주로 도회지에 분포한 금고의 이사장선거에서는 장식조항에 불과한 것으로 보인다.

관할 선거관리위원회는 개표사무를 보조하기 위하여 공정하고 중립적인 사람을 개표사무원으로 위촉한다. 투표사무원을 개표사무원으로 겸임하게 할 수 있는데, 총회 또는 대의원회의 방법으로 대표자를 선출하는 경우를 가정하여 겸임할 수 있는 법적 근거를 둔 것이다(위탁선거법 §45① 후단).

2. 개표 진행절차

가. 투표함 개함과 투표지분류기 운영

개표는 금고별로 구분하여 투표수를 계산한다(위탁선거법 §47①). 동시이사장선거처럼 다수의 투표소가 설치된 경우에는 투표함을 모두 개함하여 금고별 투표지를 1차 분류한 후 금고별로 개표할 수도 있고, 각각의 투표함을 독립적으로 개표할 수도 있다. 실무적으로는 대부분 금고별로 개표할 것으로 예상된다. 후보자의 개표참관이 용이하여 개표의 투명성을 확보할 수 있고, 금고별 1장의 개표상황표로 개표를 처리할 수 있기 때문이다.

위탁선거법은 개표사무를 보조하기 위하여 투표지를 유효별·무효별 또는 후보자별로 구분하거나 계산하는 데 필요한 기계장치 또는 전산조직을 이용할 수 있도록 규정하고 있다(§47②), 이를 근거로 개표소에서 투표지분류기와 계수기를 활용하고 있다.

투표함을 개함한 후 투표지분류기를 활용하여 후보자별 투표지를 분류한다. 투표지분류기는 이미지센서가 투표지를 스캔하여 1명의 후보자에게 명확하게 기표된 투표지는 해당 후보자의 득표로 판단하여 그 후보자에게 배정된 분류함으로 보낸다. 2 이상의 후보자란에 기표되어 있거나, 기표 모양이 선명하지 않거나, 인주로 오염된 투표지 등은 스스로 판단하지 않고 재확인 대상 투표지로 분류하여 개표사무원이 판단하도록 한다.

모든 투표지에 대한 분류가 끝나면 투표지분류기에서 개표상황표를 출력한다. 2002년 제3회 전국동시지방선거에 최초로 투표지분류기가 도입된 이래 수많은 선거쟁송이 제기되어 개표결과를 검증한 결과 투표지분류기가 분류한 표에서는 오차가 거의 발생하지 않았다.

다만, 재확인 대상 투표지를 개표사무원 등이 유효 또는 무효로
판정한 투표에서 일부 의미 없는 오차가 확인되었을 뿐이다. 당연히
소송은 기각되었고 선거의 효력이나 당선인의 지위는 맷돌의 아래짝
만큼이나 흔들림이 없었다.

최근 일부 단체에서 투표지분류기의 해킹이나 조작가능성을 제기
함에 따라 투표지분류기를 제어하는 범용 노트북에 기본적으로 내장
되는 랜카드조차 인위적으로 제거하였다. 물론 그 비용부담은 당연히
국민의 몫이다. 가짜뉴스가 돈이 되는 음모론의 경제학이 지배하는 세
상에서 확증편향과 진실의 곡선은 서로 접하지 않는다.

나. 심사집계부의 심사

투표지분류기 운영부를 거친 투표지는 심사집계부로 넘겨지고 개
표사무원이 재확인 대상 투표지를 유효표와 무효표로 구분한 후, 유효
표는 해당 후보자의 득표에 가산한다. 투표지분류기가 후보자별 유효
표로 분류한 투표지도 다시 한번 확인한다.

심사집계부에서 후보자별 득표수를 확인하기 위하여 투표지를 세
는 용도로 계수기를 활용한다. 계수기는 금융기관 창구에서 활용하는
돈 세는 기계와 기술구조(Architecture)와 작동원리가 동일하다. 다만,
많은 후보자가 등록한 경우 지폐보다 투표지의 길이가 더 길어지므로
계수기의 폭을 넓혀서 긴 투표지를 셀 수 있도록 개량하였다.

다. 위원 검열과 위원장 공표

심사집계부를 거친 투표지는 위원석으로 옮겨져 출석한 관할 선
거관리위원회의 위원 전원이 개표결과를 검열한다. 그 결과 후보자별
득표수를 최종 확정한 개표상황표를 선거관리위원회 위원장이 공표한

다. 이 개표상황표가 바로 당선인을 결정하고 선거결과를 확정짓는 데 법적인 근거가 되는 핵심 문서이다.

참고적으로 대통령선거에서는 구·시·군선거관리위원회가 모든 개표상황표를 상급 시·도선거관리위원회에 FAX로 보고한 후 개표록을 작성하고, 각 시·도선거관리위원회는 관하 구·시·군선거관리위원회가 보고한 개표상황표를 검증한 후 이를 기초로 집계록을 작성하여 중앙선거관리위원회에 FAX로 보고한다. 개표 마감 즉시 구·시·군선거관리위원회가 작성한 개표록과 시·도선거관리위원회가 작성한 집계록은 각각 인편으로 상급위원회에 보고된다.

개표가 진행되는 과정에서 전국민적 관심사안에 대한 알권리를 보장하기 위하여 각 구·시·군선거관리위원회 개표소와 중앙선거관리위원회 서버간 전용통신망을 설치한 후 개표상황표를 입력하고 후보자별 득표상황을 실시간으로 인터넷에 공개하고 있다.

일부 시민단체에서 해당 통신망과 중앙선거관리위원회 서버에 대한 해킹 우려를 제기한 사례도 있는데 무의미한 우려로 보인다. 인터넷에 공개되는 내용이 법적 효력을 가지는 것도 아니거니와 이미 해당 서버는 침입탐지시스템, 침입차단시스템, 방화벽 등으로 겹겹이 보호되고 있다. 보안이 완벽할 수는 없겠지만, 개표가 진행되는 짧은 시간에 이루어지는 불법 침입시도는 감당할 수 있다고 본다.

중앙선관위는 2011년 디도스(DDos) 공격에서 이미 충분한 교훈을 얻은 바 있다. 해킹으로는 아날로그 방식으로 보고되는 개표상황표의 내용이나 선거기록은 글자 한 획도 바꿀 수 없다. 그렇다고 선거관리위원회 직원들이 통신보안이나 서버보안이 완벽하다고 주장할 만큼 디지털 보안에 무지한 사람들도 아니다. 그러나 오래된 그림에서도 이성이 잠들면 괴물이 깨어난다. 확증편향에 따른 정보의 취사선택은 이성을 잠재우고 불신을 깨우는 것으로 보인다.

3. 유효투표와 무효투표의 판단

가. 투표의 효력판단 원칙

개표과정에서 투표의 효력에 이의가 있는 때에는 관할 선거관리위원회가 재적위원 과반수 출석과 출석위원 과반수의 의결로 결정한다. 투표의 효력 판단에 관하여 가장 중요한 원칙은 선거인의 의사가 존중되어야 한다는 점이다(공직선거법 §180).

선거인에게 교부하기 전 투표용지는 종이와 잉크에 불과할 수 있다. 그러나 투표용지가 정당한 선거인에게 교부되고 기표가 이루어진 순간 그 투표지는 주권자의 준엄한 명령이 기록된 진술서가 된다.

다만, 선거인이 투표용지에 기록한 의사표시가 유효한 것으로 인정받으려면, 우선 정규의 투표용지31)를 사용해야 하고, 선거관리위원회가 제공하는 기표용구를 활용하여 투표해야 하며, 투표지에는 기표 외에 어떠한 내용도 추가되어서는 안 된다.

나. 유효로 하는 투표

다음에 해당하는 투표는 지극히 정상적인 기표로 보기에는 다소 흠이 있어 보이지만 무효로 하지 않는다(공직선거법 §179④).

① ⓘ 표가 일부분 표시되거나 ⓘ 표 안이 메워진 것으로서 선거관리위원회의 기표용구를 사용하여 기표를 한 것이 명확한 것
② 한 후보자란에만 2 이상 기표된 것

---

31) 정규의 투표용지란 관할 선거관리위원회가 작성하고 청인을 찍은 후 투표소에 송부하여 투표관리관이 자신의 도장을 찍어 정당한 선거인에게 교부한 투표용지를 말한다. 공직선거관리규칙 제100조제1항제1호 참조.

③ 후보자란 외에 추가 기표되었으나 추가 기표된 것이 어느 후
  보자에게도 기표한 것으로 볼 수 없는 것
④ 기표한 것이 전사된 것으로서 어느 후보자에게 기표한 것인지
  가 명확한 것
⑤ 인육으로 오손되거나 훼손되었으나 정규의 투표용지임이 명
  백하고 어느 후보자에게 기표한 것인지가 명확한 것

다. 유효투표 사례 예시

| 3 | 관 악 산 | |
| 4 | 도 봉 산 | ● |

위 투표지는 현출된 문양의 크기가 기표용구의 바깥 지름과 동일
하고 둥그런 형태를 띠고 있는 것으로 보아 ⓘ 표 안이 메워진 것으로
서 선거관리위원회가 기표소에 비치한 기표용구를 사용하여 기표한
것으로 추정된다. 해당 투표함의 개표를 진행하는 과정에서 이와 유사
한 기표문양의 투표지가 다수 발견된 경우에는 경험칙상 다수의 선거
인이 같은 기표소에 비치된 동일한 기표용구를 사용하여 기표하였을
개연성이 높으므로 유효로 판정한다.
  반면에 이러한 기표문양의 투표지가 한 두장이 발견되더라도 해
당 투표소의 투표록에 투표관리관이 기표소를 수시로 점검한 결과 기
표용구의 ⓘ 표 안이 메워진 기표용구를 발견하고 이를 교체하였다는
기록이 있다면, 이러한 투표지는 기표용구의 'ⓘ 표 안이 메워진 것으
로서 선거관리위원회의 기표용구를 사용하여 기표를 한 것이 명확한
것'으로 보아 유효표로 판정한다.

위 투표지는 개표소에서 논란이 제기되는 가장 대표적인 유형의 기표이다. 2 이상의 란에 기표한 것으로 볼 여지가 있기 때문이다. 실제 2018년 실시한 청양군의회의원선거에서 1표 차이로 당락이 엇갈렸을 때, 위와 같은 사례의 표를 유효로 볼 것인지가 가장 큰 쟁점이 되었다.

결론적으로 위의 투표지에 대한 대법원의 효력판단 기준을 적용하면 이것은 6번 후보에게 유효한 투표이다.[32] 비록 5번 후보의 기표란에 원형에 가까운 자국이 있지만, 6번 후보자란에 선명하게 기표한 것과 대비하여 볼 때 5번 후보자에게도 기표한 의사로 볼 수는 없기 때문이다.

여기에 적용되는 법리가 '인육으로 오손되거나 훼손되었으나 정규의 투표용지임이 명백하고 어느 후보자에게 기표한 것인지가 명확한 것'이다(공직선거법 §179④ 6.). 만일 6번 후보자란의 기표 문양이 흐리거나, 일부만 현출되는 등 선거인이 주저하거나 망설인 흔적이 보였다면 쉽사리 유효로 판단하기 어려웠을 것이다.

3	관 악 산	

4	도 봉 산	

32) 대법원 2019. 4. 5. 선고 2019우5010 판결

위 투표지를 얼핏 보면 어지럽게 기표가 되어 있어 일응 무효로 보인다. 그러나 4번 후보자에게 정확하게 기표된 외의 다른 기표는 어느 후보자의 란에도 접하지 않았으므로 이 표는 4번 후보자에게 유효한 투표이다.

이 경우에 적용되는 법리는 '후보자란 외에 추가 기표되었으나 추가 기표된 것이 어느 후보자에게도 기표한 것으로 볼 수 없는 것'이다(공직선거법 §179④ 3.).

과거에는 특정 후보자에게 정상적으로 기표한 후 투표지의 뒷면이나 앞면의 여백에 추가적으로 기표가 되어 있으면 무효로 보았다. 그러나 2005년 8월 4일 선거법 개정에 따라 특정 후보자에게 기표한 후 추가된 기표가 다른 후보자의 기호, 성명 또는 기표란에 접하지 않으면 해당 후보자에게 유효한 투표로 본다.

이는 투표지가 인육으로 오염되어 투표의 효력 판단이 어려워지는 점을 방지하기 위해 기표소에서 기표용 인주를 치우고 인주내장형 기표용구를 도입하면서 선거인들이 기표가 제대로 되는지 확인하기 위해 투표용지의 여백에 시험삼아 기표하는 사례가 많은 점을 고려하여 그러한 표를 유효로 판단하기 위한 것이다.

위 투표지도 다른 후보자란에 기표가 없다면 1번 후보자에게 유효한 투표이다. 기표 문양이 특정 후보자란에 접선만 되어도 해당 후보자의 유효표가 되기 때문이다.

판례는 투표지의 기표가 어느 후보자의 기표란 밖에 표시된 것이라 하더라도 그 기표의 외곽선이 오로지 특정 후보자의 기호란이나 성명란에만 접선되어 있는 것이라면 이는 그 접선된 후보자에게 기표한 것이 명확하다고 보았다.

다만, 이렇게 해석할 경우 첫 번째 기호의 후보자와 마지막 기호의 후보자가 유효로 판정받을 수 있는 기표의 범위가 넓어지는 결과를 초래하지만, 법원은 투표행위의 성질상 이로 인하여 각 후보자의 득표율이 영향을 받는다고 단정할 수는 없다고 판시하였다.[33]

위 투표지는 7번 후보자에게 명확하게 기표가 되어 있으나, 투표관리관의 도장이 누락된 경우 과연 그 투표지가 정규의 투표용지에 해당하는지 그리고 그 투표가 유효인지 여부의 문제이다.

투표관리관의 도장이 누락되어 있더라도 투표록에 그 사유가 기록되어 있거나, 투표록에 적혀 있지 않더라도 투표록의 투표용지 교부매수와 투표수를 비교하고 잔여투표용지와 절취된 일련번호지의 매수를 확인하여 투표관리관이 선거인에게 교부한 투표용지로 확인되는 경우 정규의 투표용지로 보아 유효한 투표로 판단한다(공직선거관리규칙 §100②).

투표소가 혼잡한 시간대에 종종 투표관리관이 도장 날인을 누락하는 사례가 있다. 투표관리관의 부주의로 인한 문제를 선량한 주권자에게 책임을 물어 그 표를 무효로 할 수는 없을 것이다.

---

33) 대법원 1996. 9. 6. 선고 96우54 판결

위 투표지는 3번 후보의 기표가 2번 후보자란에 전사(轉寫)된 것
으로서 어느 후보자에게 기표한 것인지가 명확한 것이므로 3번 후보
자에게 유효한 투표이다. 선거인이 기표한 직후 잉크가 채 증발되기
전에 강한 압력으로 투표지를 접는 경우 전사가 생긴다.

위 사례는 원래 기표와 전사된 부분의 농도가 달라 3번의 유효표
라는 점이 명확하지만, 간혹 인주내장형 기표용구가 말썽을 부려 전사
된 모양까지도 아주 진하게 표시되는 경우도 있다. 이때 2 이상의 란
에 기표를 한 것인지 아니면 전사된 것인지를 판단하기 위하여 기표
용구의 원안에 눈사람의 팔처럼 나뭇가지 모양을 만들어 놓았다. 선거
관리위원회 위원이나 직원들은 이러한 투표가 전사인지 아니면 2 이
상의 란에 기표한 것인지 보면 알 수 있다.

라. 무효로 하는 투표

다음 중 어느 하나에 해당하는 투표는 무효로 한다(공직선거법 §179
①).

① 정규의 투표용지를 사용하지 아니한 것
② 어느 란에도 표를 하지 아니한 것
③ 2란에 걸쳐서 표를 하거나 2 이상의 란에 표를 한 것
④ 어느 란에 표를 한 것인지 식별할 수 없는 것
⑤ ⑴ 표를 하지 아니하고 문자 또는 물형을 기입한 것
⑥ ⑴ 표 외에 다른 사항을 기입한 것
⑦ 선거관리위원회의 기표용구가 아닌 용구로 표를 한 것

마. 무효투표 사례 예시

위 투표지는 둥근 모양이 드러나기는 하였지만, 선거관리위원회의 기표용구가 아닌 것으로 기표하였음이 명확하여 무효이다.

위 투표지는 2란에 걸쳐서 표를 한 거에 해당하여 무효이다. 등록된 후보자 수가 10명 이상인 경우 투표용지의 길이가 길어지므로 상하의 여백을 줄일 수밖에 없어 발생하는 무효표의 대표적 사례이다.

위 투표지는 서로 다른 후보자란에 2 이상의 기표를 한 것으로 무효이다. 기표는 기표란이나 성명란에 하여도 해당 후보자에게 기표를 한 것으로 본다.

위 투표지는 정상적인 기표를 한 후 '공명선거'라는 말을 써넣어서 무효가 된 경우이다. 투표지에는 아무리 신성한 언어를 기록하더라도 무효표의 운명으로부터 구원받지 못한다. 투표의 비밀이 침해되고 매수의 위험성이 있기 때문이다.

결국 선거에서 특정 선거인이 어떤 후보자에게 투표를 하였는지 적법하고 유효하게 증명할 수 있는 방법은 없다. 투표소에서 기표한 투표지를 공개하면 공개된 투표지로 처리되어 무효가 되고 투표간섭죄 또는 투표소 교란죄의 처벌이 기다린다. 매수의 대가로 특정 후보자에게 기표하고 그 사실을 은밀하게 알리기 위해 자신의 투표지에 글씨나 물형을 적어 넣은 경우 위의 사례처럼 무효가 된다.

위 투표지는 기표를 하지 않고 무인, 즉 손도장을 찍어 무효표가 된 사례이다. 만일, 2번 후보자란에 정상적인 기표용구에 의한 기표가 있었다면, 손도장 자국은 인육에 의해 오염된 것으로 보아 2번에 유효한 투표로 판단할 여지도 있다. 다만, 본 투표지는 다른 후보자란에 기표가 없는 것을 전제로 한다.

4. 개표참관과 관람방법

가. 개표참관인 선정·신고

후보자는 해당 금고의 회원 중에서 개표소마다 2명 이내의 개표
참관인을 선정하여 선거일 전일까지 관할 선거관리위원회에 서면으로
신고하여야 한다. 이 경우 투표참관인을 개표참관인으로 겸임하게 신
고할 수 있다. 후보자 또는 후보자의 배우자와 해당 금고의 임직원은
개표참관인이 될 수 없으며, 후보자가 개표참관인 신고를 하지 않은
때에는 참관을 포기한 것으로 본다.

나. 개표참관 요령

관할 선거관리위원회가 개표관리에 활용하는 투표지분류기의 정
확성은 이미 수많은 개표관리와 법원의 검증을 통하여 넉넉히 입증된
바와 같다. 투표지분류기는 결코 주사위 놀이를 하지 않는다. 한 번도
공정선거를 배반한 적이 없다. 다만, 투표지분류기가 재확인 대상 투
표지로 분류한 것을 개표종사자가 효력을 판정한 투표지에서는 일부
오류가 발생한 사례가 있다.

투표의 효력에 관한 판단의 오류는 주로 투표 자체의 효력이 유
효인지 무효인지에 관한 것이 대부분이다. 실제 선거쟁송이 제기되어
투표지에 대한 검증을 진행할 때 재확인 대상 투표지 중 당초 무효로
판단하였으나 검증에서는 유효로 판단하는 경우가 가끔 있고, 당초 유
효로 판단하였으나 검증에서는 무효로 판정되는 예도 있다.

따라서 개표를 참관할 때에도 정확성을 의심할 필요가 없는 투표
지분류기의 작동을 구경하는 것은 사실상 개표감시권을 포기하는 것

과 마찬가지이다. 투표지분류기가 재확인 대상 투표지로 분류하여 사람에게 판단을 맡긴 투표지를 심사집계부에서 정확하게 처리하는지 눈여겨볼 일이다.

심사집계부의 판정을 수긍하기 어려우면 관할 선거관리위원회 직원에게 이의를 신청하면 되고, 해당 투표지는 관할 선거관리위원회의 전체 회의에 부쳐 유효 또는 무효로 최종 운명이 결정된다. 투표지의 효력판단이 애매하다는 이유로 관할 선거관리위원회가 판정을 거부하거나 보류하는 사례는 없다.

개표참관인은 투표참관인과 달리 개표소 안을 자유롭게 순회하고 감시하며 촬영할 수 있다. 이제 투표가 완전 종료되었으므로 선거에 영향을 미칠 우려도 없으니 드레스코드에 제한도 없다. 그러나 개표의 진행에 지장을 주는 행위를 해서는 안 되며, 이의제기를 할 때에도 반드시 관할 선거관리위원회를 통해서 해야 한다(공직선거법 §181, 공직선거관리규칙 §102) 개표참관인에게 수당과 실비가 지급되는 점은 투표참관인과 동일하다.

다. 후보자의 개표관람

후보자나 배우자가 개표참관인은 될 수 없더라도 관할 선거관리위원회가 발행한 관람증을 달고 개표소에 입장하여 개표상황을 관람할 수 있다. 개표소의 공간 사정에 따라 지정되는 위치가 달라지기는 하겠지만 별도 구획된 장소에서 개표상황을 지켜보면서 참관인과 소통할 수 있다.

이사장선거의 개표 소요시간은 투표율에 크게 의존하지만 다른 조건이 일정하다면 3~4시간 정도면 충분하리라 본다. 동시이사장선거에서 오후 5시에 투표를 마감하므로 개표 종료시각은 늦어도 저녁 10시를 넘지 않을 것으로 예상한다.

5. 당선인 결정방법

위탁선거법에서 당선인 결정은 해당 법령이나 정관 등이 정하는 바에 따르도록 규정하고 있다(§56). 새마을금고 정관예는 금고의 이사장을 회원의 무기명 비밀투표로 직접 선출하는 경우 최다 득표자를 당선인으로 결정하도록 단순다수제를 규정하고 있다. 다만, 최대득표자가 2명 이상인 경우에는 연장자를 당선인으로 결정한다(§40의9 < 제1례 > ① ~ ③).[34] 동시이사장선거에서 전국적으로 동시에 투표한 후 당선인을 결정하는 방법이다.

이사장선거의 후보자가 1명인 경우에는 선거일에 그 후보자를 당선인으로 결정한다. 후보자가 1명이더라도 찬반투표는 법적 근거가 없으므로 실시하지 않는다.

6. 투표지의 보관과 증거보전 신청

개표가 끝난 때에는 투표소별 또는 금고별 개표한 투표지를 유효·무효로 구분하고, 유효투표지는 다시 후보자별로 구분하여 각각 포장한 후 관할 선거관리위원회 위원장이 봉인한다. 실무적으로는 투표지 관리상자와 봉인용 테이프를 활용하여 개표가 끝난 투표지를 효율적으로 관리한다. 봉인된 투표지는 법원이나 시·도선거관리위원회가 선거쟁송 또는 이의제기 심리를 위하여 검증하는 경우를 제외하고는 누구도 열어보지 못한다.

---

34) 최대 득표자가 2명 이상인 경우 연장자를 당선인으로 결정하는 기준은 총회 또는 대의원회에서 이사장을 선출하는 경우 결선투표에도 적용된다. 해당 규정은 2023. 12. 28. 정관예의 개정을 통하여 반영되었다.

관할 선거관리위원회 위원이나 직원도 법령에 의하지 않고는[35] 봉인된 투표지를 열지 못한다. 선거결과에 이의가 있어 당선무효나 선거무효 쟁송을 제기할 경우 법원에 증거보전 신청을 하려는 때에 가장 중요한 목적물이 바로 이 투표지다. 증거보전이 집행되면 투표지는 이제 선거쟁송이 종결될 때까지 법원의 관리하에 놓이게 된다.

투표지, 투표록 등 선거에 관한 서류는 당선인의 임기 중 보관하는 것이 원칙이다. 다만, 선거에 관한 쟁송이 제기되지 않거나 종결된 때에는 보관의 실익이 전혀 없으므로 관할 선거관리위원회의 결정으로 폐기할 수 있다(위탁선거법 §50, 위탁선거규칙 §30).

---

35) 법령에 의하여 봉인된 투표지를 열 수 있는 경우란 형사소송법규에 따른 법관의 영장에 따라 압수·수색·검증하는 경우가 이에 해당될 것이다. 대검찰청 2020. 3.『공직선거법 벌칙해설』제10개정판 330쪽 참조.

제6절
총회·대의원회 선출방법의 특례

1. 총회·대의원회 이사장 선출방법 개요

　새마을금고법에서 대통령령으로 정하는 금고의 이사장은 회원의 투표로 직접 선출하는 방법, 총회에서 선출하는 방법 또는 대의원회에서 선출하는 방법 중 하나를 정관으로 정하여 선출할 수 있도록 규정하고 있다(§18⑤). 이에 따라 새마을금고법 시행령은 그 대상을 선거 전전 사업연도의 총자산이 2,000억원 미만인 지역금고로 정하고, 직장금고는 자산규모와 무관하게 대의원회 등 집회에서 이사장을 선출할 수 있도록 하였다(§8의2).[36]

　동시이사장선거를 실시하더라도 총회나 대의원회에서 이사장을 선출하는 때에는 통합선거인명부를 활용하지 않는다.[37] 집회장소에서 해당 금고의 선거인을 대상으로 투표를 실시하고 현장에서 개표를 진행한다. 선출방식에 어울리도록 선거운동 방법도 조정된다.

---

36) 집회에서 이사장을 선출할 수 있는 금고는 전체의 약 35% 정도로 추정된다. 동시조합장선거의 2~3%에 비하면 매우 높은 비율이다.

37) 위탁선거법 제53조제1항제1호 참조. 2024년 1월 30일 위탁선거법의 개정에 따라 종전의 입법오류가 깔끔하게 해소되었다.

　동시이사장선거에서 총회·대의원회 등 집회를 활용하여 이사장을 선출하는 금고의 비율이 높아지면 관할 선거관리위원회에 과도한 업무부하가 걸릴 수 있다. 관할구역 전체에서 진행되는 투표를 감독하면서 일부 인력은 총회나 대의원회 장소에 파견하여 후보자 소견발표회를 주관하거나 개표를 관리해야 하기 때문이다.

　이에 따라 위탁선거법은 관할 선거관리위원회가 지정하는 사람 또는 읍·면·동선거관리위원회로 하여금 선거사무를 대행하게 할 수 있도록 규정하고 있다(§11③). 개표관리에 관한 사무도 읍·면·동선거관리위원회로 하여금 대행하게 할 수 있지만, 동시조합장선거에서는 주로 선거관리위원회의 직원이 출장하여 집행하여 왔다.

　참고적으로 2023년 3월 8일 실시한 제3회 동시조합장선거에서 전체 1,347개 조합 중 2.3%에 해당하는 31개 조합이 총회 또는 대의원회 방식으로 조합장을 선출하기로 하였으나, 이 중 13개 조합에서 무투표가 확정됨에 따라 실제 18개 조합만이 대의원회 방식으로 조합장을 선출한 바 있다.[38]

2. 투표와 개표방법의 특례

가. 선거인명부와 대의원명부 작성

　총회의 방법으로 이사장을 선출하는 때에는 금고별로 선거인명부를 작성한다. 통합선거인명부를 활용하지 않기 때문이다. 대의원회에서 이사장을 선출하는 경우에도 금고별로 대의원명부를 작성하고 그 명부는 일반적인 선거인명부와 동일하게 회원들의 열람과 이의신청 절차를 거친 후 확정된다(위탁선거법 §15~§17).

---

38) 중앙선거관리위원회 2023. 8.『제3회 전국동시조합장선거총람』72쪽

나. 전용투표소 설치·운영

동시이사장선거를 실시하는 때에는 읍·면·동마다 1개소씩 투표소를 설치·운영해야 하지만, 총회 또는 대의원회에서 이사장을 선출하는 경우에는 이와 별도로 해당 금고의 선거인이 투표하기 편리한 곳에 1개의 독립된 투표소를 설치해야 한다(위탁선거법 §53① 3.). 집회장소의 일부 공간에 투표소를 설치하면 무난할 것이다.

총회 또는 대의원회에서 이사장을 선출하는 금고의 경우 선거인은 투표개시 시각까지 총회에 출석해야만 투표할 수 있다.[39] 동시이사장선거에서 투표시간은 오전 7시부터 오후 5시까지이지만, 총회 또는 대의원회에서 이사장을 선출하는 경우 투표시간은 관할 선거관리위원회와 해당 금고가 협의하여 정할 수 있다. 후보자 소견발표회를 종료하고 투표를 개시하기 위함이다.

다만, 투표마감시각은 오후 5시까지로 법정되어 있으므로 협의대상도 아니고 변경할 수도 없다(위탁선거법 §53① 4.). 오후 5시까지 투표를 모두 마치지 못한 경우 대기하는 선거인에게는 번호표를 부여하여 투표하게 한 후에 닫는다(위탁선거법 §44②).

다. 집회장소 투표와 현장 개표

총회 또는 대의원회에서 이사장을 선출하는 경우 통합선거인명부를 구축하지 않으므로 해당 금고의 선거인들은 집회 장소에 설치된 투표소에서만 투표할 수 있다(위탁선거법 §53① 3.). 반면, 다른 금고의 선거인은 투표하지 못하므로, 다른 금고의 회원으로 중복 가입된 선거인은 통합선거인명부가 설치된 일반투표소에 가서 따로 투표를 해야 한다.

---

39) 임원선거규약(예) 제1안 제28조제1항 참조.

투표를 종료한 후 해당 투표소의 투표함은 관할 선거관리위원회
가 설치한 개표소로 이송하지 않고 현장에서 개표한다. 개표관리를 지
정받은 대행위원회 또는 책임사무원은 개표상황표를 작성하여 관할
선거관리위원회에 FAX로 송부하고, 관할 선거관리위원회는 해당 금
고의 후보자별 득표수를 공표하고 당선인을 결정한다(위탁선거법 §47
④). 개표가 끝나면 책임사무원은 개표상황표 원본과 투표지·투표함·
투표록, 그 밖의 투표와 개표에 관한 모든 서류를 관할 선거관리위원
회에 보낸다(위탁선거규칙 §28).

3. 선거운동 방법의 특례

총회의 방법으로 이사장을 선출하는 금고의 경우 그 이사장선거
의 후보자와 예비후보자에게는 위탁선거법에 규정된 모든 방법의 선
거운동이 가능하다(위탁선거법 §24③ 2.).[40] 어깨띠와 소품을 착용하고
명함을 배부하며 지지를 호소할 수 있고, 선거공보와 선거벽보를 활용
한 선거운동도 허용된다. 선거일에는 관할 선거관리위원회의 주관으
로 후보자 소견발표회가 개최된다.

반면에 대의원회의 방식으로 이사장을 선출하는 금고의 경우 그
후보자들에게는 위탁선거법에서 허용된 선거운동 중 일부의 선거운동
만이 가능하다(위탁선거법 §24③ 3.). 선거공보는 다른 선출방법과 동일
하게 대의원들에게 우송되지만, 어깨띠 등 소품을 활용한 선거운동은
물론, 공개된 장소에서 명함을 배부하거나 지지를 호소하는 방법의 선
거운동도 금지된다. 다만, 전화와 정보통신망을 활용한 선거운동과 금
고의 공개행사에서 정책발표는 제한되지 않는다.

---

40) 총회에 의한 선출의 경우 선출방법만 집회에 의한 방법을 활용할 뿐, 그 선거인
    은 전체 회원으로서 다수이기 때문이다.

4. 후보자 소견발표회 개최

가. 소견발표회 개최요건

후보자 소견발표회는 선거일에 총회 또는 대의원회 등 집회의 방법으로 이사장을 선출하는 경우를 전제로 인정되는 선거운동 방법이다(위탁선거법 §30의2① 전단). 따라서 집회를 개최하지 않는 방법으로 이사장을 선출하는 경우에는 해당되지 않는다.

관할 선거관리위원회는 후보자 소견발표회의 개시시각·장소 및 발표시간을 정한 후 투표소의 명칭과 소재지를 공고할 때 이를 함께 공고하여야 한다. 소견발표회의 일시 또는 장소를 변경한 때에는 지체 없이 그 사실을 공고하고 후보자와 해당 금고에 통지하여야 한다(위탁선거규칙 §15의2①).

나. 소견발표회 진행방법

투표관리관 또는 그가 지정하는 사람은 투표를 개시하기 전 집회장소에서 선거인에게 기호순에 따라 각 후보자를 소개하고 후보자로 하여금 금고 운영에 대한 자신의 소견을 발표하게 하여야 한다. 이 경우 발표시간은 후보자마다 10분의 범위에서 동일하게 배정하여야 하며(위탁선거법 §30의2①), 후보자가 자신의 순서까지 소견발표회장에 도착하지 않은 때에는 소견발표를 포기한 것으로 본다(위탁선거법 §30의2②).

투표관리관이 후보자를 소개할 때에는 해당 후보자의 소견발표 순서에 따라 그 기호, 성명 및 경력을 소개하는 방법으로 한다. 이 경우 경력은 해당 후보자의 후보자등록신청서에 기재된 경력에 따른다

(위탁선거규칙 §15의2④). 투표관리관이 후보자를 소개할 사람을 지정하는 경우에는 금고의 임직원이 아닌 사람 중에서 공정한 사람을 선정하여야 한다(위탁선거규칙 §15의2③).

투표관리관 등은 후보자가 허위사실을 공표하거나 다른 후보자 등을 비방하는 발언을 하는 때에는 이의 중지를 명하여야 하고 후보자가 이에 따르지 않는 경우 소견발표를 중지시키는 등 필요한 조치를 취하여야 한다(위탁선거법 §30의2③).

다. 소견발표회장 질서유지

후보자가 소견발표를 하는 장소에는 특정 후보자를 지지·추천하거나 반대하는 내용의 시설물·인쇄물, 그 밖의 선전물을 설치·게시 또는 첩부할 수 없다(위탁선거규칙 §15의2⑤). 여기에서 특히 유의할 사항은 선거 당일에는 후보자 본인의 소견발표를 제외한 일체의 선거운동이 금지되므로, 소견발표회장에서 명함을 배부하거나 지지를 호소하는 행위는 모두 위탁선거법에 위반된다는 점이다(위탁선거법 §24② · §66 1.).

투표관리관 등은 소견발표회 장소에서 후보자가 소견을 발표하는 것을 방해하거나 질서를 문란하게 하는 사람이 있으면 이를 제지하고, 그 명령에 불응하는 때에는 소견발표회장 밖으로 퇴장시킬 수 있다(위탁선거법 §30의2④).

참고적으로 새마을금고법에서는 공개토론회 방법의 선거운동도 허용하고 있다. 공개토론회는 후보자가 사회자의 주관하에 금고 운영에 관한 소견을 발표하거나 참석자의 질문에 답변하는 방식으로 진행한다(새마을금고법 §22③, 시행규칙 §5의2① 별표 1).

5. 결선투표의 요건과 당선인 결정방법

결선투표는 총회나 대의원회에서 이사장을 선출하는 경우에만 인정되는 방법이다. 위탁선거법은 결선투표의 실시 여부에 관하여는 해당 법령이나 정관 또는 규약이 정하는 바에 따르도록 규정하고 있다(§52①).

정관예는 금고의 이사장을 총회 또는 대의원회에서 선출하는 경우 1차 투표에서 과반수 득표자가 없는 때에는 1위와 2위의 다수득표자만을 대상으로 결선투표를 실시하여 최다득표자를 당선인으로 결정하되, 결선투표에서 최다득표자가 2명 이상인 경우에는 연장자를 당선인으로 결정하도록 규정하고 있다(§40의9 <제2례> ③·<제3례> ③).

위탁선거법은 동시이사장선거에서 총회 또는 대의원회의 방법으로 이사장을 선출하는 경우 결선투표를 하는 때에는 해당 선거일에 실시하도록[41] 강행규정을 두고 있다(§53① 5.). 또한 결선투표에는 특별한 사정이 없는 한 당초 투표에 사용된 선거인명부를 사용해야 한다(위탁선거법 §52③).

결선투표를 실시하는 경우 실무상 최고의 어려움은 투표용지 제작에 관한 것이다. 총회 또는 대의원회에서 투표를 실시한 후 과반수 득표자가 없으면 곧이어 결선투표를 실시해야 하기 때문이다. 투표용지는 부정작성을 방지하기 위하여 일련번호를 인쇄하고 관할 선거관리위원회의 청인을 날인해야 하므로, 현장에서 투표용지 발급기로 출력하는 방법이 유일한 해결책으로 보인다.

---

41) 동시이사장선거가 아닌 경우 결선투표일은 관할 선거관리위원회가 위탁단체와 협의하여 따로 정할 수 있다. 위탁선거법 제52조제2항 참조.

제7절
재선거와 보궐선거 등의 특례

1. 재선거 사유와 선거 절차

가. 이사장선거의 재선거 사유

(1) 임원선거규약에 따른 재선거 사유

선거 또는 당선의 효력에 관한 이의신청이 인용되거나, 선거 또는 당선의 효력을 무효로 하는 판결이 확정되면 다시 선거를 실시해야 한다. 당초 의도한 선거결과가 형성되지 않았으니 이를 재선거라 한다. 임원선거규약에서는 다음 중 어느 하나에 해당하는 경우 이사장선거의 재선거를 실시하도록 규정하고 있다(§56①).

① 당선인이 임기 개시전에 사퇴 또는 사망하였을 때
② 당선인이 임기 개시전에 당선의 효력이 상실되거나 당선이 무효로 된 때
③ 당선인이 취임 승낙을 하지 아니한 때
④ 당선의 취소 또는 무효의 판결이 있을 때
⑤ 선거의 전부 무효의 판결이 있을 때

한편, 임원선거규약은 당선인이 임기개시 전에 피선거권이 없게 된 때에는 당선의 효력이 상실되도록 규정하고 있다(§18③). 이에 따

라 임원선거규약은 당선인의 임기 개시전에 이를 확인하기 위하여 당선인에 대한 금고의 자격심사제도를 두고 있다.[42]

(2) 현실적인 재선거 사유

당선인의 사퇴, 사망 또는 취임 거부를 제외하면, 현실적으로 위탁선거법과 새마을금고법 및 임원선거규약에 따른 재선거 사유는 다음 다섯가지로 구분할 수 있다.

첫째, 선거무효 결정이나 판결이 확정된 경우이다. 선거 자체가 무효이므로 선거과정의 일부에 해당하는 당선인 결정은 살펴볼 필요조차 없이 당연히 무효이다.

둘째, 선거 후 당선인의 피선거권 보유 여부, 즉 임원의 결격사유 해당 여부에 관하여 선거인이나 후보자가 금고 선거관리위원회에 제기한 이의신청이 인용되거나, 당선무효 소송을 제기하여 법원이 이를 인용한 판결이 확정된 경우이다.

셋째, 선거 종류 후 아무런 이의신청이나 소송이 제기되지 않았으나, 금고가 자체적으로 당선인에 대한 자격심사를 실시한 결과 피선거권 결격사유가 확인된 경우이다.

넷째, 당선인이 새마을금고법과 위탁선거법에 규정된 선거범죄로 100만원 이상의 벌금형이 확정된 경우이다(새마을금고법 §21① 8., 위탁선거법 §70 1.).

다섯째, 당선인의 가족이 위탁선거법의 매수죄나 기부행위 위반죄를 범하여 300만원 이상의 벌금형을 선고받은 경우이다(위탁선거법 §70 2.). 이 부분은 위탁선거법의 고유한 규범력이다.

여기에서 쟁점이 되는 것은 선거인이나 후보자가 당선인의 자격에 대하여 해당 금고 선거관리위원회에 제기한 이의신청이 수용되거

---

42) 임원선거규약 제60조에서 이사장은 당선인 결정 즉시 당선인에 대하여 결격사유 조회를 실시하고, 그 결과를 금고 선거관리위원회에 제출하도록 규정하고 있다.

나, 법원에 제기한 당선무효 소송의 청구를 인용한 판결이 확정된 경우이다. 경험칙과 논리에 따르면 이와 같은 사례가 발생할 가능성은 현실적으로 두 가지가 있다.

첫째, 당선인에게 피선거권이 없음이 확인되어 당선이 무효로 된 경우가 있다. 이때에는 당연히 재선거를 실시해야 한다. 차점자에게 월계관이 승계되지 않는다.

둘째, 선거가 적법하게 실시되었으나, 투표에 대한 효력 판단 또는 후보자별 득표 집계에 오류가 확인되어 당선이 무효로 된 경우이다. 이 경우에는 재선거를 실시할 필요가 없이 시·도선거관리위원회 또는 법원의 검증결과에 따라 관할 선거관리위원회가 당선인을 재결정하는 것으로 분쟁을 종결한다. 이 부분은 임원선거규약에서도 희미하게나마 그 근거를 두고 있다(§57④ 단서).

나. 재선거의 선거절차

(1) 재선거 실시사유의 확정

금고는 이사장선거의 재선거 실시사유가 발생한 날부터 5일까지 이사회의 의결을 얻어 해당 금고의 사무소 소재지를 관할하는 선거관리위원회에 그 선거의 관리를 위탁신청해야 한다(위탁선거법 §8, 임원선거규약 §10②). 재선거의 실시사유가 발생한 날의 기준은 다음과 같다.[43]

① 후보자등록 마감결과 후보자가 없는 때는 그 마감일
② 선거결과 당선인이 없는 때는 해당 선거일
③ 당선인이 임기개시 전에 사퇴·사망한 경우에는 그 날
④ 당선인의 피선거권이 없게 된 때는 그 사실이 확인된 날

---

43) 중앙선거관리위원회 2022. 12.『위탁선거 절차사무편람』490쪽 참조.

⑤ 금고 선거관리위원회가 선거무효 또는 당선무효의 이의제기를 인용한 경우에는 그 결정일

⑥ 선거의 전부무효 또는 당선무효의 확정판결이 있는 때에는 그 선고일

다만, 2021년 10월 19일 공포한 개정 새마을금고법 부칙에 따라 선거의 실시사유가 발생한 날부터 임기만료일까지의 기간이 1년 미만인 경우에는 재선거 또는 보궐선거를 실시하지 않는다(부칙 §3④ 단서). 따라서 2025년 실시하는 제1회 동시이사장선거에 참여하는 금고의 경우 2024년 3월 20일 후에 재선거나 보궐선거의 실시사유가 확정되더라도 그 선거는 실시하지 않는다.

(2) 재선거 실시의 공고

재선거의 선거일은 관할 선거관리위원회가 금고와 협의하여 정한다(위탁선거법 §14②). 현실적으로 2025년 3월 동시이사장선거 후 실시사유가 발생한 재선거가 여기에 해당할 것이다.

선거일이 결정되면 관할 선거관리위원회는 선거인명부작성개시일 전일까지 선거일을 공고해야 한다(위탁선거법 §14⑥ 본문). 임원선거규약에서는 금고도 선거일전 15일까지[44] 아래의 사항을 금고 주사무소 및 분사무소의 게시판과 인터넷 홈페이지에 공고하고 선거인에게 통지서를 발송하도록 규정하고 있다.[45]

① 선거사유

② 선거일시 및 장소

---

44) 위탁선거법은 이사장선거에서 선거일 전 19일부터 선거인명부를 작성해야 하고 그 작성개시일 전일까지 선거일을 공고해야 하므로, 임원선거규약의 선거일 공고시점도 법령에 위배되지 않도록 보완이 필요하다.

45) 다만, 회원총회를 운영하는 금고의 경우 문자메세지 또는 전자우편으로 서면통지에 갈음할 수 있다. 임원선거규약 제19제1항 및 제2항 참조.

③ 선거권·피선거권에 관한 사항

④ 후보자등록 서류, 접수 기간과 장소,

⑤ 투표시간 및 투표장소

⑥ 선거인 명부 열람 기간 및 방법

⑦ 기탁금의 납부 및 반환에 관한 사항

⑧ 기타 필요한 사항

한편, 임원선거 사무를 관리하기 위하여 금고에 선거관리위원회를 두되, 그 설치기간은 선거공고일 전날부터 선거일 후 2월까지로 한다(임원선거규약 §10①).

(3) 재선거 절차의 진행

이사장선거의 재선거에는 선거일 전 19일부터 5일 이내에 선거인 명부를 작성해야 하고, 그 선거인명부는 선거일 전 10일에 확정된다(위탁선거법 §15① 단서). 후보자가 되려는 사람은 선거기간 개시일전 2일부터 2일동안 관할 선거관리위원회에 후보자 등록을 신청한다(위탁선거법 §18).

이후 후보자의 선거운동을 개시하고 종이명부를 활용하여 투표를 실시한 후 관할 선거관리위원회의 개표를 통하여 해당 금고의 정관이나 임원선거규약이 정하는 바에 따라 단순 다수득표자 또는 결선투표를 통한 절대 다수득표자를 당선인으로 결정하는 것으로 재선거의 모든 절차가 종료된다.

176

2. 보궐선거 등의 사유와 실시 절차

가. 보궐선거 등의 실시 사유

이사장이 임기 중 사퇴, 사망 등으로 궐위되면 보궐선거를 실시하고, 금고가 신설되거나 합병되거나 분할되면 새로운 이사장을 선출해야 한다. 보궐선거의 경우에도 사유발생일부터 임기만료일까지의 기간이 1년 미만인 때에는 실시하지 않는다.

참고적으로 2023년 4월 11일 공포된 개정 새마을금고법은 이사장 연임제한 회피를 차단하기 위한 규정을 신설하여 이사장이 임기만료일 전 2년부터 임기만료일 사이에 퇴임한 경우 그 임기만료일까지 1회 재임한 것으로 보고, 임기만료로 퇴임한 이사장이 임기만료 후 2년 이내에 이사장으로 선임되는 경우 연임한 것으로 간주하도록 하였다(§20③).

나. 보궐선거 등의 실시 절차

보궐선거 등의 실시절차와 방법은 재선거와 동일하다. 이런 면에서 재선거와 보궐선거 등의 구분의 실익이 크지 않다.[46] 보궐선거, 금고의 분할이나 합병에 따른 선거, 금고의 신설에 따른 선거도 모두 재선거와 동일한 절차에 따른다. 동시선거와 달리 개별적으로 실시하는 보궐선거 등에서는 선거일 결정, 투표시간 등 많은 부분을 관할 선거관리위원회와 협의하여 정한다.

---

46) 임원선거규약 제56조제2항에서는 이사 7인 이상이 재임하고 있으면서 잔여임기가 1년 미만인 때에는 이사장 보궐선거를 실시하지 않을 수 있도록 규정하고 있다. 이제는 법령에 배치되어 무의미한 조항이 되었다.

3. 재·보궐선거 등으로 당선된 이사장의 임기

재선거로 선임된 임원의 임기는 재선거 실시전에 실시한 선거로 선출된 임원의 남은 임기로 하고, 보궐선거의 경우에는 전임자의 남은 임기로 한다(새마을금고법 §20②). 2021년 10월 19일 공포된 새마을금고법 부칙에(§3④ 본문) 규정된 내용을 2023년 4월 11일 같은 법의 개정에 따라 본칙에 직접 규정한 것이다.

한편, 2023년 3월 22일 이후 신설되거나 합병된 금고의 이사장선거에서 당선된 사람의 임기는 그 임기개시일부터 다가오는 동시선거의 임기만료일까지의 기간이 2년 이상이면 그 임기만료일까지로 단축하되, 그 기간이 2년 미만이면 임기를 차기 동시선거의 임기만료일까지로 하여 통상의 임기보다 연장한다.[47]

참고적으로 동시이사장선거에 합류하기 위하여 이사장의 임기가 단축되는 경우에는 연임제한 횟수에 포함하지 않는다.[48] 재선거와 보궐선거의 당선자는 통상의 임기보다 짧게 전임자의 잔여임기만 재임하더라도 여기에 해당하지 않는 것으로 보인다.

---

47) 2021년 10월 19일 공포 새마을금고법 부칙 제3조제5항 참조.
48) 2021년 10월 19일 공포 새마을금고법 부칙 제3조제8항 참조. 참고적으로 해당 부칙 조항에서 인용한 당시의 본칙 제20조제1항 단서의 내용은 2023년 4월 11일의 개정으로 현행 본칙 제20조제3항에 규정되어 있다.

제 5 장

이사장선거의 선거운동

선거운동은 표현의 자유의 일환이므로 원칙적으로 자유롭게 허용함이 마땅하다. 선거운동의 자유는 주관적 권리의 측면도 있지만 후보자 선택에 필요한 정보의 제공이라는 객관적 질서로서의 의미도 크다.

2023년 8월 8일 개정된 위탁선거법에 따라 이사장선거에 해당 법률이 전면 적용되고, 2024년 1월 30일 위탁선거법의 개정에 따라 예비후보자 제도가 도입되는 등 선거운동의 자유가 대폭 확대되었다.

이 장에서는 선거운동의 주요 개념을 살펴본 후 이사장선거에서 허용된 선거운동의 구체적인 절차와 방법에 관하여 알아보기로 한다.

제1절
선거운동의 정의와 표현의 자유

1. 선거운동 정의규정의 의의와 표현의 자유

　선거운동에 관한 정의는 공직선거법은 물론 위탁선거법 전체를 관철하는 핵심 개념으로서, 선거운동이 성립됨을 전제로 적용되는 주체·방법·시기 등 각종 제한·금지 규정은 물론이고 형벌의 구성요건 중에서도 가장 핵심 부분을 점유한다.

　입법기술적으로 정의규정을 두는 이유는 법령문에 쓰는 중요한 용어이거나, 해당 법률에서 언어의 통상적인 용법과는 다소 다른 의미로 쓰이는 용어이거나, 의미를 확실히 하여 적용과 해석상의 의문을 제거하기 위한 것이 주된 목적이다. 따라서 죄형법정주의에서 파생되는 명확성의 원칙에 따라 어떠한 행위가 선거운동에 해당하는지 여부를 수범자가 쉽게 이해할 수 있도록 선거운동의 의미를 명확히 정의할 필요가 있다.

　선거의 과열을 방지하고 후보자간 선거운동의 기회균등을 확보하기 위해서는 선거운동에 대한 규제가 필연적이고, 각 선거법에서는 이를 위반한 행위에 대하여 벌칙을 둔다. 그 전제가 되는 부분이 바로 어떠한 행위가 선거운동에 해당하고 또 어떤 행위는 선거운동에 해당하지 않는지에 관한 판단이다.

선거운동 규제의 핵심내용으로는 주체와 신분에 대한 규제, 방법에 대한 규제, 시기에 대한 규제, 장소에 관한 규제 및 비용에 관한 규제로 구분할 수 있을 것이다.

만일 일정한 의사표현이 선거운동에 해당한다면, 임직원 등 선거중립의무가 부과된 사람의 행위는 주체의 위반이 성립할 것이고, 광고를 이용한 행위라면 방법의 위반이 성립되며, 선거운동기간 전에 한 행위라면 시기의 위반, 즉 사전선거운동이 성립될 것이다.

아울러 투표소에서 이루어진 행위라면 장소의 위반이 성립될 것이고, 선거비용제한액을 두고 있는 경우라면 선거운동에 소요되는 비용은 선거비용에 산입되므로 선거비용제한액을 통제하는 총량규제가 적용될 것이다.

반대로 특정한 의사표현 행위가 선거운동에 해당하지 않는다면 다른 사람의 인격권을 침해하지 않는 한 원칙적으로 누구든지, 언제든지, 어디서든지 자유로운 행위로서 국민의 기본권인 표현의 자유로 보장된다.

그러므로 선거운동의 개념을 포괄적으로 정의할수록 가벌성의 범위가 확장되어 표현의 자유는 위축되고, 선거운동의 개념을 엄격하고 협소하게 정의할수록 가벌성의 범위는 축소되어 표현의 자유가 보장될 수 있다. 따라서 명확성의 원칙의[1] 측면에서도 선거운동에 관한 적확한 법률적 정의의 필요성이 인정된다.

그러나 미국 연방대법원이 공인(公人)이나 음란(淫亂)에 대한 정의에서 그렇게 고민하였듯, 선거운동에 대한 정의도 해파리를 콘크리트 벽에 못 박아 걸어두는 것만큼이나 어렵다. 아무리 정교하고 치밀하게 정의하더라도 항시 예외가 발생하기 때문이다.

---

1) 죄형법정주의에서 파생되는 명확성의 원칙은 법률이 처벌하려는 행위가 무엇인지를 누구나 예견할 수 있도록 구성요건을 명확하게 규정해야 한다는 것을 의미한다. 대법원 2006. 5. 11. 선고 2006도920 판결 참조.

2. 새마을금고법·위탁선거법의 선거운동 정의

가. 선거운동에 관한 법률의 정의규정

위탁선거법에서는 선거운동의 개념을 '당선되거나 되게 하거나 되지 못하게 하기 위한 행위'로 정의하면서, 선거에 관한 단순한 의견개진 및 의사표시, 입후보와 선거운동을 위한 준비행위는 선거운동으로 보지 않는다(§23). 공직선거법의 선거운동에 관한 정의와 크게 다르지 않다.

한편, 새마을금고법은 선거운동에 대한 정의규정을 두지 않은 채 임원선거에서 선거운동을 할 수 있는 사람, 선거운동 방법, 선거운동을 할 수 있는 기간을 정하여 두고 이를 위반한 사람에 대한 형벌을 규정하고 있다(§22③·④, §85③).

아마도 입법권자는 위탁선거법이나 공직선거법의 선거운동 정의를 원용한다면 새마을금고법에 따른 임원선거의 관리집행에 어려움이 없을 것으로 판단한 듯하다.

금고의 정관에도 선거운동에 대한 정의는 없으나, 임원선거규약에서는 선거운동을 "누구든지 자기 또는 특정인을 금고의 임원으로 당선되게 하거나 또는 되지 못하게 하기 위한 행위"로 정의하면서 선거에 관한 단순한 의견개진과 의사의 표시, 입후보와 선거운동을 위한 준비행위 또는 통상적인 업무행위는 선거운동으로 보지 않도록 규정하고 있다(임원선거규약 §3).

그러나 정관이나 규약은 법인의 조직과 활동에 관하여 자율적으로 정한 자치규범으로서 대내적으로만 효력을 가질 뿐, 대외적으로 제3자를 구속하지는 않는 것이 원칙이고 법원의 재판규범도 될 수 없다는 점은 자명하다.

헌법재판소는 금고의 정관으로 정하는 기간에 선거운동을 위한 호별방문 행위를 처벌하였던 구 새마을금고법 제85조제3항에 대한 위헌제청사건에서 이를 명확히 확인한 바 있다.[2] 그 핵심은 형사처벌과 관련되는 주요사항을 헌법이 위임입법의 형식으로 예정하고 있지도 않은 법인의 정관에 위임하고 있는 것은 사실상 그 정관 작성권자에게 처벌법규의 내용을 형성할 권한을 준 것이나 다름없으므로 죄형법정주의에 위배된다는 것이다.

다만, 공직선거법의 선거운동, 새마을금고법의 선거운동, 위탁선거법의 선거운동, 임원선거규약의 선거운동 등 각 규범간 선거운동의 의미에 관한 실질적인 차이는 보이지 않고, 대법원 판례도 이를 확인하고 있으므로,[3] 금고의 임원선거에서 선거운동 개념의 불명확성으로 인한 선거관리 집행의 혼란이나 어려움은 없을 것으로 판단된다.

나. 선거운동으로 보지 않는 규정의 취지

위탁선거법은 선거에 관한 단순한 의견개진과 의사표시, 입후보와 선거운동을 위한 준비행위는 선거운동으로 보지 않는다. 공직선거법의 선거운동 정의규정과[4] 그 형식과 내용이 유사하다.

단순한 의견개진 및 의사표시, 입후보와 선거운동을 위한 준비행위는 문리해석상 선거운동의 정의에 포함될 소지가 있으나, 그 행위의 성격상 선거운동으로 포섭하여 규제하는 것이 타당하지 않은 행위를 명시적으로 열거하여 입법정책적으로 선거운동의 규제대상에서 배제한 취지로 보인다.

한편, 의례적·사교적 행위와 직무상·업무상 행위는 해석상 당연

---

2) 헌법재판소 2019. 5. 30. 2018헌가12 결정
3) 대법원 2017. 3. 22. 선고 2016도16314 판결
4) 공직선거법 제58조제1항 참조.

히 선거운동이 아니므로, 위탁선거법이든 공직선거법이든 굳이 법률
에 선거운동이 아닌 행위로 열거할 필요가 없다.[5] 이러한 행위에 해
당하는지는 행위자와 상대방의 관계, 행위의 동기, 방법, 내용과 태양
등 제반 사정을 종합하여 사회통념에 비추어 판단한다.

3. 선거운동의 정의에 관한 법률과 판례의 차이

대법원은 위탁선거법의 선거운동을 "선거에서의 당선 또는 낙선
을 위하여 필요하고도 유리한 모든 행위로서 당선 또는 낙선을 도모
한다는 목적의사가 객관적으로 인정될 수 있는 능동적·계획적인 행
위"로 판시한 바 있다.

구체적으로 어떠한 행위가 실제 선거운동에 해당하는지는 단순히
그 행위의 명목뿐만 아니라 행위의 태양, 즉 그 행위가 행하여지는 시
기·장소·방법 등을 종합적으로 관찰하여 그것이 특정 후보자의 당선
또는 낙선을 도모하는 목적의지를 수반하는 행위인지를 선거인의 관
점에서 객관적으로 판단한다.[6]

대법원의 해당 판례는 공직선거법상 선거운동의 법리가 위탁선거
법에도 동일하게 적용된다는 것을 명확하게 밝혔다는 점에 큰 의의가
있다. 다만, 공직선거의 선거인은 불특정 다수임에 비하여 위탁선거법
이 적용되는 공공단체의 선거인은 상대적으로 소수인 점을 고려하여
선거인의 관점을 파악할 필요가 있다고 본다.

공직선거법의 선거운동 정의규정에 대한 대법원의 판단과 마찬가
지로 위탁선거법의 선거운동 정의규정에 대한 대법원의 판단도 국민

---

5) 대법원 2001. 6. 29. 선고 2001도2268 판결, 대법원 2005. 8. 19. 선고 2005도
2245 판결
6) 대법원 2017. 3. 22. 선고 2016도16314 판결

186

들의 표현의 자유 보장에 커다란 의미를 가진다. 법률상 선거운동은 "당선되거나 되게 하거나 되지 못하게 하기 위한 행위"이므로 이렇듯 광범위하고 포괄적인 정의에 따를 경우 일상적 활동이나 의례적 행위 심지어 생명유지 활동조차 선거운동의 개념에 포섭되어 규제대상이 될 수 있는 문제점이 있기 때문이다.

대법원의 판결은 이러한 위험성을 제거하기 위하여 선거운동에 대한 법률상 정의를 구체화하여 '당선 또는 낙선의 목적의사가 객관적으로 인정될 수 있는 능동적·계획적 행위'를 부가하여 각종 규제와 형벌이 적용되는 가벌성의 요건으로서 선거운동의 개념을 명확하게 정의하고 있다.

아울러 당선 또는 낙선의 목적의사가 있었는지는 행위 주체의 내부의사가 아니라 선거인의 관점에서 특정 선거에서 당락을 도모하는 행위임을 명백히 인식할 만한 객관적인 사정에 근거하여 판단하도록 함으로써7) 선거운동에 대한 판단기준을 엄격하게 제시한 점에도 큰 의의가 있다. 이는 당선 또는 낙선의 목적의사를 판단하기 위한 보다 기준으로서 선거인의 객관적 관점을 요구함으로써 표현의 자유에서 강조하는 소위 "숨 쉴 공간"을 열어준 것으로 평가할 수 있다.

성문법규의 명시적 규정과 다소 그 결을 달리하는 판단이지만, 선거운동의 개념에 대한 이러한 해석은 대법원과 헌법재판소 그리고 중앙선거관리위원회의 일치된 견해이다. 입법권자는 그동안 지속적으로 선거운동의 자유를 확대하는 방향으로 입법개선을 이루어 왔지만, 현실적으로 확장된 표현의 자유의 영역은 선거운동의 정의에 관한 법원의 엄격한 해석에도 힘입은 바가 크다.

7) 대법원 2016. 8. 26. 선고 2015도11812 전원합의체 판결

제2절
선거운동으로 보지 않는 행위

1. 선거에 관한 단순한 의사표시

가. 단순한 의사표시의 의미와 판단기준

선거에 관한 단순한 의견개진이나 의사표시는 그 행위에 선거운동의 핵심적 징표인 능동적·계획적 요소가 없어 선거운동이 아니다. 어떠한 행위가 선거에 관한 단순한 의견개진 또는 의사표시인지 아니면 선거운동에 해당하는지는 그 행위의 시기·장소·방법·대상 등을 종합적으로 평가하여 판단한다. 선거법 운용에 높은 수준의 법리적 무장과 더불어 지혜와 통찰력이 필요한 이유다.

예컨대, SNS 사용자가 관심 있는 게시물을 공유하거나 그 게시물에 본인의 짧은 글을 덧붙인 정도의 행위는 선거에 관한 단순한 의견개진 또는 의사표시로서 선거운동이 아니다.

또한 특정 세력이 선거에 승리하면 반대진영을 탄압할 것이라는 내용의 글을 SNS에 게재하였더라도 그 횟수가 단 1회에 불과하다면, 그러한 행위는 선거에 관한 단순한 의견개진 또는 의사표시에 해당하여 선거운동으로 볼 수 없다.[8]

다만, 비슷한 내용의 게시물이라도 게시자가 단기간에 페이스북 계정을 만들고 페이스북 친구를 과다하게 추가하여 이례적일 정도로 연달아 게시한다면, 이러한 행위에는 능동적이고 계획적인 요소가 가미되어 선거운동에 해당할 수 있을 것이다.

나. 단순한 의사표시 예시

중앙선거관리위원회는 이미 오래전부터 후보자가 되려는 사람이 선거권을 가진 친척과 친지의 집을 방문하여 입후보 의사를 표시하는 행위를 선거에 관한 단순한 의사표시로 보았다.[9]

판례는 사교적인 모임에서 상대방의 격려말에 대한 답례로 자신의 출마사실을 공표한 행위와[10] 지역신문의 인터뷰 요청에 소극적으로 응하여 현안에 대한 자신의 의견과 완곡한 출마의사를 밝힌 기사가 신문에 실린 경우에도 단순한 의사표시에 해당하여 선거운동으로 볼 수 없다고 판시한 바 있다.[11]

2. 선거운동을 위한 준비행위

가. 선거운동 준비행위의 의미와 판단기준

선거운동을 위한 준비행위는 비록 선거에 출마하여 당선되기 위한 목적이 명확한 행위이지만, 행위 시점에서는 특정 후보자의 당선을

---

8) 서울고법 2019. 1. 25. 선고 2017노182 판결
9) 중앙선거관리위원회 1963. 9. 24. 회답
10) 인천지법 1999. 10. 20. 선고 98고합181 판결
11) 대전지법 서산지원 1991. 10. 25. 선고 91고합58 판결

목적으로 직접 투표를 얻기 위한 행위가 아니라 단순히 장래의 선거운동을 위한 내부적·절차적 준비행위에 불과하므로 이를 선거운동으로 보지 않는다.[12]

사실상 선거운동 준비행위는 선거운동과 목적이 동일하여 경우에 따라서는 선거운동으로 규제될 수도 있으나, 이러한 행위는 일반 선거인을 직접 대상으로 작용하는 것이 아니라 선거운동을 하려는 사람의 내부적인 준비행위에 그치기 때문이다.[13]

나. 선거운동 준비행위 예시

선거운동 준비행위의 전형적인 사례로서 후보자 또는 예비후보자 등록 전에 선거공보 또는 선거벽보의 원고를 작성하는 행위, 후보자 소견발표회를 대비한 연설문 작성행위, SNS 홍보 콘텐츠 제작행위 등이 이에 해당할 것이다.

또한 이사장선거에서 후보자가 되려는 사람이 정책이나 공약개발을 위하여 전문업체를 통하여 선거컨설팅을 받는 행위도 장래의 선거운동을 위한 내부적·절차적 준비행위로서 선거운동이 아니다. 아울러 후보자가 되려는 사람이 선거공약 개발을 위한 의견수렴에 필요한 범위에서 주민간담회를 개최하는 행위도 선거운동을 위한 준비행위에 불과하여 선거운동으로 볼 수 없다.[14]

한편, 언론사가 후보자가 되려는 사람을 대상으로 선거정보와 선거전략에 대한 컨설팅을 제공하는 워크숍을 개최하는 행위도 일종의 선거운동 준비행위에 해당하여 선거법상 규제대상이 아니다.

12) 헌법재판소 2005. 10. 27. 2004헌바41 결정
13) 한원도 1996. 2.『공직선거및선거부정방지법 축조해설』186쪽 법전출판사.
14) 중앙선거관리위원회 2017. 9. 28. 회답.

3. 일상적·의례적·사교적 행위

가. 의례적·사교적 행위의 의미와 판단기준

의례적 행위란 사람이 살아가는 도리로 행하는 행위를 말한다. 일상적 행위나 사교적 행위도 이에 준하는 행위로 판단된다. 일상적이거나 의례적이거나 사교적 행위는 비록 외형상 당선 또는 낙선의 목적이 있는 것처럼 보이더라도 이를 선거운동으로 보아서는 안 된다는 것이 판례의 태도이다.

구체적으로는 어떠한 행위가 이에 해당하는지는 그 행위자와 상대방의 사회적 지위, 그들 사이의 관계, 행위의 동기, 방법, 내용과 태양 등 제반 사정을 종합하여 사회통념에 비추어 판단하여야 한다.15) 이러한 판단은 선거관리위원회나 법률전문가의 관점에서 사후적·회고적인 방법이 아니라 일반인, 특히 선거인의 관점에서 행위 당시의 구체적인 상황에 기초해야 한다.

따라서 개별적 행위들의 유기적 관계를 치밀하게 분석하거나 법률적 의미와 효과에 치중하기보다는 문제된 행위를 경험한 선거인이 행위 당시의 상황에서 당선 또는 낙선의 목적의사가 있음을 알 수 있었는지를 살펴보아야 한다.16)

위와 같은 목적의사는 특정한 선거에 출마할 의사를 밝히면서 그에 대한 지지를 부탁하는 등의 명시적인 방법뿐만 아니라 당시의 객관적 사정에 비추어 선거인의 관점에서 특정 선거에서 당선이나 낙선을 도모하려는 목적의사를 쉽게 추단할 수 있을 정도에 이른 경우에도 인정할 수 있다.

---

15) 대법원 1996. 4. 26. 선고 96도138 판결 참조.
16) 대법원 2016. 8. 26. 선고 2015도11812 전원합의체 판결

그러나 이러한 당선 또는 낙선의 목적의사가 있었다고 추단하려
면, 단순히 선거와의 관련성을 추측할 수 있다거나 선거에 관한 사항
을 동기로 하였다는 사정만으로는 부족하고 특정 선거에서의 당락을
도모하는 행위임을 선거인이 명백히 인식할 만한 객관적인 사정에 근
거하여야 한다.

나. 의례적·사교적 행위 예시

(1) 문자메시지와 연하장 발송

금고의 회원을 대상으로 연말연시·명절·국경일 등 통상적인 계
기에 후보자가 되려는 사람의 직·성명이나 사진·동영상이 포함된 안
부 또는 축원의 문자메시지를 전송하는 것은 의례적 행위로 무방하다.
이러한 행위는 선거운동으로 보지 않는 행위이므로 현직 이사장이든
금고의 임직원이든 누구든지 가능한 행위이다.

다만, 특별한 계기가 없음에도 지속적·반복적으로 문자메시지를
발송하거나, 문자메시지에 지지를 호소하는 내용이 게재되어 있거나,
후보자가 되려는 사람을 홍보하기 위한 내용이[17] 포함되어 있다면 선
거운동에 해당될 수 있다.

문자메시지 외에 현직 이사장이나 이사장선거의 후보자가 되려는
사람이 자신의 직·성명·사진이 게재된 의례적인 내용의 연하장을 회
원들에게 발송하는 행위도 의례적 행위로서 무방하다.

조합장선거 약 3개월 전부터 선거운동기간 개시일 전일까지 전체
조합원에게 신년인사와 퇴직의 소회 및 감사를 담은 문자메시지를 전
송한 사안에서, 판례는 출마할 선거에서 인지도 상승이나 이미지 제고

---

[17] 단순하게 발송자의 신분을 밝히는 범위를 벗어나 다수의 경력을 게재하면 자신
을 홍보하기 위한 내용이 되어 선거운동이 성립될 수 있다.

의 목적이 있었더라도 선거에서 당락 도모 행위가 있었다고 보기는 어렵고, 선거운동기간이 단기간인 점에 비추어 볼 때 이러한 행위까지 선거운동으로 본다면 현직 조합장에 비해 현저하게 불리한 결과가 초래되어 위탁선거법의 입법취지에도 반하여 선거운동에 해당하지 않는다고 판시한 바 있다.[18]

(2) 선거인 접촉활동

후보자가 되려는 사람이 통상적으로 사용하는 업무용 명함에 자신의 학력이나 경력 또는 수상내역을 게재하여 통상적인 방법으로 수교하는 것은 무방하다. 다만, 통상적인 내용의 명함이라도 마을회관이나 행사 등을 방문하여 불특정 다수의 회원에게 배부하거나, 통상적으로 특정 소수의 회원에게 교부하더라도 명함의 내용에 선거공약이나 지지를 호소하는 내용이 게재되어 있다면 선거운동에 해당될 수 있다.

후보자가 되려는 사람이 자신과 친분관계가 있는 작가의 출판물에 통상적인 내용의 추천사 또는 축하의 글을 게재하는 행위나, 후보자가 되려는 사람이 각종 행사장을 방문하여 참석 선거구민을 대상으로 악수를 하거나 인사를 하는 행위도 의례적 행위로서 선거운동이 아니다.[19]

아울러 명예퇴직을 앞둔 지방공무원교육원 교관이 피교육생이자 고향 후배인 읍·면장들과의 회식자리에서 "명예퇴직원을 제출하였으니 도와 달라"는 등의 발언도 의례적 행위로서 선거운동이 아니다.[20] 물론, 다가올 선거에서 지지를 호소하는 등 회식에 참석한 선거인의

---

18) 대법원 2018. 2. 8. 선고 2016도19546 판결 참조. 2024년 1월 30일 위탁선거법의 개정으로 이사장선거와 조합장선거에 예비후보자 제도가 도입되었으나, 이러한 사정변경을 이유로 판례변경의 가능성은 낮아 보인다.
19) 중앙선거관리위원회 2011. 11. 15. 회답.
20) 대법원 1996. 4. 26. 선고 96도138 판결

관점에서 당선을 도모한다는 목적의사가 표시되었다고 평가할 수 있
는 경우에는 선거운동에 해당할 수 있다.

　한편, 후보자가 되려는 사람의 배우자가 약을 사러 갔다가 약사
가 "남편이 입후보한다는 소문을 들었다"는 말을 건내자 그 배우자가
이에 대한 응대로서 "잘 부탁한다"는 취지의 말을 한 경우도[21] 의례
적 행위로서 선거운동이 아니다.

(3) 의례적 행위의 외관과 선거운동

　선거운동의 요건으로서 당선 또는 낙선을 위한 목적의사는 선거
에 출마할 계획을 밝히면서 지지를 부탁하는 등의 명시적인 방법이라
면 그 목적의사를 인정하기에 부족함이 없겠지만, 이러한 명시적인 방
법이 아니더라도 행위 당시의 객관적 사정에 비추어 선거인의 관점에
서 특정 선거에서 당선이나 낙선을 도모하려는 목적의사를 쉽게 추단
할 수 있을 정도에 이른 경우에는 선거운동이 성립될 수 있다는 점에
유의해야 한다.[22]

　예컨대, 판례는 조합장선거의 선거운동기간을 2달여 앞둔 시점에
평소 연하장 등을 보낸 사실이 전혀 없고 자신을 지지하지 않을 것으
로 보이는 조합원들을 제외한 나머지 조합원들을 대상으로 3차례에
걸쳐 크리스마스·연말연시·새해 연하장을 보내거나 전화, 연설, 또는
사진을 첨부한 문자메시지 등을 이용하여 지지를 호소한 행위를 선거
운동에 해당되는 것으로 보았다.[23]

　선거에서 자신을 지지할 것으로 보이는 조합원들을 골라 그들에
게만 연하장이나 문자메시지를 보내는 행위는 사람이 살아가는 도리
로 행하는 의례적 행위로 보기 어렵다.

---

21) 대법원 1992. 10. 13. 선고 92도1268 판결
22) 대법원 2017. 10. 31. 선고 2016도19447 판결
23) 대법원 2021. 2. 2. 선고 2020도17313 판결

4. 직무상·업무상 행위

가. 직무상·업무상 행위의 의미와 판단기준

공직선거법이나 위탁선거법에 명시적으로 열거되지는 않았으나 관련 규정에 대한 해석과 판례를 통하여 직무상 행위나 업무상 행위도 선거운동으로 보지 않는다. 직무상 행위란 법령·조례 또는 행정관행·관례에 따라 그 지위의 성질상 필요로 하는 정당한 행위 또는 활동을 말하고,[24] 업무상 행위란 영업행위 등 사람이 그 사회생활상의 지위에 있어서 계속·반복의 의사로서 종사하는 업무에 의한 행위를 말한다.[25]

따라서 후보자가 되려는 사람이라도 소속 기관의 운영에 필요한 의견이나 자료수집의 목적으로 선거와 무관하게 간담회 또는 공청회를 개최하거나, 자신에 대한 선전이나 업적의 홍보가 부가됨이 없이 기관의 설립목적 달성을 위하여 의견을 청취하는 행위는 직무상·업무상 행위에 해당하여 선거운동으로 보지 않는다.[26]

아울러 후보자가 되려는 사람이라도 자신이 종사하는 소관업무에 관하여 취재에 응하거나, 언론사가 개최하는 대담·토론회에 참석하여 토론주제의 범위에서 발언하는 행위는 직무상·업무상 행위로서 선거운동에 해당하지 않는다. 이러한 행위로 인하여 후보자가 되려는 사람에게 사실상의 홍보 효과가 발생하더라도 이는 언론의 자유를 두텁게 보장한 결과 초래되는 반사적·부수적 효과에 불과하므로 이러한 행위를 규제대상인 선거운동으로 평가하는 것은 적절치 않다.

---

24) 대검찰청 2020. 3.『공직선거법 벌칙해설』제10개정판 89쪽 참조.
25) 대검찰청 앞의 책 90쪽 참조.
26) 중앙선거관리위원회 2013. 11. 26. 공직선거법 운용기준.

나. 직무상·업무상 행위 예시

금고가 선거기간 전에 통상적인 방법으로 회원들에게 금고의 자본현황, 새로운 금융상품 소개, 중앙회의 해당 금고에 대한 업무평가 결과 등 금고의 운영과 관련된 각종 정보를 알리기 위한 문자메시지에 이사장의 직명·성명·사진·동영상을 포함하여 전송하는 행위는 직무상·업무상 행위로서 무방하다.

또한 금고가 통상적으로 해오던 고지·안내의 방법으로 금고의 설립목적 달성을 위한 범위에서 금고의 추진사업 경과, 금고 현안에 대한 대처방안 등을 알리기 위한 목적의 안내장에 이사장의 직·성명·사진을 게재하거나, 정관이나 규약에 근거한 사업계획과 예산에 따라 발간하는 소식지에 이사장의 직·성명·사진과 의례적인 인사말을 게재하는 것은 직무상·업무상 행위로서 선거운동으로 볼 수 없다.

아울러 금고가 선거와 무관하게 사업계획과 예산에 따라 해당 금고의 홍보동영상을 제작하고, 이사장이 해당 영상에 출연하는 것은 직무상 행위로 무방하다. 다만, 금고의 홍보목적을 벗어나 선거에 출마하려는 이사장의 업적을 홍보하는 행위는 직무상의 행위를 벗어난 것으로서 선거운동에 해당될 수 있다.

특히 금고의 운영이 견실함에도 경영진의 무능으로 뱅크런의 위기에 빠졌다는 등 악의적인 가짜뉴스가 유포될 경우, 이를 차단하고 금고의 이익을 보호하기 위하여 객관적인 경영지표와 자산운용 현황 등을 통상적인 방법으로 회원들에게 홍보하는 행위는 직무상·업무상 행위에 해당하여 선거운동으로 볼 수 없다. 비록 이러한 조치로 인하여 현직 경영진에게 부수적인 홍보 효과가 발생하더라도 달리 볼 것은 아니다.

제3절
위탁선거법의 선거운동 주체·기간·방법

1. 선거운동을 할 수 있는 사람

가. 후보자·예비후보자

종전에는 이사장선거에서 선거운동을 할 수 있는 사람은 오로지 후보자 본인에 한정되었다. 2023년 4월 11일 개정된 새마을금고법에서도 종전의 입법불비를 해소하여 금고의 임원선거에서 선거운동을 할 수 있는 사람이 후보자 본인에 한정된다는 점을 명확히 한 바 있다(새마을금고법 §22③).

그러나 2024년 1월 30일 위탁선거법의 개정에 따라 금고의 이사장선거와 농업협동조합 등 조합장선거에서 선거기간 개시일전 30일부터 관할 선거관리위원회에 예비후보자로 등록한 사람은 제한적인 방법으로 선거운동을 할 수 있다(위탁선거법 §24의2①).

관할 선거관리위원회에 예비후보자로 등록을 신청하는 사람은 그 등록신청서에 피선거권에 관한 증명서류를 첨부해야 한다. 예비후보자의 등록신청을 접수한 선거관리위원회는 지체 없이 이를 수리하고, 해당 예비후보자의 피선거권을 확인할 필요가 있는 때에는 관계기관의 장에게 필요한 사항을 조회할 수 있다.

만일 피선거권이 없는 것이 발견된 때에는 해당 예비후보자의 등록을 무효로 한다(위탁선거법 §24의2④). 예비후보자가 사퇴하려는 경우에도 자신이 직접 관할 선거관리위원회를 방문하여 서면으로 신고해야 한다(위탁선거법 §24의2⑥).

위탁선거에서 예비후보자 제도는 중앙선거관리위원회가 선거운동의 자유를 확대하자는 것을 주요 내용으로 담아 2019년 4월 8일 국회에 제출한 위탁선거법 개정의견에 담겨 있었으나 늦게야 입법에 반영되었다.[27)]

나. 후보자·예비후보자가 지정한 1명

2024년 1월 30일 위탁선거법의 개정에 따라 후보자 및 예비후보자가 그의 배우자, 직계존비속 또는 회원 중 지정하는 1명은 각각 해당 후보자 및 예비후보자에게 허용된 방법으로 선거운동을 할 수 있게 되었다(위탁선거법 §24①·24의2⑦). 다만, 해당 금고의 임직원을 선거운동을 할 수 있는 사람으로 지정할 수는 없다. 지위를 이용한 선거운동이 금지된 점을 고려한 취지로 보인다. 아울러 금고가 개최하는 공개행사에서 정책발표를 하는 방법의 선거운동은 후보자·예비후보자 본인에게만 허용된다.

그러나 선거운동을 할 수 있는 사람을 여전히 후보자와 예비후보자 및 그가 지정한 1명으로 한정한 것은 선거의 정당성은 물론 선출된 이사장의 대표성 확보에도 상당한 문제가 있다고 본다. 선거운동을 할 수 있는 사람을 제한하는 것은 소수의 선거인이 이사장을 선출하던 간접선거의 유물로 보인다. 그런 선거환경에서는 후보자의 자질보다 인간적 친소관계가 선택의 기준이 되고, 정책과 공약은 돈 봉투와 향응에 그 윗자리를 양보한다.

---

27) 중앙회장선거에서 예비후보자제도는 2017년 12월에 도입된 바 있다.

나라의 주인이 국민이듯 금고의 주인은 회원이다. 주인은 머슴을 선택할 권리가 있고, 그 선택권 행사의 전제로서 머슴의 자질에 관한 객관적이고 정확한 정보에 접근할 수 있어야 한다.

진실을 아는 국민만이 진정으로 나라를 사랑할 수 있다는 사상의 은사(恩師)의 경구를 선거에서도 다시금 되새길 필요가 있다. 이러한 측면에서 선거의 과열이나 비용의 과다지출 등 부작용의 우려가 적은 전화·문자메시지와 인터넷·SNS·전자우편, 말(言)로 하는 방법의 선거운동은 일반 회원에게도 허용함이 마땅해 보인다.

선거운동의 자유 확대는 금고 회원의 기본적 권리인 표현의 자유를 보장하고 인격을 실현함과 아울러 후보자의 자질과 공약에 관한 객관적 정보의 자유로운 유통을 활성화함으로써 선거인의 투표권 행사에도 실질적인 의미를 부여할 수 있다고 본다.

다. 장애인 예비후보자·후보자의 활동보조인[28]

중앙선거관리위원회규칙으로 정하는 장애인 예비후보자·후보자는 그의 활동을 보조하기 위하여 배우자, 직계존비속 또는 해당 위탁단체의 임직원이 아닌 조합원·회원 중에서 1명의 활동보조인을 둘 수 있다(위탁선거법 §24의3①). 신체의 장애에 따른 선거운동의 불리함을 보완하여 선거의 공정을 기하기 위한 취지이다.

예비후보자와 함께 다니는 활동보조인은 금고가 사전에 공개한 행사장에서 위탁선거법 제30조에 따른 선거운동을 위한 명함을 직접 주거나 지지를 호소하는 방법으로 선거운동을 할 수 있다(위탁선거법 §24의3③ 1.). 한편, 후보자와 함께 다니는 활동보조인은 선거운동기간 중 어깨띠·윗옷 또는 소품을 이용하여 선거운동을 하거나, 공개된 장

---

28) 장애인 예비후보자 및 후보자의 활동보조인 제도는 2024년 1월 30일 위탁선거법의 개정에 따라 최초로 도입되었다.

소에서 후보자의 명함을 직접 주거나 호소하는 방법으로 선거운동을 할 수 있다(위탁선거법 §24의3③ 2.). 다만, 대의원회에서 이사장을 선출하는 경우 활동보조인의 선거운동은 허용되지 않는다.

장애인 예비후보자·후보자가 활동보조인을 선임하거나 해임하는 때에는 관할 선거관리위원회에 신고해야 하고, 그 활동보조인이 선거운동을 하는 때에는 관할 선거관리위원회가 교부하는 표지를 패용하여야 하며, 예비후보자와 후보자는 자신의 활동보조인에게 수당과 실비를 지급할 수 있다(위탁선거법 §24의3②~④). 사회적 약자에 대한 배려는 해당 국가의 윤리적 수준을 평가하는 잣대가 될 수 있다. 장애인 활동보조인을 통하여 대한민국의 수준을 본다.

2. 선거운동기간 외에 허용된 선거운동

가. 선거기간 전 예비후보자 등의 선거운동

위탁선거법에 따른 선거운동은 원칙적으로 후보자등록마감일의 다음 날부터 선거일 전날까지만 할 수 있다(§24②). 새마을금고법에 따른 임원선거에서도 마찬가지다(§22④). 그러나 2024년 1월 30일 위탁선거법의 개정에 따라 이사장선거에서 예비후보자와 그가 지정한 1명은 선거운동기간 전에도 아래의 방법으로 선거운동을 할 수 있도록 선거운동의 자유를 확대하였다(§24의2⑦).

첫째, 위탁선거법 제28조에 따라 전화를 이용하여 선거운동을 할 수 있다. 직접통화는 물론이고 문자메시지도 보낼 수 있다.

둘째, 위탁선거법 제29조에 따라 정보통신망을 활용하여 선거운동을 할 수 있다. 전자우편, SNS, 인터넷 홈페이지의 대화방·게시판 등에 선거운동을 위한 글이나 동영상을 게시할 수 있다.

셋째, 금고가 사전에 공개한 행사장에서 위탁선거법 제30조에 따른 선거운동을 위한 명함을 선거인에게 직접 주거나 지지를 호소할 수 있다. 다만, 대의원회의 방법으로 이사장을 선출하는 경우에는 허용되지 않는다.

넷째, 해당 금고가 개최하는 공개행사에 예비후보자 본인이 직접 방문하여 위탁선거법 제30조의4에 따라 자신의 정책을 발표할 수 있다.

나. 후보자등록기간 중 선거운동

후보자등록기간 중에는 원칙적으로 선거운동을 할 수 없지만, 2024년 1월 30일 위탁선거법의 개정에 따라 후보자는 후보자등록기간 중에도 예비후보자에게 허용된 방법으로 선거운동을 할 수 있게 되었다. 후보자로 등록한 사람은 선거운동이 시작되는 선거기간개시일 전일까지 예비후보자를 겸하는 것으로 보기 때문이다(§24의2⑧).

따라서 후보자등록기간 중 후보자로 등록한 사람과 그가 지정한 1명은 문자메시지·전화·SNS 등의 방법으로 선거운동을 할 수 있다. 이제는 후보자등록기간 중 새롭게 선거운동의 기회가 부여된 셈이므로 후보자등록을 서두를 필요가 있다.[29]

다. 선거일 소견발표회

위탁선거법은 선거일에 누구든지 전화는 물론이고 인터넷이나 SNS에 의한 방법으로도 선거운동을 할 수 없다. 선거 당일 끊임없는 비난과 반박으로 인하여 발생할 혼란으로부터 선거인을 보호하고, 후

---

29) 2024년 1월 30일 위탁선거법 개정 전에는 후보자등록기간 중 첫날에 일찍 등록을 마치더라도 곧바로 선거운동을 할 수 있는 것이 아니었다.

보자 간 지나친 경쟁에 따른 선거부정행위를 방지하며, 선거인들이 평온한 상태에서 자유로운 의사에 따라 투표할 수 있도록 배려하기 위함이다.[30]

다만, 총회나 대의원회 등 선거일에 집회에 의한 방법으로 이사장을 선출하는 경우 관할 선거관리위원회가 개최하는 소견발표회에서 하는 선거운동은 예외로 한다(위탁선거법 §24②, 새마을금고법 §22④). 이 경우에도 집회에 참석한 선거인에게 명함을 배부하거나 지지를 호소하면 처벌규정이 연호를 한다.

참고적으로 위탁선거법은 새마을금고 중앙회장과 농업협동조합 등 각종 조합의 중앙회장선거에서 후보자가 선거일 또는 결선투표일에 문자메시지를 전송하는 방법으로 하는 선거운동을 허용하고 있다(위탁선거법 §24② 1.).

3. 이사장선거의 선거운동 방법 개요

이사장선거에 적용되는 위탁선거법은 새마을금고법과 동일하게 법에서 직접 개별적으로 허용한 선거운동 방법 외에는 일체의 선거운동을 금지하는 포괄적 금지원칙을 선언하고 있다(위탁선거법 §24①, 새마을금고법 §22③).[31]

위탁선거법에서 직접 열거하여 후보자에게 허용하는 선거운동 방법은 다음 여덟 가지뿐이다. 이를 위반하면 당연히 위탁선거법에 규정된 벌칙이 적용된다.

① 선거공보(§25)

---

30) 헌법재판소 1994. 7. 29. 93헌가4 결정
31) 이러한 규제형식을 Positive System이라 한다. 반면에 Negative System은 허용을 원칙으로 하고 금지되는 방법을 개별적으로 열거하는 방식이다.

② 선거벽보(§26)

③ 어깨띠 · 윗옷 · 소품(§27)

④ 전화(§28)

⑤ 정보통신망(§29)

⑥ 명함 배부 또는 지지 호소(§30)

⑦ 선거일 후보자 소견발표회(§30의2)

⑧ 공개행사에서의 정책발표(§30의4)[32]

다만, 위에서 허용된 선거운동 방법이라도 이사장 선출방법에 따라 일부의 선거운동은 제한된다. 예컨대, 대의원회에서 이사장을 선출하는 경우 선거벽보를 첩부하거나, 어깨띠 · 윗옷 · 소품를 활용하거나, 명함를 배부하거나 공개된 장소에서 지지를 호소하는 방법의 선거운동은 금지된다(위탁선거법 §24③ 3.).

특히 유의할 점은 위에서 허용된 선거운동 방법이더라도 선거공보 · 선거벽보 · 명함의 종수 · 규격 · 수량이나 첩부 또는 배부방법을 위반하거나, 전화 · 문자메시지의 경우 통화방법 또는 시간대를 위반하는 등 세부적인 규제를 위반하는 경우에도 위탁선거법의 벌칙이 적용되어 처벌된다는 점이다. 자세한 내용은 제7장 제7절 '각종 제한규정 위반죄'를 참고하기 바란다.

이제 금고의 이사장선거는 관할 선거관리위원회가 수탁하여 관리하고, 위의 선거운동 방법 중 선거공보, 선거벽보, 후보자 소견발표회는 선거공영제가 적용되어 관할 선거관리위원회의 주관으로 집행된다. 다만, 후보자 소견발표회에 관하여는 제4장 제6절 '총회 · 대의원회 선출방법의 특례'를 참고하기 바란다.

---

32) 위탁선거법 제30조의4에 따른 공개행사에서의 정책발표는 2024년 1월 30일 위탁선거법의 개정으로 도입되었다.

4. 이사장선거에 선거공영제 적용

가. 선거공영제 적용과 그 한계

우리 헌법에서 선거운동은 각급 선거관리위원회의 관리하에 법률이 정하는 범위에서 하되, 균등한 기회가 보장되도록 선거운동 관리의 원칙에 터잡은 관리공영제를 규정하고, 선거에 관한 경비는 법률이 정하는 경우를 제외하고는 정당 또는 후보자에게 부담시킬 수 없도록 선거비용 국고부담의 원칙에 기초한 비용공영제를 규정하고 있다(대한민국헌법 §116① · ②).

물론 이러한 헌법상의 원리는 후보자간 고도의 기회균등이 요구되는 공직선거에 적용되는 것이지만, 이사장선거 등 금고의 임원선거에서 선거운동 관리와 그에 소요되는 비용의 부담에 관하여 공직선거에 적용되는 선거공영제 방식을 원용할 수 있을 것이다.

새마을금고법에서는 임원선거의 선거운동은 공영제를 원칙으로 한다고 천명하고 있다(새마을금고법 §22①). 따라서 이사장선거에서도 선거에 관한 경비는 금고가 부담하는 것이 입법취지에 부합될 것이다. 다만, 전화·SNS, 문자메시지, 전자우편 등 성질상 선거공영제에 포섭하기 어려운 방법의 선거운동에 소요되는 비용은 해당 후보자가 부담할 수 밖에 없다(임원선거규약 §16①).

과거 임원선거의 선거공보는 후보자가 그 등록신청을 하는 때에 원고를 제출하고, 선거관리위원회가 이를 제작하여 선거인에게 배부하였으나(임원선거규약 §30①~③), 2023년 10월 12일 새마을금고법 개정법률의 시행과 그 위임에 따른 시행규칙의 개정에 따라 이제 선거공보는 후보자가 직접 인쇄하여 선거관리위원회에 제출해야 한다(새마을금고법 시행규칙 §5의2① 별표 1).

선거공영제를 선언한 새마을금고법의 입법정신을 그 하위규범이 배신한 것이다. 여기에서도 입법취지를 잠식하는[33] 시행령의 위험성을 본다. 더구나 이사장선거에는 위탁선거법이 전면적으로 적용되어 후보자가 직접 선거공보를 작성하여 관할 선거관리위원회에 제출해야 하므로(위탁선거법 §25), 새마을금고법에서 선거공영제를 원칙으로 천명한 부분은 이제 쑥스러운 문장이 되었다.

한편, 선거공영제의 반대급부로서 선거운동의 방법이나 비용에 관하여 일정한 제한이 가해질 수 있다. 금고의 임원선거에서는 허용된 선거운동 방법이 극히 제한적이므로 선거비용제한액까지 규제할 필요성은 높지 않지만, 비용규제를 아예 공백으로 둔 부분은 선거운동 기회균등의 원칙이 훼손될 수 있는 잠재적 위험이다.

오프라인의 선거운동은 그 방법이 엄격하게 제한되어 과도한 비용지출의 위험성이 봉쇄되었지만, 온라인과 SNS를 활용한 선거운동은 콘텐츠 제작과 대량전송에 많은 비용이 소요되기 때문이다.

조합장선거 등 다른 위탁선거에서도 선거비용을 제한하는 입법례는 찾아보기 어렵다. 입법권자가 선거운동 방법에 대한 규제만으로도 후보자간 무기대등의 원칙이 구현되고 선거의 공정이 확보될 수 있을 것으로 확신한 증거로 보인다.

나. 공영제가 적용되는 선거운동 방법

새마을금고법에서 허용하는 선거운동 방법은 선거공보 제작·배부, 금고에서 개최하는 합동연설회 또는 공개토론회에서의 지지 호소, 전화와 컴퓨터통신을 이용한 지지 호소, 도로·시장 등 행정안전부령으로 정하는 다수인이 왕래하거나 모이는 공개된 장소에서의 지지 호

33) 선거운동 방법을 규정하고 있는 새마을금고법 제22조제3항제1호의 법문은 '금고에서 발행하는 선거공보 제작 및 배부'라 표현하고 있다.

소와 명함 배부뿐이다(§22③).

이사장선거에는 위탁선거법이 전면 적용됨에 따라 선거벽보, 어깨띠·윗옷·소품을 활용한 선거운동과 공개행사에서의 정책발표 방법이 추가로 허용된다(위탁선거법 §26·§27·§30의4). 이 중 선거공영제가 적용되는 선거운동 방법은 선거공보 제작·배부, 선거벽보 작성·첩부, 후보자 소견발표회로 한정된다. 선거공영제가 적용되지 않는 나머지 선거운동 방법은 후보자의 자율에 맡겨져 있다.

2023년 10월 12일 새마을금고법의 개정에 따라 선거운동에 관하여 필요한 사항을 종전의 정관에서 행정안전부령으로 정하도록 위임하였다(새마을금고법 §22④).[34] 이에 따라 새마을금고법 시행규칙에서 선거운동 방법에 관한 구체적인 절차와 방법을 정하고 있으나(§5의2), 해당 규범은 이제 이사장선거를 제외한 일반 임원선거에서만 독자적인 규범력을 가질 뿐이다.

---

34) 이에 따라 금고의 임원선거에서 선거운동 방법 등에 관한 구체적인 사항을 정하고 있는 정관예와 임원선거규약의 관련 규정은 이제 위임의 근거가 사라졌으므로 대대적인 정비가 필요해 보인다.

제4절
이사장선거에 허용된 선거운동 방법

1. 선거공보 제작·배부

가. 선거공보 제작방법

이사장선거의 후보자는 선거운동을 위하여 선거공보 1종을 작성할 수 있다. 선거공보의 규격은 길이 27센티미터 너비 19센티미터 이내로 하고, 면수는 8면 이내로 한다(위탁선거규칙 §12①). 선거공보의 지질과 색도에는 제한이 없다.

선거공보 작성수량은 해당 금고가 관할 선거관리위원회에 통지한 예상 선거인수에 10%를 가산한 수로 한다(위탁선거규칙 §12②). 관할 선거관리위원회는 후보자등록신청개시일 전 5일까지 선거공보의 작성수량과 제출장소를 공고한다(위탁선거규칙 §12④).

자율적으로 관리하는 금고 임원선거의 선거공보 면수가 2면임에 비하여(새마을금고법 시행규칙 §5의2①) 이사장선거의 선거공보는 8면으로 대폭 증면된다. 이사장선거와 농업협동조합의 조합장선거 등 위탁선거법이 전면적으로 적용되는 선거에서 선거공보의 면수는 모두 8면으로 규정하고 있기 때문이다.[35]

---

35) 위탁선거법 제25조제7항, 위탁선거규칙 제12조제1항 참조.

다만, 이사장선거에서 직선제 도입을 원칙으로 함에 따라 선거공보의 면수 확대는 다수 선거인의 알권리를 보장하고 선거인에게 후보자 선택에 필요한 적정한 자료를 제공할 수 있다는 점에서 필수불가결한 조치로 평가할 수 있다.

선거공보의 앞면에는 선거명, 후보자의 기호와 성명을 적어야 한다. 이사장선거를 동시에 실시함에 따라 관할 선거관리위원회가 금고별 후보자의 인쇄물 관리에 효율을 기하기 위한 목적이다.

한편, 2024년 1월 30일 위탁선거법의 개정에 따라 선거공보에는 해당 후보자의 범죄경력을 게재하여야 하고, 선거공보를 제출하지 않는 경우에는 해당 후보자의 범죄경력에 관한 서류를 따로 작성하여 선거공보의 제출마감일까지 관할위원회에 제출하여야 한다(위탁선거법 §25②). 만일 범죄경력을 게재하지 않은 선거공보를 제출하거나 범죄경력에 관한 서류를 별도로 제출하지 않으면 해당 후보자의 등록을 무효로 한다(위탁선거법 §19① 3.).

자율적으로 관리하는 임원선거의 선거공보에는 후보자 자신의 홍보를 위한 내용과 선거공약만 게재할 수 있으나(새마을금고법 시행규칙 §5의2①), 위탁선거법에 따른 이사장선거의 선거공보는 이러한 제한이 없다.

다만, 이사장선거에서 선거운동을 할 수 있는 사람은 후보자와 그가 지정한 1명에 한정되므로, 선거공보에 제3자의 추천사를 게재하거나, 과거 후보자와 함께 활동한 사진 외에 제3자가 후보자의 선거운동을 위하여 새로 촬영한 사진을 게재하는 것은 선거운동이 금지된 사람의 선거운동이 되어 위탁선거법에 위반된다.

이러한 법리는 선거벽보와 명함은 물론, SNS 등 모든 홍보매체에 제3자의 추천사 또는 다른 사람의 사진이나 동영상을 게재하는 경우에도 동일하게 적용된다.

208

나. 선거공보 제출·우송

후보자는 선거인명부확정일 전일까지 관할 선거관리위원회에 선거공보를 제출하여야 한다(위탁선거법 §25①).[36) 선거일정에 따르면 선거공보 제출기한은 후보자등록 마감일 후 3일이 된다. 제출된 선거공보는 정정 또는 철회할 수 없다. 다만, 오기(誤記)나 위탁선거법에 위반되는 내용이 게재된 경우에는[37) 제출마감일까지 해당 후보자가 정정할 수 있다(위탁선거법 §25⑤).

관할 선거관리위원회는 선거인에게 선거공보 또는 범죄경력에 관한 서류를 투표안내문과 동봉하여 선거인명부확정일 후 3일까지[38) 발송한다. 다만, 후보자가 제출기한까지 선거공보 또는 범죄경력에 관한 서류를 제출하지 않거나 규격을 넘는 선거공보를 제출한 경우 그 선거공보는 발송하지 않는다(위탁선거법 §25③·④).

거듭 강조하지만 선거공보에 후보자의 범죄경력을 게재하지 않거나, 선거공보를 제출하지 않는 때에 범죄경력에 관한 서류를 따로 제출하지 않으면 해당 후보자의 등록을 무효로 한다. 범죄경력 공개를 회피할 수 있는 수단은 존재하지 않는다.

관할 선거관리위원회에 제출하고 남은 선거공보가 결코 거리에 나와서는 안 된다. 관할 선거관리위원회가 선거인에게 우편으로 발송하는 외에 후보자가 직접 거리에서 선거공보를 배부하거나 게시판 등에 첩부하는 행위는 모두 위탁선거법에 위반되기 때문이다.

36) 위탁선거법 제15조1항에 따라 동시이사장선거에서 선거인명부는 선거일전 10일에 확정되므로, 2025년 3월 5일 실시하는 제1회 동시이사장선거의 선거인명부 확정일은 2월 23일이고, 선거공보 제출기한은 2월 22일이 된다.
37) 후보자의 성명 또는 기호가 틀리게 인쇄되었거나, 허위사실이 게재되었거나, 후보자비방죄에 해당하는 내용이 게재된 경우를 예로 들 수 있다.
38) 투표안내문은 선거인명부확정일 후 2일까지 발송해야 하므로, 투표안내문과 동봉하려면 선거공보도 해당 일정에 따라 조기에 발송할 수밖에 없다.

다. 허위사실에 대한 이의제기

선거공보에 경력·학력·학위·상벌·범죄경력에 관하여 거짓의 내용이 게재되어 있으면 후보자 또는 선거인은 관할 선거관리위원회에 서면으로 이의를 제기할 수 있다(위탁선거법 §25⑥). 이의제기의 대상은 선거인의 후보자 선택에 중요한 영향을 미치는 경력·학력·학위·상벌·범죄경력에 한정되므로 그 밖의 내용은 허위사실에 해당하더라도 이의제기 대상이 아니다. 물론 허위사실 공표에 따른 처벌여부는 별론으로 한다.

이의제기를 접수한 관할 선거관리위원회는 후보자와 이의제기자에게 각각 그 증명서류의 제출을 요구할 수 있으며, 그 요구를 받은 후보자와 이의제기자는 그 날부터 3일 이내에 관련 증명서류를 제출하여야 한다(위탁선거규칙 §12⑧).

선거공보의 게재내용에 대한 이의제기는 선거공보의 제출·접수 또는 발송의 진행에 영향을 주지 않는다(위탁선거규칙 §12⑨).

라. 허위사실 게재내용 공고

후보자가 증명서류를 제출하지 않거나, 증명서류를 제출하였더라도 거짓 사실임이 판명된 때에는 관할 선거관리위원회가 그 사실을 공고하여야 한다(위탁선거법 §25⑥).39) 관할 선거관리위원회가 허위게

---

39) 2021년 4월 7일 실시한 서울시장보궐선거에서 모 후보자의 세금납부액이 1억 1,997만원이었음에도 선거공보에 30만원이 적은 1억 1,967만원으로 게재하자 선거인이 이의를 제기하였다. 중앙선관위가 이를 심의하여 허위사실로 결정함에 따라 서울시 전역에 투표구마다 5매씩 공고문을 첨부하고 선거 당일에는 투표소 입구에도 추가로 첨부하였다. 해당사안은 허위사실공표죄의 법리를 원용하여 대체적으로 사실과 부합하기에 허위사실로 평가할 수 없다거나, 후보자에게 유리한 사실이므로 공고가 필요한 정도의 허위는 아니라고 판단할 여지도 있다고 본

210

재사실을 공고한 때에는 그 공고문 사본 1매를 선거일에 투표소의 입구에 첨부한다(위탁선거법 §25⑦). 후보자의 경력·학력·학위·상벌·범죄경력에 관하여는 선거공보나 선전벽보에 절대로 허위사실을 게재하지 말라는 의미이다.

선거공보 게재내용에 대한 이의제기 제도는 선거인의 합리적 판단에 필요한 객관적이고 정확한 정보의 유통은 보호하되, 유권자의 선거에 관한 의사형성의 자유나 후보자에 대한 판단의 자유를 저해할 우려가 있는 거짓 정보는 선거인의 집단지성으로 걸러내기 위한 취지이다. 이러한 이의제기 제도는 공직선거에 도입된 이래 위탁선거법 등 다수의 선거법규에 수용되었다.

임원선거규약에서도 위탁선거법과 유사한 의의제기 제도를 두고 있으나(임원선거규약 §30), 개정된 새마을금고법이 선거운동의 구체적인 방법을 행정안전부령으로 위임하고 그 시행규칙에서 이의제기 절차와 방법을 직접 규정함에 따라 이제 임원선거규약의 해당 규정은 시대를 앞선 고민의 흔적으로만 남게 되었다.

2. 선거벽보 작성·첨부

가. 선거벽보 작성·첨부 방법

이사장선거의 후보자는 선거운동을 위하여 선거벽보 1종을 작성할 수 있다. 이사장선거가 위탁선거법에 전면적으로 포섭됨에 따라 금고의 일반 임원선거와 달리 특별하게 허용된 선거운동 방법이다. 다만, 위탁이 의무화된 이사장선거라도 대의원회에서 선출하는 경우에

다. 입법취지를 간과하고 법조문을 교조적으로 해석하여 공고문을 높이 붙였지만, 선거의 심판에 대한 신뢰는 바닥으로 떨어졌다.

는 허용되지 않는다(위탁선거법 §24③ 3.).

선거벽보의 규격은 길이 53센티미터 너비 38센티미터로 하되, 길이를 상하로 하여 종이로 작성한다(위탁선거규칙 §13①). 선거벽보 작성에 관하여 그 밖의 제한사항은 없다.

후보자가 제출할 선거벽보의 수량은 해당 금고로부터 통보받은 첩부수량에 10%를 가산한 수로 하고, 후보자가 보완첩부를 위하여 보관할 수량은 첩부수량의 30%로 한다(위탁선거규칙 §13②). 관할 선거관리위원회에 제출할 수량과 후보자가 보완첩부를 위하여 보관할 수량을 더한 것이 선거벽보 작성수량이 된다.

선거벽보는 선거인명부확정일 전일까지 관할 선거관리위원회에 제출하여야 한다(위탁선거법 §26①). 선거공보의 제출기한과 동일하다. 관할 선거관리위원회는 제출마감일 후 2일까지 해당 금고의 본점과 지점의 건물 또는 게시판 및 해당 금고와 협의한 장소에 선거벽보를 첩부한다(위탁선거법 §26②).[40]

첩부한 선거벽보가 더럽혀지거나 찢어지거나 낙서가 되어 그 효용을 다할 수 없는 경우 해당 후보자는 공고된 수량의 범위에서 그 선거벽보 위에 덧붙이는 방법으로 보완첩부를 할 수 있다(위탁선거규칙 §13④). 후보자는 선거기간 중 수시로 선거벽보 첩부장소를 순찰하여 자신의 선거벽보가 안녕한지 확인할 일이다.

보완첩부 외에 후보자가 임의로 선거벽보를 붙이는 것은 모두 금지된 방법의 선거운동이 되어 처벌대상이 된다. 후보자 자택의 서재에 붙인다면 선거벽보도 그리 섭섭해하지는 않을 것이다.

---

40) 2024년 1월 30일 위탁선거법의 개정에 따라 첩부장소로 위탁단체와 협의한 장소가 추가되었다. 비선거인이 방문하는 위탁단체의 영업장보다 선거권자가 일상적으로 이용하는 장소에 선거벽보를 첩부하기 위함이다. 농·수협의 조합장선거에서 작목반이나 어촌계 사무실이 이에 해당할 것이다. 2023. 11. 14. 행정안전위원회 법안심사제2소위원회 회의록 참조.

나. 선거공보에 관한 규정 준용

선거벽보의 작성·첨부에 관해서는 선거공보에 관한 규정을 준용한다(위탁선거법 §26③, 위탁선거규칙 §13⑤). 이에 따라 제출된 선거벽보가 규격을 넘거나 미달하는 경우 첨부하지 않고, 제출된 선거벽보는 철회할 수 없으며, 오기(誤記)나 위탁선거법에 위반되는 내용이 게재된 경우에는 제출마감일까지 정정할 수 있다.

아울러 선거벽보에도 후보자의 경력 등에 거짓의 내용이 게재되어 있으면 선거관리위원회에 이의를 제기할 수 있고, 후보자가 증명서류를 제출하지 않거나 거짓 사실임이 판명된 때에는 그 사실을 공고한다(위탁선거법 §26③). 이의가 제기된 경우 선거벽보의 접수·첨부의 진행에 영향을 주지 않는다는 점도 선거공보와 같다.

금고는 후보자등록신청개시일 전 10일까지 선거벽보의 첨부수량 및 첨부장소를 통보해야 하고, 관할 선거관리위원회는 후보자등록신청개시일 전 5일까지 선거벽보의 작성수량·제출수량·첨부수량을 공고해야 한다(위탁선거규칙 §13⑤).

3. 어깨띠·윗옷·소품 활용 선거운동

이사장선거의 후보자와 그가 지정한 1명은 선거운동기간 중 어깨띠나 윗옷(上衣)을 착용하거나 소품을 이용하여 선거운동을 할 수 있다(위탁선거법 §27). 다만, 대의원회에서 이사장을 선출하는 경우에는 허용되지 않는다(위탁선거법 §24③ 3.). 공직선거법과 달리 위탁선거법에서는 어깨띠, 윗옷(上衣) 및 소품의 규격에 명시적 제한을 두지는 않고 있으나, 그 어깨띠 등이 통상적인 크기를 현저하게 벗어난다면 법에서 허용한 선거운동 방법으로 보기 어려울 것이다.

어깨띠나 윗옷(上衣)의 경우 착용하여 선거운동을 할 수 있고, '착용'의 사전적 의미가 의복, 모자, 신발 따위를 입거나 쓰거나 신거나 차는 것을 의미하므로, 선거운동을 위하여 어깨띠나 윗옷을 착용하는 경우에도 '신체의 일부와 떨어지지 않는 상태'로[41] 사용해야 한다.

어깨띠의 경우 공직선거관리규칙에서 그 규격을 길이 240센티미터 너비 20센티미터 이내로 제한하고 있고(§26의2⑧), 통상적으로 거리 캠페인 등에 활용하는 어깨띠의 규격도 이와 유사하므로, 후보자가 몸에 두를 수 없을 정도의 커다란 어깨띠를 끌고 다니며 선거운동을 하는 경우에는 위탁선거법에서 허용된 어깨띠를 착용한 방법으로 볼 수 없다. 이것은 금지된 선전물에 해당한다.

아울러 선거운동용 소품의 규격도 공직선거관리규칙에서는 옷에 붙이거나 사람이 입거나 한 손으로 지닐 수 있는 정도의 크기로 정하고 있으므로(§33), 이사장선거에서 후보자 홀로 감당 못할 크기의 선전물을 소품이라 우겨서는 안 될 일이다.

2023년 4월 11일 개정된 새마을금고법에 따라 명함을 배부하는 방법의 선거운동을 허용하였으나 어깨띠나 표지는 허용되지 않았다. 이에 따라 잡상인으로 오인될 것을 우려하는 후보자들은 민망한 표정으로 명함을 내밀어야 하고, 선거인들은 낯선 사람의 접근에 따른 당혹스러움이 예상되었다. 다행히 이사장선거에는 위탁선거법이 적용되어 새마을금고법이 금지한 어깨띠를 맬 수 있다. 조합장선거의 후보자들은 진작부터 누리고 있던 권리이지만, 이사장선거의 후보자들도 너무 늦지 않게 구원을 받았다.

---

41) 서울고법 2014. 12. 18. 선고 2014노3279 판결

4. 전화를 이용한 선거운동

가. 직접 통화의 방법

이사장선거의 후보자·예비후보자와 그가 지정한 1명은 선거일이 아닌 때에 전화를 이용하여 송화자·수화자 간 직접 통화하는 방법으로 선거운동을 할 수 있다. 다만, 오후 10시부터 다음 날 오전 7시까지 야간시간대에는 전화통화의 방법에 의한 선거운동이 금지된다(위탁선거법 §28). 야간시간대에 직접 통화의 방법에 의한 선거운동을 금지하는 취지가 선거인의 숙면권과 일상의 평온을 보호하기 위한 것에 그 목적이 있으므로, 그 직접 통화를 가능하게 하는 정보통신망의 종류와 성격과는 무관한 것으로 보인다.

예컨대, 가정집에 설치된 유선전화이든, 이동통신에 기반한 무선전화이든, 인터넷에 기반한 전화이든 수신자와 직접 통화하는 방식이라면 모두 야간시간대에는 금지된 선거운동 방법으로 보아야 할 것이다. 직접 통화에 의한 선거운동 방법은 송화자·수화자 간 쌍방향 의사소통 방법의 선거운동을 허용한 것이므로, 일방적·편면적(片面的) 의사표시 방법인 컴퓨터를 활용한 자동송신장치TRS가 설치된 전화를 이용한 선거운동은 금지된다.

다만, 선거인 전화번호의 데이터베이스를 활용하여 컴퓨터가 자동으로 전화를 걸고 전화를 받은 선거인에게 후보자·예비후보자 또는 제3자의 녹음된 음성으로 통화의사를 확인한 후, 승낙하는 선거인과 후보자·예비후보자가 통화하는 방식으로 선거운동을 하는 것은 전화를 이용한 선거운동 방법의 일환으로서 위탁선거법에 위반되지 않는다.

아울러 선거인과 직접 통화하는 방식으로 선거운동을 한 후 전화

를 끊기 전에 추가로 후보자·예비후보자의 공약사항을 청취할 것인
지를 묻고 이에 동의하는 선거인에게 미리 녹음한 공약내용의 육성
메시지를 들려주는 것도 직접 통화에 부수되는 행위로 보아 무방하다.

　참고적으로 후보자·예비후보자가 휴대전화를 활용하여 송·수화
자간 직접 통화하는 방법으로 선거운동을 하면서 이동통신사의 레터
링 부가서비스를[42] 활용하여 수신인인 선거인의 휴대전화 화면에 발
신자의 기호 또는 성명이나 지지를 호소하는 내용의 문자를 표출하는
것은 직접 통화에 부수되는 행위라기보다 문자메시지를 활용한 선거
운동 방법의 일환으로 허용된다.[43]

나. 문자메시지 전송

　이사장선거의 후보자·예비후보자와 그가 지정한 1명은 선거일이
아닌 때에 전화를 이용하여 문자메시지를 전송하는 방법으로 선거운
동을 할 수 있다(위탁선거법 §28). 자동동보통신에 의한 방법으로 대량
발송도 가능하다. 이 경우 문자메시지에 글자 외에 음성·화상·동영
상 등을 탑재하는 것은 허용된 선거운동 방법이 아니다.

　다만, 2024년 1월 30일 위탁선거법의 개정에 따라 모든 인터넷
홈페이지에서 선거운동이 허용됨에 따라 인터넷 언론사의 기사 또는
동영상이나 사진 등 콘텐츠가 게시되어 있는 인터넷 주소, 즉 URL을
문자메시지에 링크하는 행위가 가능해졌다.[44]

---

42) 발신자의 전화가 보이스 피싱이나 스팸전화로 오해받지 않도록 전화벨이 울릴
　　때 수신자 전화기에 발신자의 명의 등 가입자가 원하는 문자를 표시해주는 서비
　　스를 말한다. 요금은 1,000건당 1만원 정도로 알려져 있다.
43) 중앙선거관리위원회 2023. 3. 29. 전국동시조합장선거 선례 정비 및 법규운용기
　　준 참조.
44) 종전에는 해당 위탁단체의 홈페이지에서만 선거운동이 허용되었다. 따라서 문자
　　메시지로 포털사이트 등 인터넷 홈페이지의 URL 전송이 금지된 이유는 문자가

문자메시지를 이용한 선거운동도 직접 통화하는 방법과 마찬가지로 오후 9시부터 다음 날 오전 9시까지는 금지된다. 여기에서 문자메시지는 전통적인 무선 이동통신에 기반한 휴대전화로 의사소통하는 방법을 의미하는 것이다. 따라서 수신자가 특정되어 개별적으로 메시지가 전송되더라도 인터넷 네트워크를 활용한 의사소통은 문자메시지의 규제를 받지 않는다. 카톡이나 페이스북 등 SNS 플랫폼을 활용하여 전송되는 메시지에는 음성·화상·동영상을 자유롭게 탑재할 수 있다는 의미다.

사견으로는 스마트폰 등 첨단 정보통신기술이 광범위하게 보급된 현대 선거환경에서 문자메시지를 하나의 플랫폼으로 이해한다면, 그 플랫폼에 탑재되는 콘텐츠의 형식에는 제한을 둘 필요가 없다고 본다. 이왕 도로를 개통하였다면 자율주행 승용차든 구형 버스든 차량을 구분하여 통행을 제한할 필요가 없기 때문이다.

공직선거법도 이미 시대정신이 가리키는 방향으로 진화하며 점진적으로 규제를 완화하면서 국민들의 생활양식과 건전한 상식에 부합되는 옷을 입혔다. 과거에는 문자메시지에 화상이나 동영상을 전송할 수 없도록 금지하였으나, 2000년대 이후 규제를 완화하면서 지금은 탑재되는 콘텐츠에 대한 제한을 폐지하고 선거 당일에도 문자메시지에 의한 선거운동을 허용하고 있다.

실효성과 규범력이 의심스러운 낡은 규제를 유지하여 얻게 될 실익이라고는 소모적 논쟁뿐이다. 참고적으로 2022년 11월 4일 시행된 금고의 임원선거규약은 문자메시지에 음성·화상 및 동영상을 전송할 수 있도록 명시적으로 허용한 바 있다(§31 2.).

그러나 개정된 새마을금고법이 선거운동의 방법 등에 관한 세부적인 사항을 종전의 정관 대신 행정안전부령으로 정하도록 위임하자

아니기 때문이 아니라 선거운동을 할 수 있는 인터넷 홈페이지가 아니었기 때문에 금지된 것이다. 이제는 벌써 해묵은 과거가 되었다.

행정안전부령인 시행규칙에서는 임원선거규약의 신뢰를 저버리고 낡은 규제와 포용함으로써 시대정신을 사랑하였던 임원선거규약의 취지는 이제 빛바랜 추억으로 남았다.

다. 휴대전화 가상번호 활용

후보자는 전화를 이용한 선거운동을 위하여 해당 금고에 회원의 이동전화번호가 노출되지 않도록 생성한 번호(이하 "휴대전화 가상번호"라 한다)를 이동통신사업자로부터 발급받아 제공하여 줄 것을 요청할 수 있다(위탁선거법 §30의3①).

휴대전화 가상번호의 도입은 개인정보를 보호하면서도 선거인에 관한 정보격차로 인하여 후보자의 선거운동 기회에 불공정이 초래되는 부분을 바로잡기 위한 제도개선으로서 그 의미가 적지 않으나, 예비후보자에게도 이를 허용하지 않은 부분은 아쉬움이 있다.

금고는 휴대전화 가상번호 제공 요청이 있는 경우 관할 선거관리위원회를 경유해야 한다.[45] 관할 선거관리위원회는 휴대전화 가상번호 제공 요청서를 심사한 후 3일 이내에 해당 요청서를 이동통신사업자에게 송부한다(위탁선거법 §30의3②·③).

이동통신사업자가 휴대전화 가상번호 제공 요청을 받은 때에는 그 날부터 7일 이내에 해당 요청서에 따라 휴대전화 가상번호를 생성하고 관할 선거관리위원회를 경유하여 금고에 제공해야 한다(위탁선거법 §30의3⑤).

이동통신사업자가 휴대전화 가상번호를 제공할 때에는 유효기간을 설정해야 한다. 이 경우 그 유효기간은 선거일을 넘길 수 없다(위탁

---

45) 관할 선거관리위원회는 휴대전화 가상번호 제공 요청서 심사를 위하여 필요한 경우 금고에 해당 요청서의 보완 또는 자료제출을 요구할 수 있다. 위탁선거법 제30조의3제4항 참조.

선거법 §30의3⑥ 1.). 후보자는 휴대전화 가상번호의 유효기간이 지난 때에는 즉시 폐기해야 한다(위탁선거법 §30의3⑩).

금고로부터 휴대전화 가상번호를 제공받은 후보자는 그 번호를 선거운동 외의 다른 목적으로 사용하거나 제3자에게 제공할 수 없다(위탁선거법 §30의3⑨).[46] 다만, 금고는 다른 후보자로부터 제공 요청이 있는 경우 이동통신사업자로부터 제공받은 휴대전화 가상번호를 그 후보자에게도 제공할 수 있다(위탁선거법 §30의3⑧).

실무적으로는 금고에서 이사장선거의 후보자들에게 휴대전화 가상번호 제공 요청을 하도록 안내하고, 후보자들의 제공요청서는 일괄하여 관할 선거관리위원회를 경유한 후 이동통신사업자로부터 발급받은 가상번호는 당초 제공요청서를 제출한 후보자 모두에게 제공하는 방안이 적절할 것으로 보인다.

금고는 회원들에게 미리 본인의 이동전화번호가 이사장선거의 후보자에게 가상번호로 제공된다는 사실과 그 제공을 거부할 수 있다는 사실을 알려야 한다. 이 경우 금고는 명시적으로 제공 거부의사를 밝힌 회원의 휴대전화 가상번호를 후보자에게 제공해서는 안 된다(위탁선거법 §30의3⑦).

이동통신사업자가 휴대전화 가상번호를 생성하여 제공하는 데 소요되는 비용은 해당 금고가 부담한다. 이 경우 이동통신사업자는 최소한의 비용을 청구하여야 한다(위탁선거법 §30의3⑪).

---

46) 해당 규정은 후보자가 여론조사기관에 휴대전화 가상번호를 제공할 수 있는지에 관하여 논란이 예상된다. 문리해석상 금지되는 것으로 보이지만, 후보자들이 판세분석을 위하여 여론조사기관에 회원들의 실제 전화번호를 유출하는 것보다 차라리 가상번호를 제공하는 것이 오히려 개인정보자기결정권 보호의 측면이나 선거운동의 자유를 보장하는 측면에서 바람직한 것으로 보인다. 중앙선거관리위원회의 전향적인 해석을 기대해 본다.

5. 정보통신망을 활용한 선거운동

가. SNS 게시와 전자우편 전송

후보자·예비후보자와 그가 지정한 1명은 선거일이 아닌 때에 전자우편을 전송하는 방법으로 선거운동을 할 수 있다. 여기에서 전자우편이란 네트워크를 통하여 문자·음성·화상 또는 동영상 등의 정보를 주고받는 통신시스템을 말한다(위탁선거법 §29① 2.).

전자우편에 의한 선거운동 방법의 일환으로 SNS를 활용한 선거운동이 가능한지 의문이 들 수 있으나, 일찍이 공직선거에서도 트위터가[47] 새로운 의사소통 방식으로 등장하였을 때,[48] 중앙선거관리위원회는 이를 전자우편과 인터넷 홈페이지가 결합된 구조로 보아 공직선거법의 전자우편에 관한 규정을 적용함으로써 적법한 선거운동 방법으로 수용한 바 있다.

당연히 위탁선거법에서도 중앙선거관리위원회는 전자우편의 개념에 페이스북, 카카오톡 등 SNS를 포함하여[49] 운용하고 있다. 문자메시지와 달리 SNS와 전자우편에 탑재되는 콘텐츠에는 제한이 없다. 사진이든 동영상이든 음성이든 모두 가능하다.

다만, 앞서 선거공보의 제작방법에서 살펴보았듯이 이사장선거의 선거운동은 후보자·예비후보자와 그가 지정한 1명에게만 허용되어 있으므로, SNS와 전자우편에 그 밖의 사람이 선거운동을 하는 모습이 담긴 사진이나 동영상 등을 함부로 전송해서는 안 된다.

47) 트위터는 현재 그 명칭이 X로 변경되었다.
48) SNS의 대표주자로서 트위터는 2010년 실시한 제5회 전국동시지방선거에서 본격적으로 등장하였다. 당시 신종 플랫폼의 등장에 골머리를 앓았던 일부 인사들은 SNS를 Stress N(and) Stress라 표현하기도 하였다.
49) 중앙선거관리위원회 2022. 10.『위탁선거법 사례예시집』 24쪽 하단 참조.

나. 인터넷 홈페이지 활용

2024년 1월 30일 위탁선거법의 개정으로 후보자·예비후보자와 그가 지정한 1명은 선거일이 아닌 때에 모든 인터넷 홈페이지의 게시판·대화방에 글이나 동영상 등을 게시하는 방법으로 선거운동을 할 수 있도록 허용되었다(위탁선거법 §29① 1.). 이에 따라 금고의 이사장 선거에서는[50] 네이버Naver, 다음Daum 등 포털사이트, 언론사, 유튜브 YouTube 등 홈페이지와 블로그 또는 카페에 글이나 동영상 등 콘텐츠를 게시하는 방법으로 선거운동을 할 수 있다.

한편, 관할 선거관리위원회는 위탁선거법에 위반되는 정보가 인터넷 홈페이지의 게시판·대화방 등에 게시된 때에는 그 인터넷 홈페이지의 관리자·운영자 등에게 해당 정보의 삭제를 요청할 수 있다. 이 경우 그 요청을 받은 인터넷 홈페이지의 관리자·운영자 등은 지체 없이 이에 따라야 한다(위탁선거법 §29②). 주로 허위사실 공표나 후보자에 대한 비방내용이 이에 해당할 것이다.

관할 선거관리위원회의 삭제요청에 따라 정보가 삭제된 경우 해당 정보를 게시한 사람은 그 정보가 삭제된 날부터 3일 이내에 선거관리위원회에 서면으로 이의신청을 할 수 있다(위탁선거법 §29③). 이의신청이 해당 정보가 삭제된 날부터 3일이 지난 경우 관할 선거관리위원회는 그 이의신청을 각하한다(위탁선거규칙 §14③).

이의신청이 이유 있으면 관할 선거관리위원회는 해당 인터넷 홈페이지의 관리자·운영자 또는 정보통신서비스 제공자에 대한 삭제요청을 철회하고 이의신청인에게 그 처리결과를, 이유 없다고 인정되는 경우에는 이를 기각하고 이의신청인에게 각각 그 뜻을 통지한다(위탁선거규칙 §14④).

---

[50] 금고의 일반 임원선거에서는 새마을금고법에 따른 선거규제가 적용되므로 여전히 해당 금고의 홈페이지에서만 선거운동이 가능하다.

6. 명함 배부와 공개장소에서 지지 호소

가. 명함 게재 내용

이사장선거의 후보자와 그가 지정한 1명은 선거운동기간 중 다수인이 왕래하거나 집합하는 공개된 장소에서 선거운동을 위한 명함을[51] 선거인에게 직접 주거나 지지를 호소하는 방법으로 선거운동을 할 수 있다(위탁선거법 §30). 다만 예비후보자와 그가 지정한 1명은 금고가 사전에 공개한 행사장으로 그 장소가 제한된다.

선거운동으로 허용되는 명함에는 선거공약 등 홍보에 필요한 사항을 게재할 수 있다. 예컨대, 과거 다른 사람과 함께 찍은 사진을 게재할 수 있고, 자신의 기표란에 기표한 투표지 그림을 게재할 수도 있다. 다만, 게재내용이 거짓이거나 합성사진을 게재할 경우에는 허위사실공표죄로 처벌될 수 있다.

나. 명함 배부방법

선거운동용 명함을 배부하는 행위는 선거운동임에 틀림이 없고, 이사장선거에서 선거운동을 할 수 있는 사람은 후보자·예비후보자와 그가 지정한 1명에 한정되므로(위탁선거법 §24①), 제3자가 후보자의 명함을 배부하는 행위는 선거운동이 금지된 사람의 선거운동에 해당하여 위탁선거법의 벌칙이 적용된다(위탁선거법 §66 1.).

명함은 자신을 소개하기 위하여 상대방과 직접 주고받는 것이 상

---

51) 명함의 규적은 9센티미터 너비 5센티미터 이내로 공직선거법이나 공공단체의 임원선거의 규격과 같다. 공직선거법 제60조의3제1항제2호, 신용협동조합법 시행규칙 제4조 별표 등 참조.

222

레이므로, 명함을 경로당이나 식당·미용실 등에 비치하거나, 아파트 세대별 우편함에 넣어 두거나, 아파트 출입문 틈새로 투입하는 등의 행위는 직접 명함을 주는 행위가 아니므로 위탁선거법에 위반된다.[52] 비록 이러한 행위를 후보자가 직접 하였더라도 마찬가지다.[53]

다. 지지 호소 장소의 제한

이사장선거의 후보자와 그가 지정한 1명은 선거운동기간 중 다수인이 왕래하거나 집합하는 공개된 장소에서 지지를 호소하는 방법으로 선거운동을 할 수 있다(위탁선거법 §30). 시장, 백화점, 마트, 공원, 도로변 등 다수인이 왕래하거나 모이는 공개된 장소 또는 공공기관의 민원실 등 누구나 방문할 수 있는 장소에서 명함을 배부하거나 지지를 호소하는 행위는 무방하다.

다만, 다수인이 왕래하는 공개된 장소라도 병원·종교시설·극장의 안이나 금고 본점의 주된 사무소나 지점 건물의 안에서는 명함을 배부하거나 지지를 호소할 수 없다(위탁선거규칙 §30).

물론, 회원의 집이나 사업장을 방문하는 행위는 호별방문에 해당하여 금지되고, 다수인의 모임에서 지지를 호소하는 행위는 집회를 이용한 선거운동에 해당하여 위법하다. 실제 조합장선거에서 초등학교 총동창회 정기총회 참석자를 대상으로 선거운동 명함을 배부하거나,[54] 집회를 이용하여 정견을 발표하는 방식으로 지지를 호소한 행위는 모두 처벌을 면하지 못하였다.[55]

---

52) 대법원 2004. 8. 16. 선고 2004도3062 판결
53) 이 경우 위탁선거법 제66조제2항제1호 위반이 아니라 같은 항 제7호가 적용된다. 명함은 이미 허용된 선거운동 방법이기 때문이다.
54) 제주지법 2015. 8. 20. 선고 2015고정560 판결
55) 대법원 2007. 9. 6. 선고 2007도1604 판결

7. 금고 공개행사에서 정책발표

2024년 1월 30일 위탁선거법의 개정으로 예비후보자와 후보자는 해당 금고가 개최하는 공개행사에 방문하여 자신의 정책을 발표할 수 있도록 새로운 선거운동 방법이 추가되었다(§30의4).

공개행사에서 정책을 발표하려는 예비후보자와 후보자는 참석할 공개행사의 일시, 소견발표에 소요되는 시간과 발표 방법 등을 해당 금고에 미리 신고하여야 한다. 이 경우 금고는 정당한 사유 없이 이를 거부할 수 없다(위탁선거법 §30의4②).

금고는 예비후보자 등록신청개시일 전 5일부터 선거일 전일까지 매주 예비후보자와 후보자의 정책발표가 가능한 공개행사의 일시와 소견발표가 가능한 시간을 공고해야 한다(위탁선거법 §30의4③). 이제 금고는 이사장선거와 관련한 업무수행에 관하여 끊임없이 자신의 공정성을 증명해야만 한다.

제 6 장

제한·금지된 선거운동

선거에서 선거운동의 자유를 폭넓게 보장할 것인지 아니면 선거의 공정을 더 두텁게 보호할 것인지 상충하는 법익 간 조화로운 해결책을 모색하는 것은 시대정신을 반영한 입법정책적 결단의 영역이다.

대의원회 등 간접선거로 대표자를 선출하는 경우에는 선거운동의 자유가 큰 의미를 갖지 못하지만, 직선제를 적용하는 경우 선거인에게 적정한 판단자료의 제공을 위하여 선거운동의 자유가 중요해진다.

이사장선거에서는 선거의 자유보다 공정에 더 무게를 두어 선거운동을 엄격히 규제하고 있으므로 이 장에서는 그 내용을 살펴본다.

제1절
지위를 이용한 선거운동 금지

1. 지위를 이용한 선거운동 금지 개요

가. 관련규정

위탁선거법은 위탁단체 임직원의 지위를 이용한 선거운동을 금지하고 있다(§31). 구체적인 내용은 다음과 같다.

① 지위를 이용하여 선거운동을 하는 행위

② 지위를 이용하여 선거운동의 기획에 참여하거나 그 기획의 실시에 관여하는 행위

③ 후보자 또는 후보자가 되려는 사람에 대한 선거권자의 지지도를 조사하거나 이를 발표하는 행위

이러한 금지규정을 위반하면 2년 이하의 징역 또는 2천만원 이하의 벌금에 처해질 수 있다(위탁선거법 §66. 8.). 다만, 본 조는 금고의 이사장선거와 농업협동조합 등 조합장선거처럼 공공단체의 임원선거를 관할 선거관리위원회에 의무적으로 위탁해야 하는 선거에만 적용된다. 따라서 금고의 일반 임원선거를 임의적으로 위탁한 경우에는 본 조가 적용되지 않는다.

나. 입법취지

위탁선거법은 새마을금고법에 따른 이사장선거와 농협법·수협법 및 산림조합법에 따른 조합장선거를 제외하고는 선거관리를 관할 선거관리위원회에 의무적으로 위탁하는 선거라도 선거운동의 주체와 시기 또는 방법에 관하여 해당 법률의 규제를 적용하지 않는다(§22). 위탁단체의 자율성을 존중하기 위함이다.

결론적으로 새마을금고 이사장선거와 농협·수협 등 조합장선거를 제외한 공공단체의 임원선거에서 선거운동의 주체와 시기 또는 방법의 허용범위는 각 개별 법률이 정하는 바에 따른다.

따라서 위탁선거법의 지위를 이용한 선거운동 금지규정은 개별 법률에서 해당 단체의 임직원에게 선거운동이 허용되었는지를 묻지 않고 임직원이 그 신분과 지위로 인한 특수 관계가 보유하는 영향력을 선거운동에 이용하는 것을 금지하는 점에 그 의의가 있다. 물론 개별 법률에서 임직원의 선거운동을 금지한 경우 지위를 이용한 선거운동을 하였다면 가중처벌의 대상이 될 것이다.

다시 말하면 공공단체의 임원선거에 관하여 개별 법률에서 해당 단체의 임직원에게 선거운동이 허용되었더라도 이는 사적(私的)이거나 개인적 차원에서 허용되었을 뿐, 해당 단체의 공적인 업무수행에 편승하여 외부의 선거인을 대상으로 하거나, 내부의 지휘·감독권이 미치는 임직원을 대상으로 하는 선거운동, 즉 지위를 이용한 선거운동은 위탁선거법에 따라 금지된다는 의미이다.

만일 사적인 범위를 넘어 직무상 지위를 이용한 선거운동까지 허용하게 되면 선거인의 자유로운 의사형성과 후보자 선택에 관한 의사결정을 왜곡하여 선거의 자유와 공정을 크게 위협할 것이기 때문이다. 해당 규정은 이와 같이 중대한 법익침해가 예상되는 경우에는 개별 법률의 금지 입법을 기다릴 필요가 없이 위탁선거법이 직접 임직원의 지위를 이용한 선거운동을 금지함으로써 공공성이 강한 위탁단체의 임원선거에서 선거의 자유와 공정을 확보하기 위한 취지이다. 따라서 대표자 선출을 위한 선거를 개별 법률에 따라 관할 선거관리위원회에 의무적으로 위탁한 경우에는 해당 단체의 임직원에게 일종의 선거중립의무가[1] 부과되는 것이다.

2. 지위를 이용한 선거운동의 주요 개념

가. 임직원의 범위

임직원은 임원과 직원을 지칭하며, 새마을금고법 제18조에서 '금고의 임원으로 이사장 1명을 포함한 7명 이상 15명 이하의 이사와 3명 이하의 감사를 두며'라고 규정하고 있으므로 금고에서 임원의 범위에는 감사가 포함된다.

한편, 새마을금고법은 '금고의 직원으로서 전무, 상무'라고 지칭하고 있어 전무와 상무는 간부직원으로 분류하고 있다(§19⑨). 전무와 상무는 중앙회장이 실시하는 전형시험에 합격한 사람을 임명한다(새마을금고법시행령 §10②). 금고의 일반 직원은 이사장이 임면(任免)하되, 그 자격기준은 중앙회장이 정한다(새마을금고법시행령 §10).

임직원의 지위를 이용한 선거운동 금지규정은 금고의 임직원에게만 적용되는 진정신분범 규정이므로, 만일 거액의 예금주 등 사실상 금고의 경영에 큰 영향을 미칠 수 있는 사람이 그 지위를 악용하여 선거운동을 하였더라도 최소한 본 조 위반은 아니다.

---

1) 위탁선거법에서 단체의 임직원에게 선거중립의무를 부과한 것은 선거의 공정을 확보하기 위한 필수적 조건으로 보인다. 참고적으로 공직선거에서 공무원의 선거중립의무는 시원적(始原的)으로 헌법 제7조제1항에서 유래한다.

나. 지위를 이용하여의 의미

지위를 이용한 선거운동의 핵심은 바로 직무관련성이다. 따라서 임직원의 신분을 보유하고 있더라도 친구나 동창, 친족 등 사적(私的) 관계를 이용한 선거운동은 본조에서 금지하는 지위를 이용한 선거운동이 아니다. 지위를 이용한 선거운동이란 임직원의 지위와 결부되어 선거운동을 효과적으로 할 수 있는 영향력 또는 편익을 이용하는 것을 말하므로,2) 단순히 금고의 임직원 신분을 보유하고 있다 하여 임직원의 모든 선거운동이 지위를 이용한 선거운동이 되는 것은 아니기 때문이다.

따라서 지위를 이용한 선거운동은 임직원이 그 직무를 집행함에 즈음하여 선거운동을 하는 경우 또는 임직원이 그 직무상의 지휘·감독권이 미치는 사람을 대상으로 선거운동을 하거나 그 직무에 관련한 행위에 편승하여 선거운동을 함으로써 선거인에게 영향력을 줄 수 있는 경우를 말한다.3) 예컨대, 회원의 대출 심사를 하면서 그 회원을 대상으로 선거운동을 하거나, 금융상품을 홍보하는 기회를 이용하여 회원을 대상으로 선거운동을 하거나, 이사장이나 이사·감사 등 임원 또는 전무나 상무 등 간부직원이 소속 직원을 대상으로 선거운동을 하는 행위가 전형적인 지위를 이용한 선거운동이 될 것이다.

또한 '지위를 이용한다'는 의미는 반드시 임직원의 신분을 드러내어 영향력을 행사하는 것에 한정되는 것이 아니라 신분을 드러내지 않고 활동하는 경우에도 업무의 일환으로서 임직원 신분이기 때문에 활동을 더욱 효과적으로 할 수 있는 영향력 또는 편익을 이용하였다면 이는 지위를 이용한 행위로 볼 수 있다.4)

---

2) 대법원 2013. 11. 28. 선고 2010도12244 판결
3) 대법원 2004. 4. 27. 선고 2003도6653 판결
4) 대법원 2018. 4. 19. 선고 2017도14322 전원합의체 판결

다. 선거운동의 기획에 참여하는 행위

'선거운동의 기획에 참여하거나 그 기획의 실시에 관여하는 행위'
란 선거운동의 효율적 수행을 위한 일체의 계획 수립에 참여하는 행
위 또는 그 계획을 직접 실시하거나 실시에 관하여 지시 · 지도함으로
써 선거에 영향을 미치는 행위를 말한다.[5]

이는 반드시 구체적인 선거운동을 염두에 두고 그에 관한 기획에
참여하는 행위뿐만 아니라 선거운동의 방안을 제시하는 등의 방법으
로 후보자의 선거운동계획 수립에 직접적 · 간접적으로 관여하였다면
선거운동의 기획에 '참여'하였다고 볼 수 있다.[6]

다만, 임직원이 개인적으로 후보자를 위한 선거운동에 관한 의견
을 표명한 행위만으로는 선거운동의 기획에 참여한 것으로 평가하기
어렵다.[7] 또한 금고 사업에 관하여 유포된 유언비어나 가짜뉴스에 대
응하기 위하여 금고의 자본현황에 대한 객관적인 사실을 해당 금고의
홈페이지나 소식지 등 통상적으로 해오던 방법에 따라 회원들에게 알
리거나 언론사에 보도자료를 제공하는 행위도 직무상 행위로서 선거
운동의 기획에 참여하는 행위로 볼 수 없다.

한편, 이사장선거의 후보자가 자신을 위한 선거운동의 기획에 다
른 임직원이 참여하는 행위를 단순히 묵인하였거나 소극적으로 이익
을 누린 것만으로는 본 조 위반으로 보기 어려울 것이다.[8]

임직원이 선거운동의 기획에 참여하는 행위의 전형적인 사례로는
이사장선거 후보자의 인터뷰 자료 수집 · 작성 행위, 후보자 소견발표
회 발표문 작성 검토 행위, 후보자가 되려는 사람의 지지층을 확대하

5) 헌법재판소 2008. 5. 29. 2006헌마1096 결정 참조.
6) 대법원 2007. 10. 25. 선고 2007도4069 판결
7) 대법원 2013. 11. 28. 선고 2010도12244 판결
8) 대법원 2007. 11. 15. 선고 2007도3061 판결

기 위한 목적의 행사계획서 작성 행위, 이사장선거의 입후보예정자별 지지기반 분석자료 작성·제공 행위, 상대 후보자와 연관이 깊은 회원 명단 작성·제공 행위 등을 들 수 있다.

한편, 구 공직선거법에서는 제정 당시부터 지위를 이용하는지를 불문하고 '선거운동의 기획에 참여하거나 기획의 실시에 관여하는 행위'를 금지하고 이를 위반한 행위를 처벌하는 규정을 두었으나, 헌법재판소가 해당 조항에 대하여 사적인 지위에서 하는 선거운동의 기획 행위까지 포괄적으로 금지하는 것은 정치적 표현의 자유와 평등권을 침해한다는 점을 이유로 한정위헌 결정을 한 바 있다.[9]

이에 2010년 1월 25일 보완 입법을 통하여 '지위를 이용하여'를 추가함에 따라 관련 조항이 한정위헌 결정의 취지에 부합되도록 현재의 내용으로 개정된 바 있다.

라. 지지도 조사 또는 발표 행위

본조는 선거권자의 지지도를 발표하는 행위뿐만 아니라 조사하는 행위 자체를 금지한다. '발표'란 '공표'와 마찬가지로 그 수단이나 방법의 여하를 불문하고 불특정 또는 다수인에게 특정한 사실을 알리는 것을 말한다.

지지도 조사 금지의 쟁점은 이사장선거에 후보자로 등록한 현직 이사장도 본조의 수범자(受範者)에 해당하는지 여부이다. 만일 후보자로 등록한 현직 이사장에게 지지도 조사가 금지되는 것으로 해석할 경우 선거전략의 수립과 변경에 필요한 정보의 획득이 제한되어 선거운동의 자유가 침해됨은 물론, 지지도 조사가 자유로운 다른 후보자와의 형평성에도 문제가 있기 때문이다.

---

9) 헌법재판소 2008. 5. 29. 2006헌마1096 결정

그러나 중앙선거관리위원회는 2023년 제3회 전국동시조합장선거를 앞두고 일선에 시달한 법규운용 기준에서 후보자로 등록한 현직 조합장에게도 해당 규정이 적용됨을 명확히 밝힌 바 있다. 지방자치단체장 선거에서는 현직 단체장이 후보자 또는 예비후보자로 등록한 경우 그 직무가 정지되지만,[10] 조합장선거의 경우 후보자로 등록하더라도 그 직무가 정지되지 않는다는 점과 후보자의 신분 유지기간이 16일로 짧은 점 등을 고려한 해석이다.

선뜻 수긍하기 어렵지만, 이사장선거에서도 현직 이사장이 후보자로 등록한 경우 그 직무가 정지되지 않는다면 법적 안정성의 측면에서 조합장선거와 달리 판단할 가능성은 높지 않을 것으로 보인다.

한편, 여론조사 발표 행위와 관련하여 특히 유의할 점은 여론조사 결과에 대한 방송이나 기사 등 언론에서 이미 보도된 내용을 문자메시지나 SNS 등으로 전파하는 행위도 선거권자의 지지도를 발표하는 행위에 해당한다는 점이다.[11]

수범자가 위탁단체의 임직원 대신 공무원이라는 점에서만 다를 뿐, 유사한 금지규정을 두고 있는 공직선거법에서 '선거권자의 지지도 조사 또는 발표행위'로 본 사례는 다음과 같다.

① 대통령선거에 후보자가 되려는 지방자치단체장의 중도퇴임과 관련하여 공무원이 시민여론조사를 하는 행위[12]

② 교원이 모의투표를 통해 선거권이 있는 학생을 대상으로 후보자에 대한 지지도를 조사하거나 발표하는 행위[13]

---

10) 지방자치단체의 장이 그 직을 가지고 해당 선거에 예비후보자 또는 후보자로 등록하면 그 날부터 선거일까지 부단체장이 그 지방자치단체의 장의 권한을 대행한다. 지방자치법 제124조제2항 참조.

11) 서울중앙지법 2015. 2. 11. 선고 2014고합1368 판결, 대검찰청 앞의 책 526쪽 참조.

12) 중앙선거관리위원회 1997. 9. 11. 회답.

13) 중앙선거관리위원회 2020. 2. 26. 회답.

234

3. 실제 처벌된 사례

가. 지위를 이용한 선거운동으로 처벌된 예

농업협동조합 등 조합장선거에서 지위를 이용한 선거운동으로 조합의 임직원에게 위탁선거법의 벌칙이 적용되어 처벌된 사례를 살펴보면 다음과 같다.

① 선거운동기간전에 조합장이 자신의 사진, 이력, 경영성과, 공약사항이 포함되어 있는 보도자료 명목의 문서를 작성하여 조합직원에게 해당 조합의 홈페이지에 게시하도록 지시한 행위[14]

② 선거에 다시 출마하려는 조합장과 조합의 상임이사가 공모하여 신규 조합원을 대상으로 여러 차례 특강을 실시하면서 조합장 재직 중의 사업실적과 향후 계획을 홍보한 행위[15]

③ 조합 이사들이 "조합장은 축산농가 육성에는 관심이 없어 조합행사라는 명목으로 해외여행을 다녔다"는 내용이 게재된 조합소식 명목의 문서를 제작하여 조합원들에 송부한 행위[16]

④ 농협 총무과장이 사무실에서 조합장선거 후보자로 출마한 甲의 당선을 위하여 업무용 PC로 문자전송 사이트에 접속하여 조합원 전산명부 파일을 업로드하고 "안녕하십니까? 존경하는 조합원님! 이번 조합장선거에 출마한 기호 1번 甲 인사드립니다"라는 내용의 문자메시지를 전송한 행위[17]

---

14) 광주지법 목포지원 2016. 2. 16. 선고 2015고정412 판결
15) 대법원 2011. 6. 24. 선고 2010도9737 판결
16) 대법원 2008. 6. 12. 선고 2008도1421 판결
17) 광주지법 2015. 8. 19. 선고 2019고단2292 판결

나. 선거운동의 기획에 참여한 행위로 처벌된 예

농업협동조합 등 조합장선거에서 선거운동의 기획에 참여하거나 그 기획의 실시에 관여하는 행위로 조합의 임직원에게 위탁선거법의 벌칙이 적용되어 처벌된 사례를 살펴보면 다음과 같다.

① 현직 조합장이 선거에 출마하자 해당 조합의 이사가 그 조합장의 재직 중 실적과 공약사항을 기재한 문서를 직접 작성하여 실적 관련 자료와 함께 해당 조합장 후보자의 선거홍보물 담당자에게 전달한 행위[18]

② 현직 축협 조합장이 후보자 등록신청전 조합장 사무실에서 축협 직원에게 조합원 명부를 건네주면서 해당 직원과 친분이 있는 조합원을 표시해 달라고 지시하고, 해당 직원은 그 지시에 따라 자신과 친한 조합원을 표시한 후 그 조합원 명부를 해당 축협 조합장에게 교부한 행위[19]

위의 처벌사례를 살펴보면 참으로 가혹한 판결이다. 뉘른베르크 전범재판처럼 침해가 되풀이될 위험성이 있어 관용을 베풀지 못했다. 오늘의 범죄를 단죄하지 못하면 내일의 범죄에게 용기를 주기 때문이다.

---

18) 대법원 2011. 6. 24. 선고 2010도9737 판결
19) 광주지법 2016. 9. 22. 선고 2015노2917 판결

제 2 절
호별방문 금지

1. 호별방문 금지의 취지

위탁선거법은 누구든지 선거운동을 위하여 선거인을 호별로 방문할 수 없도록 규정하고 있다(§38). 여기에서 선거인의 범위에 선거인명부작성 전에는 선거인명부에 오를 자격이 있는 사람을 포함하므로 호별방문 금지가 적용되는 시기에는 제한이 없다.

호별방문은 많은 국가에서 일반적인 선거운동 방법으로 허용되고 있으나, 우리나라의 경우 사생활의 비밀이나 주거의 평온을 보호하기 위한 목적보다는 은밀한 장소에서 이루어질 수 있는 매수행위의 위험성을 차단하기 위하여 이를 금지하고 있다.[20]

헌법재판소도 호별방문 금지규정은 선거의 공정과 사생활의 평온 등을 보장하기 위한 것으로서 금품제공 등 선거법 위반행위가 잔존하고 있는 정치현실과 대체적인 선거운동 방법이 존재하는 점 등을 고려할 때 해당 조항이 과잉금지원칙을 위반하여 선거운동의 자유 또는 정치적 표현의 자유를 침해하는 것으로 볼 수 없다고 결정한 바 있다.[21]

---

20) 대법원 2015. 9. 10. 선고 2014도17290 판결
21) 헌법재판소 2019. 5. 30. 2017헌바458 결정

참고적으로 새마을금고법도 '임원의 임기만료일 전 90일부터 선
거일까지 회원의 호별(사업장을 포함한다)로 방문하는 행위'를 금지하고
있다(§22② 5.). 2023년 4월 11일 개정되기 전의 구 새마을금고법 해당
규정은 '정관으로 정하는 기간' 호별로 방문하는 행위를 금지하는 규
정을 두고 있었으나, 헌법재판소가 죄형법정주의 원칙에 위배된다는
점을 이유로 해당 조항을 위헌으로 결정함에 따라 현행과 같이 개정
된 바 있다.[22]

2. 호의 개념

호별방문에서 금지하는 '호'는 주택에 한정되는 것이 아니다. 회
사 · 공장 · 사무소 · 점포 등도 모두 '호'에 해당된다. 따라서 '호'는 일상
생활을 영위하는 가택뿐만 아니라 일반인이 자유롭게 출입할 수 없는
공개되지 않은 곳으로서 주거나 업무 등을 위한 장소 혹은 그에 부속
하는 장소라면 모두 이에 해당할 수 있다.[23]

구체적으로 방문이 금지되는 '호'에 해당하는지는 그 장소의 구조,
사용관계와 공개성 · 접근성 여부, 해당 공간에 대한 점유자의 지배 · 관
리형태 등을 종합적으로 고려하여 사회통념에 따라 판단해야 한다.[24]
당연히 금고의 본점이나 지점은 물론이고 금고의 회원이 운영하는 업
소도 '호'에 해당된다.

방문 대상자가 일시적으로 거주하는 곳이라도 불특정 또는 다수

---

22) 위헌판단의 핵심 이유는 형벌의 구성요건에 해당하는 부분을 헌법이 위임입법의
   형식으로 예정하지 않은 정관에 위임한 것은 정관 작성권자에게 처벌법규의 내
   용을 형성할 권한을 준 것이나 다름없다는 점을 들었다. 헌법재판소 2019. 5.
   30. 2018헌가12 결정 참조.
23) 대법원 2015. 9. 10. 선고 2015도8605 판결
24) 대법원 2010. 7. 8. 선고 2009도14558 판결

인의 자유로운 출입이 제한된 비공개적인 장소는 '호'에 포함된다. 예컨대, 병원 입원실의 경우 병원 측이 의료행위를 제공하거나 보호자나 친분관계가 있는 사람의 병문안에 한하여 출입이 허용된 장소이므로 '호'에 해당하고,25) 출입문과 잠금장치가 있는 선박의 객실도 '호'에 해당한다.26)

3. 호별방문의 요건

'호별(戶別)' 방문은 말 그대로 연속적으로 두 집 이상을 방문해야 성립된다. 연속적인 방문으로 인정되기 위해서 반드시 가가호호를 중단 없이 방문해야 하거나 여러 집을 동시에 방문하여야 하는 것은 아니지만, 각 방문행위 사이에는 어느 정도의 시간적 근접성이 있어야 한다.27)

호별방문의 장소적 범위는 반드시 선거인의 주택이나 건물 안에 들어가는 것뿐만 아니라 건물의 부근으로서 그 거주자가 일상적으로 활동하는 영역 안으로 들어가면 호별방문이 성립된다.28) 따라서 선거인과 면담하기 위하여 방문하였으나 해당 선거인이 부재중이어서 들어가지 못한 경우,29) 출입문 안으로 들어가지 않고 대문 밖에서 인사를 한 경우,30) 인터폰을 통하여 방문 대상자를 밖으로 나오게 한 경우도31) 모두 호별방문에 해당된다.

---

25) 대구고법 2007. 3. 15. 선고 2007노38 판결
26) 광주고법 2017. 6. 29. 선고 2017노28 판결(전주)
27) 대법원 2007. 3. 15. 선고 2006도9042 판결
28) 대법원 1997. 2. 28. 선고 96도3106 판결
29) 대법원 1999. 11. 22. 선고 99도2315 판결
30) 대법원 2000. 2. 25. 선고 99도4330 판결
31) 서울북부지법 2002. 8. 30. 선고 2002고합308 판결

제3절
기타 금지된 선거운동

1. 집회 개최

위탁선거법은 누구든지 선거운동을 위하여 선거인을 특정 장소에 모이게 할 수 없도록 집회개최 금지를 규정하고 있다(§38).[32] 여기에서도 선거인의 범위에 선거인명부작성 전에는 선거인명부에 오를 자격이 있는 사람을 포함하므로 집회 개최 금지가 적용되는 시기에 제한이 없다.

위탁선거법에서 후보자에게 선거운동기간 중 다수인이 왕래하거나 집합하는 공개된 장소에서 선거운동을 위한 명함을 선거인에게 직접 주거나 지지를 호소하는 방법의 선거운동을 허용함에 따라(§30) 본 규정이 중요한 의미를 가지게 되었다.

왜냐하면, 다수인이 왕래하거나 모이는 공개된 장소에서 지지 호소에 의한 방법의 선거운동이 허용되었더라도, 이는 일대일 대면접촉에 의한 선거운동을 허용하는 취지일 뿐[33] 집회를 개최하는 방법의 선거운동까지 허용한 것이 아니기 때문이다.

---

32) 새마을금고법에서도 선거운동 목적으로 특정장소에 모이게 하는 행위를 금지하고 있다. 새마을금고법 제22조제2항제5호 참조.

33) 대법원 2007. 9. 6. 선고 2007도1604 판결

아무튼 이사장선거에서는 공직선거에서 익숙해진 후보자의 거리 유세 모습을 꿈꾸어서는 안 될 일이다.

한편, '특정 장소에 모이게 하는 행위'의 방법에는 제한이 없으므로 호별방문에 의하든, 전화에 의하든, SNS에 의하든 방법을 가리지 않는다. 따라서 해당 규정은 후보자의 특정 지역 방문일정에 맞추어 지지자들을 운집하게 하는 행위를 차단함으로써 집회에 의한 선거운동으로 변질되는 것을 막기 위한 취지로 보인다.

실제 조합장선거에서 출마와 불출마 의사를 반복했던 현직 조합장이 조합 이사와 공모하여 선거인들의 모임에 참석한 후 자연스럽게 출마선언을 하기 위하여 선거인 18명을 커피숍에 모이게 하고 지지를 호소한 행위로 처벌된 사례가 있다.[34]

참고적으로 2023년 4월 11일 새마을금고법의 개정으로 임원선거의 선거운동 방법이 확대되어 도로·시장 등 행정안전부령으로 정하는 다수인이 왕래하거나 모이는 공개된 장소에서의 지지를 호소하거나 명함을 배부하는 방법의 선거운동을 허용한 바 있다(새마을금고법 §22③ 4.). 물론 위탁선거법과 동일하게 회원을 특정장소에 모이게 하는 행위를 금지한다(새마을금고법 §22② 5.).

2. 인쇄물 배부

위탁선거법은 금고의 이사장선거에서 일정한 기간 특정한 신분에게 개별적으로 열거하여 명시적으로 허용하는 선거운동 방법을 제외하고는 누구든지 어떠한 방법으로도 일체의 선거운동을 금지하고 있다(§22② 5.).

---

34) 대법원 2020. 4. 24. 선고 2020도3070 판결. 해당 조합장선거는 각 지역별 대의원 49명이 조합장을 선출하는 간선제 방식을 취하고 있었다.

이에 따라 이사장선거에서 선거운동이 허용된 신분인 후보자 · 예비후보자 및 그가 지정한 1명도 위탁선거법에서 허용된 선거운동 방법, 즉 선거공보를 발송하거나, 선거벽보를 첩부하거나, 명함을 배부하는 방법을 제외하고는 인쇄물에 의한 일체의 선거운동이 금지된다.

인쇄되지 않았더라도 편지이든 그림이든 사진이든 선거운동 방법으로 활용할 수 없다. 다만, 사진이나 그림을 후보자가 직접 소지하여 선거운동에 활용하는 경우에는 소품으로 보아 위탁선거법에 따라[35] 허용될 것이다(위탁선거법 §27).

3. 광고시설 설치

이사장선거에서 후보자가 작성 · 제출하고 관할 선거관리위원회가 일정한 장소에 첩부하는 선거벽보 외에는 선거운동을 위한 일체의 옥외광고물 설치가 금지된다. 후보자가 사무실을 임차하더라도 그 장소에 간판이나 현판을 설치할 수 없다.

옥외 광고물 설치는 선거법 위반 여부를 별론으로 하더라도 옥외광고물 등의 관리와 옥외광고산업 진흥에 관한 법률에 위반될 수 있으므로 함부로 설치할 일이 아니다.

현수막이나 차량광고판 또는 전광판은 물론이고, 후보자가 선거벽보의 훼손에 대비하여 보완첩부용으로 보관하는(위탁선거규칙 §13) 선거벽보를 훼손된 벽보 위에 덧붙이는 것이 아니라 제3의 장소에 첩부하는 행위도 역시 위탁선거법에 위반된다.

---

35) 후보자는 위탁선거법 제27조에 따라 선거운동기간 중 어깨띠나 윗옷을 착용하거나 소품을 활용하여 선거운동을 할 수 있다. 그러나 새마을금고법에서는 이를 허용하지 않는다. 새마을금고법 제22조제3항 참조.

4. 확성장치 활용

위탁선거법에서 후보자에게 선거운동기간 중 다수인이 왕래하거나 집합하는 공개된 장소에서 지지를 호소하는 방법의 선거운동을 허용하였으나(§30), 그 선거운동에 확성장치의 사용까지 가능한 것은 아니다. 포괄적 금지와 개별적 허용 방식의 선거규제를 채택하고 있는 위탁선거법에서 선거운동에 확성장치를 활용할 수 있으려면 법에 명시적인 허용근거가[36] 있어야 하기 때문이다.

따라서 이사장선거에서는 누구든지 마을방송이든 구내방송이든 차량방송이든, 휴대용이든 고정용이든 그 장소와 소유·관리자를 불문하고 확성장치를 이용하여 선거운동을 할 수 없다.

확성장치를 활용한 선거운동은 심각한 소음공해를 유발하여 조용하고 평온한 환경에서 생활할 수 있는 국민의 권리를 침해할 가능성이 높기 때문이다.[37] 이사장선거에서 확성장치를 이용하여 선거운동을 할 경우 위탁선거법 위반과 더불어 소음·진동관리법에도 저촉될 개연성이 있다.

5. 언론매체·인터넷 광고

이사장선거뿐만 아니라 모든 공공단체의 선거에서 언론매체와 인터넷을 활용한 선거운동 광고는 허용되지 않는다(위탁선거법 §24①). 언

---

36) 공직선거에서는 흔히 거리유세로 알려져 있는 공개장소에서의 연설·대담에 관한 규정에서 확성장치의 사용근거를 두면서 선거별 확성장치의 출력과 소음기준까지 정하고 있다. 공직선거법 제79조제3항 및 제8항 참조.

37) 헌법재판소 2001. 12. 20. 2000헌바96, 2001헌바57(병합) 결정

론매체는 지역이든 중앙이든, 신문이든 방송이든, 지상파 TV든 IPTV든, 잡지이든 학술지이든 묻지 않고, 인터넷은 포털사이트이든 기관·단체의 홈페이지든 가리지 않는다. 인터넷 카페와 블로그는 물론 밴드도 예외가 될 수 없다.

2024년 1월 30일 위탁선거법의 개정에 따라 모든 인터넷 홈페이지의 대화방이나 게시판에 댓글이나 동영상을 게시하는 방법의 선거운동이 허용되었지만(§29① 1.), 여전히 인터넷, 신문 등 매체를 불문하고 선거운동을 위한 일체의 광고행위가 금지된다는 점에는 다언을 요하지 않는다.

6. 서명운동

서명운동을 활용한 선거운동도 위탁선거법이 허용하는 선거운동 방법이 아니다. 금고 운영의 정상화를 촉구하거나 비리에 연루된 임원의 퇴진을 요구거나 금고의 합병을 추진하기 위한 서명운동 등을 탈법적인 선거운동으로 악용할 소지도 크다.

특히 서명 행위에 특정 후보자에 대한 지지 또는 반대의 취지가 직간접적으로 내포되어 있는 경우에는 투표하기 전에 서명한 선거인이 스스로의 서명에 심리적으로 구속되어 자유로운 의사에 따른 투표를 방해할 위험성이 있으므로,[38] 공정한 선거권 행사를 보장하기 위해서라도 이를 금지함이 마땅하다.

다만, 특정한 서명운동이 선거운동을 위한 것인지는 서명·날인 운동의 주체와 시기, 목적과 동기, 대상과 방법 등을 종합적으로 고려하여 구체적 사안마다 개별적으로 판단할 수밖에 없다.

---

38) 서울지법 2003. 9. 4. 선고 2003고합576 판결

7. 선거일 후 답례

가. 답례 금지의 주요 내용

위탁선거법에서는 후보자, 후보자의 배우자, 후보자가 속한 기관·단체·시설은 선거일 후 당선되거나 되지 못한 것을 빌미로 선거인에게 축하·위로나 그 밖의 답례를 하기 위하여 금전·물품 또는 향응을 제공하거나, 선거인을 모이게 하여 당선축하회 또는 낙선에 대한 위로회를 개최하는 행위를 금지하고 있다(§37). 여기에서 후보자는 당연히 후보자였던 사람을 포함한다.

다만, 당선에 대한 감사인사나 낙선하였더라도 지지에 대한 감사의 인사로서 의례적인 인사장을 선거인에게 발송하는 행위는 무방하다.[39] 금고가 소유하거나 관리하는 시설에 의례적인 감사의 뜻을 담은 벽보를 첩부하는 행위도 무방하다. 전화를 하거나 문자메시지를 전송하는 경우에는 더더욱 무방하다.

참고적으로 당선 또는 낙선에 대한 감사의 인사를 위하여 거리에 현수막을 게시하는 행위는 위탁선거법에서 제한하지 않고 있으나, 옥외광고물 등의 관리와 옥외광고산업 진흥에 관한 법률, 도로교통법 등 다른 법령에 위반되지 않도록 유의해야 한다.

공직선거의 후보자들이 선거가 끝난 후 당선 또는 낙선의 인사를 위하여 현수막을 위법하게 게시한 경우에는 그 철거 권한을 보유한 지방자치단체가 법집행에 상당한 자제력을 보이지만, 이사장선거 후 당선자나 낙선자의 동일한 행위에 대해서는 지방자치단체가 쉽게 인내력에 바닥을 드러낼 가능성이 크다.

---

39) 중앙선거관리위원회 1996. 4. 19. 회답.

나. 선거일 후 답례 금지의 취지

원칙적으로 선거가 완전 종료된 후의 행위는 선거운동이 성립될 여지가 별로 없다. 현직 이사장이 아닌 한 기부행위 제한규정이 적용되는 것도 아니다. 그러나 선거일 후의 행위라도 그 행위가 선거와 관련하여 행하여지는 것인 한 비용의 지출은 물론이고 사후매수 등 선거부정의 우려도 있다.

따라서 선거일 후 답례를 금지하는 것은 매수행위에 따른 선거부정의 가능성을 차단함은 물론, 당선자와 낙선자를 선거관계자의 답례 요구로부터 보호함으로써 선거의 완결성과 신뢰를 확보하기 위한 것에 근본적인 목적이 있다.

제4절
선거운동 규제에 관한 주요 쟁점

1. 문자메시지의 무제한적 발송

위탁선거법과 새마을금고법에서는 문자메시지 발송방법에 의한 선거운동을 허용하면서 그 방법이나 횟수에 관하여는 아무런 제한을 두지 않고 있다. 오직 음성, 사진, 동영상의 탑재를 금지하고 있을 뿐이다. 여기에서 문자메시지에 대한 규제의 자유방임이 안고 있는 내재적 위험성을 본다.

소수의 선거인단만 참여하는 간접선거와 달리 다수의 선거인이 참여하는 직선제에서는 후보자의 선거운동 양상이 완전히 달라질 수 있다. 돈 봉투 살포는 선거인의 전화번호를 확보하기 위한 경쟁으로 변하고,[40] 향응 제공은 설득력이 높은 고급 콘텐츠를 제작·전송하는 경쟁으로 대체될 것으로 보인다.

이러한 상황에서 문자메시지의 대량 발송은 불 보듯 뻔하다. 더구나 이사장선거에서도 다른 위탁선거와 동일하게 선거운동에 소요되는 비용의 지출에 대한 상한액도 없으니 허용된 선거운동 방법이라면 무제한적인 비용지출이 가능하다.

---

40) 2024년 1월 30일 위탁선거법의 개정으로 휴대전화 가상번호가 도입되었지만, 예비후보자에게는 여전히 허용되지 않는다.

후보자의 의뢰를 받은 문자메시지 전송 대행업체의 활약도 쉽게 예견할 수 있다. 이 경우 후보자간 무기대등의 원칙이 깨지고 선거가 과열되어 결과적으로 선거의 공정이 침해될 우려가 있다. 전화와 정보통신망을 활용한 선거운동 방식에 내재되어 있는 고유한 특징이기도 하다. 콘텐츠 제작능력에 따라 후보자간 우열이 현저하게 드러나는 영역이기 때문이다.

이러한 이유 때문에 선거비용제한액을 두고 있는 공직선거에서도 문자메시지를 활용한 선거운동방법에는 따로 엄격한 규제를 둔다. 그 주요 내용은 선거관리위원회에 신고된 1개의 전화만을 사용하도록 하고, 수신대상자가 20명을 넘거나 그 이하라도 자동동보통신을 활용하여 문자메시지를 전송하는 방법의 선거운동은 후보자와 예비후보자에게만 허용하되, 그 횟수는 해당 선거에서 총 8회로 제한하는 것이다.[41)]

이사장선거 등 금고의 임원선거에서도 이에 준하는 규제를 둘 필요가 있다고 본다. 직선제가 실시될 경우 후보자들이 선거운동 과정에서 발휘하게 될 창의성을 결코 과소평가하는 어리석음을 범해서는 안 된다. 후보자들의 창의성이 탈법적인 선거운동으로 변질된 수많은 사례는 공직선거에서 넉넉히 입증된 바와 같다.

만일 규범적 보완이 이루어지지 않는다면, 제1회 동시이사장선거는 후보자들의 양심을 시험하는 선거가 될 개연성이 아주 높다.

1948년 5월 10일 실시한 제헌의원선거는 우리 현대사에서 가장 공정하였다는 역사적 평가를 받는다. 미군정령이 적용되어 처음으로 실시하는 선거였기 때문에 후보자들이 반칙하는 방법을 잘 몰랐기 때문이라고 그 비결을 꼽는 사람들도 많다. 우리는 이날을 유권자의 날로 정하여 기념하고 있다.

---

41) 공직선거법 §59 2.

2. 선거사무소 설치 여부

이사장선거에 적용되는 위탁선거법의 선거운동 규제방식은 포지티브 시스템(Positive System)이다. 금고의 임원선거에 적용되는 새마을금고법도 마찬가지다. 이는 원천적으로 모든 방법의 선거운동을 금지하면서 개별적으로 법에서 열거된 방법으로만 선거운동을 허용하는 규제 형식을 말한다.

따라서 위탁선거법에서 선거사무소 설치에 의한 선거운동 방법을 열거하지 않고 있으므로, 이사장선거에서 선거사무소 설치는 금지되는 것으로 해석함이 타당하다. 특히 선거운동을 할 수 있는 사람이 후보자·예비후보자 및 그가 지정한 1명뿐이므로 선거사무소를 설치할 실익도 없다.

실제 21대 국회에서 위탁선거의 후보자에게 선거사무소 설치를 허용하자는 위탁선거법 개정법률안이 제출되었으나, 위탁선거에는 선거비용 제한액이 없어 후보자들의 비용부담이 증가될 수 있다는 점과 선거과열의 우려가 지적되어 입법에 반영되지 않았다.[42]

3. 자원봉사자 활용 여부

공직선거에서는 공무원 등 선거중립의무가 부과된 신분이 아니라면, 선거권이 있는 사람은 누구든지 자유롭게 선거운동을 할 수 있으므로 자원봉사자의 활용이 제도적으로 안착되었다. 그러나 이사장선거에서는 예비후보자·후보자 및 그가 지정한 1명에게만 선거운동이

---

42) 2023. 11. 14. 국회안전행정위원회 법안심사제2소위원회 회의록 참조.

허용되었으므로(위탁선거법 §24① · §24의2⑦), 위탁선거법이나 새마을금고법에서 명시적으로 자원봉사자의 활용을 금지하지 않았더라도 사실상 선거운동을 위한 자원봉사자의 활용이 금지된 것으로 보아야 할 것이다.

다만, 입후보와 선거운동을 위한 준비행위는 선거운동으로 보지 않으므로(위탁선거법 §23 2.), 선거공약 개발, 선거홍보물 원고 제작, 후보자 소견발표회 발표문 준비, 투표 및 개표참관인 모집 등 선거운동에 이르지 않는 부분에 관하여 전문 선거컨설팅회사 등 제3자의 조력을 받는 행위는 법에 위반되지 않는다.

아울러 선거운동에 관한 개개의 모든 행위를 후보자가 직접 실행하는 것은 현실적으로 불가능하므로, 후보자가 제3자로 하여금 자신을 보조하여 사실행위를 하게 하는 정도에 불과한 경우, 즉 제3자의 행위가 후보자 자신이 직접 실행하는 것과 다름없는 것으로 볼 수 있는 경우에는 후보자의 선거운동으로 보아 허용된다.[43]

이제 이사장선거의 후보자와 예비후보자는 자신의 배우자나 직계존비속 또는 회원 중에서 지정한 1명과 함께 선거운동을 할 수 있게 되었다. 2023년 3월 8일 실시한 제3회 전국동시조합장선거의 후보자들은 미처 누려보지 못했던 호사이다.

4. 선거운동 규제의 헌법적 정당성

2015년 1월 실시된 모 새마을금고 이사장선거에서 대의원들이 운영하는 식당, 사무실, 집을 찾아가 호별방문에 의한 선거운동을 하는 등 위법한 방법으로 선거운동을 하였던 후보자가 당선되었으나, 그

---

43) 대법원 2021. 4. 29. 선고 2019도14338 판결

위법성이 인정되어 200만원의 벌금형을 선고받았다.

이에 당선무효의 위기에 처한 피고인이 항고하여 해당 조항에 대한 위헌법률심판 제청신청을 하였지만, 항소심 법원은 벌금 90만원을 선고하며 해당 제청신청을 기각하였다.

이에 따라 당선무효의 위기를 넘겼음에도 피고인은 해당 조항이 표현의 자유를 침해한다는 등의 이유로 2016년 10월 헌법소원을 제기하였으나, 헌법재판소는 2018년 2월 해당 조항의 합헌성을 인정하며 청구를 기각하였다.[44]

기본권 제한규정이 합헌성을 인정받으려면 목적의 정당성, 수단의 적정성, 침해의 최소성, 그리고 법익의 균형성을 모두 갖추어야 한다. 요건별로 헌법재판소의 합헌 판단 이유를 살펴본다.

우선 목적의 정당성 측면에서 심판대상 조항은 금고 임원선거의 과열과 혼탁을 방지함으로써 선거의 공정을 담보하려는 것으로서 입법목적이 정당하고, 허용되지 않는 방법으로 선거운동을 하는 경우 형사처벌하는 것은 이러한 입법목적을 달성하기 위한 적절한 수단으로 보았다.

수단의 적정성 측면에서 금고의 임원선거는 선거인들이 비교적 소수이고, 선거인들 간의 연대와 지역적 폐쇄성이 강하여 선거의 공정성을 확보하는 데 많은 어려움이 있는 점에 비하여 불법행위의 적발이 어렵다는 특수성을 가지고 있으므로, 공직선거에 비해 선거운동의 방법을 제한할 필요성이 인정된다고 보았다.

아울러 침해의 최소성 측면에서는 허용된 선거운동 방법을 통해서도 후보자들은 자신을 충분히 알릴 수 있고, 선거인들 역시 후보자들의 경력이나 공약 등을 파악할 수 있는 기회를 가질 수 있으므로, 심판대상 조항이 침해의 최소성 요건을 갖춘 것으로 판단하였다.

---

44) 헌법재판소 2018. 2. 22. 2016헌바364 결정 참조.

법익의 균형성 측면에서 새마을금고는 공공성을 가진 특수법인으로 유사금융기관으로서의 지위를 가지므로, 그 임원선거에서 공정성을 확보하는 것은 임원의 윤리성을 담보하고 궁극적으로는 금고의 투명한 경영을 도모하고자 하는 것으로, 이러한 공익이 이로 인하여 제한되는 사익에 비해 훨씬 크므로 선거운동 방법을 엄격하게 제한하고 있는 새마을금고법의 심판대상 조항은 법익의 균형성도 갖춘 것으로 보았다.

새마을금고법에 따른 선거운동 규제의 헌법적 정당성에 관하여 이미 합헌판단이 이루어진 이상, 앞으로 상당한 기간 동안 해당 법률에서 임원선거의 선거운동 방법에 대한 큰 폭의 규제완화는 기대하기 어려울 것으로 보인다.

참고적으로 2023년 10월 12일 시행된 새마을금고법에 따라 선거운동 방법 등에 관한 세부적인 사항을 종전의 정관 대신 행정안전부령으로 정하도록 변경되었다(새마을금고법 §22⑤).[45] 이 또한 새마을금고의 임원선거에 관해서 사적자치를 더욱 제한하겠다는 입법자의 시그널로 읽힌다.

그러나 이사장선거에 우선하여 적용되는 위탁선거법에서 공직선거법의 입법례를 전범으로 삼아 선거운동의 자유를 점진적으로 확대하고 있는 부분은[46] 자유롭고 정의로운 선거제도의 완성을 지향한다는 점에서 커다란 의미가 있다고 본다.

---

45) 이제 위임의 근거가 소멸됨에 따라 정관예와 임원선거규약에 대한 대대적 정비가 불가피해 보인다. 개정대상인 정관예 제40조는 2023년 12월 28일 이미 보완되었고, 이제 임원선거규약 제27조, 제30조, 제31조 등이 주요 정비대상으로 보인다.
46) 이에 관해서는 2024년 1월 30일 개정된 위탁선거법의 개정내용을 음미하는 것으로도 충분해 보인다.

제 7 장

이사장선거의 선거범죄

새마을금고법은 금고의 임원선거에 관하여 선거운동 목적의 매수, 허위사실공표 및 비방 행위에 대한 벌칙은 물론, 선거운동 주체·방법·기간 위반과 기부행위제한 위반에 따른 벌칙도 두고 있다.

　　그러나 이사장선거에 관해서는 위탁선거법에 따른 벌칙이 우선 적용된다. 위탁선거법의 벌칙은 공직선거법의 유전자를 상속받아 새마을금고법에 비하여 무겁고 정교하며 치밀한 특성을 보유하고 있다.

　　벌칙은 본래 형벌과 과태료를 말하지만, 이 장에서는 새마을금고법과 위탁선거법에 규정된 형벌을 중심으로 설명하기로 한다.

제1절
이사장선거의 선거범죄 개요

1. 새마을금고법의 선거범죄

가. 회원매수죄

(1) 회원매수죄 개요

새마을금고법은 선거운동 목적으로 회원이나 그 가족[1])에게 금품·향응, 그 밖의 재산상의 이익이나 공사(公私)의 직(職)을 제공하거나, 제공의 의사표시를 하거나, 제공을 약속하는 행위를 금지하고(§22 ② 1.), 이를 위반한 사람은 2년 이하의 징역이나 2천만원 이하의 벌금에 처하도록 회원매수죄를 규정하고 있다(§85③).

회원매수죄는 매수의 상대방이 회원이므로 신분의 특성상 적용시기에 제한이 없어[2]) 사전선거운동처럼 언제든지 성립할 수 있다.

---

1) 새마을금고법에서 가족의 범위는 배우자, 회원 또는 그 배우자의 직계존비속과 형제자매, 회원의 직계존비속 및 형제자매의 배우자를 말한다. 형제자매의 배우자가 포함되어 민법 제779조에 따른 가족의 범위보다 약간 넓다.

2) 2011년 3월 8일 개정 전 구 새마을금고법은 매수행위의 상대방을 선거인으로 규정하였으나, 선거인명부 작성 전의 매수행위는 처벌할 수 없다는 판례가 형성되자 그 상대방을 '회원'으로 개정함에 따라 매수죄 적용시기의 제한을 없앴다. 대법원 2009. 3. 26. 선고 2008도10138 판결

(2) 위탁선거법의 선거인매수죄와 비교

새마을금고법에 따른 회원매수죄(§22②1·§85③)는 위탁선거법에 따른 선거인매수죄(§58 1.)와 구성요건에 있어 미묘하지만 중요한 차이가 있다. 새마을금고법의 회원매수죄의 상대방은 '회원'인 반면, 위탁선거법의 선거인매수죄의 상대방은 '선거인'으로서3) 양자 사이에 그 신분의 차이가 내포한 함의가 적지 않다.

선거인은 선거를 전제로 회원 중에서 일정한 자격을 갖춘 사람에게 부여된 한시적 신분이므로 위탁선거법의 선거인매수죄는 선거가 임박한 시기에 한하여 성립될 가능성이 높지만, 회원은 금고가 운영되는 한 유지되는 상시적·일상적 신분이므로 새마을금고법의 회원매수죄는 시기에 제한이 없이 성립될 수 있기 때문이다.

다시 말하면, 위탁선거법의 선거인매수죄는 최소한 선거인명부에 오를 자격이 있는 회원을 상대방으로 금품이나 재산상의 이익을 제공한 경우에 성립하는 반면, 새마을금고법의 회원매수죄는 선거인명부에 오를 자격이 있는지를 불문하고 상대방의 신분이 오로지 회원인 경우 그에게 선거운동 목적으로 금품이나 재산상의 이익을 제공하는 경우에 성립된다는 점에 큰 차이가 있는 것이다. 이러한 점에서 새마을금고법은 위탁선거법보다 선거의 불가매수성을 더욱 두텁게 보호하고 있다는 평가를 하더라도 큰 무리가 없을 것이다.

선거가 임박한 시기에 매수행위가 이루어졌다면, 위탁선거법의 선거인매수죄가 성립하는지를 판단하기 위해서는 선거인명부 작성전이라면 매수를 받은 사람이 선거인명부에 오를 자격이 있는지를 살펴보아야 하고, 선거인명부를 작성한 후에는 선거인명부에 등재되었는지 여부를 확인해야 하지만, 새마을금고법의 회원매수죄는 오로지 회

---

3) 선거인명부 작성 전에는 그 명부에 오를 자격이 있는 사람을 포함한다.

원 여부만을 판단하면 된다. 이 경우 매수 상대방을 확인하기 위해서는 선거인명부를 회원명부로 대체하면 된다.

이 부분이 바로 새마을금고법에 선거인매수죄를 규정한 실익이고, 위탁선거법의 선거인매수죄와 구분되는 독자적인 규범력을 가진 부분이라 판단된다. 의무위탁이 아닌 일반 임원선거에 적용되는 장점도 있다. 매수죄의 구성요건이 이렇게 성긴 것처럼 보이지만, 이사장선거에서는 새마을금고법의 회원매수죄와 위탁선거법의 선거인매수죄가 중층적으로 적용됨으로써 돈선거의 하늘과 금품 기대심리의 땅을 가둘 수 있는 천라지망이 형성된다.

결국 후보자 선택에 관하여 선거인 또는 선거인의 의사결정에 영향을 미칠 수 있는 사람에 대한 매수행위는 모두 형사사법시스템의 그물에 포획된다. 새마을금고법의 그물이든 위탁선거법의 그물이든 빠져나가기 힘들다.

한편, 법정형은 위탁선거법의 선거인매수죄가 3년 이하의 징역 또는 3천만원 이하의 벌금형에 처하도록 규정하고 있으나, 새마을금고법의 회원매수죄는 2년 이하의 징역이나 2천만원 이하의 벌금형으로 위탁선거법보다 상대적으로 가볍게 규정되어 있다.

새마을금고법은 회원매수죄 외에도 후보자매수죄와 매수를 받는 죄를 따로 규정하고 있으나, 위탁선거법의 그것과 법정형에 약간의 차이가 있을 뿐, 구성요건에 유의미한 차이를 발견하기 어려우므로 자세한 내용은 제2절 '위탁선거법의 매수죄'에서 함께 설명하기로 한다.

나. 부정선거운동죄

새마을금고법은 위탁선거법과 달리 선거운동을 할 수 있는 사람을 후보자로 한정하고, 선거운동을 할 수 있는 기간은 후보자등록 마감일의 다음 날부터 선거일 전날까지로 제한하고 있다.

258

아울러 선거운동 방법에 관하여 포괄적 금지원칙을 선언하면서,
선거공보 제작·배부, 합동연설회 또는 공개토론회에서 지지 호소, 전
화·문자메시지, 컴퓨터통신·전자우편을 이용한 지지 호소의 방법 외
에는 누구든지 임원선거와 관련하여 선거운동을 할 수 없도록 금지하
고 있다(§22③). 이를 위반한 사람은 2년 이하의 징역이나 2천만원 이
하의 벌금에 처한다(§85③).

위탁선거법은 금고의 이사장선거와 농업협동조합 등 조합장선거
외에는 위탁단체의 자율성을 존중하여 선거운동의 주체·시기·방법에
관한 규제를 각 개별법에 맡기고 있으므로(§22), 새마을금고법의 본
조가 금고의 일반 임원선거에서 선거의 과열을 방지하고 공정을 확보
할 수 있는 안전판으로 기능할 수 있다.

다. 기타 선거범죄

새마을금고법은 후보자에 관하여 학력을 포함한 거짓의 사실을
유포하거나 공연히 사실을 적시(摘示)하여 비방하는 행위를 금지하고
(§22② 4.), 이를 위반한 사람은 2년 이하의 징역이나 2천만원 이하의
벌금에 처하도록 규정하고 있다(§85③).

위탁선거법에서는 이에 관한 구성요건을 더욱 세분화하여 당선목
적의 허위사실공표죄, 낙선목적의 허위사실공표죄, 후보자비방죄로
구분하고 가벌성과 법익침해의 정도에 따라 법정형을 각각 달리 정하
고 있다. 다만, 허위사실 공표죄에 관해서는 새마을금고법의 법정형보
다 위탁선거법의 법정형이 더 무겁다.[4]

---

4) 위탁선거법은 당선목적의 허위사실 공표죄는 3년 이하의 징역 또는 3천만원 이
   하의 벌금으로, 낙선목적의 허위사실 공표죄는 5년 이하의 징역 또는 500만원
   이상 5천만원 이하의 벌금에 처하도록 규정하고 있다. 위탁선거법 제61조 제1항
   및 제2항 참조.

2. 위탁선거법의 선거범죄 적용범위

관할 선거관리위원회에 선거를 위탁하는 단체의 성격에 따라 위
탁선거법의 벌칙 적용체계는 크게 3가지 층위로 구분할 수 있다. 금고
의 이사장선거와 농업협동조합 등 조합장선거의 경우 선거절차와 선
거운동 방법뿐만 아니라 벌칙 전체가 적용된다.

반면에 금고의 일반 임원선거처럼 임의위탁 선거에는 관할 선거
관리위원회에 그 선거의 관리를 위탁하더라도 선거관리 침해와 조사
방해에 대한 벌칙만 적용된다.

참고적으로 신용협동조합의 이사장선거와 체육회장선거처럼 그
선거의 관리를 관할 선거관리위원회에 의무적으로 위탁해야 하는 선
거의 경우에는[5] 일부 벌칙의 적용이 배제된다. 비록 위탁선거법에서
해당 선거에 적용되는 벌칙을 한정적으로 열거하는 방식을 취하고 있
지만(§57②), 실질적으로는 위탁선거법의 중요 벌칙 대부분이 적용되
는 것으로 평가하여도 큰 무리가 없다.[6]

---

5) 신용협동조합법 제27조의3제2항 단서, 국민체육진흥법 제33조제7항 및 제33조
   의2제7항 참조.
6) 위탁선거법의 벌칙에서 적용이 배제되는 조문은 사실상 제66조 각종 제한규정
   위반죄 중 금고의 이사장선거 및 농업협동조합 등 조합장선거에 고유한 부분과
   제67조의 양벌규정뿐이다.

제 2 절
위탁선거법의 매수죄

1. 선거인매수죄

가. 구성요건과 법정형 개요

위탁선거법 제58조제1호는 선거운동 목적으로 선거인 또는 그 가족 등에게 금전·물품·향응이나 그 밖의 재산상 이익이나 공사(公私)의 직을 제공하거나 그 제공의 의사를 표시하거나 그 제공을 약속한 사람은 3년 이하의 징역 또는 3천만원 이하의 벌금에 처하도록 선거인매수죄를 규정하고 있다.

나. 선거운동 목적의 판단기준

선거운동 목적이란 스스로 당선되거나, 후보자를 당선되게 하거나, 다른 후보자를 당선되지 못하게 할 목적을 의미한다. 따라서 이익 제공의 목적이 단지 선거인의 투표권을 매수하는 행위, 즉 자기에게 투표하는 대가로 이익을 제공하는 행위에 국한되는 것은 아니고, 선거인의 후보자에 대한 지원활동 등 널리 당선에 영향을 미칠 수 있는 행위와 관련하여 이익을 제공하는 행위는 모두 선거운동 목적이 있는

것으로 보아야 한다.[7)]

하급심 판례는 선거를 1년 4개월 남짓 앞둔 시기에 마을 경로당
을 돌아다니며 '농민을 위해서 시장이 되겠습니다'라고 기재된 명함과
함께 현금 5만원 내지 10만원이 든 돈봉투를 제공한 사안에서, 선거를
상당기간 남겨둔 시점이기에 당선될 목적으로 금전을 제공한 것이 아
니라는 피고인의 주장을 배척하고 당선될 목적은 적극적 의욕이나 확
정적 인식을 요하지 아니하고 미필적 인식이 있으면 족하다고 판단하
여 유죄를 선고하였다.[8)]

다. 매수행위의 주체

매수행위 주체의 범위에는 아무런 제한이 없다. 후보자나 후보자
가 되려는 사람에 한정되지 않고 회원이든 비회원이든 선거인이든 누
구든지 매수죄의 주체가 될 수 있다.

후보자와 공모하여 범죄에 공동 가공하는 공범관계의 경우, 공모
는 법률상 어떤 정형을 요구하는 것이 아니므로 공범자 상호간에 직
접 또는 간접으로 범죄의 공동실행에 관한 암묵적인 의사연락이 있으
면 족하고 이에 대한 직접증거가 없더라도 정황사실과 경험법칙에 의
하여 이를 인정할 수 있다.[9)]

판례는 후보자가 선거대책본부 간부들로부터 자원봉사자들에게
정책개발비 명목의 선거활동비가 지급되리라는 것을 사전에 알았을
것으로 판단하고, 그 선거활동비가 지급된 후에도 그들 명의로 된 정
책개발비 영수증을 확인하고 출금전표에 결재한 점 등에 비추어 해당
후보자가 간부들과 매수행위를 공모한 것으로 보았다.[10)]

---

7) 대법원 2013. 7. 26. 선고 2011도13944 판결
8) 전주지법 2014. 6. 26. 선고 2013고합142 판결
9) 대법원 2005. 9. 9. 선고 2005도2014 판결

라. 선거인의 범위

매수행위의 상대방은 원칙적으로 선거인이다. 다만, 선거인명부를 작성하기 전이라면 선거인명부에 오를 자격이 있는 사람을 포함한다. 여기에서 선거인명부에 오를 자격이 있는 사람이란 금고에 가입되어 법령이나 정관 등 자치법규에 따라 선거권이 있는 사람 및 해당 금고에 가입신청을 한 사람을 말한다.11)

새마을금고법은 미성년자 또는 회원 자격을 유지한 기간이 6개월 미만인 회원에 대하여는 정관으로 정하는 바에 따라 선거권을 제한할 수 있도록 하였고(§9⑤), 정관에서는 미성년자 또는 회원으로 가입한 후 6월이 경과되지 아니한 회원에게는 선거권을 부여하지 않도록 규정하고 있다(§10①). 한편, 임원선거규약은 선거공고일 전일 현재 파산선고를 받은 사람, 피성년후견인, 미성년자, 회원 탈퇴를 한 사람은 선거권이 없다고 규정하고 있다(§17①).

새마을금고는 회원들이 자신들의 이익을 옹호하기 위하여 자주적으로 결성한 임의단체로서 그 내부 운영에 있어서 금고의 내부규범과 다수결의 원리에 따른 자치가 보장되므로, 새마을금고가 자체적으로 마련한 임원선거규약은 일종의 자치적 법규범으로서 새마을금고법 및 금고의 정관과 더불어 법적 효력을 가진다.

따라서 새마을금고법에서 선거인의 결격사유에 관한 규정을 두면서 그 구체적 기준은 정관에 위임하였고, 임원선거규약에서도 그에 관한 규정을 두고 있으므로, 이사장선거에 관한 위탁선거법의 제한·금지규정과 벌칙을 해석할 때 선거인에 관한 부분에는 금고의 정관과 임원선거규약의 내용도 기초로 삼아야 한다.12)

---

10) 대법원 2002. 6. 28. 선고 2002도868 판결
11) 위탁선거법 제58조제1호 참조. 2024년 1월 30일 개정에 따라 선거인명부에 오를 자격이 있는 사람을 입법적으로 명확히 정의하였다.

참고적으로 금고가 합병(合倂)하려면 합병계약서를 작성하여 총
회의 의결을 거쳐야 하고(새마을금고법 §37①), 합병 후 존속할 금고나
합병으로 설립되는 금고는 합병으로 소멸되는 금고의 권리와 의무를
모두 승계하도록 강행규정을 두고 있으므로(새마을금고법 §39①), 합병
절차가 완료되기 전이라도 합병될 금고의 회원도 선거인명부에 오를
자격이 있는 사람으로 보아야 한다.[13]

마. 향응의 의미

'향응'은 음식물로 다른 사람을 접대하는 것뿐만 아니라 사람에게
위안이나 쾌락을 주는 것은 모두 포함된다. 예컨대 술자리에서 이성으
로 하여금 시중을 들게 하거나, 영화·연극을 감상시키는 것이나, 온천
등 휴양시설에 초대하는 것도 향응에 해당한다.
    또한 매수의 상대방이 향응의 장소인 사정을 알면서도 참석하여
즐거운 분위기를 향수하였다면 비록 음식물을 먹지 않았더라도 향응
수수가 인정된다.[14]

바. 그 밖에 재산상의 이익의 의미

위탁선거법의 매수죄에서 '그 밖의 재산상의 이익'은 금전·물품·
향응 외에 선거인의 수요나 욕망을 충족시켜주는 일체의 것으로서, 공
여되는 이익이 일반의 상식으로 사교상 의례라고 인정되는 정도를 초
과한 것이거나, 선거인의 마음을 움직일 수 있다고 인정되는 정도의
것을 말한다.

---

12) 대법원 2009. 3. 26. 선고 2008도10138 판결
13) 대법원 2007. 4. 27. 선고 2006도5579 판결
14) 대검찰청 2020. 3.『공직선거법 벌칙해설』제10개정판 189쪽 참조.

이에 해당하는지는 이익을 제공하는 사람과 제공받는 사람과의 관계나 제공받는 사람의 사회적 지위·관습 등에 따라 달라질 수 있다.[15] 예컨대, 후보자가 선거운동기간 중 평소 각별히 친하게 지내는 회원을 우연히 만나 함께 커피를 마시고 그 비용을 부담한 경우 사교상 의례를 초과하는 행위로 보기에는 어려울 것이다.

사. 공사(公私)의 직의 의미

'공사의 직'은 상근·비상근을 불문하고 노동의 제공으로 일정한 반대급부를 받을 수 있는 직장에서의 일정한 자리를 말한다. 매수를 하는 사람에게 직접 직원으로 채용할 수 있는 권한이 있는 경우는 물론이고, 그 권한이 없는 경우라도 사회통념상 상대방으로 하여금 해당 직무에 채용되는 것을 기대할 수 있는 때에도 본죄가 성립한다.

판례는 정당의 여성부장, 재개발조합장은 물론 동 방위협의회 회장도 공사의 직에 해당한다고 판시하였고, 경쟁 후보자에게 사퇴의 대가로 구청이 설립하여 운영을 위탁하는 복지관의 수탁자도 '공사의 직'으로 보아 수탁자로 선정될 수 있도록 도와 달라고 요구한 사안도 '공사의 직' 제공요구에 해당한다고 보았다.[16]

아. 제공의 의미

위탁선거법의 매수죄에서 제공의 의사표시 또는 약속행위를 별도로 규정하고 있는 점에 비추어 '제공'은 현실적인 제공을 의미한다. 즉, 제공자가 제공의 의사를 표시하고 상대방이 그 취지를 인식하고 실제 수령함을 요하는 것으로 해석된다.

15) 대검찰청 2020. 3. 앞의 책 189쪽 참조.
16) 대검찰청 2020. 3. 앞의 책 191쪽 참조.

따라서 상대방이 제공의 취지를 인식하지 못하거나 인식은 하더라도 수령의 의사가 없는 경우에는 제공의 의사표시죄만 성립될 뿐이다.17) 일단 재산상의 이익을 제공하고 사후에 반환받더라도 매수죄의 성립에는 지장이 없다. 판례는 식사대금을 신용카드로 결제함으로써 매수행위를 완료한 것으로 판단하여 추후 식사대금을 돌려받았더라도 이는 범행 후의 정황으로서 양형에 참작할 사유일 뿐 매수죄의 성립에는 지장이 없다고 보았다.18)

자. 제공의 의사표시의 의미

'제공의 의사표시'는 금품이나 향응을 제공하겠다는 의사를 표시하고 그 의사가 상대방에게 도달함으로써 성립한다. 의사표시는 문서에 의하든 구술에 의하든 무방하고, 명시적이든 묵시적이든 그 방법을 불문한다.19)

특히 '제공의 의사표시'란 상대방의 의사여하에 관계가 없으므로 상대방이 수령을 거절해도 본죄의 성립에는 영향이 없다. 하급심 판례는 후보자의 친형이 동생을 당선되게 할 목적으로 조합원의 집을 찾아가 조합장선거에 출마하는 동생을 잘 부탁한다는 취지로 인사하면서 현금 20만원을 건네주려고 하였으나 해당 조합원이 그 자리에서 거절함에 따라 미수에 그친 사안에서 선거인에 대한 금품 제공의 의사표시죄를 인정하였다.20)

상대방이 직접 의사표시를 받은 때는 물론이고 상대방이 현실로 이것을 인식하지 않더라도 그의 가족이나 고용인이 그 의사표시를 받

---

17) 대검찰청 2020. 3. 앞의 책 193·194쪽 참조.
18) 대법원 2005. 9. 9. 선고 2005도2014 판결
19) 헌법재판소 2002. 4. 25. 2001헌바26 결정
20) 울산지법 2007. 10. 18. 선고 2007고단1767 판결

는 등 사회통념상 상대방이 알 수 있는 객관적 상태에 놓인 때도 포함
된다.[21]

다만, 제공의 의사를 표시하는 방식에 특별한 제한은 없지만, 그
의사표시가 사회통념상 쉽게 철회하기 어려울 정도로 당사자의 진정
한 의지가 담긴 것으로서 외부적·객관적으로 나타나는 정도에 이르러
야만 '제공의 의사표시'에 해당한다.[22]

따라서 금품 기타 이익의 제공과 관련한 대화가 있었다 하여 단
순한 의례적·사교적인 덕담이나 정담, 또는 상대방을 격려하기 위한
인사치레의 표현까지 모두 매수죄의 구성요건인 '제공의 의사표시'에
해당한다고 볼 수는 없다.[23]

예컨대, 평소 시민단체 활동을 하면서 알게 된 사람들이 국회의
원선거에서 도와주겠다고 하자 "함께 열심히 일하고 선거에서 좋은
결과가 있으면 향후에도 계속 국회의원 비서 또는 보좌관으로 같이
일해 보자"라는 취지의 대화를 나누어 제공의 의사표시죄로 기소된
사안에서, 판례는 그러한 대화가 오가게 된 경위, 해당 대화가 1회에
그친 점, 그 대화의 내용이 구체적이지 않은 점 등을 들어 제공의 의
사표시에 해당하지 않는 것으로 보아 무죄로 판단하였다.[24]

차. 제공의 약속의 의미

'제공의 약속'이란 현실적으로 금품 등이 아직 제공되지는 않았으
나 장차 금품 등을 제공하고 이를 수령하는 것에 관하여 제공자와 수
령자 사이의 의사가 합치된 것을 말한다.

---

21) 대검찰청 2020. 3. 앞의 책 193쪽 참조.
22) 대법원 2007. 1. 12. 선고 2006도7906 판결
23) 대법원 2006. 4. 27. 선고 2004도4987 판결
24) 대법원 2004. 7. 16. 선고 2004노178 판결

제공의 약속은 후보자의 제공의사표시를 상대방이 승낙하는 경우
와 상대방의 제공요구를 후보자가 승낙하는 경우에 성립한다.[25] 일단
약속이 이루어진 이상 사후에 약속을 취소하여도 약속죄의 성립에는
영향이 없고, 실제 제공을 한 때에는 약속이 제공에 흡수되어 제공죄
만 성립한다.[26]

카. 중간자에게 교부한 경우 제공 해당 여부

후보자가 선거인에게 배부하기 위하여 중간자에게 금품을 교부한
경우 그 중간자가 단순한 보관자이거나 특정인에게 금품을 전달하기
위하여 단순 심부름을 하는 사람에 불과한 경우 그에게 금품을 주는
것은 '제공'에 해당된다고 볼 수 없다.

그러나 매수죄에서 금품이나 그 밖의 재산상 이익의 제공이란 반
드시 금품 등을 상대방에게 귀속시키는 것만을 뜻하는 것은 아니다.
예컨대, 금품 등을 지급받는 상대방이 중간자라 하더라도 그 중간자에
게 금품 등의 배분대상이나 방법, 배분액수 등에 관하여 어느 정도의
판단과 재량의 여지가 있다면 비록 중간자에게 귀속될 부분이 정해져
있지 않은 경우라도 그에게 금품 등을 주는 것도 '제공'에 해당된다.[27]

따라서 후보자가 중간자에게 금품을 주는 것이 '제공'이 되기 위
해서는 그 중간자가 재량이 있는 사람이기만 하면 족한 것이고, 그가
금품을 받은 후 이를 모두 하부단계의 사람들에게 배분해 주었는지,
그 전부 또는 일부를 그가 유용하였는지, 그 사용처가 모두 밝혀졌는
지 등은 이미 성립한 범죄에 아무런 영향이 없다.

후보자로부터 금품을 받을 당시 중간자에게 재량이 있었는지를

---

25) 헌법재판소 2002. 4. 25. 2001헌바26 결정
26) 대검찰청 2020. 3. 앞의 책 187쪽 참조.
27) 대법원 2004. 11. 12. 선고 2004도5600 판결

판단하기 위하여는 후보자와 그와의 관계, 금품을 수수한 동기와 경위, 그 당시 언급된 금품의 사용 용도와 사용방법, 당시의 선거상황 등 제반 사정을 종합하여 판단하여야 한다.[28]

실제 사례를 살펴보면, 후보자가 선거인에게 "다른 선거인이나 선거인의 가족 중에서 나의 당선에 도움이 될 만한 사람에게 수고비 명목으로 돈을 주어라"라고 말하며 현금 950만원을 교부한 행위를 매수 및 이해유도죄로 처벌하였다.[29]

또한 후보자가 되려는 사람이 농협 하나로마트 지점장에게 명단을 전달하며 "소고기 선물세트를 준비해서 배송해 달라. 내가 주는 것이라고 얘기해 달라"고 주문하고 하나로마트 배달서비스를 통해 조합원 총 46명에게 1인당 5만원의 선물세트를 제공하여 매수 및 이해유도죄로 처벌되었다.[30]

한편, 제3자가 조합원의 집을 찾아가 "이 계란은 내가 직접 생산한 것이니 부담 갖지 말고 받아라. 甲 후보자는 한우도 직접 기르고 여러 면에서 이번 조합장선거에서 당선되는게 조합원들을 위해서라도 좋을 것 같다"는 취지로 말하면서 甲 후보자의 명함 1장과 계란 30개들이 2판을 제공하는 등 조합원 2명에게 총 16,000원 상당의 계란을 제공하여 매수 및 이해유도죄로 처벌되었다.[31]

아울러 후보자가 되려는 사람의 지지자가 자신의 승용차 안에서 조합원인 선거인에게 "甲보다는 자격이 있는 乙을 지지해 달라" 말하며 현금 50만원을 제공하여 처벌된 사례도 있다.[32]

---

28) 대법원 2002. 2. 21. 선고 2001도2819 전원합의체 판결
29) 대법원 2021. 4. 29. 선고 2020도16599 판결
30) 대전지법 홍성지원 2019. 10. 15. 선고 2019고단406 판결
31) 전주지법 2010. 8. 31. 선고 2010고단1085 판결
32) 대전지법 공주지원 2019. 8. 23. 선고 2019고단221 판결

타. 물적증거가 없는 경우 진술의 증거능력

금품수수가 쟁점이 된 사건에서 금품을 제공한 사람이 그 사실을 부인하고 있고, 이를 뒷받침할 금융자료 등 객관적 물증이 없는 경우, 금품을 제공받은 사람의 진술만으로 유죄를 인정하기 위해서는 그 사람의 진술에 증거능력이 있어야 함은 물론 합리적인 의심을 배제할 만한 신빙성이 있어야 한다.[33]

진술에 신빙성이 있는지를 판단할 때에는 그 진술내용 자체의 합리성, 객관적 상당성, 전후의 일관성뿐만 아니라 진술자의 인간됨과 그 진술로 얻게 되는 이해관계의 유무를 고려해야 한다.

특히 진술자에게 어떤 범죄의 혐의가 있고 그 혐의에 대하여 수사가 개시될 가능성이 있거나 수사가 진행 중인 경우에는 이를 이용한 협박이나 회유 등의 의심이 있어 그로 인한 궁박한 처지에서 벗어나려는 노력이 해당 사건의 진술에 영향을 미칠 수 있는지도 함께 깊이 살펴보아야 한다.[34]

2019년 실시한 제2회 동시조합장선거에서 후보자가 되려는 사람이 조합원에게 금전을 제공하고, 해당 조합원의 아들이 이를 관할 선거관리위원회에 신고함에 따라 조사와 수사가 진행되어 기소된 사안에서 금전을 제공한 사람은 법정에서 그 사실을 전면 부인한 바 있다. 그러나, 금전을 받은 조합원이 돈을 주고받을 당시 상황을 직접 경험하지 않고서는 진술하기 어려울 정도로 세부적이고 구체적으로 일관되게 진술함에 따라 금전 제공자를 매수죄로 처벌한 사례가 있다.[35]

---

33) 대법원 2002. 6. 11. 선고 2000도5701 판결
34) 대법원 2009. 1. 15. 선고 2008도8137 판결 등.
35) 대구지법 2020. 1. 22. 선고 2019고합379 판결

2. 기관·단체·시설에 대한 이해유도죄

가. 구성요건과 법정형 개요

위탁선거법 제58조제1호는 선거운동을 목적으로 선거인이나 그 가족이 설립·운영하고 있는 기관·단체·시설에 대하여 금전·물품·향응이나 그 밖의 재산상 이익이나 공사(公私)의 직을 제공하거나 그 제공의 의사를 표시하거나 그 제공을 약속한 사람은 3년 이하의 징역 또는 3천만원 이하의 벌금에 처하도록 기관·단체·시설에 대한 이해유도죄를 규정하고 있다.

본죄는 선거운동에 이용할 목적으로 공공기관이나 각종 단체에 금품을 제공하는 등의 방법으로 그 이해를 유도하는 행위를 처벌하여 공정선거를 담보하기 위한 목적으로 규정된 것이다.

나. 기관·단체·시설의 의미

'기관·단체·시설'이란 그 명칭이나 법인격 유무에 불구하고 일정한 공동목적을 가진 다수인의 계속적인 조직을 의미한다. 중앙기관이나 본부뿐만 아니라 산하기관이나 지부조직도 포함된다.

다만, 이러한 기관·단체·시설은 행위 당시 현존해야 하며 막연히 장차 조직될지도 모를 기관·단체·시설은 여기에 포함되지 않는다.[36] 예컨대, "당선되면 월급 전액을 지역인재 육성을 위한 장학회 발족에 기탁하겠다"는 발언에서 장학회는 현존하는 단체가 아니므로 매수행위든 기부행위든 그 상대방이 될 수 없다.[37]

---

36) 대검찰청 2020. 3. 앞의 책 200쪽 참조.
37) 대법원 2003. 10. 23. 선고 2003도3137 판결

3. 후보자매수죄

위탁선거법 제58조제2호는 후보자가 되지 않게 하거나 후보자가
된 것을 사퇴하게 할 목적으로 후보자가 되려는 사람이나 후보자에게
금전·물품·향응이나 그 밖의 재산상 이익이나 공사(公私)의 직을 제
공하거나 그 제공의 의사를 표시하거나 그 제공을 약속한 사람은 3년
이하의 징역 또는 3천만원 이하의 벌금에 처하도록 후보자매수죄를
규정하고 있다.

후보자매수죄는 후보자가 되려는 사람의 후보자등록을 포기하게
하거나 등록한 후보자를 사퇴하게 할 목적의 매수행위를 처벌하여 피
선거권 행사의 공정과 그 불가매수성을 보장하기 위한 규정이다. 실제
조합장선거에서 이사의 지정 권한이 있는 현직 조합장이 후보자가 되
려는 사람에게 이사직을 제공하겠다는 의사를 표시하고 상대방이 이
를 승낙하여 후보자매수죄로 처벌된 사례가 있다.[38]

또한 2015년 실시한 축협 조합장선거에서 후보자가 되려는 甲이
조합원 A·B와 공모하여 해당 선거에서 후보자가 되려는 乙을 매수하
기로 하고, 乙이 불출마하는 조건으로 甲이 乙에게 2억원을 제공하거
나 甲이 불출마하는 조건으로 乙에게 2억원을 요구하기로 협의하고,
조합원 A와 B는 이러한 제의를 乙에게 전달하여 성사될 경우 甲으로
부터 각각 1,000만원의 사례비를 받기로 약정하였다.

조합원 A와 B는 실제 乙을 불러내어 이러한 제의를 전달함에 따
라 甲과 조합원 A·B는 후보자매수죄로 처벌되었다.[39] 乙은 甲과 조
합원 A·B의 제안을 거절하였고 해당 축협의 조합장선거에서 당선되
었다.

---

38) 대법원 1996. 7. 12. 선고 96도1121 판결
39) 창원지법 2015. 9. 17. 선고 2015노1467 판결

4. 회원가입 매수죄

위탁선거법 제58조제3호는 위탁단체의 회원으로 가입하여 특정 후보자에게 투표하게 할 목적으로 해당 위탁단체의 회원이 아닌 사람에게 금전·물품·향응이나 그 밖의 재산상 이익이나 공사(公私)의 직을 제공하거나 그 제공의 의사를 표시하거나 그 제공을 약속한 사람은 3년 이하의 징역 또는 3천만원 이하의 벌금에 처하도록 회원가입 매수죄를 규정하고 있다.

회원가입 매수죄의 당초 입법취지는 기부행위 제한기간 전 특정 후보자에게 투표하게 할 목적으로 회원이 아닌 사람에게 해당 위탁단체의 회원으로 가입하도록 금품을 제공하는 행위에 대한 처벌근거를 마련하여 선거의 불가매수성을 두텁게 보호하기 위한 것이었다.[40] 금품을 수령한 사람이 아직 선거인명부에 오를 자격이 있는 사람이 아니므로 매수죄가 성립되지 않고, 기부행위 제한기간 전의 행위라면 기부행위위반죄도 성립하지 않기 때문이다.

그러나 2024년 1월 30일 위탁선거법의 개정으로 기부행위 제한기간 개시일이 임기만료일전 180일에서 임기만료일전 1년으로 확장됨에 따라 기부행위 제한기간 중에도 회원가입 매수죄를 적용할 수 있을 것으로 보인다.

예컨대, 이사장선거의 선거권은 금고의 회원으로 가입한지 6개월을 경과해야 인정되므로, 선거인명부작성개시일 전일 현재를 기준으로 그 6개월 전에 비회원을 대상으로 해당 위탁단체에 가입하여 특정 후보자에게 투표하게 할 목적으로 금품 등 재산상의 이익을 제공하는 행위는 회원가입 매수죄로 처벌할 수 있을 것이다.

---

40) 2023. 11. 13. 국회행정안전위원회 법안심사제2소위 회의록 17쪽 참조.

5. 매수를 받는 죄

위탁선거법 제58조제4호는 금전·물품·향응이나 그 밖의 재산상 이익이나 공사(公私)의 직을 제공받거나 그 제공의 의사표시를 승낙한 사람은 3년 이하의 징역 또는 3천만원 이하의 벌금에 처하도록 매수를 받는 죄를 규정하고 있다.

여기에서 '제공을 받는다'는 의미는 상대방이 제공하는 이익 또는 공사의 직을 그 정을 알면서 취득하는 행위를 의미하는 것으로, 그 이익 또는 직을 현실적으로 지배하는 상태에 도달하면 성립한다.[41]

또한, '승낙'의 의미는 상대방의 제공의 의사표시에 대하여 수동적으로 이를 받아들이는 것을 말하며, 승낙의 유무는 승낙하는 사람의 태도 등을 종합적으로 고려하여 판단해야 할 것이다.[42]

한편, 선거운동과 무관하게 100만원 이하의 금품을 제공받은 경우 기부행위 위반에 따른 50배 과태료가 부과되지만, 적은 금액이라도 선거운동 목적을 가진 금품 제공이라는 인식이 있다면, 이는 매수를 받는 죄에 해당하여 형벌이 적용된다는 점에 유의할 필요가 있다. 이 경우 인식은 미필적 인식으로도 족하다.

참고적으로 공직선거법에서는 선거에 영향을 미칠 목적으로 문자·화상·동영상 등을 인터넷 홈페이지의 게시판·대화방 등에 게시하거나 전자우편 또는 문자메시지로 전송한 대가, 소위 댓글 알바로 100만원 이하의 금품이나 이익을 제공받은 사람은 매수죄의 형벌적용 대상에서 배제하고 50배 과태료 부과대상으로 전환하였으나,[43] 위탁선거법에서는 이러한 관용을 베풀지 않는다.

---

41) 대검찰청 앞의 책 224쪽 참조.
42) 대검찰청 앞의 책 225쪽 참조.
43) 공직선거법 제230조제1항제7호 및 제261조제9항제2호 참조.

274

6. 매수의 지시·권유·알선·요구죄

위탁선거법 제58조제5호는 금전·물품·향응이나 그 밖의 재산상 이익이나 공사(公私)의 직을 제공하거나 제공받는 행위를 지시·권유· 알선하거나 요구한 사람은 3년 이하의 징역 또는 3천만원 이하의 벌금에 처하도록 매수의 지시·권유·알선·요구죄를 규정하고 있다.

매수의 지시·권유·알선·요구죄는 매수 및 이해유도의 당사자 사이에 개입하여 범행을 중개하거나 지시·권유하는 행위와 능동적으로 매수 및 이해유도를 요구하는 행위를 처벌하여 타락선거를 근절하기 위한 것이다. 본죄는 성질상 매수 및 이해유도죄의 방조 또는 교사와 유사한 행위를 독립된 범죄로 규정하였다는 점에 그 의의가 있다.

본죄의 주체와 상대방에 아무런 제한이 없으므로 상대방이 지시·권유 등을 수락할 수 있는 지위에 있음을 요하지 않고 특정 후보자를 위하여 당선을 도모하려는 의도가 있는 사람이면 누구든지 성립할 수 있다. 지시·권유·요구·알선의 결과 의도한 매수행위가 현실로 있었는지는 본죄의 성립여부에 영향을 미치지 않는다.[44] 예컨대, 실패한 교사도 처벌한다. 선거의 불가매수성을 보호하기 위함이다.

여기에서 '지시'는 매수 및 이해유도 행위 또는 매수를 받는 행위를 하도록 일방적으로 일러서 시키는 것이다. 따라서 지시하는 사람과 지시를 받는 사람 사이에는 어느 정도의 지휘·감독관계가 있어야 한다.

'권유'는 매수를 하게 하거나 매수를 받도록 권하여 결의를 촉구하는 것이다. 그 방법은 직접적이든 간접적이든 불문한다.

'요구'는 상대방에게 능동적으로 매수행위를 요구하는 것이다. 요구한 사실이 있으면 성립되는 것이므로 요구를 거절당하거나 나중에

---

44) 대검찰청 앞의 책 229·230쪽 참조.

스스로 요구를 취소해도 본죄의 성립에는 영향이 없다.

판례는 대통령선거를 앞두고 특정 후보자의 지지에 타격을 줄 수 있는 내용이 담긴 CD를 폭로하는 대가로 상대방 후보자 측에, 폭로하지 않는 대가로 해당 후보자 측에 각각 돈을 요구한 사안에 대하여 매수요구죄가 성립된다고 판시한 바 있다.[45]

한편, '알선'은 양자의 의사가 서로 합치되도록 조정·유도하는 행위이다. 후보자가 선거와 관련하여 선거인에게 금전을 제공할 의사가 이미 있었더라도 해당 후보자가 금전 제공을 쉽게 할 수 있도록 선거인을 후보자 사무실로 데리고 가는 행위도 알선에 포함된다.[46]

7. 다수인 배부목적의 금품운반죄

위탁선거법 제58조제6호는 후보자등록개시일부터 선거일까지 포장된 선물 또는 돈봉투 등 다수의 선거인에게 배부하도록 구분된 형태로 되어 있는 금품을 운반한 사람은 3년 이하의 징역 또는 3천만원 이하의 벌금에 처하도록 다수인 배부목적의 금품운반죄를 규정하고 있다.

여기에서 선거인의 개념에는 선거인의 가족 또는 선거인이나 그 가족이 설립·운영하는 기관·단체·시설을 포함하고, 선거인의 가족이란 선거인의 배우자, 선거인 또는 그 배우자의 직계존비속과 형제자

45) 대법원 2008. 10. 9. 선고 2008도6233 판결. 본 사안은 이명박 후보자가 광운대학교 최고경영자 특강에서 "내가 BBK를 설립하였다"는 취지로 강의하는 내용의 영상이 담긴 CD와 관련된 사안이다. 피고인들은 해당 CD를 "30억원에 구매하라"며 정동영후보의 법률지원단장에게 금품 제공을 요구하는 한편, 해당 CD를 폭로하지 않는 대가로 이명박 후보자의 특보에게 30억원을 요구하여 처벌된 사안이다.
46) 대전고법 2006. 8. 18. 선고 2006노225 판결

매, 선거인의 직계존비속 및 형제자매의 배우자를 말한다.[47]

'구분'이란 매수에 이용하는 금품을 일정한 기준에 따라 전체를 몇 개로 갈라 나누는 것을 말하고, 구분의 방법에는 제한이 없으므로, 돈을 포장 또는 봉투에 넣거나 물건으로 싸거나 띠지로 감아 매는 것은 물론, 몇 개의 단위로 나누어 접어 놓는 등 따로따로 배부할 수 있도록 분리하는 것도 포함된다.[48]

예컨대, 후보자가 5만원권 지폐 4장씩을 반으로 접어 만든 돈묶음 3개, 5만원권 지폐 2장씩을 반으로 접은 돈묶음 1개 합계 70만원을 바지주머니에 넣은 채 조합원들의 집을 방문한 사안에 대하여, 판례는 다수의 선거인에게 배부하도록 구분된 형태로 금품을 운반한 것으로 보아 처벌하였다.[49]

---

47) 위탁선거법 제32조제1호 참조.
48) 대법원 2009. 2. 26. 선고 2008도11403 판결
49) 대구지법 2015. 4. 16. 선고 2015고단1139 판결

제 3 절
허위사실공표죄

1. 당선목적의 허위사실공표죄

가. 구성요건과 법정형

위탁선거법 제61조제1항은 당선되거나 되게 할 목적으로 선거공보나 그 밖의 방법으로 '후보자에게 유리하도록' 후보자, 그의 배우자 또는 직계존비속이나 형제자매에 관하여 허위의 사실을 공표한 자는 3년 이하의 징역 또는 3천만원 이하의 벌금에 처하도록 당선목적의 허위사실공표죄를 규정하고 있다.

위탁선거법의 제한·금지규정이나 벌칙에서는 대부분 후보자의 범위에 후보자가 되려는 사람이 포함되므로 기부행위 제한규정을 제외하고는 그 적용시기에 제한이 없다.

여기에서 주관적 구성요건으로서 당선되거나 되게 할 목적은 일반 목적범과 마찬가지로 적극적으로 의욕하거나 희망할 필요까지는 없고, 당선되려는 또는 당선되게 한다는 인식만 있으면 족하고 적극적 의욕이나 확정적 인식까지 요구하는 것은 아니다.[50] 즉, 미필적 인식으로 족하다.

---

50) 대검찰청 앞의 책 387쪽 참조.

당선목적의 허위사실공표죄는 후보자에 대한 선거인의 공정한 판단에 영향을 미치거나 올바른 판단에 장애를 줄 수 있는 일체의 허위사실 공표행위를 처벌함으로써 공정한 선거를 보장하기 위한 규정이다.

나. 당선목적 허위사실공표죄의 의의

2024년 3월 1일 현재 대한민국에서 시행되고 있는 1,618여 개의 법률 중 인격권을 침해하는 표현범죄를 규정하고 있는 법체계는 크게 3가지 분야로 정리할 수 있다.

우선 형벌의 기본법으로서 형법 제307조부터 제311조까지의 규정에 따른 명예훼손죄와 모욕죄가 있고, 정보통신망 이용촉진 및 정보보호 등에 관한 법률(이하 '정보통신망법'이라 줄인다) 제70조에 따른 사이버명예훼손죄가 있으며, 마지막으로 공직선거법과 위탁선거법 등 선거법과 새마을금고법[51] 등 개별 법률의 선거 관련 조항에 규정된 허위사실공표죄와 후보자비방죄가 바로 그것이다.

일반적으로 자신의 경력이나 능력을 과장하여 홍보하는 행위는 비록 허위사실이라 하더라도 타인의 인격권을 침해하는 행위가 아니므로 가벌성 또한 낮아 굳이 국가의 형벌권을 행사하여 처벌할 필요가 없어 보인다.

그러나 국가권력을 창설하고 통치기구를 구성하며 국가 내에서 행사되는 모든 권력의 정당성에 국민적 동의를 확보할 목적으로 실시하는 공직선거에서는 자신을 홍보하기 위한 개인적 차원의 표현의 자유보다 헌법상 자유선거의 원칙이 요구하는 유권자의 의사형성의 자유가 더 두텁게 보호되어야 한다.

---

51) 새마을금고법 제22조제2항제4호, 농업협동조합법 제50조제3항 등 참조.

선거에서는 유권자의 주권행사의 전제 조건으로서 후보자의 공직
적격성이나 공약의 타당성에 관한 객관적이고 정확한 정보의 광범위
하고 원활한 유통이 필요하기 때문이다. 이에 따라 후보자 또는 제3자
가 후보자의 능력이나 업적을 과대 포장하여 홍보하는 행위가 비록
타인의 인격권을 침해하지는 않더라도 후보자에 대한 유권자의 정확
한 판단을 그르치게 할 우려가 있으므로 선거 관련 법률에서는 이를
범죄로 파악하여 처벌하는 것이다.

이에 따라 선거에서의 표현범죄는 당선이나 낙선의 목적을 불문
하고 선거의 자유와 공정이라는 국가적 법익 또는 사회적 법익이 침
해된 것이므로, 일반 개인의 인격권을 침해하는 범죄와 달리 그 소추
요건으로서 반의사불벌죄나 친고죄가 적용되지 않는다. 입법목적과
보호법익이 서로 다르기 때문이다.

이러한 측면에서 후보자가 토론회에 참여하여 질문·답변을 하거
나 주장·반론을 하는 때에 그것이 토론회의 주제나 맥락과 관련 없이
일방적으로 허위의 사실을 드러내어 알리려는 의도에서 적극적으로
허위사실을 표명한 것이라는 등의 특별한 사정이 없는 한 허위사실공
표죄로 처벌할 수 없다는 판례는[52] 헌법상 자유선거의 원칙에 따른
유권자의 의사형성의 자유보다 죄형법정주의에 터잡은 피고인의 권리
보호에 더 무게를 둔 것으로 보인다.

이제 거짓말 경진대회와 후보자 방송토론의 경계가 다소 희미해
졌다. 선거의 신뢰를 확보하고 유권자의 의사형성의 자유를 보장하기
위해서 너무 늦기 전에 판례변경을 기대해 본다.

---

52) 대법원 2020. 7. 16. 선고 2019도13328 판결 참조. 해당 판결의 요지는 TV 토론
에서 상대 후보자의 공격적인 질문에 대하여 소극적으로 회피하거나 방어하는
취지의 답변 또는 일부 부정확하거나 다의적으로 해석될 여지가 있는 답변만으
로는 전체 진술을 허위라고 평가할 수 없다고 판단한 점으로 보인다.

다. 허위사실의 의미

'허위의 사실'이란 객관적 진실에 맞지 않는 사실을 의미하며, 선거인으로 하여금 후보자에 대한 정확한 판단을 그르치게 할 수 있을 정도로 구체성을 가진 것이면 족하다.[53] '사실'이란 원칙적으로는 현실적으로 발생하고 증명할 수 있는 과거 또는 현재의 사실을 뜻하나, 장래의 사실이더라도 그것이 과거 또는 현재의 사실을 기초로 하는 경우에는 사실에 해당할 수 있다.[54]

단순한 가치판단이나 평가·희망·추측 등을 내용으로 하는 의견표현에 불과한 경우는 사실에 해당되지 않지만,[55] 의견이나 평가라 하더라도 그것이 진실에 반하는 사실에 기초하여 행해지거나, 의견이나 평가임을 빙자하여 간접적이고 우회적인 표현방법으로 허위사실을 암시하는 경우에도 허위사실공표죄가 성립한다.

간접적이고 우회적인 표현방식을 통하여 일정한 사실의 존재를 암시하고 이에 대한 가치판단이나 의견을 표현한 경우 그러한 가치판단이나 의견도 일정한 사실을 전제하고 있으므로, 이러한 표현은 전체적으로 볼 때 후보자에 대한 사회적 가치 내지 평가를 그르치게 할 가능성이 있을 정도의 구체성을 가진 사실을 공표한 것으로 보아야 하기 때문이다.[56]

어떠한 표현이 허위사실을 표명한 것인지는 일반 선거인이 그 표현을 접하는 통상의 방법을 전제로 그 표현의 전체적인 취지와의 연관 하에서 표현의 객관적 내용, 사용된 어휘의 통상적인 의미, 문언의 연결방법 등을 종합적으로 고려하여 그 표현이 선거인에게 주는 전체

---

53) 대법원 2003. 2. 20. 선고 2001도6138 판결
54) 대검찰청 앞의 책 383쪽 참조.
55) 대법원 1998. 9. 22. 선고 98도1992 판결
56) 대법원 2011. 12. 22. 선고 2008도11847 판결

적인 인상을 기준으로 판단하여야 한다.[57] 이 또한 구체적 사안에 따라 개별적으로 판단할 수밖에 없다. 선거법 운용이 어려운 이유 중 하나이다.

라. 일부 과장표현의 허위사실 해당 여부

공표된 사실의 전체 취지를 살펴볼 때 중요한 부분이 객관적 사실과 합치되는 경우에는 세부에 있어서 진실과 약간 차이가 나거나 다소 과장된 표현이 있더라도 이를 허위의 사실이라 볼 수는 없다.[58] 판례는 당명을 변경하기 전에 해당 정당의 대변인으로 재직하였으나 명함의 경력란에 당명 변경 후의 정당 대변인으로 기재한 경우 정당 활동 경력을 함축적으로 표현한 것으로서 세부에 있어서 진실과 약간 차이가 날 뿐 전체의 취지로 보아 중요한 부분이 객관적 사실에 합치된다고 보았다.[59]

반면, 후보자가 자신이 농협조합장으로 재임하였던 기간 중 해당 농협의 출자배당률이 관내 최고가 아니었음에도 선거인들에게 "2018년도 3.5%라는 관내 최고의 출자 배당률이 이를 증명합니다"라는 문구가 포함된 내용의 선거운동 문자메시지를 전송한 행위로 기소된 사안에서 하급심은 당선될 목적으로 자신에게 유리하도록 허위사실을 공표한 것으로 보아 유죄로 처벌하였다.[60]

---

57) 대법원 2009. 3. 12. 선고 2009도26 판결. 해당 판례는 국회의원 선거에 출마한 현직 국회위원이 고속도로 통행료 폐지 방침이나 구체적인 개선대책이 결정되지 않았음에도 "건설교통부로부터 울산고속도로 통행료 폐지 약속을 받았다"고 홍보하여 허위사실공표죄로 처벌받은 사안이다.
58) 대법원 2009. 3. 12. 선고 2009도26 판결
59) 대법원 2015. 5. 14. 선고 2015도1202 판결
60) 대전지법 공주지원 2019. 9. 6. 선고 2019고단219 판결

마. 공표의 의미

'공표'는 수단이나 방법 여하를 불문하고 불특정 또는 다수인에게 알리는 것을 말한다.[61] 단 한 사람에게 알리더라도 그것이 다른 사람들에게 알려질 것이 예견될 때에는 공표에 해당하므로 허위사실을 소수의 사람에게 대화로 전하고 그 소수의 사람이 다시 전파하게 될 경우도 포함한다.[62] 이것이 바로 학설과 판례에서 다수의견으로 수용하고 있는 전파가능성 이론이다.

따라서 허위사실이 기재된 문서를 선거인들에게 보여주어 읽게 하는 것이나,[63] 트위터에서 다른 사람이 게시한 글을 리트윗한 경우도 당연히 공표에 해당한다.[64] 공표의 핵심은 메시지를 작성한 주체가 누구인지가 아니라 그 메시지를 다른 사람이 알 수 있도록 전파한 사람이 누구인지 여부이기 때문이다.

특정 신문기자에게 허위의 사실을 제보한 경우 기자를 통해 기사화되어 보도되었을 때 비로소 허위의 사실을 공표한 것으로 판단해야겠지만, 다수의 언론사에 허위의 사실을 제보한 경우에는 그 내용이 기사화되지 않았더라도 공표로 보아야 할 것이다.[65]

바. 선관위 제출서류의 공표 해당 여부

후보자가 후보자등록신청서나 이력서 등 그 부속서류에 허위사실을 기재하여 관할 선거관리위원회에 제출한 경우 그 신청서나 부속서

61) 대법원 1998. 9. 22. 선고 98도1992 판결
62) 대법원 2011. 12. 22. 선고 2008도11847 판결
63) 대법원 2003. 11. 28. 선고 2003도5279 판결
64) 대전고법 2013. 7. 24. 선고 2013노1 판결
65) 서울고법 2015. 9. 4. 선고 2015노1582 판결

류에 기재된 내용은 관할 선거관리위원회 게시판에 공고되거나 언론에 제공됨으로써 불특정 또는 다수인에게 알려진다.

후보자 또한 이러한 사정을 충분히 예견하였다고 보아야 할 것이므로 관할 선거관리위원회에 허위의 사실을 게재한 서류를 제출하는 행위는 당선목적의 허위사실 공표에 관하여 최소한 미필적 고의와 당선될 목적이 있었다고 보아야 한다.[66] 예컨대, 선거공보 원고를 작성하는 사람의 업무미숙으로 선거공보 작성과정에서 해당 후보자의 전과를 누락시킨 사실을 알고도 이를 용인하는 의사가 있었다면 허위사실 공표에 미필적 고의를 인정할 수 있다.[67]

2. 낙선목적의 허위사실공표죄

가. 구성요건과 법정형

위탁선거법 제61조제2항은 당선되지 못하게 할 목적으로 선거공보나 그 밖의 방법으로 '후보자에게 불리하도록' 후보자, 그의 배우자 또는 직계존비속이나 형제자매에 관하여 허위의 사실을 공표한 자는 5년 이하의 징역 또는 500만원 이상 5천만원 이하의 벌금에 처하도록 낙선목적의 허위사실공표죄를 규정하고 있다.

판례는 시간적·물리적으로 특정한 사실의 진실 여부를 확인하는 일이 사회통념상 가능함에도 불구하고 그러한 확인 노력을 하지 않은 채 당선되지 못하게 할 목적으로 그 사실을 공표하였다면 본 죄의 미필적 고의를 인정할 수 있다고 보았다.[68]

---

66) 서울고법 2004. 9. 21. 선고 2004노1669 판결
67) 대법원 2015. 8. 19. 선고 2015도8759 판결
68) 대법원 2011. 12. 22. 선고 2008도11847 판결

284

그러나 선거일 투표가 완전 종료된 후 당선인으로 결정된 후보자의 당선무효를 목적으로 허위의 사실을 공표하더라도 이미 투표가 종료된 이상 그러한 행위가 선거인의 판단에 영향을 미치지 못하므로 본조의 허위사실공표죄로 처벌할 수는 없다.[69]

이 경우 형법상 명예훼손죄의 적용이 배제되는 것은 아니다. 선거가 종료되고 봄날만큼이나 짧은 공소시효가 완성되어 선거법의 표현범죄가 떠나갈 때, 형법상 명예훼손죄와 사이버명예훼손죄는 비로소 잠에서 깨어난다. 인간의 존엄과 가치는 결코 침해되어서는 안 되기 때문이다.

나. 후보자에 관한 사실의 의미

낙선목적의 허위사실공표죄에서 '후보자에 관한 사실'의 의미는 후보자 본인과 직접적으로 관련된 사실이 아닌 경우라도 그 사실의 공표가 해당 후보자의 당선을 방해할 성질을 지녔다면 후보자에 관한 사실에 포함된다. 판례는 후보자의 소속 정당이나 그 정당의 소속 인사에 관한 사항과 같이 후보자에 관한 간접사실이라도 후보자와 직접적으로 관련되어 그 공표가 후보자의 당선을 방해하는 성질을 가진 것인 경우에는 후보자에 관한 사실에 해당한다고 보았다.[70]

아울러 판례는 국회의원이 인터뷰에서 상대방 대통령선거 후보자의 변호인이 사임한 이유에 대하여 "변호사가 자료를 확인한 후 후보자가 기소될 수도 있는 위중한 사안으로 판단한 것 같다. 구속이 되는 상황까지 고려한 것 같다"고 발언한 사안에 대하여 간접적이고 우회적인 표현 방식을 통하여 후보자가 주가조작과 횡령의 범죄행위에 가담하였다는 사실의 존재를 암시하였다고 판단하였다.[71]

---

69) 대법원 2007. 6. 29. 선고 2007도2817 판결
70) 대법원 2007. 3. 15. 선고 2006도8368 판결

또한 판례는 후보자의 조카가 상대 후보자를 미행한 것처럼 허위사실을 공표한 경우 해당 후보자가 상대 후보를 미행하는 등 부적절한 행동을 하고 있다는 취지이므로 후보자에 관한 사실에 해당한다고 보았고,[72] 후보자의 측근들을 금품살포의 당사자로 지목한 경우 이는 해당 후보자가 측근들을 통해 불법행위를 하고 있음을 간접적이고 우회적인 표현 방식으로 암시하고 있는 것이므로 이 또한 후보자에 관한 사실에 해당한다고 보았다.[73]

다. 사실 왜곡의 허위사실 해당 여부

객관적으로 보아 허위에 이르지 않은 어떤 사실에 관하여 그 일부를 감추거나, 허위의 사실을 부가하거나, 분식·과장 또는 윤색하여 선거인의 공정한 판단을 그르치게 할 정도로 사실을 왜곡하는 행위도 허위사실 공표에 해당할 수 있다. 판례는 상대방 후보자가 정당한 사유로 종합소득세를 납부하지 않았을 뿐 근로소득세는 납부한 사실을 알면서도 그가 '소득세'를 납부하지 않았다는 취지의 연설을 하면서 그 세금이 '종합소득세'라고 특정하지 않은 것은 허위사실공표죄에 해당한다고 보았다.[74]

한편, 농협 감사가 현 조합장을 당선되지 못하게 할 목적으로 허위사실의 의혹을 제기하는 취지의 개인명의 감사보고서를 작성한 후 해당 농협의 정기총회에 참석한 임원들에게 배부하여 허위사실공표죄로 처벌받은 사례도 있다.[75]

---

71) 대법원 2011. 12. 22. 선고 2008도11847 판결
72) 인천지법 2015. 1. 30. 선고 2014고합776 판결
73) 대구고법 2017. 6. 15. 선고 2016노712 판결
74) 대법원 2002. 5. 24. 선고 2002도39 판결
75) 수원지법 2019. 11. 14. 선고 2019고단4474 판결

라. 사실과 가치판단이 혼재된 경우의 판단

허위사실공표죄의 '사실의 공표'와 후보자 비방죄에서 말하는 '사실의 적시'란 모두 가치판단이나 평가를 내용으로 하는 의견표현에 대치되는 개념으로서 시간과 공간적으로 구체적인 과거 또는 현재의 사실관계에 관한 보고 내지 진술을 의미하며, 표현 내용이 증거에 의한 입증이 가능한 것을 말한다.[76]

낙선목적의 허위사실공표죄가 성립하려면 우선 허위의 사실을 공표하여야 한다. 여기서 '허위의 사실'이란 진실에 부합하지 않는 사실로서 선거인으로 하여금 후보자에 대한 정확한 판단을 그르치게 할 수 있을 정도로 구체성을 가진 것이면 족하고 그 사실이 시기·장소·수단 등에 걸쳐서 정밀하게 특정될 필요는 없다.[77]

따라서 의견이나 평가라고 하더라도 그것이 진실에 반하는 사실에 기초하여 행해지거나, 의견이나 평가임을 빙자하여 간접적이고 우회적인 표현 방법으로 허위사실을 암시하는 경우에도 낙선목적의 허위사실공표죄가 성립된다.[78] 예컨대, 단정적인 문구를 사용하지 않고 가치판단이나 의견표현으로 보이더라도 일정한 사실을 전제로 하고 있으면 사실의 공표에 해당한다.

판례는 "여수를 뇌물비리 도시로 만든 甲 후보자를 심판해 주십시오"라는 내용의 문자메시지를 전송한 행위에 대하여는 문구 자체가 시간과 공간적으로 구체적인 과거 또는 현재의 사실관계를 나열하였다기보다 발송자의 추상적인 판단이나 추측을 나타낸 것으로 보아 사실의 공표에 해당하지 않는다고 보았다.[79]

---

76) 서울고법 2013. 11. 21. 선고 2013노1814 판결
77) 대법원 1998. 9. 22. 선고 98도1992 판결
78) 대법원 2011. 12. 22. 선고 2008도11847 판결
79) 대법원 2013. 4. 11. 선고 2013도1463 판결

마. 허위소문을 공표한 경우 범죄성립 여부

소문 기타 다른 사람의 말을 전달하는 간접화법이나 의혹을 제기하는 형식을 빌려 '어떤 사실'을 공표한 경우에는 그러한 소문이나 의혹이 있었다는 것, 즉 소문이나 의혹이 실제 존재하는지가 아니라 그 소문이나 의혹의 내용이 허위인지를 기준으로 허위사실공표죄의 성립 여부를 판단한다.[80]

후보자의 비리 등에 관한 의혹의 제기는 그것이 비록 공직적격성 검증을 위한 것이라도 무제한 허용될 수는 없으므로, 그러한 의혹이 진실인 것으로 믿을 만한 상당한 이유가 있는 경우에 한하여 허용되어야 하기 때문이다.[81]

따라서 허위의 소문을 듣고 그 진실성을 의심할 사유가 있음에도 이를 확인하는 절차 없이 그 소문을 공표한 경우에는 허위사실공표죄가 성립한다.[82] 다시 말하면, 어떤 소문이 있다고 공표한 경우 그 소문의 내용이 허위이면 소문이 있다는 사실 자체는 진실이더라도 허위사실공표죄가 성립된다는 의미이다.[83]

판례는 "후보자 아들의 병역면제 비리 의혹에 관한 소문이 있는데 이 소문이 사실이라면 후보자가 어떻게 국가를 위해 일할 수 있겠냐"고 발언한 사안에 대하여 비록 가정적 표현을 사용하였지만 선거인들로 하여금 병역면제 처분에 어떠한 비리가 있다는 의혹을 갖게 하는 것이 명백하므로 허위사실 공표에 해당한다고 보았다.[84]

반면, 공직선거에서 후보자를 검증하는 것은 반드시 필요하고도

---

80) 대법원 2016. 12. 27. 선고 2015도14375 판결
81) 대법원 2018. 9. 28. 선고 2018도10447 판결 등.
82) 대전고법 2002. 11. 15. 선고 2002노581 판결
83) 대법원 2016. 12. 27. 선고 2015도14375 판결
84) 대법원 2003. 2. 20. 선고 2001도6138 판결

중요한 일이므로 후보자의 공직 적격성을 의심하게 하는 사정이 있는 경우 이에 대한 문제 제기가 쉽게 봉쇄되어서는 안 되므로, 후보자에 관한 의혹 제기가 진실인 것으로 믿을 만한 상당한 이유가 있는 근거에 기초하여 이루어진 경우에는 비록 나중에 의혹이 진실이 아닌 것으로 밝혀지더라도 이를 벌하지 않는다.[85)]

바. 존재하지 않는 사실 공표시 입증책임

허위사실공표죄의 허위사실은 그 사실이 진실하다는 증명이 없다는 것만으로는 부족하고 검사가 적극적으로 허위라는 점을 증명해야 한다. 어느 사실이 적극적으로 존재한다는 것의 증명은 물론이고 어느 사실이 존재하지 않는다는 증명이라도 특정 기간과 장소에서 특정 행위의 부존재에 관한 것이라면 그 입증책임은 검사가 부담하는 것이 원칙이다.

그러나 특정되지 않은 기간과 공간에서 구체화되지 않은 사실의 부존재를 증명한다는 것은 사회통념상 불가능하므로, 의혹을 받을 사실이 존재한다고 적극적으로 주장하는 사람은 그러한 사실의 존재를 수긍할 만한 소명자료를 제시할 부담을 지고, 검사는 제시된 자료의 신빙성을 탄핵하는 방법으로 주장하는 내용의 허위성을 입증할 수 있다.[86)]

결국 의혹사실의 존재를 적극적으로 주장하는 사람은 그러한 사실의 존재를 수긍할 만한 소명자료를 제시할 부담을 진다고 할 것이고, 그러한 소명자료를 제시하지 못한다면 허위사실 공표의 책임을 져야 한다.[87)]

---

85) 대법원 2016. 12. 27. 선고 2015도14375 판결
86) 대법원 2005. 7. 22. 선고 2005도2627 판결
87) 대법원 2003. 2. 20. 선고 2001도6138 전원합의체 판결

이때 제시하여야 할 소명자료는 위의 법리에 비추어 단순히 소문을 제시하는 것만으로는 부족하고 적어도 허위성에 관한 검사의 입증활동이 현실적으로 가능할 정도의 구체성을 갖추어야 한다. 이러한 소명자료의 제시가 없거나, 소명자료를 제시하더라도 그 신빙성이 탄핵된 때에는 허위사실공표죄로 처벌된다.[88]

사. 벌금 하한을 500만원 이상으로 정한 취지

위탁선거법의 허위사실공표죄에서 자신의 실적이나 능력을 부풀리는 당선목적의 허위사실 공표죄는 벌금형에 하한을 두지 않고 있지만, 상대방 후보자를 깎아내리는 낙선목적의 허위사실 공표죄의 경우 벌금형의 하한을 500만원 이상으로 규정하고 있다.

만일 자신의 당선을 목적으로 허위사실 공표죄를 범한 경우 이론적으로는 형법이 정한 최소의 금액인 5만원의 벌금형 선고도 가능할 것이다. 재판부의 선처로 100만원 미만의 벌금형을 선고받으면 당선무효에도 해당하지 않는다.

후보자가 당선목적으로 허위사실을 공표하고 당선되었으나 해당 범죄로 기소된 경우, 판결문의 행간에는 해당 범죄의 가벌성이나 법익침해의 정도에 따른 양형에 대한 고민뿐만 아니라 허위사실 공표라는 불법적인 방법으로 취득한 당선인의 지위를 인정할 것인지에 관한 재판부의 고뇌도 함께 느낄 수 있다.

그러나 상대 후보자의 낙선을 목적으로 한 허위사실공표죄의 경우에는 사정이 전혀 다르다. 일단 유죄가 인정된다면 피고인에 대한 재판부의 양형재량이 사실상 의미를 잃게 되므로 선고유예 판결이 아닌 한 당선인의 지위는 무효가 된다.

---

88) 대법원 2009. 3. 12. 선고 2008도11443 판결

왜냐하면, 낙선목적의 허위사실공표죄는 벌금형의 하한을 500만원으로 정하고 있기 때문에, 해당 죄를 범하고 자수한 피고인에게 개전의 빛이 현저하고 피해자와 합의를 한 경우 재판부가 형법 제56조에 따른 법률상 감경과 정상참작감경의 은전을 모두 베풀어 각각 2분의 1씩 그 형을 감경하더라도 계산상 125만원 이상의 벌금형 선고가 불가피한 것으로 보이기 때문이다.

낙선목적의 허위사실공표죄는 매수죄, 선거의 자유 방해죄와 더불어 선거의 자유와 공정을 크게 해치는 대표적인 선거부정 행위이기 때문에 해당 범죄를 범한 경우에는 비록 당선되더라도 불법으로 취득한 지위를 인정하지 않겠다는 입법자의 결단에 따라 법관의 양형재량으로도 당선무효의 운명을 피할 수 없도록 법정형을 정한 것으로 보인다.

실제 낙선목적의 허위사실공표죄로 100만원 이하의 벌금형이 선고된 사례는 찾아보기 어렵다. 공직선거에서는 선거범죄로 100만원 이상의 벌금형이 확정되면 5년간 피선거권이 박탈되므로 다음 선거에도 출마할 수 없다.

참고적으로 뒤에서 설명하는 후보자비방죄의 경우 비방의 내용이 진실하든 거짓이든 가리지 않고 성립되고 그 벌금형에 하한이 없다. 따라서 허위의 사실을 적시하여 후보자를 비방하였음에도 공소유지의 편의를 위하여 허위사실공표죄 대신 후보자비방죄로 기소가 되었다면 피고인석에서는 표정관리에 힘써야 한다.

당초 허위사실공표죄로 기소되었으나, 재판과정에서 검사가 후보자비방죄로 공소장 변경신청을 하고 법원이 이를 허가한 경우에도 마찬가지다. 이제 솟아날 구멍이 생긴 것이다.

제 4 절
후보자비방죄

1. 후보자비방죄의 구성요건과 법정형

위탁선거법 제62조는 선거운동을 목적으로 선거공보나 그 밖의 방법으로 공연히 사실을 적시하여 후보자 또는 후보자가 되려는 사람과 그의 배우자 또는 직계존비속이나 형제자매를 비방한 사람은 2년 이하의 징역 또는 2천만원 이하의 벌금에 처하도록 후보자비방죄를 규정하면서 진실한 사실로서 공공의 이익에 관한 때에는 처벌하지 않도록 위법성 조각사유도 함께 규정하고 있다.

본 조는 후보자 등에 대하여 명예를 훼손하는 위법행위를 규제함으로써 후보자 등의 명예를 보호함과 아울러 선거의 공정성을 확보하기 위한 규정이다.[89]

위탁선거법 제62조의 후보자비방죄는 제61조의 허위사실공표죄와 동일하게 선거운동의 목적, 피해자의 특정, 공연성, 그리고 사실의 적시를 공통 구성요건으로 한다. 다만, 허위사실공표죄는 허위사실의 공표를 수단으로 함에 반하여, 후보자비방죄는 진실한 것이든 거짓의 것이든 공표의 내용을 묻지 않는다는 점에 차이가 있다.

---

89) 헌법재판소 2010. 11. 25. 2010헌바53 결정

2. 구성요건의 의미

가. 그 밖의 방법의 의미

본조에서 '그 밖의 방법'이란 앞에 적시한 선거공보와 같거나 이와 유사한 매체로 한정하는 의미가 아니라 불특정 또는 다수인에게 전달할 수 있는 모든 의사소통의 수단과 방법을 포함하는 개념이다. 말, 문자메시지, SNS, 벽보나 인쇄물, 현수막 등 시설물, 방송이나 신문 등 그 방법을 가리지 않는다.[90]

나. 공연히의 의미

'공연히'의 의미는 형법상 명예훼손죄의 구성요건인 공연성과 동일한 의미로서 불특정 또는 다수인이 알 수 있는 상태를 말한다. 허위사실공표죄의 구성요건인 공표의 개념과도 유사하다.

따라서 개별적으로 한 사람에게 사실을 유포하였더라도 그로부터 불특정 또는 다수인에게 전파될 가능성이 있다면 공연성 요건은 충족된다.[91] '공연히'의 개념에서 공연성을 추론해 내지 못하고 '합리적 이유 없이' 또는 '괜히'로 오해해서는 안 될 일이다.

다. 사실의 적시의 의미

'사실의 적시'란 가치판단이나 평가를 내용으로 하는 의견표현에 대치되는 개념으로서 시간과 공간적으로 구체적인 과거 또는 현재의

---

90) 이용복 2022. 10. 『위탁선거법강의』 박영사 517쪽 참조.
91) 대법원 1996. 7. 12. 선고 96도1007 판결 등

제7장 이사장선거의 선거범죄 **293**

사실관계에 관한 보고 내지 진술을 의미하는 것으로서 그 표현내용이 증거에 의해 입증이 가능한 것을 말한다.[92]

판단할 진술이 사실인지 아니면 의견인지를 구별하는 때에는 언어의 통상적 의미와 용법, 입증 가능성, 문제된 말이 사용된 문맥, 그 표현이 행하여진 사회적 상황 등 전체적인 정황을 고려하여 판단하여야 한다.[93] 사실적시와 의견표현이 혼재되어 있는 경우에는 이를 전체적으로 보아 사실의 적시에 해당하는지를 판단하여야 하며, 의견표현과 사실의 적시 부분을 분리하여 별개로 범죄의 성립 여부를 논해서는 안 된다.[94]

한편, 후보자비방죄가 성립하기 위해서는 사실을 적시하여 후보자 등을 비방하여야 하므로, 사실의 적시는 내용상 비방에 충분한 사실, 즉 후보자 등의 사회적 가치 내지 평가가 침해될 가능성이 있을 정도로 구체성을 띠어야 한다. 만일 구체성이 없는 사실의 표현이나 가치판단 또는 평가와 같은 것은 후보자비방죄의 구성요건인 사실의 적시에 해당하지 않는다.

판례는 "조강지처 버리고 잘된 사내가 없다"는 표현만으로는 추상적인 의견의 표시에 불과하지만, 그 직전에 "어떻게 이혼을 했는지 그 소문을 이 자리에서 입이 부끄러워서 얘기하지 않겠습니다"라고 한 발언과 종합하여 보면 "입이 부끄러워 얘기하지 않겠다"는 표현만으로도 선거인으로 하여금 후보자가 이혼에 이른 과정을 그릇되게 추단하여 그의 평가를 저하시킬 수 있다고 보아 사실을 적시하여 후보자를 비방한 것으로 판단하였다.[95]

---

92) 대법원 1997. 4. 25. 선고 96도2910 판결
93) 대법원 1997. 4. 25. 선고 96도2910 판결
94) 대법원 2004. 6. 25. 선고 2004도2062 판결
95) 대법원 2002. 6. 14. 선고 2000도4595 판결

라. 비방의 의미

'비방'이란 정당한 이유 없이 상대방을 깎아 내리거나 헐뜯어 그 사회적 가치평가를 저하시키는 것을 말한다.[96] 따라서 비방은 주로 합리적인 관련성이 없는 사실, 예컨대 공직의 수행 능력이나 자질과는 무관한 극히 사적이거나 개인의 내밀한 영역에 속하는 사항을 폭로 또는 공표한다거나 날조된 허구의 사실을 전파하는 등의 방법으로 행하여 진다.[97]

상대 후보자의 정치적 활동에 관한 진술이라도 그 표현 방법이나 내용에 비추어 상대방의 정치역량을 객관적으로 언급한 것이 아니라 인격적으로 비하하는 취지일 경우에는 비방에 해당될 수 있다.[98] 다만, 선거운동은 본질적으로 상대방 후보에 대한 비판적 기능을 포함하고 있으므로, 이를 과도하게 제한할 경우 국민의 기본권으로서의 표현의 자유와 선거권을 침해하게 되는 점에 비추어 정치활동 등 공적 생활에 관한 사실을 적시한 경우에는 사생활 비방에 필적할 정도로 상대방의 인격적 가치를 훼손시키는지에 따라 후보자비방죄의 성립 여부를 판단하여야 한다.

"甲 의원이 박근혜 대표를 배신하고 이명박 당선자에게 줄서기를 하는 것은 여러분들이 너무나 잘 알 것이다, 그 뿐이 아니라 甲 의원은 나와 개인적으로 철석같이 맺었던 약속도 배신하였다"라는 취지의 연설에 대하여, 판례는 정치활동에 관한 것이지만 인격적 가치에 대한 사회적 평가를 저하시키는 것이어서 비방에 해당한다고 보았다.[99]

---

96) 대법원 2009. 6. 25. 선고 2009도1936 판결 등
97) 부산고법 1992. 6. 17. 선고 92노215 판결
98) 대법원 1996. 11. 22. 선고 96도1741 판결
99) 부산지법 2009. 7. 17. 선고 2008고합649 판결

3. 후보자비방죄의 위법성 조각사유

가. 위법성 조각사유를 둔 취지

공정하고 자유로운 선거를 구현하기 위해서는 후보자의 공직 적격성과 후보자가 제시한 정책과 공약의 타당성을 검증하기 위하여 표현의 자유가 최대한 보장되어야 한다. 헌법재판소도 선거에서는 선거의 공정을 해치지 않는 한도에서는 원칙적으로 정치적 표현의 자유가 한껏 보장되어야 한다고 판시한 바 있다.[100)]

특히 선거운동에서의 표현행위는 정치적인 의견투쟁이 최고도로 강화되는 상황에서 이루어지는 것이고, 후보자 상호간 격렬하게 비판 또는 비난하는 과정에서 단순화·과장·비유 등 여러 가지 표현기법을 구사하여 상대방을 신랄하게 공격하는 것이 예사이므로, 후보자들의 발언을 대하는 선거인 역시 그러한 사정을 이해하고 있는 것으로 보아야 할 것이다.[101)]

이와 같은 취지에서 위탁선거법에도 후보자비방죄를 규정하되, 비방의 내용이 진실한 사실인 경우에는 형법상 명예훼손죄와 정보통신망법에 따른 명예훼손죄에 비하여 위법성 조각사유를 폭넓게 인정함에 따라 선거에 관한 표현의 자유를 상대적으로 두텁게 보장하고 있다.

반면에 위탁선거법 등 선거법의 표현범죄는 인간의 존엄성에 기초한 개인의 인격권 보호는 물론 객관적 선거질서로서 후보자에 대한 유권자의 판단의 자유를 함께 보호하기 위한 것이 입법목적이므로 형법상 단순 명예훼손죄와 달리 반의사불벌죄가 아니다.

---

100) 헌법재판소 2003. 1. 30. 선고 2001헌가4 결정
101) 부산고법 1992. 6. 17. 선고 92노215 판결

따라서 후보자를 비방한 사람이 피해자에게 사과하고, 피해자가 가해자의 처벌을 원치 않는다는 민형사상 합의를 하였더라도 국가의 형벌권 행사에 아무런 지장이 없다.

나. 위법성 조각의 요건

위탁선거법 제62조 단서는 사실을 적시한 비방행위가 있더라도 진실한 사실로서 공공의 이익에 관한 때에는 처벌하지 않도록 후보자 비방죄의 위법성 조각사유를 규정하고 있다.

사실의 적시에 의한 비방행위가 본 단서에 따라 위법성이 조각되기 위해서는, 첫째, 적시된 사실이 전체적으로 보아 진실에 부합할 것, 둘째, 그 내용이 객관적으로 공공의 이익에 관한 것일 것, 셋째, 행위자도 공공의 이익을 위한다는 동기를 가지고 있을 것이라는 요건을 모두 갖추어야 한다.[102] 우선 '진실한 사실'이란, 세세한 부분에 있어서 약간의 차이가 있거나 다소 과장된 표현이 있어도 전체적으로 보아 객관적 진실에 부합하면 진실한 사실로 본다.[103]

'공공의 이익'이란 국가·사회 또는 다수인 일반의 이익에 관한 것뿐만 아니라 특정한 사회집단이나 그 구성원 전체의 관심과 이익에 관한 것도 포함된다.[104] 적시된 사실이 공공의 이익에 관한 것인지는 적시된 사실의 내용과 성질, 해당 사실의 공표가 이루어진 상대방의 범위, 사실적시의 표현방법 등 그 표현 자체에 관한 제반 사정과 그 표현에 의하여 훼손되거나 훼손될 수 있는 명예의 침해 정도 등을 종합적으로 고려하여 결정한다.[105]

---

102) 대법원 2011. 3. 10. 선고 2011도168 판결
103) 대법원 2004. 10. 27. 선고 2004도3919 판결, 대법원 2004. 6. 25. 선고 2004
    도2062 판결
104) 대법원 1999. 6. 8. 선고 99도1543 판결, 대법원 1998. 10. 9. 선고 97도158 판결

후보자의 사적인 신상에 관한 사실이라도 해당 후보자가 관계하는 사회적 활동의 성질이나 이를 통하여 사회에 미치는 영향력의 정도에 따라서는 그 사회적 활동에 대한 비판 내지 평가의 한 자료가 될 수 있는 경우 이를 적시하는 것은 공공의 이익을 목적으로 하는 행위로 인정될 수 있다.106)

위법성 조각의 마지막 조건으로서 행위자도 공공의 이익을 위한 동기를 가지고 있어야 한다는 것은 행위자도 최소한 공공의 이익을 위하여 그 사실을 적시한다는 동기를 가지고 있어야 한다는 의미이다. 그 동기에는 반드시 공공의 이익이 사적 이익보다 우월하지는 않더라도 양자가 동시에 존재하고 거기에 상당성이 인정되어야 한다.107)

적시된 사실의 진실성과 공공의 이익에 대한 입증책임은 이를 주장하는 피고인에게 있다.108) 이러한 이유로 허위사실에 대한 입증이 곤란하여 허위사실공표죄로 공소유지가 어려운 경우 사실관계의 동일성을 유지하면서 적용법조만을 후보자비방죄로 공소장을 변경하여 적시된 사실의 진실성과 공공의 이익에 대한 입증책임을 피고인에게 전환시킨 판례를 간혹 발견할 수 있다.

다만, 적시한 사실이 진실한 것이라는 증명이 없더라도 행위자가 진실한 것으로 믿었고, 또 그렇게 믿을 만한 상당한 이유가 있는 경우에는 위법성이 조각된다.109) 이러한 법리는 인격권으로서 개인의 명예보호와 헌법상 표현의 자유 보장이라는 상충되는 법익 간 조화를 꾀한 것으로서 일반 명예훼손 재판에도 적용된다.110)

---

105) 대법원 2003. 11. 13. 선고 2003도3606 판결
106) 대법원 1996. 4. 12. 선고 94도3309 판결
107) 대법원 1998. 9. 22. 선고 98도1992 판결
108) 대검찰청 2020. 3. 앞의 책 428쪽
109) 대법원 1996. 4. 23. 선고 96도519 판결
110) 대법원 1993. 6. 22. 선고 92도3160 판결

298

다. 위법성 조각사유를 인정한 예

상대 후보자가 구의원 재직시 구속영장이 신청된 사실을 보도한 신문을 낭독한 사안에서, 판례는 후보자의 전과는 공직 후보자로서의 자질과 적격성을 판단하는 데 중요한 자료가 될 뿐만 아니라, 그것은 법원의 최종적 판단까지 받은 것이므로 공적 이익에 관한 사실이라며 위법성 조각사유를 인정하였다.111)

한편, '후보 장인이 인민위원장 빨치산 출신인데 애국지사 11명을 죽이고 형무소에서 공산당 만세 부르다 죽었다'는 연설로 기소된 사안에서, 판례는 일부 과장된 표현이 있더라도 전체적으로 객관적 진실에 부합하는 내용이고, 유권자들이 적절하게 선거권을 행사하도록 자료를 제공하려는 공공의 이익 또한 인정되며, 거기에 상당성도 있다고 보아 위법성이 조각된다고 판단하였다.112)

아울러 상대방 후보자가 부시장 재직시절 운전기사를 통해 갈비세트를 받았다가 적발되었으나 운전기사만 처벌받았다는 내용을 기자들에게 이메일로 발송한 사안에서, 판례는 적시한 사실이 전체적으로 진실에 부합하고 공직 후보자로서의 역량과 자질을 판단하는 자료가 될 수 있다는 점에서 공공의 이익에 관한 것으로 볼 수 있어 위법성이 조각되는 것으로 보았다.113)

라. 위법성 조각사유를 부인한 예

상대 후보자의 재산증가가 소유 부동산의 공시지가 상승에 따른 것이고, 상대 후보자와 그의 장남이 질병으로 치료를 받았음에도 부정

---

111) 대법원 1996. 6. 28. 선고 96도977 판결
112) 대법원 2004. 10. 27. 선고 2004도3919 판결
113) 서울고법 2015. 4. 23. 선고 2015노815 판결

한 방법으로 재산증식과 병역면제가 이루어졌을 것이라는 취지의 의
혹을 제기한 사안에서, 판례는 비록 단정적인 표현을 사용하지는 않았
으나 상대 후보자에 대한 의혹을 간접적, 우회적으로 표현한 것으로
의혹이 진실이라는 증명이 없는 이상 위법성이 조각된다고 볼 수 없
다고 보았다.114)

또한 뇌물수수죄로 기소되었으나 무죄가 확정된 후보자를 상대로
뇌물을 받았다는 취지로 발언한 사안에서, 판례는 이러한 표현은 해당
후보자의 사회적 평가를 저해할 정도로 헐뜯은 것으로 비방에 해당하
고, 그 내용도 진실에 부합한다고 할 수 없어 위법성도 조각되지 않는
다고 판시하였다.115)

한편, 상대 후보자가 언론 인터뷰에서 정부의 자기부상열차 시범
사업권 시행자 결정이 절차적 흠이 없는 객관적 결정이었다고 발언한
것을 두고 '자기부상열차 인천에 빼앗긴 결정 지지 발언'이란 문자메
시지를 발송한 사안에서, 판례는 상대후보자의 정치적 견해를 왜곡되
게 전달함으로써 그를 낙선시키고 자신이 당선되겠다는 사적 이익이
결정적으로 중요한 동기가 되었으므로 위법성이 조각되지 않는다고
판시하였다.116)

또한 후보자 일가의 비리를 언급한 인터넷 기사를 링크하면서
'도적놈들, 더러운 놈들' 등의 표현을 추가한 사안에서, 판례는 후보자
의 사회적 평가를 저하시키려는 사적인 의도가 있어 위법성이 조각되
지 않는다고 판단하였다.117) 본 사건은 전체적인 내용이 사실의 적시
로 보기 어려워 메시지에 인터넷 기사를 링크하지 않았다면 형법상
모욕죄만 다툴 수 있었던 사안으로 보인다.

---

114) 대전고법 2011. 4. 2. 선고 2011노66 판결
115) 서울고법 2015. 5. 6. 선고 2015노44 판결
116) 대법원 2009. 6. 25. 선고 2009도1936 판결
117) 광주고법 2015. 2. 12. 선고 2014노551 판결

4. 후보자비방죄와 표현의 자유

가. 표현범죄의 벌칙구조

표현범죄에 관한 우리나라 현행 법체계를 감안할 때, 다른 사람의 인격권을 침해한 경우 기본적으로 형벌의 기본을 정하고 있는 형법 각칙의 명예훼손죄가 적용되고, 인터넷·SNS 등 정보통신망을 이용한 인격권 침해에는 정보통신망법 제70조에 따른 사이버명예훼손죄가 적용된다.

한편, 공공단체의 선거에서 선거운동을 목적으로 인격권을 침해한 경우, 즉 후보자에 관하여 허위사실을 공표하거나 후보자를 비방한 경우에는 해당 단체의 개별 법률에 규정된 선거 관련 범죄가 성립된다. 예컨대, 새마을금고법의 경우 임원선거에서 선거운동을 목적으로 허위사실을 공표하거나 후보자를 비방한 경우 제85조제3항에 따라 처벌되고, 농협조합장선거에서 그러한 행위를 하면 농업협동조합법 제172조제3항에 따라 처벌되며, 수협조합장선거에서 같은 행위를 하면 수산업협동조합법 제178조제4항에 따라 처벌된다.

이 경우 각 법률의 선거 관련 표현범죄는 행위양태에 따라 형법상의 명예훼손죄, 정보통신망법에 따른 사이버명예훼손죄 또는 위탁선거법의 표현범죄와 상상적 경합이 성립될 것으로 보인다.

나. 위법성 조각사유 인정 여부와 그 범위

허위사실 공표로 인한 인격권의 침해행위는 정상참작의 여지가 없으므로 논외로 하고, 진실한 사실을 적시하여 다른 사람의 인격권을 침해한 경우 위법성 조각사유의 인정 여부와 그 범위를 살펴보자.

우선 형법 제307조는 공연히 사실을 적시하여 사람의 명예를 훼손한 자를 처벌하면서 같은 법 제310조에서 진실한 사실로서 '오로지 공공의 이익에 관한 때'에는 처벌하지 않도록 위법성 조각사유를 협소하게 규정하고 있고, 같은 법 제309조는 사람을 비방할 목적으로 출판물에 의한 명예훼손을 무겁게 처벌하면서 위법성 조각사유를 두지 않고 있다.

한편, 정보통신망법 제70조는 벌칙을 규정하면서 사람을 비방할 목적으로 정보통신망을 통하여 공공연하게 사실을 드러내어 다른 사람의 명예를 훼손한 자를 처벌하면서 위법성조각사유를 인정하지 않는다. 다만, 형법에 따른 단순 명예훼손이든 정보통신망법에 따른 사이버명예훼손이든 모두 피해자의 명시한 의사에 반하여 공소를 제기할 수 없도록 반의사불벌죄로 규정하고 있다.

한편, 공공단체의 선거를 관할 선거관리위원회에 위탁하게 되면, 선거에 관하여는 위탁선거법이 우선 적용되므로(§5), 공연히 사실을 적시하여 후보자를 비방하더라도 그 내용이 진실하다면 특별한 사정이 없는 한 위법성이 조각되어 처벌되지 않는다.

우리는 여기서 인간의 존엄과 가치에서 유래하는 인격권으로서 후보자의 명예와 표현의 자유에 터잡은 유권자의 선거운동의 자유가 조화되는 모습을 발견할 수 있다.

다. 후보자비방죄를 폐지할 경우의 효과

자유롭고 정의로운 민주적 선거를 구현하기 위해서는 후보자 자질과 도덕성, 그리고 후보자가 제시한 공약과 정책의 타당성 검증을 위하여 선거의 공정성을 해치지 않는 한도 내에서는 표현의 자유가 한껏 보장되어야 한다.[118]

위탁선거법 제62조의 후보자비방죄를 폐지할 경우 그 단서에서

302

규정한 위법성 조각사유까지 함께 소멸된다. 그러면 공공단체의 임원 선거에서 선거운동을 위하여 진실한 사실을 적시하여 비방한 경우에도 위법성 조각사유의 근거가 없으니 선거에 관한 공론의 장에서 표현의 자유가 위축되고 처벌의 위험성에 노출될 우려가 있다.

형벌규정을 폐지하였는데도 오히려 처벌 범위가 넓어지는 모순된 상황이 초래되는 것이다. 일종의 벌칙의 역설이다. 공직선거법에서 후보자비방죄가 폐지된 경우에도 유사한 법률효과가 발생할 것이다. 후보자비방죄가 폐지된다 하여 인격권 침해를 처벌하는 다른 형벌규정도 함께 폐지되는 것은 아니기 때문이다.

이제 후보자비방죄의 빈자리는 위법성 조각사유에 인색한 형법의 명예훼손죄, 위법성 조각사유를 두지 않은 정보통신망법의 사이버명예훼손죄, 그리고 개별 법률의 선거 관련 벌칙이 차지하게 된다. 여기에서 표현의 자유가 숨 쉴 공간은 없다.

물론 위법성 조각사유가 없더라도 법원은 수많은 사법심사를 통하여 출판물이나 정보통신망의 방법으로 진실한 사실을 적시하여 비방한 경우에는 그 비방의 목적을 부인하는 방법으로 국민의 기본권인 표현의 자유를 보호하여 왔다.[119] 그런데 경찰과 검찰도 아량을 베풀 것으로 보이는가?

---

118) 헌법재판소 2003. 1. 30. 2001헌가4 결정
119) 대법원 2011. 7. 14. 선고 2010도17173 판결 등.

제 5 절
부정투표죄

1. 사위등재죄

가. 구성요건과 법정형

위탁선거법 제63조제1항은 거짓의 방법으로 선거인명부에 오르게 한 사람은 1년 이하의 징역 또는 1천만원 이하의 벌금에 처하도록 사위등재죄를 규정하고 있다. 본 조는 투표의 전제가 되는 선거인명부의 진정한 작성과 투표소에서 투표용지의 정확한 교부를 통하여 공정한 선거를 보장하기 위한 규정이다.

나. 거짓의 방법으로의 의미

'거짓의 방법'이란 거짓으로 타인을 속이는 일체의 행위를 말하며 그 방법에 특별한 제한이 없으므로 형법상 사기죄와 같은 기망수단을 사용할 것을 요하지 않는다. 정당하게 선거인명부에 오를 자격이 있는 사람이라도 거짓의 방법으로 선거인명부에 등재되게 하면 본 죄가 성립하지만, 자격이 없는 사람이 거짓의 방법을 사용하였더라도 선거인명부에 등재되지 않으면 본죄는 성립하지 않는다.

다. 사위등재죄 적용시기

사위등재죄는 그 적용시기에 제한이 없다. 따라서 선거일 1년 전의 행위라도 특정 금고의 이사장선거에서 오로지 투표할 목적으로 회원의 자격을 취득하고 선거인명부에 오르게 하였다면 사위등재죄가 성립할 수 있다.

공직선거법에 관한 판례는 오로지 투표권을 얻을 목적으로 형식적으로 주민등록만을 특정 선거구로 옮기는 등 위장전입의 방법으로 위법하게 투표권을 획득한 경우 그 투표권은 부정되어야 하고, 그가 한 투표는 무효라고 선언한 바 있다.[120] 이사장선거에서 선거인명부 작성의 기초가 되는 회원가입 심사와 회원명부 관리의 중요성을 반복해서 강조하는 이유이다.

2. 부실기재죄

가. 구성요건과 법정형

위탁선거법 제63조제2항은 선거인명부 작성에 관계 있는 사람이 선거인명부에 고의로 선거권자를 기재하지 않거나 거짓 사실을 기재하거나 하게 한 때에는 3년 이하의 징역 또는 3천만원 이하의 벌금에 처하도록 부실기재죄를 규정하고 있다. 본조는 선거인명부 작성과 관련된 사람이 고의로 선거인명부에 부실한 기재를 하는 행위를 처벌함으로써 선거의 공정을 기하기 위한 규정이다. 선거권자의 성명·주소·성별·생년월일 등 선거인명부에 기재할 사항을 사실과 다르게 기재하는 것이 이에 해당할 것이다.

---

120) 대법원 2000. 10. 6. 선고 2000수70 판결

선거인명부작성과 직접 관련이 없는 사람이라도 선거인명부 작성과 관련된 사람에게 정당한 선거권자를 누락하게 하거나 거짓 사실을 기재하도록 교사한 때에도 본 죄가 성립한다.

선거인명부작성에 관계 있는 사람이 선거인명부에 부실기재를 한 경우에는 3년 이하의 징역 또는 3천만원 이하의 벌금에 처하도록 하여 사위등재 행위보다 더욱 무거운 법정형을 두고 있다.

나. 거짓 사실을 기재한 때의 의미

위탁선거법 제63조제2항은 선거인명부 작성에 관계 있는 사람의 작위(作爲) 또는 부작위(不作爲)에 따른 선거인명부의 부실 기재행위를 처벌하기 위한 규정이다.

새마을금고법은 회원으로 가입되어 있더라도 사망하거나, 파산선고를 받거나, 피성년후견인이 되거나, 회원의 자격을 상실한 경우에는 금고에서 탈퇴한 것으로 본다(§10②). 정관예는 회원의 전부 또는 일부를 대상으로 새마을금고법에 따른 회원의 결격사유에 해당하는지 여부를 확인하도록 하면서, 회원 전체를 대상으로 하는 확인은 매년 1회 이상 실시하도록 하는 등 회원관리의 적정을 기하도록 금고에 엄격한 의무를 부과하고 있다(정관예 §12③).

따라서 선거인명부의 작성 업무를 담당하는 금고의 임직원이 회원명부에 자격이 없는 사람이 형식적으로 기재되어 있다는 것을 알고 있다면, 회원의 자격 상실 등 회원 탈퇴 사유의 발생 여부를 확인하고 회원명부를 정리하는 절차를 먼저 이행해야 한다.

이와 같은 취지에서 2024년 1월 30일 개정된 위탁선거법은 금고로 하여금 선거인명부작성개시일 전 30일까지 회원의 자격을 확인하여 회원명부를 정비하도록 의무규정을 신설한 바 있다.[121]

만일 금고의 임직원이 위와 같은 조치를 취하지 않은 채 자격이 없는 회원이 선거인명부에 등재되도록 하였다면, 이는 위탁선거법 제63조 제2항에서 말하는 '거짓 사실을 기재하거나 하게 한 때'에 해당하여 부실기재죄로 처벌될 수 있다.[122]

거듭 강조하지만, 회원자격의 확인과 회원명부의 정리를 소홀히 하거나 묵인·방치하면 이를 기초로 작성되는 선거인명부도 함께 부실해질 것이므로, 이러한 행위에는 위탁선거법의 부실기재죄가 적용되어 처벌될 수 있다는 의미다.

3. 사위투표죄

위탁선거법 제64조제1항은 성명을 사칭하거나 신분증명서를 위조 또는 변조하여 사용하거나 그 밖에 거짓의 방법으로 투표하거나 하게 하거나 또는 투표를 하려고 한 사람은 1년 이하의 징역 또는 1천만원 이하의 벌금에 처하도록 사위투표죄를 규정하고 있다. 아울러 선거관리위원회의 위원·직원·투표관리관 또는 투표사무원이 이러한 행위를 하거나 하게 한 때에는 3년 이하의 징역으로 가중처벌하는 부진정신분범 규정도 두고 있다.

최근 공직선거에서 쟁점이 된 사위투표죄의 전형적인 사례로는 사전투표를 한 후 그 사실을 숨기고 선거일에 다시 투표를 시도한 행위를 들 수 있다.[123] 죄명이 사위투표죄라 하여 사위와 장모가 공모한 범죄를 일컫는 것이 아니다.

---

121) 위탁선거법 제15조제4항 참조.
122) 대법원 2017. 4. 26. 선고 2016도14861 판결
123) 창원지법 진주지원 2017. 9. 5. 선고 2017고합58 판결

제 6 절
선거관리 침해죄

1. 선거관리 종사자 폭행죄

가. 구성요건과 법정형

위탁선거법 제65조제1호는 선거와 관련하여 선거관리위원회의 위원·직원, 공정선거지원단원, 그 밖에 선거사무에 종사하는 사람을 폭행·협박·유인 또는 불법으로 체포·감금한 사람은 1년 이상 7년 이하의 징역 또는 1천만원 이상 7천만원 이하의 벌금에 처하도록 선거관리 종사자에 대한 폭행죄를 규정하고 있다.

본조는 선거사무 관리·집행의 원활한 수행을 위하여 선거관리 종사자를 보호하기 위한 규정이다. 일반 형법상 공무집행방해의 법정형이 5년 이하의 징역 또는 1천만원 이하의 벌금인 것에 비하면 본조 위반은 아주 무겁게 처벌하고 있다(형법 §136①). 위탁선거법에 규정된 선거범죄 중 법정형이 가장 무거우므로, 본죄가 성립될 경우에는 당선 무효형의 선고가 불가피한 것으로 보인다.

'선거사무에 종사하는 사람'이란 위탁선거법에서 규정하고 있는 투표사무원 등을 포함하여 관할 선거관리위원회가 내부규정에 따라 위촉한 사람으로서 해당 선거관리위원회의 지휘·감독하에 선거사무

에 종사하는 사람도 포함된다.[124)

본죄는 선거관리위원회 위원·직원, 공정선거지원단 그 밖에 선거사무에 종사하는 사람을 폭행하는 경우에 성립되는 범죄이므로, 폭행상대방의 직위나 직책까지 정확하게 인식할 필요는 없고 선거사무에 종사하는 사람이라는 사실만 인식하면 성립한다.[125)

다만, 본죄가 일종의 공무집행을 방해하는 범죄이므로 행위의 상대방이 선거관리위원회 위원 등의 지위에 있다는 사실만으로는 부족하고, 그 지위와 관련된 직무를 수행할 때 범해야만 비로소 본 죄가 성립한다는 견해도 있다.[126)

그러나 대법원 판례는 상대방이 선거사무에 종사하는 사람이라는 점만 인식하면 족하고, 상대방이 선거사무를 수행 중인 상태에 있거나 상대방을 폭행하는 사람에게 선거사무를 방해할 의사가 있어야 본 죄가 성립하는 것은 아니라고 보았다.[127)

나. 폭행·협박·유인·체포·감금의 의미

'폭행'은 사람의 신체에 대한 유형력의 행사를 말하는바, 형법 제260조 폭행죄의 폭행과 같은 개념이다. '협박'이란 공포심을 불러일으킬 목적으로 상대방에게 구체적으로 해악을 고지하는 것으로서 형법 제283조 협박죄의 협박과 같은 개념이다.[128)

따라서 고지하는 해악의 내용이 고지하는 경위, 협박 당시의 주위 상황, 협박을 하는 사람의 성향, 협박자와 피협박자의 친숙 정도,

---

124) 대법원 2002. 4. 26. 선고 2001도4516 판결
125) 대법원 2008. 11. 13. 선고 2008도8302 판결
126) 대검찰청 앞의 책 335쪽
127) 대법원 2010. 12. 9. 선고 2010도13601 판결
128) 서울고법 1998. 1. 2. 선고 98초298 판결

지위와 상호관계 등 여러 사정을 종합하여 객관적으로 상대방으로 하
여금 공포심을 느끼게 하기에 족하면 되고, 상대방이 고지하는 해악에
외포되어 현실로 공포심을 일으킬 것까지 요구되는 것은 아니다.[129]
다만 고지하는 해악의 내용이 경미하여 상대방이 전혀 개의치 않을
정도인 경우에는 협박에 해당하지 않는다.

'유인'이란 기망이나 유혹의 수단으로 자기 또는 제3자의 실력적
지배하에 두는 것을 의미하며, 형법 제287조 약취유인죄의 유인과 같
은 개념이다. '체포'는 사람의 신체에 대하여 직접적인 구속을 가함으
로써 행동의 자유를 박탈하는 것이고, '감금'은 일정한 구획을 가진
장소 안에서 사람의 행동의 자유를 속박하는 것으로서 각각 형법 제
276조에서 규정한 감금죄에서의 감금, 체포죄에서의 체포와 같은 개
념이다.

2. 투표소·개표소 등 소요·교란죄

가. 구성요건과 법정형

위탁선거법 제65조제2호는 폭행하거나 협박하여 투표소·개표소
또는 선거관리위원회 사무소를 소요·교란한 사람은 1년 이상 7년 이
하의 징역 또는 1천만원 이상 7천만원 이하의 벌금에 처하도록 투표
소·개표소 등 소요·교란죄를 규정하고 있다.

본조는 선거사무의 관리와 집행의 원활한 수행을 위하여 선거 관
련 시설의 질서를 평온하게 유지하기 위한 규정이다. 본죄의 법정형은
선거관리 관계자에 대한 폭행죄와 함께 위탁선거법에 규정된 범죄 중
가장 무겁다.

---

129) 대법원 2005. 3. 25. 선고 2004도8984 판결

나. 투표소·개표소 및 선거관리위원회 사무소의 범위

투표소·개표소와의 관계에 비추어 본조의 선거관리위원회 사무소는 해당 선거의 관리·집행업무를 수행하는 사무소에 한하고, 해당 선거사무와 무관한 선거관리위원회의 시설은 본 죄의 객체에 해당하지 않는다. 반면, 투표소의 경우 그 시설 내부는 물론 그 건물이 지배하는 주위의 장소도 그곳에서의 소요·교란 행위로 인하여 투표소의 질서와 평온을 해할 위험성이 있는 경우에는 본 조의 투표소에 포함될 수 있다.

다. 소요·교란의 의미

'소요'란 일정 장소에 있어서의 폭력적인 질서문란 행위를, '교란'이란 특정 구역 내의 평온을 해치는 위계와 위력을 말하는 것으로서 상호 유사한 개념이다. 소요·교란의 방법에는 제한이 없다.

소요·교란은 투표소 또는 개표소에서의 평온한 선거사무 집행을 불가능하게 하거나 현저히 곤란하게 할 정도를 요구하므로,[130] 선거관리위원회 직원이나 투표관리관이 용이하게 제지할 수 있을 정도의 소란한 언동은 이에 해당하지 않는다.

판례는 개표진행 과정에서 선거관리위원회가 잘못된 개표에 관한 후보자측의 이의를 받아들여 해당표에 대한 무효선언을 한 후 개표를 진행하였음에도 불구하고 후보자가 이의서를 개표록에 첨부하여 주지 않는다는 이유로 개표장 마루바닥에 침구를 깔고 누워 농성한 행위를 소요·교란으로 보았다.[131]

---

130) 대법원 1961. 3. 31. 선고 4294형상18 판결
131) 대법원 1983. 5. 24. 선고 82도1572 판결

3. 선거관리 용구·장비·서류 등 은닉·파손·탈취죄

가. 구성요건과 법정형

위탁선거법 제65조제3호는 투표용지·투표지·투표보조용구·전산조직 등 선거관리 및 단속사무와 관련한 시설·설비·장비·서류·인장 또는 선거인명부를 은닉·파손·훼손 또는 탈취한 사람은 1년 이상 7년 이하의 징역 또는 1천만원 이상 7천만원 이하의 벌금에 처하도록 선거관리 용구·장비·서류 등 은닉·파손·탈취죄를 규정하고 있다.

나. 투표지·투표용지·투표보조용구의 의미

위탁선거법 제65조 제3호에서 선거관리 및 단속사무와 관련한 서류의 은닉, 파손, 훼손 등 행위를 형법 제141조 제1항[132])에서 규정하는 공무소에서 사용하는 서류의 손상, 은닉 등 행위보다 무겁게 처벌하는 취지는 선거의 공정을 확보하기 위하여 선거관리 업무를 일반적인 공무보다 더욱 엄중히 보호하려는 데 있다.[133]

선거관리 업무와 관련한 서류의 은닉, 파손, 훼손에 따른 범죄의 고의는 해당 서류가 선거관리와 관련한 서류라는 사실과 그 효용을 해하는 사실에 대한 인식이 있음으로써 족할 뿐, 훼손자에게 적극적으로 선거관리를 방해할 의사가 필요한 것은 아니다.

본조에서 훼손을 금지하는 '투표지'는 다른 사람의 투표지로 한정

---

132) **형법 제141조(공용서류 등의 무효, 공용물의 파괴)** ① 공무소에서 사용하는 서류 기타 물건 또는 전자기록등 특수매체기록을 손상 또는 은닉하거나 기타 방법으로 그 효용을 해한 자는 7년 이하의 징역 또는 1천만원 이하의 벌금에 처한다.

133) 춘천지법 2016. 8. 9. 선고 2016고합45 판결

하지 않으므로 자신이 교부받은 투표지도 이에 포함된다. 따라서 선거를 방해하려는 의사가 없이 선거인 스스로 단지 잘못 기표한 투표지를 무효화시키기 위하여 이를 훼손하거나,[134] 공개되어 무효로 된 투표지를 임의로 찢더라도[135] 본죄가 성립한다.

자기의 투표지라 하더라도 그것이 훼손될 경우에는 선거의 공정성에 시비가 발생할 위험성이 있으므로 고의로 이를 훼손하는 행위를 금지할 필요성이 있기 때문이다. 비록 기표소 안에서 몰래 훼손하는 경우에는 현실적으로 이를 적발하기 어려울 수 있지만, 훼손된 투표지가 개표과정에서 발견되면 그 경위를 둘러싸고 다툼이 발생할 수 있으므로, 선거의 공정성과 선거사무의 신뢰를 보호하기 위하여 이유여하를 막론하고 투표지를 훼손하는 행위를 금지함이 마땅하다.

특히 선거인이 자유롭고 공정하게 투표하기 위해서는 투표소 내외의 평온한 질서를 유지하는 것이 필수적이다. 그런데 자신의 투표지를 스스로 훼손하는 행위라도 그러한 행위로 말미암아 소란이 발생하여 투표소의 평온을 해할 위험성이 크므로 투표소의 평온을 보장하기 위해서라도 이를 금지할 필요가 있다.[136]

'투표용지'란 관할 선거관리위원회가 법정 규격에 따라 작성·제작한 진정한 투표용지를 말하고, '투표지'는 관할 선거관리위원회가 작성·제작한 정규의 투표용지에 선거인이 기표절차를 마친 것을 말한다. 당연히 투표의 유·무효 등 효력을 묻지 않는다.

'투표보조용구'란 선거인이 사용하는 기표용구와 시각장애인을 위한 투표보조용구 등을 말하고, '선거관리 및 단속사무에 관한 서류'란 선거인명부, 투·개표록, 문답서 등 선거 및 단속사무의 수행에 필요한 제반서류를 말한다.

134) 대전지법 천안지원 2014. 8. 20. 선고 2014고합127 판결
135) 춘천지법 2016. 8. 9. 선고 2016고합45 판결
136) 광주지법 2020. 7. 10. 선고 2020고합151 판결

다. 단속사무와 관련한 장비

위탁선거법 제65조 제3호의 '단속사무와 관련한 장비'란 공정선거지원단 등이 불법 선거운동의 단속사무에 사용하기 위하여 소지하고 있는 장비를 의미하고, 장비를 '탈취'한다 함은 유형력을 행사하여 그 소지자의 의사에 반하여 해당 장비를 자신의 지배 아래로 옮기는 행위를 뜻하므로, 단속사무와 관련한 장비임을 알면서 이를 탈취하면 본 조의 죄가 성립한다.

따라서 단속사무와 관련한 장비의 탈취 당시 그 소지자가 단속업무를 수행 중인 상태에 있거나 탈취자에게 단속사무를 방해할 의사가 있어야만 본조의 죄가 성립하는 것은 아니다.[137]

판례는 선거관리위원회의 단속활동에 항의하는 모습을 촬영하고 있는 공정선거지원단원의 휴대전화를 낚아챔으로써 자신의 지배하로 이전시킨 사실이 있는 이상, 설사 그 전화기를 나중에 돌려주었더라도 이는 '탈취'에 해당한다고 보았다.[138]

라. 단속사무와 관련한 서류의 의미

본 조에서 규정한 '단속사무와 관련한 서류'는 관인이 날인되어 있는지, 정당한 결재를 거친 서류인지, 법규에서 규정하는 서류인지, 서류의 명칭이나 작성자 명의가 있는지, 조사기록에 편철되어 있는지를 가리지 않는다. 따라서 선거관리위원회 직원이 선거법 위반행위를 조사하는 과정에서 작성한 것으로서 금품을 교부받은 사람들에게 질문할 항목과 조사 대상자의 전화번호 등을 적은 문건도 단속사무와 관련한 서류에 해당한다.[139]

---

137) 대법원 2007. 1. 25. 선고 2006도8588 판결
138) 수원고법 2019. 7. 25. 선고 2019노125 판결

또한 후보자가 되려는 사람으로부터 식사를 제공받은 혐의로 선거관리위원회 직원의 조사를 받고 그 조사 내용이 기재된 문답서를 건네받은 다음 선거관리위원회 직원이 그 문답서에 서명날인을 요구한다는 이유로 이를 찢어버린 행위도 단속사무와 관련한 서류를 훼손한 행위에 해당한다.[140)]

마. 은닉·파손·훼손·탈취의 의미

'은닉'은 투표함이나 투표지의 소재 발견을 불능 또는 현저히 곤란한 상태에 두는 것을 말하고, '파손'은 투표함을 부수어 버리거나 투표지의 효능을 상실시키는 것을 의미하며, '훼손'은 투표지 등을 손상하여 물질적으로 효용가치가 없도록 만드는 것이다. 한편, '탈취'의 의미는 유형력을 행사하여 투표함이나 투표지를 빼앗아 자기의 지배하에 두는 것을 말한다.

---

139) 대법원 2007. 1. 25. 선고 2006도7242 판결
140) 서울서부지법 2006. 4. 27. 선고 2006고합43 판결

제 7 절
각종 제한규정 위반죄

1. 각종 제한규정 위반죄 개요

위탁선거법 제66조제1항은 휴대전화 가상번호 제공·활용·폐기에 관한 규정을 위반한 사람에게 3년 이하의 징역 또는 3천만원 이하의 벌금에 처하도록 규정하고 있다. 해당 조항은 2024년 1월 30일 위탁선거법의 개정으로 개인정보를 보호하면서 후보자간 전화를 이용한 선거운동 기회에 공정성을 확보하고자 휴대전화 가상번호제도를 도입하면서 그 부작용을 방지하기 위해 신설된 벌칙이다.

같은 조 제2항에서는 선거운동 주체·시기·방법 위반, 임직원의 지위를 이용한 선거운동, 선거일 후 답례행위, 선거범죄 조사불응, 선거범죄 신고자 누설 등 위탁선거법의 각종 제한·금지 규정 위반의 죄를 범한 사람은 2년 이하의 징역 또는 2천만원 이하의 벌금에 처하도록 규정하고 있다.

다만, 임직원의 지위를 이용한 선거운동 금지에 관해서는 제6장 제1절에서, 선거일 후 답례 금지에 관해서는 제6장 제3절에서 각각 설명한 바 있고, 선거범죄 조사불응죄에 관해서는 제8장에서 따로 설명할 예정이니 여기에서는 제외하기로 한다.

2. 휴대전화 가상번호 제공·활용·폐기 위반죄

위탁선거법 제66조제1항은 다음 중 어느 하나에 해당하는 사람은 3년 이하의 징역 또는 3천만원 이하의 벌금에 처하도록 규정하고 있다. 주로 휴대전화 가상번호를 정당한 권한이 없는 제3자에게 유출하거나 선거운동 외의 다른 목적으로 사용하는 등 개인정보 침해의 우려가 있는 행위들을 처벌하는 것이다.

① 제30조의3제6항제2호를 위반하여 해당 위탁단체 이외의 자에게 휴대전화 가상번호를 제공한 사람

② 제30조의3제7항을 위반하여 명시적으로 거부의사를 밝힌 구성원의 휴대전화 가상번호를 제공한 사람

③ 제30조의3제9항제1호를 위반하여 휴대전화 가상번호를 제28조에 따른 선거운동 외의 다른 목적으로 사용한 사람

④ 제30조의3제9항제2호를 위반하여 휴대전화 가상번호를 다른 자에게 제공한 사람

⑤ 제30조의3제10항을 위반하여 유효기간이 지난 휴대전화 가상번호를 즉시 폐기하지 않은 사람

한편, 위탁선거법 제66조제2항제7호의3에서는 휴대전화 가상번호에 유효기간을 설정하지 않고 제공하거나 휴대전화 가상번호를 제공하는 날부터 선거일까지의 기간을 초과하는 유효기간을 설정하여 제공한 이동통신사업자는 2년 이하의 징역 또는 2천만원 이하의 벌금에 처하도록 규정하고 있다. 해당 규정은 휴대전화 가상번호를 활용한 선거운동을 도입하면서 개인정보를 보호하고자 휴대전화 가상번호를 생성하여 제공하는 이동통신사업자에게 특별한 의무를 부과하고 있다.

3. 선거운동 주체 · 시기 · 방법 위반죄

가. 선거운동 주체 · 시기 · 방법 위반

위탁선거법 제66조제2항제1호는 같은 법 제24조를 위반하여 후보자 · 예비후보자 등 선거운동의 주체가 아닌 사람이 선거운동을 하거나, 제25조부터 제30조의4까지의 규정에 따른 선거운동방법 외의 방법으로 선거운동을 하거나, 선거운동기간이 아닌 때에 선거운동을 한 사람은 2년 이하의 징역 또는 2천만원 이하의 벌금에 처하도록 규정하고 있다.

주체의 측면에서 이사장선거의 선거운동은 후보자 · 예비후보자와 그가 지정한 1명 및 장애인 후보자 · 예비후보자의 활동보조인에게만 허용된다.

시기의 측면에서 이사장선거의 선거운동은 원칙적으로 후보자등록마감일의 다음 날부터 선거일 전날까지만 허용된다. 다만, 예비후보자와 그가 지정한 1명, 그리고 장애인 예비후보자의 활동보조인은 선거운동기간 전에도 선거운동을 할 수 있고, 후보자등록기간 중 후보자는 예비후보자의 방법으로 선거운동을 할 수 있다. 한편, 이사장을 총회 또는 대의원회에서 선출하는 경우 선거일 후보자 소견발표회에서 지지를 호소하는 행위가 가능하다.

방법의 측면에서는 제25조에 따른 선거공보, 제26조에 따른 선거벽보, 제27조에 따른 어깨띠 · 윗옷 · 소품, 제28조에 따른 전화, 제29조에 따른 정보통신망, 제30조에 따른 명함, 제30조의2에 따른 선거일 소견발표회, 제30조의4에 따른 공개행사에서의 정책발표만 허용된다. 이사장선거에서 선거운동의 주체를 위반하거나 시기를 위반하거나 방법을 위반한 경우에 본죄가 적용된다.

나. 선거공보·선거벽보 종수·수량·배부방법 등 위반

위탁선거법 제66조제2항제2호 및 제3호는 제25조에 따른 선거공
보의 종수·수량·면수 또는 배부방법을 위반하여 선거운동을 하거나,
제26조에 따른 선거벽보의 종수·수량 또는 첩부방법을 위반하여 선
거운동을 한 사람은 각각 2년 이하의 징역 또는 2천만원 이하의 벌금
에 처하도록 규정하고 있다.

위탁선거법의 개별 조항에 따라 허용된 선거운동방법이라도 종
수, 수량 또는 면수를 초과하거나, 법에서 정해진 배부 또는 첩부방법
을 위반한 행위에 본죄가 적용된다.

다. 명함의 규격·배부방법 위반

위탁선거법 제66조제2항제7호는 제30조에 따른 명함의 규격 또
는 배부방법을 위반하여 선거운동을 한 사람은 2년 이하의 징역 또는
2천만원 이하의 벌금에 처하도록 규정하고 있다.

위탁선거법에서 명함을 이용한 선거운동 방법이 허용되지만, 그
명함의 규격이나 배부방법을 위반한 행위에 본죄가 적용된다. 예컨대,
명함을 규격보다 크게 제작하거나, 금고의 사무실을 방문하여 명함을
배부하거나, 문틈에 명함을 끼워놓은 등의 방법으로 배부하는 행위가
이에 해당할 것이다.

라. 어깨띠·윗옷·소품 착용·이용 위반

위탁선거법 제66조제2항제4호는 제27조를 위반하여 선거운동을
한 사람은 2년 이하의 징역 또는 2천만원 이하의 벌금에 처하도록 규
정하고 있다. 본죄 또한 이미 허용된 선거운동 방법을 전제로 어깨띠·

윗옷의 착용방법 위반이나 소품의 이용방법 위반을 처벌하기 위한 취지로 보인다.

그러나 어깨띠·윗옷·소품의 규격이나 착용방법에 관하여는 법이나 규칙 어디에서도 정한 바가 없어 본조의 규범력이 의심스러워 보인다. 위탁선거규칙에서 그 규격과 착용방법 또는 이용방법을 정하고 싶어도 상위법에서 위임의 손길을 내주지 않았다.

다만, 통상적인 크기나 규격을 현저하게 벗어나는 어깨띠를 매거나, 윗옷을 입거나, 소품을 지니고 선거운동을 하는 경우에는 본죄의 적용에 어려움이 없을 것으로 보인다.

마. 전화의 통화방법·시간대 위반

위탁선거법 제66조제2항제5호는 제28조에 따른 전화통화의 방법 또는 시간대를 위반하여 선거운동을 한 사람은 2년 이하의 징역 또는 2천만원 이하의 벌금에 처하도록 규정하고 있다.

전화를 이용하여 선거운동을 하는 때에 자동송신장치를 활용하는 등 후보자와 선거인이 직접 통화하지 않는 방법으로 하거나, 오후 10시부터 다음날 오전 7시까지 야간시간대에 통화 또는 문자메시지를 보낸 경우에 본죄가 성립되는 것으로 보인다.

다만, 문자메시지의 방법으로 문자 외에 음성·화상·동영상 등을 전송하는 행위는 위탁선거법 제28조에 따른 전화를 이용한 선거운동이 아니므로,[141] 법에서 개별적으로 허용된 방법 외의 선거운동을 처벌하는 제66조제1호를 적용하는 것이 타당해 보인다.

---

141) 위탁선거법 제28조제2호에서 문자메시지의 범위에 음성·화상·동영상을 제외하고 있으므로, 문자메시지로 이를 전송할 경우 이는 해당 규정에서 허용된 문자메시지가 아니어서 금지된 방법의 선거운동이 되기 때문이다.

바. 소견발표회 방해

위탁선거법 제66조제2항제7호의2는 제30조의2제4항을 위반하여 투표관리관등의 제지명령에 불응한 사람은 2년 이하의 징역 또는 2천만원 이하의 벌금에 처하도록 규정하고 있다.

본죄는 총회 또는 대의원회의 방법으로 이사장을 선출하는 경우 후보자 소견발표회에서 이를 방해하거나 질서를 문란하게 하는 사람이 있어 투표관리관 또는 그가 지정하는 사람이 이를 제지하였으나 불응하는 때에 성립된다.

투표관리관 또는 그가 지정하는 사람의 제지명령에 불응한 경우 일단 본죄가 성립하고, 위반자를 소견발표회장 밖으로 퇴장시켰는지는 본죄 성립에 아무런 영향이 없는 것으로 보인다.

사. 축의·부의금품 제공시 명의표시 위반

위탁선거법 제66조제2항제9호는 제36조를 위반하여 축의·부의금품을 제공한 사람은 2년 이하의 징역 또는 2천만원 이하의 벌금에 처하도록 규정하고 있다. 법 제36조는 금고의 경비로 관혼상제의식 등 경조사에 축의·부의금품을 제공하는 경우에는 금고의 경비임을 명기하여 해당 금고의 명의로 하도록 규정하고 있다.

본죄는 금고의 경비로 축의·부의금품을 제공하는 때에 금고의 명의를 표시하지 않는 행위 자체로 성립되고, 해당 금고의 이사장의 직명 또는 성명을 밝히거나 그가 하는 것으로 추정할 수 있는 방법으로 축의·부의금품을 제공하는 경우에는 기부행위로 간주되므로 위탁선거법 제59조에 따른 기부행위위반죄를 적용하는 것이 타당할 것이다.

4. 선거범죄신고자 누설죄

위탁선거법 제66조제2항제13호는 누구든지 보호되고 있는 선거범죄신고자라는 사정을 알면서 그 인적사항 또는 신고자임을 알 수 있는 사실을 다른 사람에게 알려주거나 공개 또는 보도한 사람은 2년 이하의 징역 또는 2천만원 이하의 벌금에 처하도록 선거범죄신고자 누설죄를 규정하고 있다.

여기에서 보호되고 있는 선거범죄신고자란 특정범죄신고자 등 보호법 제7조에 따라 조서 기타 서류에 선거범죄신고자의 인적사항의 기재가 생략되고 신원관리카드에 그 인적사항이 등재된 선거범죄신고자를 말한다.

따라서 선거범죄 신고를 접수하여 수사한 경찰이 조서 기타 서류에 신고자의 인적사항 기재를 생략하고 선거범죄신고자 신원관리카드에 등재하는 등 특정범죄신고자 등 보호법에 따라 필요한 보호조치를 취하지 않은 경우 그 신고자는 법률상 보호되는 선거범죄신고자에 해당하지 않는다.[142]

---

142) 대법원 2006. 5. 25. 선고 2005도2049 판결

제 8 장

선거범죄 조사와 피조사자의 권리

일단 선거범죄가 발생하면 위반자에 대한 사후적 처벌만으로는 이미 침해된 선거의 공정을 회복하기 어렵다. 특히 은밀한 매수행위와 선거기간에 집중되는 선거범죄에 신속하고 효과적인 대응도 긴요하다.

이에 따라 위탁선거법에서는 관할 선거관리위원회의 위원과 직원에게 강력한 조사권을 부여하여 위탁선거 위반행위를 예방하고 확산을 차단하여 선거의 공정을 확보할 수 있는 버팀목으로 활용하고 있다.

이 장에서는 조사권의 주요내용, 조사권 행사시 지켜야할 원칙, 피조사자의 권리, 위탁선거 위반행위 신고방법에 관하여 살펴본다.

제 1 절
위탁선거범죄 조사권

1. 조사권 행사의 주체

위탁선거 위반행위를 조사할 수 있는 권한을 가진 사람은 선거관리위원회의 위원과 직원이다. 선거관리위원회의 위원이 비상근 명예직이라는 점을 고려한다면 실질적으로 조사권을 행사하는 주체는 대체로 선거관리위원회 소속 전임 공무원이다.

공직선거법과는 달리 위탁선거법에서는 읍·면·동선거관리위원회를 명시적으로 제외하지는 않고 있는데, 이는 입법오류로 보인다. 읍·면·동선거관리위원회에는 선거관리위원회 소속 전임 공무원이 없이[1] 지방자치단체 소속 공무원을 간사·서기로 위촉하여 선거공보·투표안내문 발송이나 투표관리 업무를 수행하고 있기 때문이다.

한편, 위탁선거법은 관할 선거관리위원회가 위탁선거 위반행위의 예방 및 감시·단속활동을 위하여 동시이사장선거에서는 임기만료일 전 180일부터 선거일까지 중립적이고 공정한 사람으로 구성된 공정선거지원단을 둘 수 있도록 규정하고 있다(§10①).

공정선거지원단은 위탁선거 위반행위에 대하여 관할 선거관리위

---

1) 우리나라의 읍·면·동수는 3,500여 개인 반면, 선거관리위원회의 직업 공무원수는 총 3천여 명에 불과하다.

원회의 지휘를 받아 안내·예방 및 단속·조사활동을 할 수 있다(§10 ②). 다만, 독자적인 판단으로 조사권을 행사할 수는 없다.

2. 선거관리위원회에 조사권을 부여한 취지

대의민주정치의 기능적인 출발은 주권자의 의사가 굴절 없이 대의기관의 구성에 반영됨으로써 대의기관의 정책결정이 국민의 뜻에 따라 이루어지는 데 있으므로, 공정한 선거의 정착을 통한 대의민주주의의 실현이라는 헌법적 과제는 우리 헌법질서의 가장 중추적인 과제의 하나이다.[2]

선거관리위원회의 본질적 기능은 선거의 공정한 관리 등 행정기능임에도 불구하고 자유롭고 정의로운 선거질서를 수호하고 선거관리위원회의 효과적인 기능 수행과 집행의 실효성을 확보하기 위한 수단으로 위원과 직원에게 선거범죄, 위탁선거 위반행위 등에 대한 조사권을[3] 부여하고 있는 것이다.

선거는 다수 유권자들의 참여를 전제로 하고, 대부분의 선거범죄는 선거가 임박한 시점에 집중적으로 발생하기 때문에 선거결과에 영향을 미칠 가능성이 매우 크다. 특히 짧은 선거기간에 집중되는 선거범죄에 대하여는 보다 신속한 조사를 통하여 위법행위를 차단하는 등 즉각적으로 대처할 필요가 있다.

이에 따라 선거현장에서 위법상태를 신속하게 제거하고, 위법행위의 확산을 방지하는 한편, 불법행위로 인한 득표상의 이익을 박탈하

---

2) 헌법재판소 2019. 9. 26. 2016헌바381 결정
3) 선거관리위원회 위원과 직원의 조사권은 공직선거법 위반뿐만 아니라 국민투표법 위반의 죄, 주민투표법 및 주민소환법 위반의 죄, 정치자금범죄, 지방교육자치에 관한 법률 위반의 죄 등에 인정되고 있다.

여 선거의 공정을 회복하기 위한 제도적 안전판으로 삼기 위하여 위탁선거법은 선거관리위원회 위원과 직원에게 위탁선거 위반행위에 대한 조사권을 부여한 것이다.

우리의 형사사법 체계상 경찰과 검찰 등 수사기관에서 선거범죄를 단속할 수 있음에도 불구하고 선거관리위원회의 위원과 직원에게 따로 조사권을 부여한 취지는 기관의 독립성과 정치적 중립성이 고도로 보장되는 것을 토대로 그 조사단속활동에 공정성을 담보할 수 있기 때문이다. 헌법이 스스로를 보호하지 못하듯 민주주의 꽃 또한 저절로 피어나지 않는다. 공정하고 자유로운 선거로 물을 주고 해로운 벌레를 막아주어야만 비로소 민주주의가 꽃을 피우고 헌법이 법전 밖으로 걸어 나와 우리의 삶에 스며든다.

3. 위탁선거 위반행위에 대한 조사권 행사의 요건

가. 위탁선거 위반행위 가능성이 있는 경우

위탁선거법은 위탁선거 위반행위에 대한 조사권을 규정하면서 '위탁선거 위반행위의 가능성이 있다고 인정되는 경우' 선거관리위원회의 위원·직원에게 조사권을 행사할 수 있도록 규정하고 있다(§73 ① 1.).

거듭 강조하지만, 위탁선거 위반행위에는 위탁선거법의 벌칙에 해당하는 행위는 물론이고, 새마을금고법의 선거 관련 제한·금지 규정 또는 벌칙에 해당하거나, 해당 금고의 정관이나 규약을 위반한 행위까지 포함된다. 위탁선거법 제7조제3호의 규범력 때문이다.[4]

---

4) 위탁선거법 제7조제3호는 위탁선거 위반행위를 '이 법 또는 위탁선거와 관련하여 다른 법령(해당 정관등을 포함한다)을 위반한 행위'로 정의하고 있다.

328

여기에서 '위탁선거 위반행위의 가능성이 있다고 인정되는 경우'
란 조사자의 주관적 판단으로 족하고 객관적 혐의까지 요구하는 것은
아니다. 따라서 조사 착수시점에서 위탁선거 위반행위의 의심을 갖기
에 상당한 이유가 있는 것으로 인정되는 이상, 추후 위탁선거 위반행
위에 해당하지 않더라도 선거관리위원회 위원이나 직원의 조사권 행
사는 정당하다.

판례는 후보자가 되려는 사람의 이례적인 연하장 발송행위에 대
하여 선거관리위원회 직원이 사전선거운동에 해당한다는 혐의를 갖기
에 상당한 이유가 있는 것으로 인정하고, 그와 같은 이유가 있는 이상
추후 선거범죄에 해당하지 않더라도 당사자에게 선거관리위원회 위원
이나 직원의 자료제출 요구에 응할 의무가 있다고 보았다.[5]

나. 후보자의 소명이 이유 있는 경우

위탁선거법은 '후보자가 제기한 위탁선거 위반행위의 가능성이
있다는 소명이 이유 있다고 인정되는 경우'에도 조사권을 행사할 수
있도록 규정하고 있다(§73① 2.). 공직선거법은 후보자 등이 선거관리
위원회에 범죄의 혐의를 제기하는 때에는 그 소명자료를 첨부하여 서
면으로 하도록 요구하고 있으나(공직선거관리규칙 §146의2①), 위탁선거
법에서는 이러한 부담을 지우지 않는다.

결국 위탁선거에서는 후보자뿐만 아니라 누구든지 방법을 불문하
고 관할 선거관리위원회에 소명자료 첨부의 부담이 없이 위탁선거 위
반행위를 신고할 수 있을 것이고, 이 경우 선거관리위원회 위원과 직
원의 조사권 행사의 요건은 모두 '위탁선거 위반행위의 가능성이 있다
고 인정되는 경우'로 수렴된다.

---

5) 대법원 2003. 1. 10. 선고 2002도5981 판결

다. 현행범의 신고를 받은 경우

위탁선거법은 '현행범의 신고를 받은 경우' 선거관리위원회의 위원·직원이 조사권을 행사할 수 있도록 규정하고 있다(§73① 3.). 현행범의 신고는 진실한 것이든 허위의 신고든 가리지 않는다. 다만, 현행범의 신고를 받은 경우라도 위탁선거에 관한 범죄가 아니거나 범죄의혐의가 전혀 인정되지 않으면 현행범의 신고라 볼 수 없다. 예컨대, 금고의 임직원이 자금을 사업목적 외에 대출하는 행위는 새마을금고법에 따른 범죄일 뿐6) 위탁선거에 관한 범죄가 아니므로, 그 현행범의 신고가 있더라도 선거관리위원회 위원이나 직원이 조사권을 행사할 수 있는 신고로 볼 수 없다.

현행범이란 범죄를 실행 중이거나 실행 직후인 사람, 범인으로호창되어 추적되고 있는 사람, 장물이나 범죄에 사용되었다고 인정함에 충분한 흉기 기타의 물건을 소지하고 있는 사람, 신체 또는 의복류에 현저한 증적이 있는 사람 등을 의미한다(형사소송법 §211).

판례는 '범죄의 실행행위를 종료한 직후'를 범죄행위를 실행하여끝마친 순간 또는 이에 아주 접착된 시간적 단계를 의미하는 것으로해석하여, 이에 해당하는 사람은 시간적으로나 장소적으로 보았을 때방금 범죄를 실행한 범인이라는 점에 관한 죄증이 명백히 존재하는것으로 인정되는 경우에만 현행범인으로 볼 수 있다고 판시하였다.7)

위탁선거 위반행위의 혐의가 인정되는 경우 신고 당시 현행범이면 족하고, 선거관리위원회의 위원이나 직원이 현장에 도착한 때까지범죄의 실행 중이거나 실행 직후일 것을 요하지 않으므로, 일단 현행범의 신고가 있었다면 범인이 현장을 이탈하였더라도 해당 위원회의위원과 직원은 그 장소에 출입하여 조사권을 행사할 수 있다.

---

6) 새마을금고법 제85조제1항제1호 참조.
7) 대법원 1991. 9. 24. 선고 91도1314 판결

4. 위탁선거 위반행위 조사권의 주요내용

가. 위반행위 중지·경고 및 시정명령권

선거관리위원회의 위원·직원이 직무수행 중 위탁선거 위반행위를 발견한 때에는 중지·경고 또는 시정명령을 하여야 한다(위탁선거법 §72①). 조직법규인 선거관리위원회법에서도 각급 선거관리위원회 위원·직원이 선거법위반행위를 발견한 경우 중지·경고, 시정명령을 할 수 있도록 규정하고 있다(§14의2). 그러나 법률의 입법연혁적 측면에서 살펴볼 때 이러한 권한이 위탁선거 위반행위에도 적용되는 것으로 보기 어렵기 때문에 위탁선거법에서 이와 동일한 내용을 직접 규정한 것으로 보인다.

위탁선거법에서 관할 선거관리위원회의 위원과 직원에게 위반행위에 대한 중지·경고 및 시정명령권을 부여한 취지는 조사권 행사의 근본 목적이 위반자에 대한 사후적 처벌보다 위법행위의 사전적 억제를 통하여 선거의 자유와 공정을 확보하기 위한 것이라는 점을 상징적으로 드러내는 것으로 보인다.

관할 선거관리위원회의 위원 또는 직원이 위탁선거 위반행위를 발견한 때에는 중지·경고 또는 시정명령을 하도록 그들에게 법적 의무가 부과되었기 때문에 이를 올바르게 행사하지 않으면 직무유기에 해당할 수 있고(형법 §122), 무리하게 행사하면 직권남용죄가 성립될 수 있다(형법 §123).

조사권은 양날의 칼이라서 자신도 베일 수 있으니 아무쪼록 신중하고 엄정하게 행사되어야 할 것이다. 후보자가 되려는 사람만 교도소 담장 위를 걷고 있는 것이 아니다.

나. 질문·조사권

위탁선거 위반행위의 가능성이 있다고 인정되면 선거관리위원회의 위원과 직원은 해당 장소에 출입하거나 관계자에게 동행 또는 출석을 요구하여 질문·조사할 수 있다(위탁선거법 §73①·④).

질문·조사권은 실체적 진실을 발견하고 범죄혐의를 명백히 하기 위하여 관계인에게 질문하거나 추궁할 수 있는 권한으로서 선거관리위원회 조사활동의 중심을 이루는 권한이다. 따라서 선거관리위원회 위원과 직원의 질문·조사권은 선거범죄의 혐의가 있는 장소에 한정되지 않고 관계자에 대한 동행 또는 출석을 요구하여 질문하거나, 직접 방문하여 조사하거나, 서면답변을 요구하는 방식으로도 행사할 수 있다. 다만, 질문·조사권도 형사소송법에 따른 피의자 진술과8) 마찬가지로 피조사자의 진술을 강제할 수 없으므로, 질문·조사에 불응하는 사람을 처벌할 수 없다.

한편, 질문·조사의 상대방이 되는 관계인이란 해당 혐의사실을 알거나 알고 있을 것으로 보이는 사람과 그 혐의사실과 관련된 자료를 소지한 사람을 모두 포함한다. 따라서 해당 혐의자 본인도 관계인의 범위에서 제외되는 것이 아니다.9)

다. 자료제출 요구권

선거관리위원회의 위원·직원이 현행범의 신고를 받거나 위탁선거 위반행위 가능성이 있다고 인정되는 경우에는 관계인에게 조사에 필요한 자료의 제출을 요구할 수 있다(위탁선거법 §73①).

---

8) 형사소송법 제200조(피의자의 출석요구) 검사 또는 사법경찰관은 수사에 필요한 때에는 피의자의 출석을 요구하여 진술을 들을 수 있다.

9) 대법원 2001. 7. 13. 선고 2001도16 판결

  자료제출 요구권은 선거범죄에 관하여 전문성을 가지고 있는 선거관리위원회의 위원과 직원으로 하여금 이를 조사할 수 있는 법적 근거를 명확히 함과 아울러 그 단속활동의 신속성, 효율성, 실효성을 확보하기 위한 권한이다.[10]

  위탁선거법, 형사소송법 등에서 진술과 자료를 구별하고 있고, '진술'의 사전적 의미는 개인의 생각이나 지식, 경험사실을 정신작용의 일환인 언어를 통하여 표출하는 것인 반면, '자료'의 사전적 의미는 조사의 바탕이 되는 재료인 점에 차이가 있다.

  질문·조사권과 마찬가지로 반드시 해당 장소에 출입한 경우에 한하여 자료제출을 요구할 수 있는 것은 아니므로 장소출입과 별도로 자료제출을 요구할 수도 있다(위탁선거규칙 §35④). 자료제출 요구방법은 공문으로 하는 것이 타당하겠지만, 판례는 위탁선거 위반행위 조사의 형편상 현장에서 말로 요구하거나, 전화로 요구하는 것도 자료제출 요구의 적법한 방법으로 인정하고 있다.[11]

  한편, 위탁선거법은 자료제출요구에 불응할 경우 형벌을 적용하여 처벌함으로써 사실상 자료제출을 강제하고 있다(위탁선거법 §66 12.). 따라서 선거관리위원회 위원이나 직원이 자료의 소유·점유자의 의사에 반하여 물리력을 행사하는 등의 방법으로 자료를 강제적으로 취득하는 행위는 원칙적으로 허용되지 않는다. 이것은 영장주의가 적용되는 수사기관의 압수에 해당하기 때문이다.

  자료제출요구에 따라 제출해야 하는 대상은 조사의 바탕이 되는 자료를 사실적 상태 그대로 제출하는 것을 의미하고, 자료제출요구가 실질적으로 관계자 등의 진술을 요구하는 때에는 진술거부권에 대한 침해가 되어 허용되지 않는다.

---

10) 헌법재판소 2019. 9. 26. 2016헌바381 결정
11) 부산지법 2017. 6. 16. 선고 2016고합683, 706(병합) 판결, 광주지법 해남지원 2007. 1. 10. 선고 2006고합48 판결 등

제출해야 하는 자료는 혐의사실에 관련된 자료인 한 반드시 기존
에 작성되어 있는 것에 한정되지 않는다.12) 예컨대, 문자메시지 전송
용 전화번호, 문자메시지 전송에 이용한 인터넷 문자메시지 발송사이
트의 명칭과 URL 주소에 관한 자료의 제출을 요구받은 경우, 판례는
해당 자료가 통상적인 선거운동과 관련하여 생성·보존·관리되는 자
료이므로 이를 제출할 의무가 있다고 보았다. 해당 자료의 제출이 진
술에 해당하지 않음은 물론이다.13)

자료제출요구에 불응하거나 허위의 자료를 제출한 경우에는 위탁
선거법의 형벌이 적용되어 2년 이하의 징역이나 2천만원 이하의 벌금
으로 처벌된다(§66. 12.) 여기에서 자료제출 요구에 불응한 사람이란
해당 자료를 소지하고 있었음에도 불구하고 이를 제출하지 않은 사람
을 말한다.14)

판례에 따르면, 조합장선거의 입후보예정자가 3회에 걸쳐 총
2,838통의 연하장을 발송한 행위에 대하여 선거관리위원회 직원이 선
거법 위반행위에 관한 혐의를 갖고 그 입후보예정자에게 해당 연하장
발송에 관한 우편물 영수증 제출을 요구하자, 피조사자가 성명 불상자
가 347통의 연하장을 발송한 영수증을 구하여 그 영수증을 마치 자신
이 발송한 연하장의 영수증인 것처럼 선거관리위원회에 제출하여 허
위자료 제출로 처벌받은 사례가 있다.15)

그 밖에 자료제출 독촉장의 수령을 거부한 사람,16) 선거관리위원
회의 자료제출 요구가 부당하다며 거부 소명서를 제출한 후 자료를
제출하지 않은 사람도 유죄의 판결문을 받았다.17)

---

12) 부산지법 2014. 10. 17. 선고 2014고합473 판결
13) 부산지법 2014. 10. 17. 선고 2014고합473 판결
14) 대법원 2001. 7. 13. 선고 2001도16 판결
15) 대법원 2021. 2. 2. 선고 2020도17313 판결
16) 광주지법 2003. 1. 30. 선고 2002고합528 판결
17) 전주지법 2009. 11. 5. 선고 2009고합154 판결

라. 장소출입권

선거관리위원회의 위원과 직원이 현행범의 신고를 받거나 위탁선거 위반행위 가능성이 있다고 인정되는 경우에는 그 장소에 출입하여 조사권을 행사할 수 있다(위탁선거법 §73①). 장소출입권은 영장주의 원칙의 예외로서 관계인의 의사에 상관없이 범죄의 혐의가 있는 장소에 진입할 수 있는 권한이다.[18]

이 경우 관계인의 거부나 방해가 있는 경우 물리력을 행사하여 이를 진압하고 강제로 출입할 수 있는지가 쟁점이 된다. 장소출입권을 행정상 즉시강제로 보는 견해나 영장주의의 예외로서 관계인의 의사에 상관없이 출입할 권한이라고 보는 판례의 태도[19]에 따르면 물리력을 행사하여 강제적인 출입이 가능하다고 볼 여지는 있다.

그러나 선거관리위원회의 조사권은 그 본질이 행정조사의 일종으로서 물리력 행사의 명시적 규정이 없는 점, 물리력까지 활용하여 장소에 출입할 경우 기본권 침해의 소지가 큰 점, 출입 방해행위에 대하여 위탁선거법에 형벌규정을 두고 있는 점 등에 비추어 보면 직접적인 물리력의 행사는 지극히 신중하여야 할 것이다.[20]

헌법재판소는 행정상 즉시강제는 행정상의 장해가 목전에 급박하고, 다른 수단으로는 행정목적을 달성할 수 없는 경우여야 하며, 이러한 경우에도 그 행사는 필요 최소한에 그쳐야 하는 조리상의 한계에 기속된다고 판시한 바 있다.[21]

결국 장소출입을 방해하거나 거부할 경우 물리력을 행사할지는

18) 대법원 2008. 11. 13. 선고 2008도6228 판결
19) 헌법재판소 2002. 10. 31. 2000헌가12 결정
20) 선거관리위원회의 조사는 수사기관의 수사와는 구분이 되고 행정목적 범위 안에서 허용되는 것이므로 원칙적으로 강제조사는 인정되지 않는다. 대검찰청 2020. 3.『공직선거법 벌칙해설』제10개정판 166쪽 참조.
21) 헌법재판소 2002. 10. 31. 2000헌가12 결정

해당 사안의 긴급성과 시급성, 해당 위반행위가 선거에 미치는 영향의
정도, 다른 대체수단의 존재 여부, 증거의 인멸이나 소실의 가능성, 출
입방해의 목적과 동원된 수단 등을 종합적으로 고려하여 구체적 사안
마다 개별적으로 판단할 수밖에 없을 것이다.

한편, 장소출입권에 기하여 출입할 수 있는 장소적 범위에 관해
서는 범죄현장에 한하여 증거물 수거가 가능한 점, 영장주의의 예외규
정으로서 엄격한 해석을 요한다는 점 등을 고려하면 범행의 혐의가
있는 현장으로 한정하여야 할 것이다.[22]

선거관리위원회 위원이나 직원이 범죄의 혐의가 있는 장소에 출
입하는 경우 관계인에게 그 신분을 표시하는 증표를 제시하며 소속과
성명을 밝히고 그 목적과 이유를 설명해야 한다(위탁선거법 §73⑤). 만
일 관계인이 증표제시를 요구하지 않거나 해당 장소에 출입하려는 사
람이 선거관리위원회 위원·직원이라는 사실을 이미 알고 있더라도 이
러한 절차적 요건은 반드시 준수되어야 한다.[23]

이상의 실체적·절차적 요건 중 어느 하나라도 갖추지 못한 경우
에는 선거관리위원회 위원이나 직원에게 해당 장소에 적법하게 출입
할 권한이 인정되지 않으므로, 관계인이 장소출입 요구에 불응하여도
출입방해죄가 성립되지 않는다.[24]

마. 증거물품 수거권

선거관리위원회의 위원·직원은 위탁선거 위반행위에 사용된 증
거물품으로서 증거인멸의 우려가 있다고 인정되는 때에는 조사에 필
요한 범위에서 위탁선거 위반행위 현장에서 이를 수거할 수 있다(위탁

---

22) 대검찰청 앞의 책 768~770쪽 참조.
23) 대법원 2008. 11. 13. 선고 2008도6228 판결
24) 대법원 2008. 11. 13. 선고 2008도6228 판결

선거법 §73② 전단). 선거관리위원회의 위원과 직원이 위탁선거 위반행위에 사용된 증거물품을 수거한 때에는 그 목록 2부를 작성하여 그 중 1부는 해당 물품을 소유·점유 또는 관리하는 사람에게 교부하고, 나머지 1부는 관할 선거관리위원회에 제출하여야 한다(위탁선거규칙 §35⑤).

　선거관리위원회의 위원·직원이 수거한 증거물품은 그와 관련된 위탁선거 위반행위에 대하여 고발 또는 수사의뢰 조치를 한 때에는 관계 수사기관에 송부하고, 경고·주의 등 자체 종결한 경우에는 그 소유·점유·관리자에게 지체 없이 반환해야 한다(위탁선거법 §73② 후단). 위탁선거 위반행위에 사용된 증거물품은 해석상 선거범죄에 직접 사용된 물품뿐만 아니라 범죄의 실행과 밀접한 관계가 있는 행위에 사용된 물건을 포함하는 것으로 보인다.

　'증거인멸의 우려가 있다고 인정되는 때'란 증거를 은닉·위조·변조 등의 방법으로 증거의 현출이나 그 효능 또는 가치를 멸실·감소시킬 개연성이 높은 상황을 의미하므로, 현장에서의 자료제출 요구나 추후 수사기관의 압수·수색 등 다른 수단에 의할 경우 목적달성이 현저히 곤란하거나 증거인멸의 우려가 있는 경우에 한하여 증거물품을 수거해야 할 것이다.

　'조사에 필요한 범위'란 해당 위탁선거 위반행위를 조사하기 위하여 증거물품의 수거가 범죄의 실체적 진실을 밝히는 목적달성에 필요 최소한의 범위에서 이루어져야 하고, 비례의 원칙을 준수하여 관계인의 재산권 침해를 최소화하여야 한다는 의미이다.

　관계인이 증거물품의 수거를 방해할 경우 물리력을 행사하여 강제로 수거할 수 있는지도 쟁점이 되는 바, 이 또한 장소출입권의 물리력 행사의 예와 같이 엄격한 요건하에서 행사하되, 그 행사의 정도는 조리상의 한계를 준수하여야 할 것이다.

바. 동행·출석요구권

선거관리위원회의 위원·직원은 위탁선거 위반행위에 관하여 관계자에게 질문·조사하기 위하여 필요하다고 인정되는 때에는 선거관리위원회에 동행 또는 출석할 것을 요구할 수 있다. 다만, 선거기간 중 후보자에게는 요구할 수 없다(위탁선거법 §73④).

동행·출석요구권은 선거범죄의 억제와 확산방지를 위해 신속한 조사의 필요성이 인정되고, 조직적이고 다수인 관련성이라는 선거범죄의 특성상 제한된 선거관리위원회 인력으로는 방문조사가 불가능한 현실적 한계 등을 고려하여 부여된 권한이다. 따라서 질문·조사의 필요성이 인정되는 이상 그 실효성을 확보하기 위한 수단으로서 동행·출석요구권을 인정한 것은 자연스러워 보인다.

선거관리위원회 위원·직원이 관계자에게 동행을 요구하는 때에는 말(言)로 할 수 있으며, 출석을 요구하는 때에는 문서로 해야 한다. 현행범인 또는 준현행범인에 해당하는 관계자에게 동행을 요구하는 경우에는 정당한 사유 없이 동행요구에 응하지 않으면 과태료에 처할 수 있음을 알려야 한다(위탁선거규칙 §35⑥).

동행·출석요구는 관계인에 대한 질문·조사를 전제로 행사되는 것이고, 진술거부권은 헌법상 보장된 권리이기 때문에 동행·출석요구에 응할지는 전적으로 당사자의 임의적 의사에 맡겨져야 한다. 동행의 임의성은 동행의 시간과 장소, 동행의 방법과 동행 거부의사의 유무, 동행 이후의 조사방법과 피조사자의 퇴거의사 유무 등 여러 사정을 종합하여 객관적인 상황을 기준으로 판단하여야 한다.[25]

결코 관계인의 의사에 반하여 동행이나 출석을 강요해서는 안 된다. 동행·출석요구에 불응할 경우 과태료를 부과할 수 있을 뿐이다.

---

25) 대법원 1993. 11. 23. 선고 93다35155 판결

5. 미란다원칙의 준수

가. 미란다원칙의 내용

선거관리위원회의 위원과 직원이 범죄의 혐의가 있는 장소에 출입하거나 질문·조사 또는 자료제출을 요구하는 경우에는 관계인에게 그 신분을 표시하는 증표를 제시하며 소속과 성명을 밝히고 그 목적과 이유를 설명해야 한다(위탁선거법 §73⑤).

위원과 직원의 신분을 표시하는 증표는 관할 선거관리위원회가 발행하는 위원신분증이나 공무원증으로 갈음할 수 있다(위탁선거규칙 §35⑧). 위원이나 직원이 범죄의 혐의가 있는 장소에 출입하여 관계인에게 자료제출을 요구하는 때에는 정당한 사유 없이 출입을 방해하거나 자료의 제출요구에 불응하거나 허위의 자료를 제출하는 경우에는 위탁선거법 제66조제2항제12호에 따라 처벌받을 수 있음을 알려야 한다(위탁선거규칙 §35①).

본 조항은 선거범죄 조사와 관련하여 피조사자의 사생활의 비밀과 자유, 개인정보 자기결정권, 재산권 등이 침해되지 않도록 보호하기 위한 규정이므로, 선거관리위원회 위원이나 직원이 관계인에게 사전에 설명해야 할 조사의 목적과 이유에는 조사할 범죄혐의의 요지, 조사가 필요한 이유뿐만 아니라 관계인의 진술을 기록 또는 녹음·녹화한다는 사실도 포함하여 알려야 한다.

이상과 같은 실체적·절차적 요건을 모두 갖추어야만 정당한 조사권 행사로 인정될 수 있어 수집한 증거의 증거능력이 보호되고 조사권 행사에 불응하거나 저항하면 범죄가 성립되어 자료제출 거부죄 또는 출입방해죄로 처벌할 수 있다.[26]

---

26) 대법원 2008. 11. 13. 선고 2008도6228 판결

나. 미란다원칙의 보완 필요성

2013년 8월 13일 공직선거법의 개정으로 피조사자의 기본권을 두텁게 보호하기 위하여 선거관리위원회의 위원이나 직원이 조사권을 행사할 때에는 피조사자에게 진술거부권과 변호인의 조력을 받을 권리를 미리 알리도록 미란다원칙을 확장한 바 있으나(공직선거법 §272의 2⑦), 위탁선거법의 조사권 규정에서는 이를 준용하는 데 아직 머뭇거리고 있다.

과거 공직선거법에서 피조사자에 대한 진술거부권 고지 규정이 신설되기 전에 형성된 판례는 선거관리위원회 직원이 선거범죄 조사를 하면서 미리 진술거부권을 고지하지 않은 사안에 대하여 조사절차의 위법성이 없다고 보아 그 과정에서 선거관리위원회 직원이 작성한 문답서의 증거능력을 인정한 바 있다.[27]

이는 피조사자에게 진술거부권을 고지해야 할 법률상 의무가 없던 시기였으므로 당시 판결은 수집된 증거물이 위법수집증거에 해당하지 않음을 밝혔을 뿐, 결코 피조사자의 방어권 행사와 국민의 기본권 보장을 소홀히 해도 무방하다는 취지가 아니다.

진술거부권과 변호인의 조력을 받을 권리가 국민의 기본적 권리인 이상, 그 고지에 관하여 공직선거법 위반혐의에 따른 피조사자와 위탁선거법 위반혐의에 따른 피조사자를 차별하는 것은 헌법상 평등권을 침해하여 위헌 소지도 있다고 본다.

따라서 이와 같은 문제는 위탁선거법의 개정을 기다릴 필요 없이 위탁선거 위반행위를 조사할 경우 상대방에게 진술거부권과 변호인의 조력을 받을 권리가 있다는 점을 미리 알리도록 우선 실무적 관행으로 수용할 필요가 있다. 법이 개정되기 전이라도 우선 위탁선거규칙을

---

27) 대법원 2014. 1. 16. 선고 2013도5441 판결

개정하여 이를 반영하는 방법도 상당히 합리적이라 생각한다. 선거관리위원회는 공정선거의 수호자이기 때문이다.

진술거부권을 고지받을 권리는 헌법 제12조제2항에서 도출되는 헌법상의 권리이므로, 국회가 위탁선거법을 제정하면서 진술거부권 고지규정을 두지 않은 것은 입법상의 과오라는 주장[28]도 깊이 새겨둘 필요가 있다.

국민의 기본권인 참정권을 수호하는 헌법기관이 이를 핑계로 국민의 다른 기본권을 침해하는 것은 일종의 자기부정이 될 수 있다. 국가는 국민의 기본권을 보호해야 할 무한한 책무를 지고 있으므로 이를 부인하는 순간 그것은 이미 정상적인 국가의 모습이 아니다.

---

28) 이용복 2022. 10. 『위탁선거법강의』 박영사 454쪽 참조.

제2절
피조사자의 권리

1. 위법한 조사 거부권

선거관리위원회의 위원과 직원은 위탁선거 위반행위에 대한 조사권을 보유하고 있으므로, 누구든지 위반혐의가 있는 장소에 위원과 직원의 출입을 방해해서는 안 되며 질문·조사를 받거나 자료의 제출을 요구받은 사람은 이에 따라야 한다(위탁선거법 §73③). 다만, 선거관리위원회 위원과 직원의 조사권도 공무집행의 일환으로 행사된다는 점은 분명하고, 그 조사권의 행사가 적법한 경우에 한정하여 공무집행방해죄가 성립할 수 있다.

여기서 적법한 공무집행이란 그 행위가 공무원의 추상적 권한에 속할 뿐만 아니라 구체적으로도 그 권한 내에 있어야 하고 직무행위로서의 중요한 방식을 갖추어야 한다.[29] 공무원의 추상적인 권한에 속하는 공무집행이 적법한지는 행위 당시의 구체적 상황에 기하여 객관적·합리적으로 판단해야 한다.[30]

이러한 기준을 선거범죄 조사에 적용할 경우 조사권 행사의 주체는 선거관리위원회의 위원과 직원에 한정되고, 조사권 행사의 요건은

---

29) 대법원 2021. 9. 16. 선고 2015도12632 판결
30) 대법원 2013. 8. 23. 선고 2011도4763 판결

위탁선거 위반행위에 대한 혐의가 있어야 하며, 그 조사권을 행사하는 때에는 미란다원칙을 준수해야 한다.

예컨대, 투표소에서 질서문란행위 같은 범죄가 발생한 경우 투표관리관이나 투표사무원은 조사권을 행사할 수 없고, 선거관리위원회 위원이나 직원이 새마을금고법의 금융 관련 범죄의 혐의를 인지하였더라도 이는 위탁선거 위반행위에 대한 혐의가 형성된 것으로 볼 수 없으므로 조사권을 행사할 수 없다. 당연히 관계인에게는 조사에 응할 의무가 없으므로 이를 거부할 수 있다.

특히 선거관리위원회 위원이나 직원이 미란다원칙을 준수하지 않은 경우, 즉 선거관리위원회 위원이나 직원이 장소에 출입하거나 질문·조사·자료의 제출을 요구하는 때에 관계인에게 그 신분을 표시하는 증표를 제시하며 소속과 성명을 밝히고 그 목적과 이유를 설명하지 않은 경우에는 자료제출을 거부하거나 선거범죄 현장에 출입을 방해하더라도 범죄가 성립되지 않는다.

이상과 같은 실체적·절차적 요건을 모두 갖추지 못한 경우 정당한 조사권의 행사로 보기 어려워 이에 불응하거나 저항하여도 출입방해죄 등의 범죄가 성립되지 않음은 물론이고,[31] 확보한 증거물은 위법수집증거 배제의 법칙에 따라 증거로 할 수 없다.

2. 불리한 진술 거부권

진술거부권의 보호대상이 되는 '진술'이란 언어적 표출, 즉 개인의 생각이나 지식, 경험사실을 정신작용의 일환인 언어를 통하여 표출하는 것을 의미한다.[32] 헌법 제12조제2항은 '모든 국민은 고문을 받지

---

31) 대법원 2008. 11. 13. 선고 2008도6228 판결
32) 헌법재판소 2005. 12. 22. 2004헌바25 결정

아니하며, 형사상 자기에게 불리한 진술을 강요당하지 아니한다'고 규정하여 진술거부권을 국민의 기본적 권리로 보장하고 있다. 이는 형사책임과 관련하여 비인간적인 자백의 강요와 고문을 근절하고 인간의 존엄성과 가치를 보장하려는 데 그 취지가 있다.[33]

우리 헌법이 이와 같이 진술거부권을 국민의 기본적 권리로 보장하는 것은, 실체적 진실발견이나 사회정의의 실현이라는 국가이익보다 피고인 또는 피의자의 인권을 우선적으로 보호하겠다는 뜻을 분명히 밝히고 있다는 점에 큰 의의가 있는 것으로 보인다.

헌법재판소는 이와 같은 진술거부권은 형사절차뿐만 아니라 행정절차나 국회의 조사절차 등에서도 보장되며, 피의자나 피고인으로서 현재 수사 또는 공판절차에 계속중인 사람뿐만 아니라 장차 피의자나 피고인이 될 사람에게도 보장된다고 판시한 바 있다.[34]

따라서 선거관리위원회의 조사과정에서도 피조사자의 진술내용이 자기의 형사책임과 관련되는 것일 때에는 당연히 그 진술을 강요당하지 않을 권리가 인정되는 것으로 보아야 한다.

여기에서 우리는 최근의 형사소송법의 개정방향이 피의자의 권리를 강화하면서 헌법의 기본권을 점점 더 구체화하는 추세를 확인할 수 있다. 아울러 행정조사는 형사소송법의 개정취지를 수용하여 피조사자의 권리를 더욱 확대하는 경향을 목격할 수 있다.

형사소송법은 점점 헌법화되어 권리장전으로 진화되고 있고, 이러한 경향은 다시 행정조사에도 영향을 미쳐 결국 공권력의 행사로부터 국민의 기본권을 더욱 두텁게 보호하려는 것이다. 여기에서 우리는 민주공화국이 전진하는 모습을 본다.

---

33) 대법원 2014. 1. 16. 선고 2013도5441 판결
34) 헌법재판소 1997. 3. 27. 96헌가11 결정

3. 변호인의 조력을 받을 권리

변호인의 조력을 받을 권리란 국가권력의 일방적인 형벌권 행사에 대항하여 자신에게 부여된 헌법상, 소송법상의 권리를 효율적이고 독립적으로 행사하기 위하여 변호인의 도움을 얻을 수 있는 피의자 또는 피고인의 권리를 말한다.[35]

우리 헌법 제12조제4항 본문은 '누구든지 체포 또는 구속을 당한 때에는 즉시 변호인의 조력을 받을 권리를 가진다'고 규정하여 변호인의 조력을 받을 권리를 명문화하고 있다.

문제는 이러한 변호인의 조력을 받을 권리가 행정절차에서 피조사자에게도 인정되는가 하는 점이다. 과거 학설과 판례에서 논란이 되었던 이러한 문제는 2007년 5월 17일 행정조사기본법이[36] 제정·공포되면서 입법적으로 해결되었다.

해당 법률 제23조제2항에서 '조사대상자는 법률·회계 등에 대하여 전문지식이 있는 관계 전문가로 하여금 행정조사를 받는 과정에 입회하게 하거나 의견을 진술하게 할 수 있다'고 규정하여 행정조사의 피조사자에게도 변호인의 조력을 받을 권리가 있음을 입법론적으로 명확하게 확인하였기 때문이다.

다만, 행정조사기본법이 적용되지 않는 선거범죄 조사의[37] 경우 2013년 8월 13일 공직선거법의 개정에 따라 조사절차에서 피조사자에게 변호인의 조력을 받을 권리가 있음을 알릴 의무와 변호인의 조사

---

35) 헌법재판소 2004. 9. 23. 2000헌마138 결정
36) 행정조사기본법은 행정조사에 관한 기본원칙, 조사 절차와 방법 등에 관한 공통 사항을 규정함으로써 행정의 공정성·투명성 및 효율성을 높이고, 국민의 권익을 보호함을 목적으로 제정되었다. 행정조사기본법 제1조 참조.
37) 행정조사에 관하여 다른 법률에 특별한 규정이 있는 경우에는 행정조사 기본법 적용에 예외를 두고 있다. 행정조사기본법 제3조제1항 참조.

참여 및 의견진술권을 신설하였다(공직선거법 §272의2⑧).

변호인의 조력권이 본래 형사절차에서 피고인이나 피의자의 인권을 보장하려는데 그 제도의 취지가 있었으나,[38] 행정조사의 피조사자에게도 전면적으로 확대 적용된 점을 고려하면, 위탁선거 위반행위의 피조사에게도 당연히 변호인의 조력을 받을 권리가 인정된다고 보아야 할 것이다.

한편, 변호인의 조력을 받을 권리도 다른 기본권과 조화를 이루어야 하므로 위법한 조력을 받을 권리까지도 보장하는 것은 아니다. 판례는 피의자 신문에 입회한 변호인이 신문을 방해하거나 수사기밀을 누설하는 등의 경우에는 해당 변호인의 참여를 제한할 수 있다고 보았다.[39]

따라서 조사 중 입회한 변호인이 피조사자를 대신하여 직접 답변하거나, 특정 답변을 유도하거나, 진술번복을 유도하는 등 조사를 방해하거나, 조사내용을 녹음·녹취하는 등 조사기밀을 누설하거나, 다른 관계인과 담합의 우려가 있는 경우에는 해당 변호인의 참여를 제한하는 것이 타당할 것이다.

4. 위법수집증거의 배제

가. 위법수집증거 배제법칙의 의의

헌법과 형사소송법이 정한 절차에 따르지 않고 수집한 증거는 기본적 인권 보장을 위해 마련된 적법한 절차에 따르지 않은 것으로서 원칙적으로 유죄 인정의 증거로 삼을 수 없다.

---

38) 헌법재판소 2004. 9. 23. 2000헌마138 결정
39) 대법원 2005. 5. 9. 선고 2004모24 판결

판례는 수사기관의 위법한 압수수색을 억제하고 재발을 방지하는 가장 효과적이고 확실한 대응책은 위법한 압수수색을 통하여 수집한 증거는 물론 이를 기초로 획득한 2차 증거도 유죄 인정의 증거로 삼을 수 없도록 하는 것이라 힘주어 판시한 바 있다.[40]

입법권자는 오랜 기간의 논의를 토대로 2007년 6월 1일 형사송법을 개정하여 제308조의2를 신설함으로써 '적법한 절차에 의하지 아니하고 수집한 증거는 증거로 할 수 없다'는 위법수집증거의 배제 원칙을 전면적으로 수용하였다. 이는 세계 최초로 위법수집증거 배제의 원칙을 입법적으로 명문화하였다는 점에 큰 의의가 있다.

이러한 입법추세의 핵심은 형사절차에 요구되는 위법수집증거 배제의 법칙이 행정조사의 일종인 위탁선거범죄 조사절차에도 광범위하게 적용된다는 점이다.

판례도 선거관리위원회의 설치목적, 선거범죄에 대한 조사권한, 수사기관에 대한 고발 또는 수사의뢰시 수사자료를 송부하는 점 등을 종합적으로 고려하면, 비록 선거관리위원회가 수사기관은 아니지만 수사에 준하는 조사권한을 보유한 기관으로서 선거범죄를 조사하거나 증거를 수집하는 활동을 하는 때에는 당연히 적법절차를 준수하여야 할 의무가 있다고 강조한다.[41]

조사권을 포함하여 어떠한 공권력도 결코 국민을 배반할 수 없다. 국민주권의 원리를 부인하지 못하는 한 국민은 공권력의 영원한 어머니이기 때문이다. 현대사회에서 민주공화국을 수호하는 비결은 과거의 사례와 같이 쿠데타나 폭력혁명을 진압하기 위한 비장한 투쟁이 아니다. 이제는 일상의 영역에서 적법절차의 준수만으로도 충분할 수 있다.

---

40) 대법원 2007. 11. 15. 선고 2007도3061 판결
41) 대전고법 2021. 9. 10. 선고 2021노103 판결

나. 위법수집증거로 판단한 사례

(1) 일시적으로 현출된 자료 압수

2007년 6월 1일 위법수집증거 배제의 원칙을 명시적으로 수용한 개정 형사소송법42)이 공포되기 전까지 우리나라의 대법원 판례는 비진술증거인 증거물의 압수에 관해서 '압수물은 압수절차가 위법하더라도 물건 자체의 성질·형상에 변경을 가져오는 것은 아니어서 그 형태 등에 관한 증거가치에는 변함이 없으므로 증거능력이 있다'는 소위 '성질형상 불변론'에 터잡아 적정절차의 원리보다 실체진실주의를 더욱 강조하는 입장을 취하여 왔다.43)

위법수집증거 배제의 원칙을 수용한 개정 형사소송법이 공포된 후 그 시행을 앞두고44) 대법원은 2007년 11월 15일 제주도지사선거와 관련한 선거법 위반 재판에서 종전의 판례를 변경하여 비진술증거인 증거물에 대하여도 위법수집증거 배제의 법칙을 전면적으로 수용하기에 이르렀다.45)

당시 사건에서 대법원이 위법수집증거로 판단하고 압수물의 증거능력을 부인한 핵심적 이유는, 원래 도지사 집무실에 보관 중이던 업무일지를 도지사를 보좌하는 공무원이 압수수색이 진행 중이던 비서실에 일시적으로 가져온 경우, 이는 영장에 기재된 압수대상인 비서실에 보관 중인 물건이 아니라 일시적으로 비서실에 현출된 물건이므로

---

42) **형사소송법 제308조의2(위법수집증거의 배제)** 적법한 절차에 따르지 아니하고 수집한 증거는 증거로 할 수 없다.

43) 대법원 1968. 9. 17. 선고 68도932 판결, 대법원 2006. 7. 27. 선고 2006도3194 판결 등

44) 위법수집증거 배제법칙을 신설하고, 재판에 공판중심주의를 도입하며, 재정신청을 전면적으로 확대하는 것을 주요 내용으로 한 개정 형사소송법은 2007년 6월 1일 공포되고 2008년 1월 1일부터 시행되었다.

45) 대법원 2007. 11. 15. 선고 2007도3061 판결

이를 압수한 것은 위법하다는 것이었다.

이에 따라 공무원 선거개입의 핵심증거로서 공소유지의 종합선물 세트인 업무일지와 이를 토대로 수집한 2차 증거까지 모두 증거능력이 부인되었다. 판례변경에 따라 인권보호는 확대되었고, 중립의무를 위반하고 선거에 개입한 공무원들도 면죄부를 받았다. 해당 사안은 선거범죄 수사에서도 실체적 진실발견을 통한 사법정의의 실현보다 적법절차의 준수를 통한 인권의 보호가 우선적 가치라는 것을 명확히 밝혔다는 점에 그 의의가 있다.

(2) 녹음 미고지 후 수집한 녹음파일

선거관리위원회 위원·직원이 위탁선거 위반행위의 혐의가 있는 장소에 출입하거나 위탁선거 위반행위와 관련하여 질문·조사를 하거나 자료제출을 요구하는 경우에는 관계인에게 그 신분을 표시하는 증표를 제시하며 소속과 성명을 밝히고 그 목적과 이유를 설명해야 한다(위탁선거법 §73⑤).

판례는 해당 규정을 선거범죄 조사와 관련하여 조사를 받는 관계인의 사생활의 비밀과 자유 내지 자신에 대한 정보를 결정할 자유와 재산권 등이 침해되지 않도록 하기 위한 절차적 규정이므로, 선거관리위원회 직원이 관계인에게 사전에 설명할 '조사의 목적과 이유'에는 조사할 선거범죄 혐의의 요지, 관계인에 대한 조사가 필요한 이유뿐만 아니라 관계인의 진술을 기록 또는 녹음·녹화한다는 점도 포함된다고 판시하고 있다.[46]

입법자가 미처 인쇄하지 못한 문장을 법원이 찾아낸 것이다. 만일 선거관리위원회의 위원과 직원이 관계인에게 녹음된다는 사실을 미리 알려 주지 않고 그의 진술을 녹음하였다면, 그와 같은 조사절차

---

46) 대법원 2014. 10. 15. 선고 2011도3509 판결

에 의하여 수집한 녹음파일은 형사소송법 제308조의2에서 정하는 소위 '적법한 절차에 따르지 아니하고 수집한 증거'에 해당하여 원칙적으로 유죄의 증거로 쓸 수 없다.[47]

이에 따라 조합장선거의 후보자가 조합원에게 금품을 제공하였다는 혐의를 조사하던 선거관리위원회 직원이 피조사자에게 그 진술을 녹음한다는 사실을 알리지 않고 이를 녹음한 후 그 녹음파일과 이에 터잡아 작성된 녹취록을 핵심증거로 공소를 유지했던 사안에서 법원은 그 녹음파일 내지 녹취록은 적법한 절차에 따르지 않고 수집한 증거에 해당하므로 증거능력이 없다고 판시하였다.

이에 더하여 법원은 위법하게 수집된 1차 증거인 녹음파일과 녹취록을 기초로 수집된 2차적 증거로서 다른 참고인에 대한 검찰의 진술조서 역시 증거능력을 부인하여 조합장선거의 후보자가 조합원에게 선거운동과 관련한 금품을 제공하였다는 공소사실에 대하여 무죄를 선고하였다.[48] 이후 검사의 상고를 대법원이 기각함으로써 원심 판결이 확정되었다.

(3) 핸드폰에서 발견한 별도의 혐의

2020년 제21대 국회의원선거를 앞두고 오전에 출마 기자회견을 한 예비후보자가 당일 오후 지지자 모임을 공지하고 모임에 참석한 사람들에게 치킨과 맥주를 제공한 혐의에 대하여 선거관리위원회 직원이 해당 예비후보자를 소환하여 문답조사를 하던 중 피조사자의 핸드폰을 임의제출받아 디지털 포렌식을 하게 되었다.

선거관리위원회 직원의 문답조사와 병행하여 해당 예비후보자의 핸드폰에 대한 디지털 포렌식을 마친 결과 사건 당일 오전의 기자회견과 오후의 모임에서 치킨과 맥주를 제공한 일련의 행위가 사전선거

---

47) 대법원 2014. 10. 15. 선고 2011도3509 판결
48) 광주지법 2011. 2. 24. 선고 2010노2684 판결

운동과 기부행위 위반죄에 해당된다는 증거를 확보하였고, 그 과정에서 우연히 자원봉사자들에게 금품을 제공한 정황이 담겨 있는 문자메시지를 추가로 발견하게 되었다.

이에 선거관리위원회는 사전선거운동과 기부행위 위반에 대하여는 검찰에 고발조치를 하고 우연히 발견한 자원봉사자 매수혐의는 부가적으로 수사의뢰를 하였다. 문제는 검찰에서 선거관리위원회가 고발한 기부행위위반죄와 더불어 수사의뢰한 매수죄도 함께 공소를 유지하면서 불거지게 되었다.

해당 사안에 관하여 법원은 선거관리위원회의 조사과정에서 휴대폰 및 이에 저장된 전자정보를 임의제출한 제출자에게는 제출할 자료의 범위를 결정할 권한이 있다고 보면서, 해당 조사직원은 임의제출자가 제출 동의를 한 핸드폰에 내장된 전자정보 전체가 아니라 내장된 정보 중 조사하는 사건과 관련성이 있는 정보만을 선별하여 수집할 수 있다고 보았다.[49]

구체적으로 설명하자면, 법원은 선거범죄 조사권은 범죄의 혐의가 있는 경우에 한정하여 행사할 수 있는 것이고, 자원봉사자 매수혐의는 핸드폰 저장정보에서 기자회견 및 치킨과 맥주모임에 관한 증거를 탐색하는 과정에서 우연히 발견된 경우에 불과하여 핸드폰 제출요구 당시에 선거관리위원회 직원에게 자원봉사자 매수혐의가 형성되었다고 볼 수 없으므로, 해당 직원은 매수죄와 관련된 자료제출 요구권을 행사할 수 없다고 판단한 것이다.

한편, 해당 선거관리위원회가 내부지침을 어기고[50] 자원봉사자에 대한 매수혐의가 포함되어 있는 전자정보를 보관하던 중 법원의 압수

---

49) 대전고법 2021. 9. 10. 선고 2021노103 판결
50) 디지털 증거 및 전자게시물 정보의 수집·분석·관리 등에 관한 규정 제19조제2항은 선거관리위원회가 수집·분석한 디지털 증거가 불필요하게 되었을 경우에는 지체 없이 이를 폐기하도록 규정하고 있다.

영장에 의하여 이를 검사에게 제출하게 되었다. 이에 대하여 법원은 압수영장에 의하여 검찰이 해당 전자정보를 점유할 수 있는 권한을 갖게 된 것일 뿐, 선거관리위원회가 적법한 임의제출 절차를 거치지 않은 채 수집한 당초의 전자정보가 위법하게 수집된 증거라는 본질에는 변함이 없다고 보았다.

선거관리위원회가 위법하게 수집한 증거에 대하여 법원의 압수영장을 받아 압수하기만 하면 그 위법상태가 제거된다고 볼 경우 헌법과 형사소송법이 정하고 있는 적법절차의 원리가 심각하게 침해될 우려가 있다고 판단하였기 때문이다. 이 사안도 검사가 상고하였으나 대법원이 이를 기각하여 원심이 확정되었다.[51]

그러나 해당 선거관리위원회가 고발한 기부행위위반은 공소가 유지되어 당시 치킨과 맥주모임에 참석한 사람 3명의 회비 각 1만원씩 총 3만원을 부담한 사람과 4명의 회비 4만원을 대신 내준 회계책임자는 기부행위위반죄의 유죄판결을 피하지 못하였고, 해당 예비후보자는 소속 정당으로부터 자격을 박탈당하였다.

(4) 조사공무원이 증거형성에 가담

2012년 4월 실시된 제19대 총선에서 당선된 사람이 선거운동을 도와준 고향 후배를 국회의원 지역사무실에 유급사무원으로 채용한 것처럼 위장하여 급여 명목으로 해당 후배의 계좌에 선거운동과 관련한 금전을 입금하였다. 선거운동 대가를 지급받은 해당 후배가 포상금을 기대하며 선거관리위원회에 이를 신고하였으나, 선거관리위원회 조사직원은 계좌로 입금된 돈이 선거운동의 대가로 지급된 것임을 입증할 직접증거가 없는 것으로 판단하였다.

이에 선거관리위원회 조사직원은 신고자로 하여금 당선자에게 전

---

51) 대법원 2021. 12. 30. 선고 2021도13149 판결

화를 걸어 신고자의 계좌에 입금된 금전이 선거운동의 대가로 지급된 것이라는 사실을 확인하는 내용으로 통화를 하고 이를 녹음하여 제출하도록 요구하였다.

문제는 선거관리위원회 직원이 단순히 신고자가 보관하고 있는 증거의 제출을 요구한 것이 아니라 당선인에게 어떠한 질문을 하여 혐의 사실 입증에 필요한 진술을 유도할 것인지, 그리고 당선인으로부터 이끌어내야 할 진술의 구체적 내용과 진술번복에 대비하여 주의하여야 할 점 등을 신고자에게 상세히 설명한 점이다. 신고자는 실제 선거관리위원회 직원의 지시에 따라 당선자에게 전화를 걸고 이를 녹음하여 선거관리위원회에 제출하였다.

해당 사안에 대하여 1심 법원은 선거관리위원회 직원의 이러한 행위는 조사기관이 사실상 범죄 혐의에 대한 증거를 스스로 만들어 낸 것과 마찬가지이므로 행정조사 또는 준수사기관으로서 선거관리위원회의 직무범위를 일탈한 것이라 평가하면서 신고자가 제출한 녹음파일의 증거능력을 부인하였다.[52]

2심 법원 또한 이러한 행위는 행정조사기관이 피조사자를 이용하여 사실상 압수수색 또는 감청의 효과를 달성하는 셈이고 나아가 헌법상의 영장주의를 잠탈하는 결과로 이어지는 것이어서 허용될 수 없으므로 역시 그 증거능력을 인정하기 어렵다고 판단하였다.[53] 그나마 위안이 되는 점은 위법하게 수집된 증거를 제외하더라도 오염되지 않은 다른 증거들에 기초하여 해당 국회의원에게 300만원의 벌금형이 확정되고 당선이 무효로 된 점이다.

---

52) 수원지법 2012. 12. 5. 선고 2012고합971－1(분리) 판결
53) 서울고법 2013. 5. 2. 선고 2013노120 판결

제3절
위탁선거 위반행위 신고

1. 위탁선거 위반행위 조사 · 수사

가. 조사 · 수사기관

선거범죄에 관하여 조사 또는 수사할 수 있는 기관을 살펴보면 우선적으로 검찰, 경찰, 그리고 선거관리위원회를 고려할 수 있을 것이다. 검찰의 경우 검사의 정원 2,292명[54]에 더하여 6,200여 명의 검찰수사관이 수사를 담당하고 있고, 경찰은 14만여 명의 정원 중 국가수사본부 소속 35,000여 명이 수사를 담당하는 것으로 알려져 있다. 선거관리위원회는 전체 3,000여 명의 정원 중 대략 1,000여 명 정도가 조사 · 단속 업무를 담당하고 있다.

검찰의 경우 2022년 검찰청법 개정에 따라 검찰과 경찰의 수사권이 조정됨으로써 검사가 수사를 개시할 수 있는 범죄가 한정되었다. 검찰청법의 위임에 따라 대통령령인 검사의 수사개시 범죄 범위에 관한 규정 제2조제1호는 검사가 수사를 개시할 수 있는 부패범죄의 유형을 별표 1로 정하고 있다.

---

54) **검사정원법 제1조(검사의 정원)** 「검찰청법」 제36조제1항에 따라 검사의 정원을 2,292명으로 한다.

해당 대통령령의 별표 1에는 정치 또는 선거와 관련하여 검사가 수사를 개시할 수 있는 부패범죄로 공직선거법의 공무원 선거개입 범죄와 기부행위위반죄, 정당법의 당대표 경선 등의 매수죄, 정치자금법의 각종 제한규정위반죄, 각종 의무규정위반죄 및 선거비용 관련 범죄를 열거하고 있다.[55]

개정된 대통령령에 따라 검사는 위탁선거범죄에 대한 수사를 개시할 권한이 없으므로, 위탁선거 위반행위를 조사 또는 수사할 수 있는 기관은 선거관리위원회와 경찰로 그 범위가 압축된다.

나. 신고 대상기관

경찰과 선거관리위원회는 설립목적과 추구하는 가치가 서로 다르고, 기관 구성에 있어서도 중립성과 공정성 확보에 상당한 차이가 있으며, 취급하는 범죄의 범위와 업무수행 방식에도 큰 차이가 있다. 따라서 위탁선거 위반행위에 대한 신고를 접수할 경우 그 처리방식에 있어서도 기관간 상당한 차이를 보일 수밖에 없을 것으로 보인다.

결국 위탁선거 위반행위에 대하여 신고하거나 고소 또는 고발하려는 사람은 이러한 기관의 특성과 위반행위의 유형을 종합적으로 고려하여 신고 대상기관을 선택하는 것이 합리적일 것이다. 만일 동일한 사안을 경찰과 선거관리위원회에 중첩하여 신고하거나 고소 또는 고발한 경우 선거관리위원회는 그 내용을 경찰에 이첩하고 사안을 종결한다.

선거관리위원회가 조사를 통하여 범죄의 혐의를 적발하고 검찰이나 경찰에 고발 또는 수사의뢰 조치를 하는 경우 그 조치의 형사소송

---

55) 선거범죄 중 가장 가벌성이 높은 것으로 평가할 수 있는 매수죄와 정치자금범죄 중 가장 가벌성이 높은 정치자금 부정수수죄가 검사의 수사개시 대상 범죄에서 제외된 것은 의외로 보인다. 그 깊은 속뜻을 알기 어렵다.

법적 효과는 피고발인에 대한 공소유지를 통하여 사법정의를 실현해 달라거나, 범죄혐의에 대한 강제수사권 발동을 촉구하여 실체적 진실을 밝혀 달라는 의사표시이다. 그러므로 이미 수사기관에도 선거관리위원회와 동일한 내용의 신고나 고소 또는 고발이 접수된 경우 선거관리위원회가 별도로 해당 신고내용을 조사할 실익이 없다.

또한 경찰이 수사중인 사안을 선거관리위원회도 조사에 착수한다면 여러 기관의 중복조사에 따른 비효율은 물론이고 피조사자에 대한 과도한 기본권 침해의 우려도 있다. 다만, 위탁선거범죄를 신고하는 경우 어느 기관에 신고하든 모두 자수자의 특례가 적용되고 범죄신고자로 보호를 받는 점은 동일하다.

2. 경찰에 신고할 경우의 장점

선거관리위원회가 비록 전국적 조직이기는 하지만, 직원 수는 구·시·군마다 6명 내지 13명 정도에 불과하므로 대규모 또는 다수인이 가담한 범죄를 현장에서 진압하기에는 어려움이 있다.

따라서 상대방 후보자나 그 지지자들에 의하여 대규모 선거운동 방해행위가 발생한 경우 피해의 확산을 방지하고 현장에서 이를 진압하기 위해서는 경찰이 보유한 압도적인 물리력의 행사가 필요할 것이다. 또한 광범위한 선거인을 대상으로 조직적인 매수행위가 현재 이루어지고 있는 상황이라면 범인의 체포와 증거확보를 위한 압수수색 등 강제수사가 시급하게 요구된다.

이러한 경우에는 경찰에 신고하여 경찰이 즉각적으로 전방위적인 강제수사에 착수하는 것이 선거범죄의 진압과 확산 방지를 위한 측면에서 가장 효율적인 대응방법으로 보인다.

만일, 경찰에 신고한 위탁선거 범죄를 경찰이 부적절하게 처리하

는 경우, 예컨대 신고한 위탁선거범죄 수사에 관한 직무를 유기하거나
직권을 남용하는 경우에는 그 사실을 따로 검찰에 신고하는 방안도
검토할 수 있을 것으로 보인다.

　위탁선거범죄 자체는 검사의 수사개시 대상 범죄가 아니지만, 경
찰공무원이 범한 범죄에 대하여는 검찰청법 관련 규정에 따라 검사가
수사를 개시할 수 있기 때문이다.56)

3. 선거관리위원회에 신고할 경우의 장점

　선거관리위원회는 선거와 국민투표의 공정한 관리를 위하여 설치
된 헌법상 독립기관이다. 시·도선거관리위원회 이하의 조직은 위원의
구성방식부터 이해 당사자인 정당에서 추천한 사람이 위원으로 참여
하여 직무수행의 공정성과 투명성을 담보하고 있다.

　또한 1963년 기관 창설 이래 60년 이상 선거법을 운용해 오면서
누적된 높은 수준의 전문성도 갖추었다. 따라서 선거관리위원회는 다
중의 위력을 발휘하는 선거관리 침해와 선거의 자유 방해 같은 폭력
적인 질서문란 상황에 관해서는 효과적인 대응에 어려움이 있으나, 그
나머지 영역에서는 위탁선거 위반행위를 효율적으로 억제하며 공정한
심판으로서의 책무를 다할 수 있다.

　특히 정관이나 선거규약 같은 자치법규 위반행위에도 절제된 조
사권을 행사하고 경고·주의 등 적절한 행정조치나 중지·시정명령을
통하여 위탁선거 위반행위를 억제하고 공정한 선거를 수호할 수 있으
리라 본다.

　정관이나 선거규약 등 자치법규를 위반한 사안에 대하여 범죄혐

---

56) 검찰청법 제4조제1항은 검사의 직무와 권한을 규정하면서 검사가 수사를 개시
　할 수 있는 범위에 경찰공무원이 범한 범죄를 열거하고 있다.

의를 전제로 하는 경찰의 수사권은 발동되지 않는다. 강제수사는 오히
려 범죄가 될 수 있다. 그러나 자치법규 위반행위에도 조사권을 행사
하여 적절한 조치를 취해야 하는 것이 관할 선거관리위원회의 법률상
의무이다. 만일 위탁선거 위반행위를 묵인하거나 방치할 경우에는 오
히려 선거무효의 원인이 될 수 있다.

선거관리위원회 위원과 직원은 어느 공직보다 높은 수준의 청렴
성과 도덕성을 갖추고 있는 것으로 평가받아 왔다. 공공기관을 대상으
로 청렴도나 신뢰도 조사를 할 때마다 선거관리위원회의 순위는 항시
한 손의 손가락만으로도 충분히 꼽을 수 있었다.

최근 선거관리위원회가 공정성 시비, 사전투표 실패, 특혜인사 논
란으로 위기를 겪고 있으나, 이는 고위 정책결정권자들에게 책임이 있
는 것으로서 일선 선거관리위원회의 직원들에게는 아무런 고의과실이
없다. 그들에 대한 신뢰를 거두어서는 안 된다. 자유롭고 공정한 선거
의 수호자를 자처하는 그들은 자부심과 긍지에 큰 상처를 입고 절치
부심하며 지금 명예회복을 벼르고 있다.

공정성을 의심받는 부분 또한 어리석음의 원인이 크다. 인류사의
불행한 부분에서 항시 죄악의 지분보다 어리석음의 지분이 더 많았다
는 것은 지금도 역사가 우리에게 전하는 교훈이다.

4. 사안별 신고 · 고소 · 고발 대상기관

가. 현행범의 경우

형사소송법 제212조에 따라 현행범인은 누구든지 영장 없이 체포
할 수 있다. 다만, 검사 또는 경찰이 아닌 사람이 현행범인을 체포한
때에는 즉시 검사 또는 경찰에게 인도하여야 한다(형사소송법 §213①).

358

위탁선거 위반행위 중 선거범죄를 범한 사람의 저항이 완강하여 현행범으로 체포할 수 없거나 그 밖의 사유로 체포가 곤란한 경우에는 바로 경찰에 신고하는 것이 최선의 방법이다. 비록 선거관리위원회가 조사권을 보유하고는 있지만, 물리적 강제력을 행사할 수 있는 수사권이 아니기 때문에 테이저건·가스총·수갑 등 범죄자를 진압할 수 있는 장비가 전혀 없기 때문이다. 설사 체포하더라도 즉시 경찰에 인도하여야 한다.

실무적으로 다수인에 의한 소요 또는 교란 등의 방법으로 선거운동 방해가 이루어지는 현장에서 선거관리위원회에 현행범의 신고를 한 경우 그 신고를 접수한 관할 선거관리위원회는 경찰에 협조를 요청하여 함께 대응하는 것이 일반적이다.

나. 즉각적인 압수수색이 필요한 경우

범행 종료 후 증거를 인멸하거나 범행에 관한 진술에 관하여 담합의 우려가 있는 경우에도 즉각적인 압수수색을 통하여 증거확보가 필요할 것이므로, 이 경우에도 곧바로 경찰에 범죄신고를 하는 것이 실체적 진실발견과 사법정의 실현에 도움이 될 것이다. 이때 신고의 내용과 선거의 정황에 따라 경찰에서 압수수색의 필요성을 판단하면 족하다.

만일 관할 선거관리위원회에 신고를 하게 되면 고발장 또는 수사의뢰서 작성과 결재 등 내부적 의사결정 과정에 상당한 시간이 소요되므로 위탁선거범죄를 범한 사람에게 증거인멸에 필요한 시간을 벌어주는 셈이 된다.

다. 처벌을 원하는 경우

이사장선거와 관련된 죄를 범한 사람이 반성하지 않고 피해자에게 대한 배상도 거부하여 피해회복이 전혀 이루어지지 않는 경우에는 경찰에 고소를 해야 나중에 해당 사안이 기소되지 않더라도 형사소송법 제260조[57])에 따른 재정신청 제도를 활용하여 불기소 처분이 정당한지 한 번 더 다투어 볼 기회가 있다.

공직선거법에서는 매수죄, 기부행위 위반죄, 허위사실 공표죄, 선거의 자유 방해죄 등 중요 선거범죄에 대하여 고발을 한 선거관리위원회에 재정신청권을 부여하고 있으나(§273①), 위탁선거법은 선거관리위원회의 고발사건에 재정신청권을 인정하지 않는다.

따라서 선거관리위원회에 위탁선거범죄를 신고하고 관할 선거관리위원회가 이를 조사하여 고발조치를 하였으나, 검사가 해당 사건을 기소하지 않은 경우 선거관리위원회로서는 검찰항고 외에는 더 이상 추가적인 조치를 할 수 없다.

그러나 고소권자로서 고소를 한 사람은 형사소송법의 일반조항에 따라 누구든지 검사의 불기소 처분에 대하여 재정신청을 할 수 있으므로, 피해자가 관할 선거관리위원회에 위탁선거범죄를 신고한 경우 선거관리위원회의 고발조치를 기다려 경찰에 고소함으로써 검찰이 불기소 처분을 할 경우 그에 대한 불복절차로서 재정신청을 활용할 수 있을 것이다.

---

57) **형사소송법 제260조(재정신청)** ① 고소권자로서 고소를 한 자(「형법」 제123조부터 제126조까지의 죄에 대하여는 고발을 한 자를 포함한다. 이하 이 조에서 같다)는 검사로부터 공소를 제기하지 아니한다는 통지를 받은 때에는 그 검사 소속의 지방검찰청 소재지를 관할하는 고등법원(이하 "관할 고등법원"이라 한다)에 그 당부에 관한 재정을 신청할 수 있다. 다만, 「형법」 제126조의 죄에 대하여는 피공표자의 명시한 의사에 반하여 재정을 신청할 수 없다.

라. 복잡한 법리해석을 요구하는 경우

위탁선거범죄를 포함하여 대부분의 선거범죄는 객관적 구성요건도 복잡하거니와 그 주관적 구성요건이 고의 외에 초주관적 요소로서 선거운동 목적을 요구하는 등 목적범 규정이 많아 법규운용에 상당한 전문성이 요구된다.

따라서 형법과 특별형법 등 광범위한 범죄에 대한 수사를 업무영역으로 하는 경찰의 입장에서는 후보자비방죄 또는 허위사실 공표죄 등 평소 자주 다루어보지 않은 선거범죄의 처리에 상당한 어려움을 겪을 수 있다. 예컨대 형법상의 명예훼손이나 정보통신망법에 따른 사이버명예훼손에 적용되는 일반적인 법리와 선거에서 허위사실공표죄나 후보자비방죄에 적용되는 법리가 크게 다르기 때문이다. 법리적으로 구성요건이 복잡하지만 급박하지 않은 위탁선거범죄는 가급적 관할 선거관리위원회에 신고를 권한다.

마. 자치법규 위반 등 경미한 사안

이사장선거에서 새마을금고법이나 위탁선거법을 위반한 경우는 물론이고 정관이나 임원선거규약 같은 자치규범을 위반하여 선거의 자유와 공정이 현저하게 침해된 경우에도 선거무효의 사유가 될 수 있다. 그러나 정관이나 임원선거규약을 위반한 행위는 실정법상 범죄가 아니므로 사적자치(私的自治)의 원칙상 경찰은 개입할 수도 또 개입해서도 안 된다.

따라서 정관이나 임원선거규약을 위반한 행위에 대하여는 오직 관할 선거관리위원회에 신고하여 위법행위의 중단·시정명령, 경고 또는 주의조치 등 행정지도를 통하여 자치규범 위반행위를 억제하는 것이 현실적이고 효율적인 대응방법이 될 것이다.

아울러 경고나 주의조치 등 행정조치로 종결될 정도의 경미한 위탁선거 위반행위에 대하여는 강제수사의 공권력보다는 관할 선거관리위원회에 신고하여 행위자의 경각심을 고취하고 추가적인 위반행위를 방지하는 것이 위반행위 억제와 선거의 후유증을 최소화하기 위한 합리적 방법으로 보인다.

바. 예비 · 음모 또는 미수단계의 경우

예비(豫備) · 음모(陰謀)란 특정 범죄를 저지를 것을 계획하거나 그 범죄를 저지를 것을 준비하는 것을 말하고, 범죄의 실행에 착수하였지만 그 행위를 끝내지 못하였거나 결과가 발생하지 않은 경우를 미수라 한다.

예비·음모는 형법의 일반원칙에 따라 법률에 특별한 규정이 없는 한 벌하지 않고, 미수범을 처벌하는 경우에는 해당 죄에서 정한다.[58] 그러나 위탁선거법의 벌칙에서는 예비 · 음모나 미수범을 처벌하는 규정이 없으므로 그 단계의 위탁선거 위반행위를 경찰에 신고하더라도 강제수사권은 발동할 수 없다.

한편, 공직선거법은 선거관리위원회 위원과 직원에게 선거의 자유와 공정을 현저하게 해할 우려가 있는 위법행위가 눈앞에 행하여지고 있거나, 행하여질 것이 명백하다고 인정되는 경우에는 절제된 물리력을 행사하여 행위의 중단 또는 예방에 필요한 조치를 할 수 있도록 예방조치권을 부여하고 있다(§272의2⑤).

아쉽게도 위탁선거법에는 이러한 권한이 명시되지 않았지만, 이사장선거에서 중대한 위반행위가 선거관리위원회 직원의 눈앞에서 진행되고 있거나 진행될 가능성이 있다면, 해당 직원은 주저하지 않고

---

58) 형법 제28조 및 29조 참조.

현장에서 위법행위를 제지하려 나설 가능이 높다. 조심스럽지만, 예비·음모 또는 미수단계의 위탁선거 위반행위에 대하여는 관할 선거관리위원회에 신고를 권해 본다.

역설적으로 공직선거법에서 예방조치권이 명문화된 이유가 바로 법적 근거가 없던 시기에도 선거관리위원회 직원들이 예비·음모 또는 미수에 해당하는 행위를 현장에서 제지하는 등 적극적으로 개입하여 위법행위를 억제하여왔기 때문에 입법자의 응원과 격려의 문장으로 예방조치권이 제도적으로 수용된 것이다.

선거관리위원회 위원과 직원에게 조사권의 일종인 예방조치권을 부여한 궁극적 목적은 위반자에 대한 처벌이 아니라 선거의 공정을 확보하기 위한 것이기 때문이다.

사. 신고 포상금을 원하는 경우

동시이사장선거에서 선거관리위원회가 인지하기 전에 위탁선거 위반행위를 신고한 사람에게는 최대 3억원까지 포상금이 지급된다.[59] 신고형식은 단순한 신고이든, 금전을 받은 사람이 자신의 범죄를 신고하는 자수이든, 위탁선거 위반행위를 한 사람을 처벌하여 달라는 의사표시인 고소나 고발을 가리지 않는다.

신고대상 행위가 범죄인지 행정질서벌인 과태료 부과대상인지 여부를 가리지 않고 정관이나 선거규약 위반행위도 포상금 지급대상이다. 다만, 신고, 고소 또는 고발한 사람이 피신고인 등 상대방과 대립하는 이해관계를 가진 사람, 예컨대 후보자와 그 가족이 상대방 후보자의 위탁선거 위반행위를 신고하거나, 고소 또는 고발한 경우에는 포상금 지급이 제한될 수 있다.

---

59) 다만, 개별적으로 실시하는 이사장선거의 신고포상금 상한액은 1억원이다. 위탁선거법 제76조, 위탁선거규칙 제37조제1항 참조.

위탁선거 위반행위에 대한 신고포상금 제도는 당사자 간 은밀하게 이루어지는 금품수수 행위를 적발하기 위해 도입된 제도이므로, 제도도입의 취지에 반하여 경쟁후보자에 대한 모함이나 정략으로 악용되어서는 안 되기 때문이다.

참고적으로 위탁선거 위반행위를 경찰에 신고한 경우에는 포상금이 지급되지 않는다. 간첩이나 좌경·용공사범 신고를 제외하고는 정부의 포상금 지급에 인심이 후했던 적이 없다.

아. 위탁신청전 위법행위

2023년 10월 12일부터는 새마을금고법 개정법률의 시행에 따라 이사장선거를 포함한 모든 임원선거에서 사전선거운동이 금지되었고, 현직 이사장에게는 개정법률의 시행과 동시에 기부행위가 상시제한되고 금고의 경비로 경조사에 축의·부의금품을 제공하는 경우에는 그 명의표시가 제한된다.

아울러 이사장선거에 위탁선거법이 적용됨에 따라 동시이사장선거의 임기만료일전[60] 1년부터는 후보자가 되려는 사람과 그 가족의 기부행위도 제한된다. 특히 금고의 임직원이 지위를 이용하여 선거운동을 하거나 선거운동의 기획에 참여하거나 그 기획의 실시에 관여하는 행위가 금지된다. 또한 언제든지 선거운동을 목적으로 후보자가 되려는 사람과 그 가족을 비방하거나 그들에 관하여 허위사실을 공표할 수 없다.

---

60) 2021년 10월 19일 공포된 새마을금고법 부칙 제3조제1항 본문에 따라 2025년 3월 5일 실시하는 제1회 동시이사장선거에 참여하는 금고들의 이사장 임기는 2025년 3월 20일까지로 한다. 한편, 기부행위 제한기간을 임기만료일전 1년부터로 확장한 위탁선거법 개정법률이 2024년 1월 30일 공포되었으나, 해당 규정은 2024년 7월 31일부터 시행된다.

문제는 관할 선거관리위원회의 조사권은 원칙적으로 위탁관리가 확정되어야 행사할 수 있다는 점이다. 금고의 합병이나 해산 등의 사유로 예기치 않게 선거를 실시하지 못하는 상황이 발생할 수도 있기 때문이다. 조합장선거에서도 이와 같이 운용하고 있다.

2024년 2월 9일 시행된 위탁선거법에 따라 동시이사장선거는 임기만료일전 180일에 별도의 신청 없이 관할 선거관리위원회에 위탁한 것으로 간주한다.61) 따라서 2025년 3월 5일 실시하는 제1회 동시이사장선거에서 관할 선거관리위원회의 조사권은 임기만료일전 180일에 해당하는 2024년 9월 21일부터 행사한다.

따라서 2024년 9월 21일 전까지 새마을금고법과 위탁선거법 위반행위는 중앙선거관리위원회의 위탁선거 관리정책 변경 등 특별한 사정이 없는 한 관할 선거관리위원회가 개입하지 않을 것이므로, 해당 위반행위는 사안의 시급성이나 중대성을 고려하여 경찰에 신고하는 것이 적절해 보인다.

다만, 임기만료일전 180일 이후 관할 선거관리위원회에 위탁한 것으로 간주되는 시점부터는 해당 선거관리위원회가 그 전에 발생한 위탁선거 위반행위를 조사할 수 있고, 선거종료 후에도 공소시효가 완성되기 전까지는 사후매수가 이루어지는지 또는 선거일 후 답례금지 규정을 위반하는지를 살펴본다.

---

61) 위탁선거법 제8조제2호 참조.

제 9 장

특별 형사제도와 과태료 특례

선거에서 매수행위와 위법한 선거운동을 억제하고 선거의 공정을 확보하여 그 결과를 안정시켜야 선출된 대표자는 다수의 지지와 깨끗한 선거에 따른 정당성을 기초로 강력한 리더십을 발휘할 수 있다.

위탁선거법은 위법행위 억제를 위해 자수자 특례와 신고포상제를 두고, 선거결과를 조속히 안정시키기 위해 단기의 공소시효와 형의 분리선고를 규정하는 한편, 과태료 부과·징수에도 특례를 두고 있다.

이 장에서는 위탁선거법과 새마을금고법에 규정된 특별 형사제도, 당선무효, 과태료 부과·징수 절차에 관한 특례를 살펴보기로 한다.

제1절
선거범죄에 관한 단기의 공소시효

1. 임원선거의 선거범죄 공소시효

　이사장선거에서 선거범죄의 공소시효에 관해서는 새마을금고법과 위탁선거법이 모두 선거일 후 6개월을 경과함으로써 완성되도록 동일한 기간으로 규정하고 있다. 다만, 선거일 후에 이루어진 범죄는 그 행위를 한 날부터 6개월을 경과함으로써 공소시효가 완성되고, 범인이 도피하거나 범인이 공범 또는 범죄의 증명에 필요한 참고인을 도피시킨 경우에는 그 시효를 3년으로 연장한다(새마을금고법 §85⑥, 위탁선거법 §71).

　공소시효는 원칙적으로 범죄행위가 종료한 때로부터 진행하여 법정형에 따라 정해진 일정 기간의 경과로 완성된다. 대부분 선거 관련 법률에서 공소시효의 진행을 선거일부터 기산하도록 규정하고 있다. 그 취지는 해당 선거와 관련하여 선거일까지 발생한 범죄에 대하여는 범행시기가 언제인지를 묻지 않고 선거일까지는 공소시효의 진행을 정지하였다가 선거일 후에 일괄하여 공소시효가 진행되도록 하려는 데 있다.[1]

---

1) 대법원 2012. 10. 11. 선고 2011도17404 판결

2. 단기의 공소시효를 둔 취지

공소시효는 범죄 성립시부터 기산하여 국가가 형벌권을 행사할 수 있는 기한을 의미한다. 범인의 장기간 도피생활에 따른 고통과 반성을 고려하고, 세월의 경과에 따라 증인의 기억이 흐려지거나 심지어 사망할 가능성도 있으며, 증거가 유실됨에 따라 현실적으로 범죄입증이 곤란한 점 등을 고려한 것이다.

형사소송법은 공소시효의 기간을 장기 10년 미만의 징역 또는 금고에 해당하는 범죄는 7년, 장기 5년 미만의 징역이나 금고 또는 벌금에 해당하는 범죄는 5년으로 각각 달리 정하고 있다. 그러나 선거범죄에 관하여는 공직선거법과 위탁선거법을 비롯하여 새마을금고법, 농업협동조합법 등 개별 법률에서 짧은 공소시효를 규정하여 선거결과를 조속히 확정하고 당선인 지위의 불안정성을 제거하여 직무에 전념할 수 있도록 배려하고 있다.

다만, 공소시효가 단기임을 악용하여 중요 참고인을 도피시킨 경우에는 공소시효를 3년으로 연장하고, 선거일이 상당히 지난 후에 선거운동의 대가를 제공하는 등 사후매수에 대하여는 행위 시점을 공소시효 기산일로 하여 선거부정을 억제하고 있다.

3. 공소시효 기산 기준일

'해당 선거일'이란 선거범죄와 직접 관련된 선거의 투표일을 말한다. 따라서 지난 선거와 다음 선거의 중간에 범행이 이루어진 경우 그 선거범죄가 범행 전후의 어느 선거와 관련하여 행하여진 것인지에 따라 공소시효의 기산일을 판단한다.[2]

'선거일 후'란 선거일 다음 날부터를 의미한다. 예컨대 동시이사 장선거일인 2025년 3월 5일 이전에 행하여진 위탁선거의 범죄는 2025년 9월 5일까지 기소할 수 있다.

한편, 선거일 후 행하여진 범죄란 선거일 후에 행하여진 일체의 선거범죄를 의미한다. 따라서 선거일 후 10개월이 지난 후에 이미 실시된 선거의 선거운동 대가를 지급한 경우에는 그 대가 지급 행위가 있는 날부터 6개월까지 기소할 수 있다.[3]

4. 도피한 경우 공소시효의 연장

범인이 스스로 도피하거나 범인이 공범이나 참고인을 도피시킨 경우에는 공소시효가 3년으로 연장된다. 다만, 공범이나 참고인이 범인과 공모함이 없이 자발적 의사에 따라 도피한 경우에는 공소시효가 연장되지 않는다.

'범인'이란 실제로 범행을 한 사람으로서 수사기관에 의하여 범인으로 지목되어 수사의 대상이 된 사람을 의미하므로 반드시 피의자로 입건된 사람임을 요하지 않는다. '범인이 도피한 때'란 범인이 주관적으로 수사기관의 검거·추적으로부터 벗어나려는 도피의사가 있어야 하고, 객관적으로 수사기관의 검거·추적이 불가능한 도피상태에 있어야 한다.

범인에게 도피의사가 인정되지 않는 경우나, 범인의 인적사항이 불명이거나, 수사기관이 범인의 소재를 알지 못하거나, 단순히 수사기관의 소환에 응하지 않고 있을 뿐 강제수사가 가능한 경우에는 도피상태라 볼 수 없어 공소시효가 정지되지 않는다.[4]

---

2) 대법원 2006. 8. 25. 선고 2006도3026 판결
3) 대검찰청 2020. 3. 『공직선거법 벌칙해설』 제10개정판 158쪽 참조.

370

'공범'이란 공동정범, 교사범, 방조범을 말하고, 참고인은 피의자가 아닌 사람으로서 수사상 필요에 따라 일정한 장소에 출석요구를 받은 사람을 의미한다. 다만, 참고인은 아직 그와 같은 출석요구를 받지 않았더라도 향후 선거범죄의 증명에 필요하여 출석요구를 받을 것으로 예상되는 제3자가 포함된다는 견해[5]도 있다.

'도피시킨 때'란 형법 제151조의 범인도피죄에서 말하는 '도피하게 하는 행위'와 같은 의미로 해석된다.[6] 이는 범인 은닉 이외의 방법으로 범인에 대한 수사, 재판, 형의 집행 등 형사사법의 작용을 곤란하게 하거나 불가능하게 하는 일체의 사법방해 행위를 말하는 것으로서 그 수단과 방법에는 아무런 제한이 없다. 판례는 범인이 아닌 자가 수사기관에 범인임을 자처하고 허위사실을 진술함에 따라 수사에 혼선을 주어 진범의 체포와 발견에 지장을 초래한 행위도 범인도피죄에 해당한다고 보았다.[7]

5. 공소시효의 정지

공소시효는 공소의 제기로 진행이 정지되고 공소기각 또는 관할위반의 재판이 확정된 때로부터 다시 진행된다(형사소송법 §253①). 고소권자로서 고소를 한 사람이 검사의 불기소 처분에 불복하여 재정신청을 할 경우에는 그 때부터 고등법원의 재정결정이 확정될 때까지 공소시효의 진행이 정지된다(형사소송법 §262의4①).

공범의 1인에 대한 공소시효의 정지는 다른 공범자에 대하여도

---

4) 대법원 2010. 5. 13. 선고 2010도1386 판결
5) 황정근 2005. 2. 10. 『선거부정방지법』 제2판 법영사 74쪽 참조
6) 대법원 2000. 11. 24. 선고 2000도4078 판결
7) 대법원 2000. 11. 24. 선고 2000도4078 판결

그 효력이 미치고, 해당 사건의 재판이 확정된 때로부터 다시 공소시효가 진행된다(형사소송법 §253②).

공소장 변경이 있는 경우 공소시효의 정지 여부는 당초의 공소제기 시점을 기준으로 판단한다.8) 공소장 변경은 공소사실의 동일성을 해하지 않는 범위에서 적용법조만 달리하기 때문이다. 예컨대, 공소장 일본주의 위반으로 공소기각 판결이 확정된 후 동일한 공소사실에 적용법조만 변경하여 다시 기소된 사안의 공소시효는 당초의 공소가 제기된 때부터 공소기각의 재판이 확정된 때까지 정지된 것으로 본다.9)

한편, 범인이 형사처분을 면할 목적으로 국외에 있는 경우 그 기간 동안 공소시효는 정지된다(형사소송법 §253③). 해당 조항의 입법 취지는 범인이 대한민국의 사법권이 미치지 못하는 외국에 도피의 수단으로 체류한 경우 그 기간 동안 공소시효가 진행되는 것을 저지하여 형벌권을 적정하게 행사하기 위한 것이다.10)

따라서 범인이 외국으로 도피한 경우 위탁선거법에 형사소송법상의 공소시효 정지에 관한 규정을 명시적으로 배제하는 규정을 두고 있지 않으므로, 이사장선거의 범죄자가 외국으로 도피한 경우 그 공소시효가 정지되는 것으로 보아야 할 것이다.11)

---

8) 대법원 2002. 1. 22. 선고 2001도4014 판결
9) 광주고법 2017. 9. 15. 선고 2017노89 판결(전주)
10) 대법원 2022. 9. 29. 선고 2020도13547 판결
11) 대검찰청 앞의 책 161쪽 참조.

제2절
선거범죄와 다른 범죄의 분리선고

1. 분리선고제도 개요

가. 분리선고의 입법 취지

현행 공직선거법의 전신으로 1994년 3월 16일 시행된 구 공직선거및선거부정방지법 제18조제3항에서 선거범과 다른 죄의 경합범에 대하여는 형법 제38조에도 불구하고 이를 분리 심리하여 따로 선고하도록 규정한 이래 최근에는 새마을금고법 등 유사법제에도 분리선고 제도가 수용되었다.

새마을금고법은 형법상 경합범에 대한 처벌례에도 불구하고 새마을금고법에 규정된 선거범죄, 위탁선거법의 선거범죄, 상해·폭행·강요 등 직장 내 갑질 범죄, 간음·추행 등 직장 내 성폭력 범죄(이하 이 장에서 '선거범죄등'이라 한다)와[12] 다른 죄의 경합범(競合犯)에 대하여 벌금형을 선고하는 경우 이를 분리하여 선고하도록 규정하고 있다(§21 의2).

---

12) 여기에서 분리선고 대상으로 적시된 죄들은 모두 새마을금고법 제21조제1항 제8호·11호의2·제11호의3에서 100만원 또는 300만원 이상의 벌금형 확정시 임원의 결격사유로 열거된 것들이다.

형법의 일반원칙에 따라 선거범죄등과 일반범죄의 실체적 경합범을 병합하여 심리하게 되면 같은 종류의 형인 경우 가장 무거운 죄에 정한 형의 장기 또는 다액(多額)에 그 2분의 1까지 가중하여 선고해야 한다(형법 §38① 2.). 이 경우 임원 자격의 제한 여부의 기준이 되어야 할 선거범죄등의 죄질이나 가벌성과는 무관하게 병합심리되는 일반범죄의 가벌성이 선고형에 큰 영향을 줄 수 있다.

따라서 분리선고 제도의 취지는 선거범이 아닌 다른 죄가 선거범의 양형에 미치는 영향을 최소화하기 위하여 형법상 경합범 처벌례에 관한 일반조항의 적용을 배척하고 피선거권이 제한되는 범죄는 일반범죄와 분리 심리하여 형을 따로 선고하는 점에 있다.[13)]

특히 새마을금고법의 분리선고 제도는 선거범죄를 분리 심리하여 따로 선고하는 규정을 두지 않았던 구법 관련 규정에 대한 헌법불합치결정[14)]에 따라 2015년 7월 20일 유사법제 중 최초로 분리선고 제도가 도입되었다는 점에 큰 의의가 있다. 이후 농업협동조합법, 수산업협동조합법, 중소기업협동조합법 등 유사법제에도 개별 법률에 규정된 선거범죄 및 위탁선거범죄와 다른 죄의 경합범에 대해서는 형을 분리하여 선고하도록 입법에 반영되었다.[15)]

헌법불합치결정의 이유는 심판대상 조항이 비선거범죄가 선거범죄의 양형에 영향을 미치는 것을 최소화하기 위한 분리선고 규정을 두지 않아 선고형 전부를 선거범죄에 대한 형으로 의제함에 따라 과

---

13) 대법원 2004. 2. 13. 선고 2003도3090 판결
14) 헌법재판소 2014. 9. 25. 2013헌바208 결정 참조. 이 사안은 2012년 2월 실시된 이사장선거의 당선자가 회원에게 양주와 와인을 제공하고 전임 자의 명예를 훼손하여 새마을금고법의 매수죄와 형법상 명예훼손죄의 경합범으로 벌금 200만원을 선고받자 헌법소원심판을 청구한 사건이다.
15) 농업협동조합법은 2016. 12. 27. 제49조의2를, 수산업협동조합법은 2016. 5. 29. 제51조의2를, 중소기업협동조합법은 2018. 12. 11. 제51조의2를 각각 신설하여 형의 분리 선고 제도를 도입하였다.

잉금지원칙에 반하여 새마을금고 임원이나 임원이 되려는 사람의 직업선택의 자유를 침해한다고 보았다.

특히 선거범죄가 경미하여 그것만으로 처벌되는 때에는 100만원 미만의 벌금형을 선고받을 수 있음에도 불구하고 다른 범죄와 경합범으로 함께 처벌되면 100만원 이상의 벌금형이나 징역형을 선고받을 수 있어 임원직을 상실하게 되는 문제도 지적하였다. 또한 새마을금고법의 해당 조항은 선거범죄와 다른 죄의 경합범으로 기소되어 처벌되는 사람과 별도로 각각 기소되어 따로 처벌되는 사람 사이에 합리적 이유 없이 차별대우를 하는 결과를 초래하므로 헌법상 평등의 원칙에도 위반된다고 보았다.

나. 분리선고 대상 범죄

새마을금고법은 경합범 처리에 관한 일반규정인 형법 제38조의 원칙에도 불구하고 새마을금고법의 선거 관련 범죄, 위탁선거법의 범죄, 직장 내 갑질 범죄, 직장 내 성폭력의 범죄와 다른 죄의 경합범(競合犯)에 대하여 벌금형을 선고하는 경우에는 이를 분리하여 선고하도록 규정하고 있다(§21의2).

반면, 금고 이상의 실형을 선고받은 경우 어차피 새마을금고법의 일반규정에 따라 범죄의 종류를 불문하고 그 집행이 끝나거나 면제된 날부터 3년이 지나기 전까지는 피선거권이 제한되므로 분리선고의 실익도 없고 분리선고의 대상도 아니다(§21① 9.).

분리선고 대상 범죄 중 선거 관련 범죄는 새마을금고법 제85조제3항에 규정된 선거범죄와 위탁선거법의 모든 범죄가 이에 해당된다. 직장 내 갑질 범죄로서는 형법 제257조제1항의 상해죄, 제260조제1항의 폭행죄, 제261조의 특수폭행죄, 제262조의 폭행치사상죄 및 제324조의 강요죄가 분리선고 대상 범죄이다.

직장 내 성폭력 범죄로는 형법 제303조제1항의 업무상 위력 등에 의한 간음죄, 또는 성폭력범죄의 처벌 등에 관한 특례법 제10조제1항에 따른 업무상 위력 등에 의한 추행죄가 바로 벌금형 선고시 분리선고 대상 범죄에 해당한다.

한편, 금고 임직원의 신분으로 자금을 사업목적 외에 사용·대출하거나, 금고의 재산을 투기 목적으로 처분·이용하는 등 새마을금고법 제81조제1항의 죄를 범하거나, 금고나 중앙회 사업과 관련하여 횡령·배임, 배임수증죄 등 형법 제355조부터 제357조까지의 죄는 분리선고의 대상이 아니다. 어차피 소액의 벌금형만으로도 피선거권이 제한되므로 굳이 분리선고할 이유가 없기 때문이다.

2. 분리선고에 따른 공판절차

벌금형만으로 선거권이 제한되는 선거범죄등과 다른 범죄의 경합범의 분리심리를 위한 공판절차의 진행은 사건기록을 분리할 필요가 없이 처음 공판기일에 선거범을 다른 죄와 분리 심리할 것을 결정·고지하고 같은 기록에 별도의 공판조서를 작성하여 진행한다.

판결은 특별한 사정이 없는 한 하나의 판결문으로 선고하되, 형만을 분리하여 선거범죄등에 대한 형벌과 그 밖의 죄에 대한 형벌로 나누어 정하면 된다. 만일 공소사실에 불명확한 점이 있어 선거범죄등과 다른 죄가 형법 제38조의 적용을 받는 경합범으로 기소되어 있는지가 분명하지 않다면, 법원은 그 불명확한 점에 관하여 석명을 구하는 등의 방법으로 공소사실을 특정한 후 사건을 선거범죄등과 다른 죄로 분리하여 심리하여야 한다.[16]

---

16) 대법원 1999. 4. 23. 선고 99도636 판결

3. 당선무효 범죄와 다른 선거범죄의 분리선고

가. 당선무효 대상 가족의 선거범죄

새마을금고법은 당선인 본인이 해당 법률의 선거범죄나 위탁선거법의 범죄로 100만원 이상의 벌금형이 확정된 경우 임원의 결격사유로 규정하고(§21① 8.), 재임 중 그러한 사정이 발생한 경우에는 당연퇴직 사유에 해당함을 밝히고 있을 뿐(§21②), 당선인의 가족이 선거에서 해당 범죄를 범한 경우 당선무효를 규정하지는 않고 있다.

반면에 위탁선거법은 당선인의 배우자나 직계존비속이 해당 선거에서 제58조의 매수죄나 제59조의 기부행위 위반죄로 징역형 또는 300만원 이상의 벌금형을 선고받은 때에는 당선을 무효로 하도록 규정하고 있다(§70 2.), 그러나 당선인 가족의 당선무효 대상 범죄와 다른 범죄의 경합범에 대하여는 이를 분리 심리하여 따로 선고하는 규정이 없다.

이에 따라 당선무효 대상 선거범죄가 경미하여 당선인 가족이 그것만으로 처벌되는 때에는 300만원 미만의 벌금형을 선고받을 수 있음에도, 다른 범죄와 경합범으로 처벌되면 300만원 이상의 벌금형을 선고받을 수 있어 당선이 무효로 되는 문제점이 있다.

다만, 위탁선거법에서 당선인의 배우자나 직계존비속의 중요 선거범죄로 당선을 무효로 하는 규정은 금고의 이사장선거 등 위탁이 의무화된 선거에만 적용될 뿐, 일반 임원선거를 임의적으로 위탁한 경우에는 적용되지 않는다.[17] 이에 관하여는 본장 제6절 '선거범죄로 인한 당선무효'에서 자세히 설명하기로 한다.

---

[17] 임의적 위탁선거에는 위탁선거법의 벌칙 중 제58조의 매수죄나 제59조의 기부행위 위반죄가 적용되지 않기 때문이다. 위탁선거법 제1항 참조.

나. 농업협동조합법 등 유사법제의 입법례

농업협동조합법 등 조합 관계법에서는 당선인의 배우자나 직계존비속이 해당 선거에서 매수 관련 범죄나 기부행위 위반죄로 징역형 또는 300만원 이상의 벌금형을 선고받은 때에는 해당 당선인의 당선을 무효로 하는 규정을 두고 있다.[18]

이에 따라 농업협동조합법,[19] 수산업협동조합법,[20] 산림조합법[21] 에서는 당선인의 배우자나 직계존비속에게 당선무효에 해당하는 범죄와 다른 죄의 경합범으로 형을 선고하는 경우에는 이를 분리하여 선고하도록 규정하고 있다. 법체계의 완성도 측면에서는 농업협동조합의 입법례가 전범(典範)으로 꼽힐 만하다.

반면에 유사법제 중 가장 먼저 선거범죄와 다른 죄의 경합범에 대한 분리선고제도를 도입한 새마을금고법은 2023년 4월에야 위탁선거법의 범죄를 추가하여 다른 범죄와 경합범에 대하여 분리하여 심리하고 따로 선고하도록 보완되었다. 새마을금고법은 헌법불합치결정에 따라서 당선무효 범죄의 분리선고에 관한 보완입법에 가장 먼저 출발하였지만, 지금은 제도 완성의 결승선에서 가장 멀리 있다.

---

18) 농업협동조합법 제173조, 수산업협동조합법 제179조, 산림조합법 제133조 참조.
19) 농업협동조합법 제49조의2제2항은 임원선거 후보자의 직계 존속·비속이나 배우자가 범한 해당 법률의 선거 관련 범죄 및 위탁선거법의 매수죄 또는 기부행위위반죄와 다른 죄의 경합범으로 징역형 또는 300만원 이상의 벌금형을 선고하는 경우에는 이를 분리 선고하도록 규정하고 있다.
20) 수산업협동조합법 제51조의2제2호는 당선인의 직계존속·비속이나 배우자에게 해당 법률의 선거 관련 범죄와 다른 죄의 경합범으로 형을 선고하는 경우에는 형을 분리하여 선고하도록 규정하고 있다.
21) 산림조합법 제39조의2제2호는 당선인의 직계존속·비속이나 배우자에게 해당 법률의 선거 관련 범죄와 다른 죄의 경합범으로 형을 선고하는 경우 경우에는 형을 분리하여 선고하도록 규정하고 있다.

4. 분리선고에 관한 법리적 쟁점

가. 법적 근거 없이 분리선고 가능 여부

판결이 확정되지 않은 여러 개의 죄를 동시에 판결하는 때에는 형법 제38조가 정하는 일반원칙에 따라 처벌하여야 하므로, 경합범으로 공소제기된 여러 개의 죄에 대하여 형법 제38조의 적용을 배제하고 따로 형을 선고하려면 처벌하는 법률에 그 예외를 인정한 명문의 규정이 있어야 한다.[22]

따라서 당선인의 배우자와 직계존비속의 당선무효 사유에 해당하는 선거범과 그 밖의 선거범죄등을 분리하여 형을 선고하도록 명문의 규정을 두고 있지 않다면, 다른 선거범죄의 양형이 당선무효 대상 범죄의 양형에 영향을 미쳐 후보자의 당선이 무효로 되더라도 달리 구제할 방법이 없다.

과거 선거범과 다른 죄의 경합범에 대한 분리 심리제도가 도입되기 전 구 농업협동조합법이 적용된 선거범죄 재판에서 법원은 농업협동조합의 임원선거에서도 선거범이 아닌 다른 죄가 선거범의 양형에 영향을 미치는 것을 최소화할 필요가 있다는 점은 인정하였다. 그러나 이를 위하여 형법 제38조와 달리 선거범이 아닌 다른 죄를 분리 심리하여 따로 선고하도록 할 것인지는 법원의 해석의 영역이 아니라 입법자의 결단에 따라 해결되어야 할 사안으로 보았다.[23]

아울러 법원은 그와 같은 입법조치도 없는 마당에 선거범죄와 다른 범죄의 경합범에 관하여 분리 심리하여 따로 선고하는 공직선거법의 분리심리 제도를 농업협동조합 임원선거의 선거범 재판절차에 유

---

22) 대법원 2011. 8. 18. 선고 2011도6311 판결
23) 대법원 2004. 4. 9. 선고 2004도606 판결

추 적용할 수는 없다고 판단하였다. 따라서 농업협동조합법 등 유사법
제의 입법례와 같이 새마을금고법의 개정을 통하여 당선인의 배우자
나 직계존비속에게 당선무효에 해당하는 범죄와 다른 죄의 경합범으
로 형을 선고하는 경우에는 이를 분리하여 선고하도록 반드시 입법적
으로 보완할 필요가 있다.

나. 선거범과 상상적 경합범의 취급

선거범과 상상적 경합관계에 있는 다른 범죄에 대하여는 여전히
형법 제40조에 따라 그 중 가장 중한 죄에 정한 형으로 처벌해야 하
고, 이때 처벌받는 가장 중한 죄가 선거범인지 여부를 묻지 않고 선거
범과 상상적 경합관계에 있는 모든 죄는 통틀어 선거범으로 취급한
다.24)

예컨대, 다른 사람의 자동차운전면허증을 제시하여 그 사람의 성
명을 사칭하는 방법으로 투표한 경우 이는 형법 제230조의 공문서부
정행사죄와 위탁선거법 제64조의 사위투표죄의 상상적 경합에 해당하
므로 이를 통틀어 선거범으로 취급한다.25)

이 경우 100만원 이상의 벌금형이 확정되면 선거범에 대한 형벌
외의 제재로서 당선이 무효로 되고, 임원의 결격사유에 해당하여 퇴직
되며, 3년간 피선거권이 박탈된다.

24) 대법원 1999. 4. 23. 선고 99도636 판결
25) 서울고법 2015. 2. 11. 선고 2014노3562 판결

제3절
기소·판결의 통지와 신속한 재판

1. 선거범 기소·판결의 통지

위탁선거에 관한 범죄로 당선인, 후보자, 후보자의 배우자 및 직계존비속을 기소한 경우 검사는 관할 선거관리위원회에 이를 통지하여야 한다(위탁선거법 §70의2①).

이와 같이 검사의 기소처분을 관할 선거관리위원회에 통지하도록 의무를 부과한 것은 해당 선거관리위원회가 향후 당선무효에 따른 재선거를 미리 대비할 수 있도록 하기 위한 취지로 보인다.[26] 기소처분에 따른 통지대상 신분의 범위가 위탁선거범죄로 인한 당선무효에 해당하는 사람들이고, 일반인을 기소한 경우에는 검사의 통지의무가 없기 때문이다.

아울러 위탁선거범죄에 대한 확정판결을 행한 재판장은 그 판결서 등본을 관할 선거관리위원회에 송부하여야 한다(위탁선거법 §70의2②). 이는 당선무효에 따른 재선거 실시사유를 확정하고, 신고자 포상금 반환, 50배 과태료 부과 등 관할 선거관리위원회의 조사·단속업무 처리에 적정을 기하기 위한 조치로 보인다.

---

26) 대검찰청 앞의 책 157쪽 참조.

2. 선거범에 대한 신속한 재판

위탁선거범죄를 범한 사람과 그 공범에 관한 재판은 다른 재판에 우선하여 신속히 하여야 하며, 그 판결의 선고는 제1심에서는 공소가 제기된 날부터 6개월 이내에, 제2심 및 제3심에서는 전심의 판결의 선고가 있은 날부터 각각 3개월 이내에 하도록 노력해야 한다(위탁선거법 §71의2).

선거범에 대한 재판을 신속히 진행하도록 법원에 의무를 부과한 것은 선거에 관한 분쟁을 조기에 해결하고 불법행위로 취득한 당선인의 지위를 조속히 박탈하기 위한 목적으로 2024년 1월 30일 위탁선거법의 개정에 따라 도입된 것이다.

당초 국회 소관 상임위원회인 행정안전위원회의 법안심사시 공소가 제기된 날부터 6개월 이내에, 전심의 판결선고가 있은 날부터 3개월 이내에 반드시 판결을 선고하도록 강행규정을 두었으나, 법제사법위원회의 체계·자구심사 과정에서 법원행정처가 위탁선거범의 재판에 강행규정을 둘 경우 다른 사건의 재판을 지연시킬 우려가 있어 그 필요성을 면밀하게 검토할 필요가 있다는 의견을[27] 제시함에 따라 권고규정으로 완화되어 입법되었다.

판례는 법원이 공직선거법의 선거범에 대한 재판의 강행규정을 준수하기 위하여 선고기일을 염두에 두고 공판기일을 정하여 진행하였더라도 검사의 공소유지와 피고인의 방어권 행사에 실질적인 지장을 초래하지 않는 범위에서 이루어졌다면 이를 자의적인 재판진행이라 할 수 없다고 보았다.[28]

---

27) 2024. 1. 8. 국회법제사법위원회 회의록 53쪽·65쪽 및 66쪽 참조.
28) 대법원 2002. 6. 25. 선고 2002도45 판결

제 4 절
자수자에 대한 특례

1. 위탁선거법의 자수자 특례규정

위탁선거법은 모든 범죄의 자수자에게 특례규정을 적용하는 것이 아니라 매수 및 이해유도죄 또는 기부행위 위반죄를 범한 사람 중 금전·물품이나 그 밖의 이익 등을 받거나 받기로 승낙한 사람이 자수한 경우에만 필요적으로 그 형을 감경 또는 면제한다.

다만, 후보자나 그 가족이 자수하거나 거짓의 방법으로 이익 등을 받거나 받기로 승낙한 사람이 자수한 경우에는 자수자의 특례를 적용하지 않는다(위탁선거법 §74①).

후보자나 그 가족이 상대 후보자로부터 매수를 받고 자수한 경우에는 경쟁 후보자에 대한 처벌이나 당선무효를 유도하는 행위로 악용될 우려가 있고, 거짓의 방법으로 금품 또는 이익을 받거나 받기로 승낙한 사람이 자수한 경우에는 그 진정성을 담보하기 어렵기 때문이다.29)

---

29) 1994년 3월 16일 제정된 공직선거 및 선거부정방지법은 당초 금품을 받은 사람이 자수한 경우에는 그 형을 면제하도록 필요적 면제를 규정하였으나, 필요적 면제에 따른 부작용이 지적되자 2000년 2월 16일 개정으로 필요적 감경 또는 면제로 보완되었다.

후보자나 그 가족이 자수를 하는 경우 비록 위탁선거법의 특례를 적용받지는 못하지만, 형법상 일반원칙에 따라 임의적으로 그 형을 감면받을 수 있다. 기부행위를 하거나, 매수행위를 하거나, 허위사실을 공표하거나, 후보자를 비방하거나, 선거관리를 방해하는 등 위탁선거법에 따른 자수자의 특례가 적용되지 않는 사람이 자수한 경우에도 또한 같다.

2. 새마을금고법의 자수자 특례규정

새마을금고법은 위탁선거법과 달리 이사장선거는 물론이고 일반 임원선거에서도 기부행위 위반죄를 제외한 모든 선거범죄에 관하여 죄를 범한 사람이 자수한 때에는 그 형을 감경 또는 면제하도록 규정하고 있다(새마을금고법 §87).

따라서 새마을금고법 제22조제2항에 규정된 매수죄, 허위사실 공표죄, 후보자비방죄는 물론이고, 같은 조 제3항에 규정된 부정선거운동죄, 같은 조 제4항에 규정된 선거운동기간 위반죄를 범한 사람이 자수한 경우에도 자수자의 특례가 적용된다.

다만, 기부행위 위반죄의 자수자를 특례 적용대상에서 제외한 것은 선뜻 이해하기 어렵다. 이사장선거에서는 위탁선거법의 기부행위 제한도 함께 적용되므로, 기부를 받은 사람의 신분이 선거인이라면 기부행위 위반죄의 상대방이 될 수 있으므로 위탁선거법의 자수자에 대한 특례규정이 적용될 여지는 있다.

그러나 그 신분이 선거인이 될 수 없는 회원이라면 새마을금고법에 따른 기부행위 위반죄만 성립될 뿐 위탁선거법에 따른 기부행위 위반죄가 성립될 수 없어 범죄사실을 전제로 하는 자수자에 대한 특례규정이 적용되지 않기 때문이다.

이 경우에도 형법상 일반원칙에 따른 자수로 인정되어 그 형이 임의적으로 감면될 수는 있을 것이다. 이러한 오류는 2023년 4월 11일 새마을금고법을 개정하여 기부행위 제한규정을 신설하면서 이와 관련된 전체 조문과의 관계를 깊이 살피지 않고 유사법제의 입법례[30]에 관한 검토를 소홀히 한 데 그 원인이 있는 것으로 보인다.

헌법재판소는 이러한 문제점을 법체계의 전체적 조정에 유의하지 아니한 입법정책 내지 입법기술의 졸렬에서 기인한 체계부조화 내지 부적합의 문제라며 질타한다.

한편, 새마을금고법에 따른 자수는 위탁선거법의 자수와 달리 후보자나 그 가족이 상대 후보자로부터 매수나 기부행위를 받고 자수한 경우에도 자수자의 특례적용을 배제하지 않는다. 물론 거짓의 방법으로 금품 또는 이익을 받거나 받기로 승낙한 사람이 자수한 경우에는 실체적 진실발견이나 국가 형벌권의 적정한 행사에 기여한 점이 없으므로 법규에 명시적 규정이 없더라도 자수자의 특례를 적용하는 것은 바람직하지 않을 것이다.

3. 자수자 특례를 둔 취지

자수는 범죄를 스스로 뉘우치고 개전의 정을 표시하는 것이므로 비난가능성이 약하고, 자수를 하면 수사가 용이할 뿐만 아니라 국가의 형벌권을 정확하게 행사할 수 있어 죄 없는 사람에 대한 억울한 처벌을 방지할 수 있다.[31]

---

30) 농업협동조합법 등 그 대표자의 선출에 위탁선거법이 적용되는 유사법제에서는 자수자에 대한 특례규정를 두면서 기부행위 제한규정을 위반하여 기부를 받은 사람에게도 그 특례가 적용되도록 규정하고 있다. 농업협동조합법 제177조, 수산업협동조합법 제183조, 산림조합법 제137조 참조.

이에 따라 자수의 효과 중 비난가능성이 약한 측면을 중시할 것
인지 아니면 국가 형벌권 행사의 적정성 확보라는 측면을 더 중시할
것인지에 따라 형법이나 개별법들이 자수에 대하여 형을 감면하는 정
도를 각각 달리 정하고 있다.

형법 제52조제1항은 죄를 지은 후 수사기관에 자수한 경우에는
형을 감경하거나 면제할 수 있도록 형의 임의적 감면을 규정하여 형
의 감경 또는 면제가 전적으로 재판부의 재량에 맡겨져 있으나, 새마
을금고법과 위탁선거법은 금품 등을 받은 죄를 지은 후 자수한 사람
에게는 재판부가 반드시 형을 감경 또는 면제하도록 필요적 감면을
규정하고 있다.

위탁선거법과 새마을금고법 등 선거 관계법의 자수자 특례규정은
매수행위나 기부행위가 당사자 사이에 은밀하게 이루어져 단속이 어
렵다는 점을 고려하여 금품이나 이익을 제공받는 상대방으로 하여금
이의 신고를 유도함으로써 매수행위와 기부행위를 보다 효과적으로
단속하기 위하여 마련된 것이다.[32]

선거범죄를 범한 사람이 자수한 경우에는 선거범죄신고자로 보호
되고, 그 자수시점이 관할 선거관리위원회가 인지하기 전이라면 포상
금도 지급한다(위탁선거법 §75·§76).

따라서 선거 관계법의 자수자 특례규정에 따른 형의 필요적 감면
제도는 금품 제공자를 효과적으로 처벌하기 위한 것이 주된 입법목적
으로서, 자수에 따른 비난가능성이 약하다는 측면보다는 선거범죄를
근절하기 위한 국가 형벌권 행사의 적정성 확보라는 측면에 더 무게
중심을 둔 것으로 보인다.

---

31) 대법원 1997. 3. 20. 선고 96도1167 전원합의체 판결
32) 한원도 1996. 2.『공직선거및선거부정방지법 축조해설』법전출판사 685쪽 참조.

4. 자수의 요건

가. 자수의 정의

자수란 범인이 자발적으로 자신의 범죄사실을 수사기관에 신고하여 그 소추를 구하는 의사표시를 말한다. 자수의 시기에 관하여 아무런 제한을 두고 있지 않으므로 범죄가 발각된 후에도 범인이 체포 전에 자발적으로 자기의 범죄사실을 수사기관에 신고한 경우에는 이를 자수로 본다.[33)]

또한 자수는 자발적이어야 하므로 수사기관의 직무상의 질문 또는 조사에 응하여 범죄사실을 진술하는 것은 자백일 뿐 자수에는 해당하지 않는다. 예컨대, 수사관이 국립과학수사연구소의 분석결과 등을 토대로 피의자의 여죄를 추궁하자 해당 피의자가 다른 범죄사실을 자백한 경우에는 이를 자수로 보지 않는다.[34)]

일단 자수가 성립한 이상 자수의 효력은 확정적으로 발생한다. 따라서 자수한 범인이 나중에 진술을 번복하거나 법정에서 범행을 부인하더라도 일단 발생한 자수의 효력은 소멸되지 않는다.[35)]

참고적으로 선거관리위원회는 비록 수사기관이 아니지만, 선거범죄를 범한 사람이 자신의 범죄를 신고한 경우 선거관리위원회가 이를 관계 수사기관에 통보한 경우에는 자수로 인정한다. 다만, 투표관리관의 경우 선거관리위원회의 조직법상 신분이 아니고 선거범죄를 조사할 수 있는 권한도 보유하지 않고 있으므로 그에 대한 자수는 성립하지 않는다.[36)]

---

33) 대법원 1997. 3. 20. 선고 96도1167 전원합의체 판결
34) 대법원 2006. 9. 22. 선고 2006도4883 판결
35) 대법원 2004. 10. 14. 선고 2003도3133 판결

나. 자수시점에 대한 판단

자수는 범인이 수사기관에 의사표시를 함으로써 성립하기 때문에 원칙적으로 매수죄나 기부행위 위반죄를 범한 사람 중 금품 또는 이익을 받거나 받기로 승낙한 사람이 경찰이나 검찰 등 수사기관에 자신의 범죄사실을 알린 때가 자수시점이다.

그러나 새마을금고법이나 위탁선거법에서는 선거관리위원회에 자신의 범죄사실을 신고하고 선거관리위원회가 수사기관에 이를 통보한 때에는 그 자수시점을 소급하여 선거관리위원회에 신고한 시점을 자수한 때로 본다(새마을금고법 §87②, 위탁선거법 §74②).

5. 이사장선거에 자수자 특례의 적용

가. 자수자 특례 적용대상 범죄

임원선거에서는 새마을금고법에 규정된 모든 선거범죄 중 기부행위 위반죄를 제외한 죄를 범한 사람에게 자수자의 특례가 적용되어 그 형이 필요적으로 감면된다. 매수죄를 범하여 금품이나 재산상의 이익을 제공한 사람은 위탁선거법의 자수자 특례적용의 대상이 아니나 새마을금고법에서는 그 품을 넉넉히 내어준다.

다만, 기부행위위반죄에 대한 자수자 특례는 위탁선거법에서만 인정하고 있고, 해당 법률에서 기부행위위반죄는 그 상대방이 선거인 또는 선거인이 될 수 있는 사람이어야 하므로, 회원가입 6개월 미만인 사람이나 미성년 회원이 금품을 받고 자수하려는 경우에는 범죄 자체가 성립되지 않아 난센스가 된다.

36) 대법원 2015. 6. 26. 선고 2015도5474 판결

참고적으로 위탁선거법의 사위등재죄, 임직원의 지위를 이용한
선거운동죄, 선거관리침해죄 등을 범한 사람이 자수를 하면 해당 법률
의 자수자 특례규정은 적용되지 않고 형법의 일반원칙에 따라 그 형
이 임의적으로 감면될 뿐이다.

나. 자수의 요건에 대한 판단기준

자수의 요건에 관하여 판례는 수사기관에 뇌물수수의 범죄사실을
신고하였으나, 그 수뢰액을 실제보다 적게 신고함으로써 적용법조와
법정형이 달라지게 된 경우에는 비록 자수 당시의 신고가 자발적이라
하더라도 본래의 죄에 관하여 신고한 것이 아니므로 자수로 인정하지
않았다.[37]

해당 판례의 기준에 따르면 위탁선거에서 100만원을 초과하는 금
품을 제공받아 기부행위위반죄의 형벌이 적용되어야 하는 사람이 과
태료 부과대상인 100만원 이하의 금품을 받았다고 거짓으로 자수한
경우 법리적으로 복잡한 상황이 발생할 것으로 보인다. 받은 금액을
실제보다 적게 신고함으로써 위탁선거법 제59조에 따른 기부행위위반
죄가 아니라 같은 법 제68조제3항에 따른 50배 과태료 부과대상으로
적용법조와 법정형이 모두 변경되므로 본래의 죄에 관하여 자수한 것
이 아니기 때문이다.

사견으로는 자수자 특례제도의 입법취지를 고려하고 금품 제공자
를 적발하여 처벌하는데 기여한 공로를 참작한다면, 이를 필요적 면제
가 적용되는 자수로 인정함이 타당해 보인다.

---

37) 대법원 2004. 6. 24. 선고 2004도2003 판결. 이 사안은 실제 5천만원의 뇌물을
받았으나, 수사망이 좁혀오자 특정범죄 가중처벌법 적용에 따른 중형을 피하고
자 3천만원의 뇌물을 받았다고 축소하여 자수한 사안이다.

제 5 절
위탁선거 위반행위 신고자 포상과 보호

1. 위탁선거 위반행위 신고자 포상

가. 위탁선거법의 포상금 지급제도

선거관리위원회가 인지하기 전에 위탁선거 위반행위 신고를 한 사람에게는 관할 선거관리위원회가 중앙선거관리위원회규칙으로 정하는 바에 따라 포상금을 지급할 수 있다(위탁선거법 §76). 포상금 지급 요건이 위탁선거 위반행위이므로 위탁선거법의 벌칙에 규정된 형벌이나 과태료가 적용되는 행위를 신고한 사람은 물론이고 새마을금고법에 규정된 선거범죄와 정관이나 규약 위반행위를 신고한 사람도 모두 포상금 지급대상이 된다.

위탁선거 위반행위의 범주에 위탁선거법뿐만 아니라 각 개별 법률에 규정된 선거와 관련한 위반행위는 물론이고 정관등 자치법규 위반행위까지 포함되기 때문이다(위탁선거법 §7 3.). 참고적으로 위탁선거법에서 '정관등'이란 위탁단체의 정관, 규약, 규정, 준칙은 물론이고 그 밖에 위탁단체의 조직 및 활동 등을 규율하는 자치규범을 포괄하는 개념이다(위탁선거법 §3 8.).

나. 포상금 지급제도의 취지

위탁선거 위반행위 신고자에 대한 포상금 지급제도는 선거관리위원회가 인지하기 전에 해당 위반행위를 신고한 사람에게 포상금을 지급하여 당사자 간 은밀하게 이루어지는 매수행위 등 위탁선거 위반행위에 대한 신고를 유도하기 위한 목적으로 도입되었다.

포상금 지급은 선거관리위원회에 신고한 경우로 한정되므로 경찰 등 수사기관에 신고한 경우는 그 대상이 아니다. 위탁선거에서도 자유롭고 정의로운 선거질서를 수호할 책무는 일차적으로 관할 선거관리위원회에 부과되어 있기 때문이다.

한편, 정관예에서 금고는 새마을금고법 제85조제3항의 죄, 즉 임원선거와 관련된 범죄를 신고한 사람에게 규약이 정하는 바에 따라 포상금을 지급할 수 있도록 규정하고 있다(§40의8). 이에 따라 임원선거 규약에서는 금고와 해당 금고에서 자체적으로 설치한 선거관리위원회 또는 감시단이 인지하기 전에 그 범죄행위를 신고한 사람에게 포상금을 지급할 수 있도록 규정하고 있다(§29).

정관예와 임원선거규약은 포상금 지급대상을 '범죄'로 한정함에 따라 정관 등 자치법규 위반행위를 신고한 사람은 그 대상에서 제외하고 있다는 점에 위탁선거법과의 차별성이 있다.

다. 선거관리위원회의 포상금 지급방법

위탁선거 위반행위를 신고한 사람에 대한 포상은 시·도선거관리위원회에 설치된 포상금심사위원회의 의결을 거쳐 관할 선거관리위원회 위원장이 한다. 이 경우 신고자 보호를 위하여 포상대상자를 익명으로도 할 수 있다(위탁선거규칙 §37①).

하나의 사건에 신고자가 2명 이상인 경우 포상금심사위원회가 결정한 포상금을 그 공로를 참작하여 배분·지급한다. 다만, 포상금을 지급받을 사람들이 배분 방법에 관하여 미리 합의하여 지급을 신청한 경우에는 그 내용에 따라 포상금을 지급한다.[38]

공직선거법에서는 해당 선거범죄에 대한 신고로 당선무효에 해당하는 형이 확정된 경우 추가로 포상할 수 있으나, 위탁선거법에서는 해당 규정을 준용하지 않는다. 법원의 선거범죄 재판과 무관하게 관할 선거관리위원회가 위탁선거의 관리집행을 종결함으로써 본연의 공직선거 관리에 집중하기 위한 취지로 보인다.

위탁선거 중 동시조합장선거의 포상금 최고액은 3억원으로 규정되어 있다.[39] 동시이사장선거에서도 특별한 사정이 없는 한 동시조합장선거와 같은 금액으로 정해질 것으로 예상된다.[40]

라. 금고의 신고자 포상금 지급방법

정관예에서 금고는 새마을금고법의 임원선거와 관련한 범죄를[41] 신고한 사람에게는 임원선거규약이 정하는 바에 따라 포상금을 지급할 수 있도록 규정하고 있다(§40의8).

임원선거규약에서는 정관예가 위임한 사항을 구체화하여 금고와 해당 금고에서 자체적으로 설치한 선거관리위원회 또는 공명선거감시단이 인지하기 전에 그 범죄행위를 신고한 사람에게 1,000만원의 범위에서 포상금을 지급할 수 있도록 규정하고 있다. 다만, 임원선거규

---

38) 위탁선거규칙 제37제2항, 공직선거관리규칙 제143조의4제6항 참조.

39) 공직선거관리규칙 제143조의4제1항, 위탁선거관리규칙 제37조제1항 참조.

40) 새마을금고의 이사장선거를 전면적으로 수용한 위탁선거법은 2023년 8월 8일 공포되었으나, 2024년 3월 1일 현재 위탁선거규칙에는 해당 법률의 개정사항이 반영되지 않았다.

41) 금고의 임원선거에서 주체·방법·시기 위반에 따른 범죄와 기부행위를 위반한 범죄를 말한다. 새마을금고법 제85조제3항 참조.

약은 신고범위를 축소하여 선거운동기간 위반죄 신고자는 포상금 지급대상에서 제외하고 있다(§29①).

금고에서 포상금을 지급하는 경우 지급금액, 지급기준 및 세부절차는 자체 설치한 선거관리위원회가 해당 금고와 협의하여 정한다(§29②). 이사장선거에서도 관할 선거관리위원회의 포상과 별도로 금고에서 포상금을 추가하여 지급하는 방안을 적극 검토할 필요가 있다. 실제 동시조합장선거에서 운용하는 방식이다.

2. 포상금 반환요건과 그 절차

가. 포상금 반환요건

관할 선거관리위원회가 포상금을 지급한 후 다음 중 어느 하나에 해당하는 사유가 있으면 그 포상금의 지급결정을 취소한다(위탁선거법 §76②).[42]

① 담합 등 거짓의 방법으로 신고한 사실이 발견된 경우
② 사법경찰관의 불송치결정이나 검사의 불기소 처분이 있는 경우
③ 무죄의 판결이 확정된 경우

사견으로는 위탁선거에서 포상금 지급제도의 도입취지를 살리려면 기소독점주의가 적용되는 형사사법제도에서 기소여부나 유죄판결 여부보다 포상금을 수령한 신고자에 대한 신뢰보호가 더 중요하다고 본다. 더구나 정관 등 자치법규 위반행위 신고자에 대한 포상금의 경우 반환제도가 적용되지 않는다는 점을 고려하면 형평성의 측면에서도 문제가 있다.

---

42) 포상금 반환제도는 2024년 1월 30일 위탁선거법의 개정으로 도입되었다.

나. 포상금 반환절차

관할 선거관리위원회가 포상금 지급결정을 취소한 때에는 해당 신고자에게 그 취소 사실과 지급받은 포상금에 해당하는 금액을 반환할 것을 통지해야 하고, 해당 신고자는 그 통지를 받은 날부터 30일 이내에 해당 금액을 관할 선거관리위원회에 납부해야 한다(위탁선거법 §76③).

관할 선거관리위원회는 포상금의 반환을 통지받은 신고자가 납부기한까지 반환하지 않는 때에는 해당 신고자의 주소지를 관할하는 세무서장에게 징수를 위탁하고 국세강제징수의 예에 따라 징수한다(위탁선거법 §76④). 동시이사장선거에서 포상금 지급에 필요한 경비는 금고와 중앙회가 똑같이 나누어 부담하지만(위탁선거법 §78②), 그 반환금은 국고에 귀속된다.

3. 위탁선거범죄신고자 보호

가. 제도의 개요

위탁선거범죄의 근절을 위해서는 자수자에 대한 형의 필요적 감면이나 신고자에 대한 포상금 지급만으로는 그 실효성 확보에 한계가 있다. 매수행위와 허위사실 공표 등 중대한 선거범죄는 그 성질상 후보자와 밀접한 유대를 맺고 있는 주변 인물들 사이에서 은밀하게 이루어지는 특성상 밀고자, 배신자라는 비난이 두려워 신고나 자수를 꺼리기 때문이다.

이에 따라 후보자와 공범관계 등 위탁선거범죄를 잘 알고 있는 사람이 안심하고 신고하여 선거범죄 적발에 협조할 수 있도록 그 신원을 보호할 필요가 있다. 위탁선거범죄신고자 보호제도는 선거범죄를 근절하기 위한 제도적 완성으로서 그 마지막 퍼즐 조각을 맞춘 것으로 평가할 수 있다.

위탁선거법에 규정된 범죄에 관한 신고·진정·고소·고발 등 조사 또는 수사단서를 제공하거나, 진술 또는 증언을 하거나, 자료를 제출하거나, 범인 검거를 위한 제보를 하거나, 범인 검거활동을 한 사람이 그와 관련하여 피해를 입거나 입을 우려가 있는 경우에는 특정범죄신고자 등 보호법의 관련 규정을 준용하여 해당 범죄에 대한 선거관리위원회의 조사과정과 이후의 형사절차에서 신고자의 신원을 보호한다(위탁선거법 §75①).

위탁선거범죄신고자 보호에서 '피해를 입거나 입을 우려가 있다고 인정할 만한 상당한 이유'란 범죄신고와 관련하여 생명 또는 신체에 대한 위해나 재산에 대한 피해를 입거나 입을 우려가 있다고 인정하기에 충분한 정도까지의 이유를 요구하는 것이 아니다.

예컨대, 신고자가 위탁선거범죄의 용의자로 자신이 신고한 사람 또는 그 측근과 같은 지역에 거주하면서 조우할 가능성이 있는 경우는 물론이고, 같은 지역에 거주하는 지역주민들로부터 신고자로 낙인찍힐 가능성이 있는 경우 등 널리 일상생활에서 겪게되는 불편함까지도 그 이유에 포함된다.[43]

나. 신고자의 범위

위탁선거법의 신고자 보호규정은 보호되는 신고자의 범위를 해당 법률에 규정된 범죄로 한정함에 따라 50배 과태료에 해당하는 위법행위를 신고한 사람은 그 대상에서 제외하고 있다.

---

43) 대전고법 2015. 7. 6. 선고 2015노158 판결

다행히 위탁선거규칙에서 50배 과태료 부과대상자가 자수한 경우 관할 선거관리위원회는 선거범죄신고자 보호규정에 따라 보호하도록 규정하여 법의 공백을 적절히 메우고 있다(위탁선거규칙 §34⑥). 이 경우 포상금도 지급한다. 헌법이 중앙선거관리위원회에 부여한 위임입법권을 적절하게 행사한 모범사례를 본다.

여기에서 보호되고 있는 위탁선거범죄신고자란 특정범죄신고자 등 보호법 제7조에 따라 조서 기타 서류에 신고자의 인적사항기재가 생략되고 신원관리카드에 그 인적사항이 등재된 신고자를 말한다.[44] 따라서 위탁선거범죄신고자로 보호를 받으려면 신고자라는 실질과 인적사항의 기재를 생략하고 신원관리카드에 등재되는 형식적 요건을 모두 갖추어야 한다.

그러므로 관할 선거관리위원회나 수사기관에 위탁선거범죄를 신고하는 사람은 담당 공무원에게 관계법령에 따른 신고자 보호요건을 갖추어 달라고 적극적으로 요구할 필요가 있다.

다. 신고자 공개 및 불이익 처우 금지

누구든지 보호되고 있는 위탁선거범죄신고자라는 사실을 알면서 그 인적사항 또는 신고자임을 알 수 있는 사실을 다른 사람에게 알려주거나 공개하거나 보도하는 경우 2년 이하의 징역 또는 2천만원 이하의 벌금에 처해질 수 있다(위탁선거법 §66 13., §75②).

또한 위탁선거범죄신고자를 고용하고 있는 사람이나 고용주를 위하여 근로자에 관한 업무를 행하는 사람은 피고용자가 범죄신고를 하였다는 이유로 해고 기타 불이익한 처우를 해서는 안 된다(특정범죄신고자 등 보호법 §5).

---

44) 대법원 2006. 5. 25. 선고 2005도2049 판결

4. 조사와 형사절차에서 신고자 보호 방법

가. 선거관리위원회 조사과정

관할 선거관리위원회의 위원·직원은 선거범죄신고와 관련하여 문답서·확인서 그 밖의 서류를 작성하는 경우 위탁선거범죄에 관한 신고·진술·증언 그 밖의 자료제출 행위 등을 한 사람의 성명·주소·연령·직업 등 신원을 알 수 있는 사항의 전부 또는 일부를 기재하지 않을 수 있다(위탁선거규칙 §36①).

아울러 위탁선거범죄에 관한 신고·진술·증언 그 밖의 자료제출 행위 등을 한 사람은 관할 선거관리위원회 위원·직원의 승인을 받아 문답서 등에 인적사항의 전부 또는 일부를 기재하지 않을 수 있다(위탁선거규칙 §36②). 관할 선거관리위원회 위원·직원은 문답서 등에 기재하지 않은 신고자의 인적사항을 신원관리카드에 등재해야 하고, 관할 선거관리위원회가 고발 또는 수사의뢰를 하는 때에는 조사서류와 별도로 신원관리카드를 봉인하여 조사기록과 함께 관할 경찰관서에 제출하여야 한다.

나. 수사단계

검사[45] 또는 사법경찰관이 범죄신고와 관련하여 조서나 그 밖의 서류를 작성할 때 신고자나 그 친족 등이 보복을 당할 우려가 있는 경우에는 그 취지를 조서 등에 기재하고 범죄신고자의 성명·연령·주소·

---

45) 2022년 검경 수사권 조정에 따라 새마을금고법의 선거범죄와 위탁선거법의 범죄는 검사의 수사개시 대상 범죄에서 제외되었지만, 기소독점주의 원칙에 따라 검사는 여전히 공소장 작성과 공판에 참여하게 되므로 범죄신고자 보호의 주체로 적시된 것으로 보인다.

직업 등 신원을 알 수 있는 사항의 전부 또는 일부를 기재하지 않는다 (특정범죄신고자 등 보호법 §7①).

범죄신고자나 그 법정대리인은 검사 또는 사법경찰관에게 신고자 보호에 따른 조치를 하도록 신청할 수 있다. 이 경우 검사 또는 사법 경찰관은 특별한 사유가 없으면 그 조치를 하여야 한다(특정범죄신고자 등 보호법 §7⑥).

사법경찰관이 조서 등에 범죄신고자의 인적사항의 전부 또는 일 부를 기재하지 않는 경우에는 즉시 검사에게 보고하여야 하고, 검사 또는 사법경찰관은 조서 등에 기재하지 않은 인적사항을 신원관리카 드에 등재하여야 한다(특정범죄신고자 등 보호법 §7②·③).

조서 등에 범죄신고자의 성명을 기재하지 않은 경우에는 신고자 로 하여금 조서 등에 서명은 가명으로, 간인 및 날인은 무인으로 하게 한다. 이 경우 가명으로 된 서명은 본명의 서명과 동일한 효력이 있다 (특정범죄신고자 등 보호법 §7④).

검사 또는 경찰서장은 범죄신고자나 그 친족이 보복을 당할 우려 가 있으면 일정 기간 해당 검찰청 또는 경찰서 소속 공무원으로 하여 금 신변안전을 위하여 필요한 조치를 하게 하거나 대상자의 주거지 또는 현재지(現在地)를 관할하는 경찰서장에게 신변안전조치[46]를 하도 록 요청할 수 있다. 이 경우 요청을 받은 경찰서장은 특별한 사유가 없으면 즉시 신변안전조치를 하여야 한다(특정범죄신고자 등 보호법 §13 ①).

범죄신고자나 그 법정대리인 또는 친족은 재판장·검사 또는 주 거지나 현재지를 관할하는 경찰서장에게 신변안전조치를 하여 줄 것 을 신청할 수 있다(특정범죄신고자 등 보호법 §13③).

---

[46] 신변안전조치의 종류는 일정 기간의 특정시설에서 보호, 일정 기간의 신변경호, 신고자의 주거에 대한 주기적 순찰이나 폐쇄회로 텔레비전의 설치 등 주거에 대 한 보호가 있다. 특정범죄신고자 등 보호법 제13조의2 참조.

다. 재판과정

신고자에 대하여 증인신문을 하는 경우 판사는 직권 또는 검사의 신청에 의하여 그 과정을 영상물로 촬영할 것을 명할 수 있다. 이 경우 촬영한 영상물에 수록된 신고자의 진술은 증거로 할 수 있다(특정범죄신고자 등 보호법 §10).

법원이 조서 등에 인적사항의 기재를 생략한 범죄신고자를 증인으로 소환할 때에는 검사에게 소환장을 송달하도록 하여 증인소환에 특례를 두고 있다(특정범죄신고자 등 보호법 §11①). 재판장 또는 판사는 소환된 증인의 인적사항이 신원확인·증인선서·증언 등 증인신문의 모든 과정에서 공개되지 않도록 해야 한다(특정범죄신고자 등 보호법 §11③). 이 경우 소환된 증인의 신원확인은 검사가 제시하는 신원관리카드에 의한다.

공판조서에 인적사항을 기재하지 않는 경우 재판장 또는 판사는 범죄신고자로 하여금 선서서에 가명으로 서명·무인하게 하여야 한다. 이 경우 가명으로 된 서명은 본명의 서명과 동일한 효력이 있다(특정범죄신고자 등 보호법 §11④).

증인으로 소환받은 범죄신고자가 피해를 당할 우려가 있는 경우 재판장과 판사는 직권 또는 해당 범죄신고자의 신청에 따라 피고인이나 방청인을 퇴정시키거나 공개법정 외의 장소에서 증인신문을 할 수 있다(특정범죄신고자 등 보호법 §11⑥).

범죄신고를 함으로써 그와 관련된 자신의 범죄가 발견된 경우 그 범죄신고자에 대하여는 형을 감경 또는 면제할 수 있다(특정범죄신고자 등 보호법 §16).

제 6 절
선거범죄로 인한 당선무효

1. 당선무효 제도의 취지

위탁선거법은 공공단체의 선거가 깨끗하고 공정하게 이루어지도록 함으로써 공공단체의 건전한 발전과 민주사회 발전에 기여함을 목적으로 한다. 따라서 위법한 방법으로 당선인의 지위를 취득한 사람이 있다면 당연히 그 지위를 박탈하여 이익을 향유할 수 없도록 하는 것이 위탁선거법의 입법취지에 부합될 것이다.

아울러 선거에서 당선인의 배우자나 그의 직계존비속이 저지른 매수와 기부행위는 전적으로 후보자의 당선을 위한 행위로서 총체적으로는 후보자의 의사지배 하에서 이루어진 것이므로 해당 후보자를 공범으로 형사처벌은 못하더라도 그 당선을 무효로 하여 불법행위에 따른 이익을 박탈하는 것이 바람직할 것이다.

헌법재판소는 배우자의 선거범죄로 인한 당선무효 규정에 대하여 배우자가 죄를 저질렀다는 이유만으로 후보자에게 불이익을 주는 연좌제가 아니라 후보자와 불가분의 선거운명공동체를 형성하여 활동한 배우자의 실질적 지위와 역할을 근거로 후보자에게 연대책임을 부여한 것으로 보았다.[47]

2. 당선무효의 요건

가. 새마을금고법의 당선무효 요건

새마을금고법에서는 당선인 본인이 해당 선거에서 새마을금고법에 규정된 선거범죄로 금고 이상의 형을 선고받거나 100만원 이상의 벌금형을 선고받은 때에는 임원의 결격사유로 정하고 있고(§21① 8.), 재임 중 그러한 사정이 발생한 경우에는 당연퇴직 사유로 규정하고 있다(새마을금고법 §21②).

다만, 새마을금고법에서는 후보자의 배우자나 직계존비속이 새마을금고법에 따른 선거범죄로 무거운 형이 확정되더라도 해당 후보자의 당선을 무효로 하지는 않는다.

나. 위탁선거법의 당선무효 요건

당선인이 위탁선거법에 규정된 죄를 범하여 징역형 또는 100만원 이상의 벌금형을 선고받은 때에는 그 당선을 무효로 한다는 점은 새마을금고법과 같다. 다만, 당선무효에 관한 위탁선거법의 특색은 당선인의 배우자나 직계존비속이 해당 선거에서 매수죄 또는 기부행위 위반죄를 범하여 징역형 또는 300만원 이상의 벌금형을 선고받은 때에도 당선을 무효로 한다는 점이다.

선거에서 이들이 저지른 매수와 기부행위는 전적으로 후보자의 당선을 위한 행위로서 총체적으로는 후보자의 의사지배 하에서 이루어진 것으로 볼 수 있기 때문이다. 다만, 다른 사람의 유도 또는 도발에 의하여 당선인의 배우자나 직계존비속이 당선을 무효로 하는 죄를

47) 헌법재판소 2005. 12. 22. 선고 2005헌마19 결정

범한 때에는 예외로 한다(위탁선거법 §70).

당선무효 제도에서 당선인은 관할 선거관리위원회가 당선인으로 결정한 사람을 말한다. 해당 선거의 당선인은 임기가 개시된 후에도 법원의 판결 등으로 당선무효 사유가 발생하면 그 지위가 박탈된다. 이 경우 당초 당선의 효력이 무효로 되었으니 새로운 대표자를 선출하는 선거는 보궐선거가 아니라 재선거가 된다.

3. 당선무효와 형의 분리선고 보완

농업협동조합 등 조합장선거에는 금고의 이사장선거와 동일하게 위탁선거법이 전면적으로 적용되므로, 후보자의 배우자와 직계존비속이 매수죄 또는 기부행위 위반죄로 징역형 또는 300만원 이상의 벌금형을 선고받으면 그 후보자의 당선은 무효가 된다.

이에 따라 농업협동조합법 등에서는 당선인의 배우자나 직계존비속에게 당선무효에 해당하는 범죄와 다른 죄의 경합범으로 징역형 또는 300만원 이상의 벌금형을 선고하는 경우에는 이를 분리 선고하도록 규정하여 당선무효 대상이 아닌 범죄가 후보자의 당선무효에 미치는 영향을 차단하고 있다(농업협동조합법 §49의2②).

그러나 위탁선거법이나 새마을금고법에는 당선인의 당선을 무효로 하는 신분, 즉 후보자의 배우자와 직계존비속에게 당선무효에 해당하는 범죄와 다른 죄의 경합범에 대해서 분리 선고할 수 있는 근거가 없다.

만일 후보자의 배우자가 해당 후보자의 당선무효에 해당하는 위탁선거법의 기부행위 위반죄와 당선무효에 해당하지 않는 사위투표죄의 실체적 경합범으로 공소가 제기된 경우에는 형법 제38조의 일반원칙에 따라 하나의 형을 선고하게 되므로, 기부행위가 경미하여 가벌성

이 낮더라도 사위투표죄의 가벌성이 높으면 300만원 이상의 벌금형이
선고되어 해당 후보자의 당선이 무효로 될 개연성이 있다.

　이러한 입법불비는 새마을금고의 임원이 되려는 사람의 직업선택
의 자유를 과도하게 제한하여 헌법상 과잉금지의 원칙에 위배되고, 농
업협동조합 등 다른 선거의 당선자에 비하여 새마을금고 임원선거의
당선자를 부당하게 차별하는 것이므로 헌법상 평등의 원칙에도 위배
될 소지가 크다고 생각된다.

　연혁적 측면에서도 위탁선거법의 이러한 문제는 새마을금고법이
나 다른 개별 법률에서 임원의 결격사유로 규정한 죄의 벌금형을 선
고할 때에는 이를 분리하여 선고하도록 제도화된 배경을 살펴보면 더
욱 명확해진다. 분리선고제도에 대한 헌법재판소의 판시사항을 감안
하고 유사법제의 입법개선을 반영하여 새마을금고법의 관련 규정도
시급히 보완할 필요가 있다고 본다. 새마을금고법에서 피선거권 제한
범죄에 대한 분리선고의 도입만으로는 여전히 이사장선거제도의 위헌
성이 완전히 해소되지 않았다.

　구 새마을금고법의 관련 규정에 대한 헌법불합치결정의 취지를
고려한다면, 이제 금고의 임원선거에서 경합범에 관한 형의 분리선고
제도의 도입 여부는 재량의 영역이 아니라 헌법합치적 규범형성을 위
한 입법자의 의무로 보는 것이 타당할 것이다.

제 7 절
위탁선거법의 과태료 특례

1. 위탁선거법의 과태료 처분

가. 과태료 처분대상

과태료는 형벌과 더불어 벌칙의 일종이다. 이사장선거에 적용되는 위탁선거법의 과태료는 총 4가지뿐이다. 구체적으로는 살펴보면 다음과 같다.

첫째, 위탁선거범죄의 현행범 또는 준현행범48)으로서 선거범죄의 조사를 위한 관할 선거관리위원회 위원·직원의 동행요구에 응하지 않은 사람에게는 매회 300만원의 과태료를 부과한다(위탁선거법 §68①, 위탁선거규칙 §34①).

둘째, 인터넷 홈페이지의 게시판·대화방 등에 위탁선거법에 위반되는 정보가 게시되어 관할 선거관리위원회가 해당 인터넷 홈페이지의 운영자 등에게 해당 정보의 삭제를 요청하였으나, 정해진 기한까지 이행하지 않은 때에는 50만원의 과태료를 부과하고, 이행기한을 초과

---

48) 형사소송법 제211조에 따른 현행범인과 준현행범인을 말한다. 범죄를 실행하고 있거나 실행하고 난 직후의 사람, 장물이나 범죄에 사용되었다고 인정하기에 충분한 흉기나 그 밖의 물건을 소지하고 있거나, 신체나 의복류에 증거가 될 만한 뚜렷한 흔적이 있는 사람을 현행범 또는 준현행범이라 한다.

하는 매 1일마다 10만원씩을 가산하여 과태료를 부과한다(위탁선거법 §68② 1., 위탁선거규칙 §34①).

셋째, 위탁선거 위반행위 조사를 위한 관할 선거관리위원회 위원·직원의 출석요구에 정당한 사유 없이 응하지 않은 사람 중 당사자에게는 매회 100만원, 관계인에게는 매회 50만원의 과태료를 부과한다(위탁선거법 §68② 2., 위탁선거규칙 §34①).

이 경우 위탁선거 위반행위에는 정관이나 임원선거규약 위반행위를 포함하고 있으므로, 정관이나 임원선거규약 등 자치법규를 위반하고 출석요구에 불응하면 일응 과태료를 부과할 수 있는 것으로 보이나, 자치법규의 효력은 내부에만 미치고 과태료는 의무위반에 따라 부과되는 벌칙이므로, 금고의 회원이 아닌 사람에게 해당 금고의 자치법규 위반에 따른 출석요구 불응을 이유로 과태료를 부과하는 것은 신중하게 접근할 필요가 있다고 본다.

넷째, 기부행위가 제한된 사람으로부터 100만원 이하의 금품이나 재산상의 이익을 제공받은 사람에게는 그 제공받은 금액 또는 가액의 10배 이상 50배 이하에 상당하는 금액의 과태료를 부과하되, 그 상한액은 3천만원으로 한다(위탁선거법 §68③). 50배 과태료의 부과요건과 감경 또는 면제 등에 관해서는 제2장 제5절 '기부받은 사람에 대한 50배 과태료'를 참고하기 바란다.

나. 과태료 부과액의 가중과 감경

관할 선거관리위원회가 과태료 처분을 하는 때에는 위반행위의 동기와 그 결과, 위탁선거에 미치는 영향, 위반기간과 위반의 정도 등을 참작하여 부과기준금액의 2분의 1의 범위에서 과태료를 경감하거나 가중할 수 있다. 다만, 과태료를 가중하는 경우에도 1회 부과액은 법정 상한액을 넘을 수 없다(위탁선거규칙 §34②).

2. 과태료 부과·징수 특례규정의 취지

과태료에 관한 총칙법인 질서위반행위규제법은 과태료의 부과·
징수, 재판, 집행 등의 절차에 관한 다른 법률의 규정 중 질서위반행
위규제법에 저촉되는 것은 질서위반행위규제법이 정한 바에 따르도록
하여 해당 법률이 우선 적용됨을 밝히고 있다(§5).

따라서 다른 개별 법률에서 과태료의 부과·징수에 관한 규범을
형성하는 때에 가급적 일반법이자 총칙법인 질서위반행위규제법을 존
중하여 과태료에 관해서도 통일적인 법질서를 형성하는 것이 바람직
할 것이다.

그러나 짧은 선거기간 중 집중적으로 발생하는 질서위반행위에
대하여 질서위반행위규제법의 규범력만으로는 효과적인 대응이 어려
우므로, 위탁선거법에 과태료 부과·징수에 관한 특례를 두어 질서위
반행위를 효과적으로 억제하고 위반행위의 확산을 방지하여 자유롭고
공정한 선거질서를 담보할 필요가 있다.

이에 따라 위탁선거법은 질서위반행위규제법에도 불구하고 과태
료 부과전 사전통지에 따른 의견 제출 기간, 과태료 처분에 불복이 있
는 당사자의 이의제기 기간, 당사자의 이의제기시 과태료 부과처분의
효력, 기한 내 미납부시 과태료 중가산금의 적용과 징수위탁 등에 관
하여 특칙을 두고 있다(§68⑤).

과태료제도가 비범죄화이론의 영향을 받아 경미범죄에 따른 전과
자의 양산을 방지하는 등 긍정적 효과도 무시할 수 없을 것이나, 입법
권자가 과태료 부과제도를 위법행위를 억제하기 위한 효율적인 정책
수단으로 고려하면서 공직선거법, 위탁선거법 등 선거 관련 법률에 경
쟁적으로 도입되었다.

3. 위탁선거법의 과태료 부과·징수 절차

가. 사전통지·의견제출

과태료를 부과하려는 때에는 미리 당사자에게 통지하여야 하고 당사자는 부과권자로부터 사전통지를 받은 날부터 3일까지 의견을 제출하여야 한다(위탁선거법 §68⑤ 1.). 의견제출 기간에 관하여 질서위반행위규제법에서는 10일 이상의 기간을 보장함에 반하여 위탁선거법은 그 기간을 3일로 단축하여 규정하고 있다(질서위반행위규제법 §16①).

지정된 기일까지 의견제출이 없는 경우 의견이 없는 것으로 간주하고, 당사자가 제출한 의견에 이유가 있으면 과태료를 부과하지 않거나 통지한 내용을 변경할 수 있다(질서위반행위규제법 §16).

당사자가 의견제출 기한 내에 과태료를 자진하여 납부하는 경우에는 부과금액의 100분의 20의 범위에서 과태료를 감경할 수 있다(질서위반행위규제법 §18).

나. 과태료의 부과

관할 선거관리위원회가 과태료 처분을 하는 때에는 해당 위반행위의 동기와 그 결과, 선거에 미치는 영향, 위반기간과 위반정도 등을 고려하여 과태료 부과 기준금액의 2분의 1의 범위에서 이를 경감하거나 가중할 수 있다. 이 경우 1회 부과액은 법에서 정한 과태료의 상한액을 넘을 수 없다(위탁선거규칙 §34②).

과태료를 부과하는 경우 당사자의 성명과 주소, 과태료 부과의 원인이 되는 사실, 과태료 금액과 적용법령, 과태료를 부과하는 행정기관의 명칭과 주소, 과태료 납부기한과 납부 방법, 미납부시 불이익이 부과될 수 있다는 사실, 이의제기 기간과 방법, 그 밖에 과태료 부과에 관하여 필요한 사항을 모두 기재한 서면으로 해야 한다(질서위반행위규제법 §17조②, 질서위반행위규제법 시행령 §4).

만일 관계 법령에 규정된 사항을 기재하지 않고 과태료 납부고지서에 과태료액과 납부기한, 납부장소 등 일부만을 기재하여 통보하였다면 적법한 과태료 처분이 아니다.[49] 당연히 그 처분의 효력이 인정될 수 없어 납부의무 또한 발생하지 않는다.

다. 이의제기와 법원의 과태료 재판

과태료 처분에 불복하는 당사자는 과태료 부과 통지를 받은 날부터 20일 이내에 관할 선거관리위원회에 서면으로 이의를 제기할 수 있다(위탁선거법 §68⑤ 2.). 이는 질서위반행위규제법의 이의제기기한인 60일보다 대폭 단축한 기간이다. 이의신청기간을 넘긴 경우 과태료 처분은 확정되어 더 이상 다툴 수 없다.[50]

일반적인 과태료 부과처분은 당사자의 이의제기가 있는 경우 그 효력을 상실하지만(질서위반행위규제법 §20②), 위탁선거법에 따른 과태료 부과처분은 당사자의 이의제기가 있더라도 그 처분의 효력이나 집행 또는 절차의 속행에 영향을 주지 않는다(위탁선거법 §68⑤ 2.).

예컨대, 통상적인 과태료 부과처분의 효력발생 요건은 당사자의 임의적 승복에 의존하지만, 위탁선거법에 따른 과태료는 당사자의 수용 의사와 무관하게 법원의 판결이 선고될 때까지는 그 처분의 효력에 영향을 미치지 않는 것이다.

과태료 처분을 받은 당사자가 이의를 제기한 경우 관할 선거관리위원회는 지체없이 그 사실을 관할 법원에 통보하고(위탁선거법 §68⑤

49) 대법원 1992. 11. 13. 선고 92누1285 판결
50) 대법원 1982. 7. 22. 선고 82마337 판결

4.), 과태료 부과처분의 당부는 최종적으로 질서위반행위규제법에 따른 법원의 재판에 의하여 결정된다.

관할 선거관리위원회가 위탁선거법에 따라 부과한 과태료 처분의 당부를 다투는 절차는 행정소송법이 아니라 질서위반행위규제법이 정한 바에 따른다는 점에서 해당 과태료 부과처분은 행정처분으로 볼 수 없다.[51]

라. 과태료의 징수 위탁

당사자가 납부기한까지 과태료를 미납한 경우 질서위반행위규제법은 체납된 과태료에 대하여 100분의 3에 상당하는 가산금을 더하지만(§24), 위탁선거법은 체납된 과태료의 100분의 5에 상당하는 가산금을 더한다. 그러나 위탁선거법에 따른 과태료는 중가산금 제도를 적용하지 않는다.

미납된 과태료는 선거관리위원회가 관할 세무서장에게 징수를 위탁하여 그 세무서장이 국세 체납처분의 예에 따라 징수한다. 위탁선거법에 따른 특례규정의 효력이다(위탁선거법 §68⑤ 3.).

관할 선거관리위원회는 과태료의 부과·징수를 위하여 필요한 때에는 관계 행정기관, 지방자치단체 등 공공기관의 장에게 자료 또는 정보의 제공을 요청할 수 있으며, 그 요청을 받은 공공기관의 장은 특별한 사정이 없는 한 이에 따라야 한다.[52]

---

51) 대법원 1993. 11. 23. 선고 93누16833 판결 참조. 질서위반행위규제법이 제정되기 전까지 대부분의 과태료 재판은 그 심리에 대심구조가 형성되지 않는 비송사건절차법에 따랐다.
52) 질서위반행위규제법 제23조 참조.

제 10 장

선거에 관한 분쟁과 그 절차

선거결과에 이의가 있는 후보자와 선거인은 선거관리위원회 또는 해당 금고에 이의를 제기하거나 법원에 소송을 제기할 수 있다. 이에 관한 절차와 방법은 이의제기의 원인에 따라 각각 다르다.

원칙적으로 선거의 효력이나 당선의 효력에 관한 이의제기는 해당 금고에 해야 하지만, 위탁선거 사무의 관리집행의 하자 또는 투표의 효력에 대한 이의제기는 시·도선거관리위원회에 해야 한다.

이 장에서는 이사장선거의 효력이나 당선의 효력을 둘러싼 분쟁과 이를 해결하기 위한 절차와 방법 및 주요쟁점을 살펴보기로 한다.

제 1 절
선거에 관한 이의제기와 이의신청

1. 시 · 도선거관리위원회에 대한 이의제기

가. 이의제기의 요건

이사장선거에서 후보자와 선거인은 위탁선거법에 따라 선거 또는 당선의 효력에 관하여 이의를 제기할 수 있다. 다만, 이의제기의 상대방은 원칙적으로 해당 금고를 대상으로 하되, 선거사무 관리집행의 하자 또는 투표의 효력에 대한 이의제기는 관할 선거관리위원회의 직근 상급선거관리위원회인 시 · 도선거관리위원회를 대상으로 해야 한다(위탁선거법 §55).

선거관리 집행의 하자에 관한 이의제기는 그 사유가 발생한 날부터, 투표의 효력에 관한 이의제기는 선거일부터 각각 5일 이내에 서면으로 해야 한다(위탁선거규칙 §32). 선거결과를 조속히 확정하기 위하여 짧은 제기기한을 정한 취지로 보인다.

후보자와 선거인이라면 누구든지 이의제기를 할 수 있고, 이의제기에 따른 별도의 수수료는 부과되지 않는다. 이의제기서에는 이의제기자의 인적사항, 이의제기의 내용과 그 사유를 적고 그 밖에 이제기의 내용을 증명할 수 있는 자료가 있으면 이를 첨부한다.

나. 이의제기의 대상

후보자나 선거인이 시·도선거관리위원회에 이의제기를 할 수 있는 대상은 관할 선거관리위원회가 수탁한 위탁선거 사무의 관리집행의 하자 또는 투표의 효력에 한정된다.

따라서 선거인명부의 작성·열람이나 이에 대한 이의신청 및 그 결정에 대한 사항, 후보자의 피선거권에 관한 사항, 권한 없는 사람의 선거인명부 등재 여부는 관할 선거관리위원회 위탁관리의 사무범위에 포함되지 않으므로,1) 이를 대상으로는 이의를 제기할 수 없다.

참고적으로 시·도선거관리위원회가 이의제기를 처리하는 경우 투표의 효력에 대한 이의제기가 선거결과에 영향을 미칠 수 있다고 인정되는 때에는 개별 투표지뿐만 아니라 모든 투표지의 효력에 대한 이의제기를 의미하는 것으로 보아 전체 투표지를 대상으로 재검표를 요구하는 이의제기도 수용하고 있다.2)

2. 해당 금고에 대한 이의신청

이사장선거 등 임원선거의 사무를 관리하기 위하여 금고 자체에 선거관리위원회를 두며, 그 설치기간은 선거공고일 전일부터 선거일 후 2월까지로 한다(정관예 §40의2①, 임원선거규약 §10①).

금고 자체에 설치된 선거관리위원회는 선거인명부의 확정, 선거

---

1) 중앙선거관리위원회, 2015. 7.『제1회 전국동시조합장선거총람』113쪽, 2019. 7.『제2회 전국동시조합장선거총람』98쪽, 2023. 8.『제3회 전국동시조합장선거총람』88쪽 참조.
2) 중앙선거관리위원회, 2015. 7.『제1회 전국동시조합장선거총람』114쪽, 2019. 7.『제2회 전국동시조합장선거총람』99쪽, 2023. 8.『제3회 전국동시조합장선거총람』89쪽 참조.

에 관한 이의신청의 심사·결정, 선거와 관련한 분쟁의 조정, 선거운동 제한·금지사항 위반 여부에 관한 심사를 맡는다(정관예 §40의4, 임원선 거규약§14①).3)

이에 따라 선거의 효력이나 당선의 효력에 관하여 이의가 있는 선거인 또는 후보자는 금고의 임원선거일부터 10일 이내에 금고 자체 에 설치된 선거관리위원회에 서면으로 이의신청을 할 수 있다(임원선 거규약 §57①). 이 경우 이의를 제기하는 사유와 이를 증명할 수 있는 자료를 첨부해야 한다(임원선거규약 §57②).

---

3) 임원선거에 관해서 정관예와 임원선거규약은 중첩된 내용을 규정한 부분이 많 다. 임원선거의 중요성은 아무리 강조해도 지나치지 않을 것이나, 규범의 간결 성과 체계정합성의 측면에서는 다소 부적절한 것으로 보인다.

제 2 절
이의제기와 이의신청의 처리

1. 시·도선거관리위원회의 이의제기 처리

가. 이의제기 처리절차

후보자 또는 선거인의 이의제기를 접수한 시·도선거관리위원회는 그 날부터 10일 이내에 이의제기에 대한 결정을 해야 하며, 그 결정 내용을 지체 없이 이의제기자와 관할 선거관리위원회에 통지해야 한다(위탁선거규칙 §32).

이의제기를 처리하는 시·도선거관리위원회는 관할 선거관리위원회의 당초 처분의 내용과 근거, 그리고 처분 경위와 이의제기 내용의 타당성 여부를 심리한다.

위탁선거에 관한 이의제기의 심리는 지방선거에서 선거 또는 당선의 효력을 다투는 선거소청과 달리 그 심리에 공개된 장소를 요구하거나 당사자의 참여를 보장하도록 의무화하는 등 법적으로 엄격한 요건을 두지는 않았다. 그러나 실무적으로는 이의제기자, 당선인, 관할 선거관리위원회 등 이해 당사자를 참여시킨 가운데 사실상 선거소청에 준하는 방법으로 공개검증을 실시하는 등 이의제기 처리의 투명성과 공정성을 담보할 수 있는 방법을 적용하고 있다.[4]

이의제기의 심리에 소요되는 비용은 그 결과에 관계없이 해당 금고가 부담한다. 당사자의 비용부담 측면에서 대한민국에서 제기되는 모든 형식의 분쟁 해결방법 중 가장 너그럽다.

나. 이의제기 처리사례

그동안 구·시·군선거관리위원회가 농업협동조합 등 조합장선거를 위탁관리하면서 선거사무 관리집행의 하자를 이유로 한 이의제기는 2019년 실시한 제2회 동시조합장선거에서 2건, 2023년 실시한 제3회 동시조합장선거에서 1건 등 총 3건이 있었다.

이의제기의 내용으로 경업관계 미해소에 따른 후보자등록 처리의 부적정, 당선인의 피선거권 흠결 또는 개표관리의 하자 등을 주장하였으나, 각 시·도선거관리위원회가 이를 심리한 결과 모두 각하 또는 기각으로 결정한 바 있다.

투표의 효력에 관해서는 2015년 실시한 제1회 동시조합장선거에서 1,326개의 조합이 선거에 참여하여 총 5건의 이의가 제기되어 4건이 기각되고 1건은 인용되었다.[5] 이의제기가 인용된 사안의 실제 투표지와 기표문양은 아래와 같다.

1	이	성	탁	
2	홍	우	준	

---

4) 중앙선거관리위원회 2015. 7.『제1회 전국동시조합장선거총람』114쪽, 2019. 7. 『제2회 전국동시조합장선거총람』100쪽 참조.

5) 인용된 사례는 제주시 고산농업협동조합에 관한 사안이다. 선거관리위원회가 조합장선거를 의무적으로 수탁관리한 이래 이의제기가 인용된 최초이자 유일한 사례다.

416

당초 관할 선거관리위원회는 개표과정에서 위의 표를 '어느 란에 표를 한 것인지 식별할 수 없는 것'(공직선거법 §179① 4.)으로 판단하여 무효로 처리하였다. 개표결과를 집계한 결과 두 후보자의 득표수가 같아짐에 따라 관할 선거관리위원회는 연장자인 2번 후보자를 당선인으로 결정한 바 있다.[6]

그러나 낙선한 1번 후보자가 상급 선거관리위원회에 이의를 제기하였고, 해당 상급 선거관리위원회가 이를 심리한 결과 그 이의제기를 인용하여 해당 투표지를 1번 후보자에게 유효한 것으로 판정하였다. 그 한표의 차이로 같은 득표수일 경우에 적용되는 장유유서(長幼有序)의 미덕이 힘을 쓰지 못하고 당락이 바뀌었다.

투표의 효력판단에 관한 이러한 에피소드는 이제 더 이상 발생하지 않는다. 2015년 중앙선거관리위원회가 투표용지의 서식을 개정하여 후보자란 사이에 기표용구의 바깥지름보다 더 넓은 여백을 둠으로써 경계선 기표를 원천적으로 방지하였기 때문이다.

한편, 2019년 제2회 동시조합장선거에서 3건의 이의제기가 있었으나 모두 기각되었고,[7] 2023년 제3회 동시조합장선거에서는 총 4건의 이의가 제기되었으나 이 또한 모두 기각되었다. 특히 2023년 실시한 제3회 동시조합장선거의 이의제기 4건 중 2건은 당선자와 낙선자의 표차가 1표였음에도 불구하고[8] 시·도선거관리위원회의 검증결과 당락에 변동이 없었다.

---

6) 농업협동조합법 제41조제2항제2호 참조. 공직선거에서도 대통령선거를 제외하고는 후보자의 득표수가 같을 경우 연장자를 당선인으로 결정한다.

7) 중앙선거관리위원회 2019. 7. 『제2회 전국동시조합장선거총람』 98～100쪽 참조.

8) 2023. 3. 8. 실시한 제3회 동시조합장선거에서는 최다 득표자가 2명이어서 연장자를 당선인으로 결정한 조합이 2개, 당선자와 낙선자의 표차이가 1표인 조합이 6개였다. 표차이가 5표차 이내인 조합은 총 20개였다. 중앙선거관리위원회 2023. 8. 『제3회 전국동시조합장선거총람』 397쪽 참조.

2. 금고의 이의신청 처리

가. 이의신청 처리절차

금고 선거관리위원회가 이의신청을 접수한 때에는 15일 이내에 이를 심사하고 당사자의 의견을 들은 후 이의신청을 한 선거인 또는 후보자에게 그 결과를 통지하여야 한다(임원선거규약 §57③).

이의신청 내용이 선거결과에 영향을 미칠 정도로 중대한 사안으로 이유 있다고 인정될 때에는 금고 선거관리위원회가 선거의 전부나 일부의 무효 또는 당선무효를 의결한 후 재선거를 실시해야 한다(임원선거규약 §57④ 본문).

다만, 투표의 효력판정이나 후보자별 득표수 집계에 오류가 있는 때에는 선거 자체는 유효하게 실시된 것이므로, 이 경우에는 따로 재선거를 실시하지 않고 당선인 결정을 변경하는 것으로 족하다(임원선거규약 §57④ 단서).

나. 이의신청 주요쟁점

이사장선거에서도 실제 선거의 효력이나 당선의 효력에 관한 이의신청은 대부분 선거인의 자격에 관한 사항, 후보자의 피선거권 보유 여부, 그리고 법령이나 자치법규를 위반한 선거운동에 따른 공정성 침해 등이 주된 이유가 될 것으로 보인다.

선거인에 관한 사항으로는 선거인명부 작성의 근거가 되는 회원명부 작성·관리의 적절성, 선거권이 없는 회원의 선거인명부 등재 여부, 선거인명부가 확정된 후 회원을 탈퇴하는 등 선거권이 없게 된 사람에 대한 처리와 그가 참여한 투표의 효력 등을 둘러싼 논란이 주된 대상이 될 것으로 보인다.

　만일 근소한 표차로 당낙이 결정되고 선거인의 자격이 의심스러운 투표자 수가 당선자와 차점자의 표차보다 많다면, 해당 선거는 선거무효결정을 피할 수 없을 것으로 보인다. 선거무효가 결정되면 그 선거의 일부인 당선의 효력은 더 이상 살펴볼 필요가 없이 당연히 무효가 된다.

　후보자의 관한 사항으로는 법령과 정관 또는 임원선거규약이 요구하는 피선거권을 갖추고 있는지가 주된 쟁점이 될 것으로 보인다. 구체적으로는 후보자가 새마을금고법 제21조에서 규정한 임원의 결격사유에 해당하는지 여부, 정관예 제39조에 따른 임원의 결격사유에 해당하는지 여부 등이다.

　이사장선거의 후보자에게 가혹할 정도의 엄격한 피선거권 자격을 요구하고 있으므로, 현재로서는 어디에서 또 어떤 모습으로 선거무효 또는 당선무효의 복병이[9] 튀어나올지 속단하기 어렵다.

　법령이나 자치법규를 위반한 사항으로는 후보자나 그 가족의 매수 또는 기부행위제한 위반, 부정선거운동, 해당 금고 임직원의 지위를 이용한 선거운동, 그 밖에 후보자 비방이나 허위사실 공표가 주된 사유가 될 것으로 보인다.

---

9) 예컨대, 2023년 12월 28일 정관예의 개정에 따라 금고에 재임 또는 재직 중인 임직원의 배우자, 직계존비속과 그 배우자, 배우자의 직계존비속은 임원선거에 출마할 수 없도록 금지한 규정을 보완하여 배우자의 범위에 사실혼을 포함한 점을 들 수 있다. 정관예 제39조제1항제11호 참조.

제 3 절
선거무효와 당선무효 소송

1. 소송의 제소기한과 절차

　　회원은 총회의 소집 절차, 의결방법, 의결내용 또는 임원의 선거가 법령이나 법령에 따른 행정처분 또는 정관을 위반한 것을 사유로 하여 그 의결이나 선거에 따른 당선의 취소 또는 무효확인을 청구하는 소(訴)를 제기할 수 있다(새마을금고법 §11의2①). 정관예에서도 새마을금고법에 규정된 내용을 동일하게 확인하고 있다(정관예 §25의2①).

　　위탁선거에 관하여 관할 선거관리위원회를 상대로 하는 이의제기는 선거인으로 한정하고 있지만(위탁선거규칙 §32①), 선거의 무효나 당선의 무효를 구하기 위해 법원에 제기하는 소송에서는 모든 회원에게 청구인 적격을 인정하고 있다.

　　임원선거의 소송에 관하여는 상법상 주주총회의 효력을 다투는 규정이 준용된다(새마을금고법 §11의2②). 상법상 관련 규정을 준용함에 따른 가장 큰 법률효과는 소를 제기할 수 있는 기간을 결의일부터 2월 내로 제한하고 있는 점과(상법 §376①), 무효 내지 취소 판결의 효력이 당사자뿐만 아니라 제3자에게도 미치는 대세적 효력에 있는 것으로 보인다.[10)]

　　선거관리위원회가 조합장선거 등을 관리한 이후 관할 선거관리위

- 419 -

원회의 위법한 관리집행으로 법원에서 선거무효나 당선무효 청구가 인용된 사례는 드물다. 법원에서 간혹 선거무효 또는 당선무효 판결이 나오는 사례가 있는데, 그 원인은 주로 후보자의 피선거권이나 매수 등 위법행위와 관련한 내용이다.

아래에서는 선거쟁송의 주요쟁점을 살펴보고, 위탁선거법이 적용된 조합장선거의 선거무효 또는 당선무효 판결의 요건과 실제 법원의 판결사례를 알아보기로 한다.

2. 선거쟁송의 주요 쟁점

가. 등록무효결정의 성격

위탁단체로부터 선거관리를 수탁받은 관할 선거관리위원회가 행하는 후보자 등록무효 결정이나 당선인 결정이 행정처분에 해당하는지 여부가 재판의 전제가 될 수 있다. 만일 관할 선거관리위원회의 결정이 사법상의 행위라면 민사소송법의 경로를 따라 분쟁을 해결해야 하지만, 행정처분이라면 행정소송법의 경로를 좇아 분쟁을 해결해야 하기 때문이다.

행정행위란 원칙적으로 행정청의 공법상 행위로서 특정 사항에 대하여 법규에 의한 권리의 설정 또는 의무의 부담을 명하거나 기타 법률상 효과를 발생하게 하는 것으로 일반 국민의 권리의무에 직접 영향을 미치는 행위를 말한다.

그러나 새마을금고 같은 위탁단체는 개별법에 따라 설립된 법인으로서 원칙적으로 사법인(私法人)이고, 위탁단체의 선거는 개별법과 해당 단체의 정관에 따라 자신들의 대표자를 선출하는 절차이므로 이

---

10) 상법 제190조 본문 및 제376조제2항 참조.

를 공법상 행위라고 보기 어렵다.

예컨대, 위탁선거에서 관할 선거관리위원회가 후보자의 등록을
무효로 결정하는 것은 개별 법령과 해당 단체의 정관에 따라 피선거
권이 없다고 판단되는 후보자에 대하여 후보자의 지위를 박탈하는 행
위로서 해당 후보자의 권리 의무에 직접 영향을 미치는 행위라는 점
은 틀림이 없다. 그러나 이는 어디까지나 사법인(私法人)인 해당 단체
내부의 피선거권 제한에 관한 사항을 관할 선거관리위원회가 집행한
행위에 불과하므로, 단체 내부의 사법상 행위를 헌법기관인 선거관리
위원회가 위탁받아 행사하였다고 하여 이러한 행위를 공법상의 행위
로 보는 것은 무리가 있다.[11]

따라서 헌법기관인 관할 선거관리위원회가 위탁선거법에 따라 선
거관리를 수탁하였다는 사실만으로 본래 사법상의 행위가 공법상의
행위로 전환된다고 볼 수 없다. 이러한 법리는 선거의 극히 일부분에
불과한 투표의 효력 판정에 대한 직근 상급 선거관리위원회의 결정에
관하여도 동일하게 적용되는 것으로 보인다.

다만, 조합장선거에서 조합원은 당선의 취소 또는 무효 확인을
주무장관에게 청구하거나 이를 청구하는 소(訴)를 제기할 수 있고, 주
무장관은 이를 인용하여 선거나 당선을 취소할 수 있는데,[12] 이 경우
주무장관의 취소 또는 무효처분을 행정소송으로 다툰 사례가 있다.[13]

행정소송은 개인의 권리구제보다 법치국가의 원리에서 요청되는
행정의 적법성 확보가 더 큰 목적이기 때문에 비록 그 절차의 많은 부
분에 민사소송법을 준용하지만 처분권주의가 적용되는 민사소송에 비
하여 행정소송은 직권심리도 적용할 수 있으므로[14] 낙선자 등의 권리

---

11) 부산고법 2020. 5. 14. 선고 2019나13158 판결(창원)
12) 농업협동조합법 제33조 참조.
13) 대법원 2007. 7. 13. 선고 2005두13797 판결
14) **행정소송법 제26조(직권심리)** 법원은 필요하다고 인정할 때에는 직권으로 증거조사

422

구제에 보다 실효성이 있는 방법으로 평가할 수 있을 것이다.

나. 선거관리위원회의 피고 적격

2019년 3월 13일 실시한 제2회 전국동시조합장선거에서 후보자로 등록한 사람을 대상으로 관할 선거관리위원회가 해당 조합에 피선거권 결격사유를 조회한 결과, 해당 조합에서 특정 후보자가 500만원 이상의 채무를 6개월을 초과하여 연체한 사람으로서 결격사유에 해당한다고 회신하자 관할 선거관리위원회는 해당 후보자의 등록을 무효로 결정하였다.

이에 등록이 무효로 된 후보자는 선거일 후 법원에 관할 선거관리위원회 위원장을 피고로 하여 주위적 청구로 해당 조합장선거의 등록무효결정 처분이 무효임을 확인하고, 예비적 청구로 후보자 등록무효결정 처분의 취소를 구하는 행정소송을 제기하였다. 그러나 법원은 관할 선거관리위원회가 위탁선거의 소송에 관하여 피고적격이 없다며 원고의 청구를 모두 각하하였다.

각하 판결의 주된 이유로서 관할 선거관리위원회는 해당 공공단체의 선거관리, 홍보, 위탁선거 위반행위 단속과 조사에 관한 사무를 담당할 뿐이므로, 위탁선거가 종료된 후에까지 선거관리위원회로 하여금 소송의 당사자가 되어 등록무효 결정의 당부를 다투는 것이 적절하지 않다고 보았다.[15]

해당 사안은 위탁선거에서 선거 또는 당선의 효력에 대한 이의제기는 해당 위탁단체에 하도록 규정한 위탁선거법의 명시적 내용을 (§55) 법원의 판결로 다시 확인하였다는 점에 의의가 있다.

를 할 수 있고, 당사자가 주장하지 아니한 사실에 대하여도 판단할 수 있다.
[15] 창원지법 2019. 11. 14. 선고 2019구합512213 판결

다. 선거종료전 소송제기 가능 여부

선거는 선거인명부 작성과 확정, 후보자 등록, 선거운동, 투표 및 개표 등의 절차를 거쳐 당선인 결정이라는 선거결과를 형성하는 것이 궁극적 목적이므로, 선거관리를 위하여 행하여지는 개별적인 행위는 그 자체가 각각의 독립적인 법률효과를 발생시키는 것을 목적으로 한 다기보다는 선거의 궁극적 목적 달성을 위하여 연속적 또는 단계적으로 이루어지는 일련의 과정 중 일부라고 보아야 한다.

따라서 선거절차가 진행되는 중간에 후보자등록 등 개별 행위의 효력을 별도로 다툴 수 있게 하거나 가처분을 허용한다면, 선거의 절차 진행이 중단되어 선거의 목적달성에 심각한 지장을 초래하게 될 것이다. 그러므로 선거의 본질적 성격상 개별적 행위에 대한 다툼을 허용하는 것보다는 당선인 결정까지 일련의 모든 과정이 완전 종료된 후 일괄하여 선거의 효력이나 당선의 효력을 다툴 수 있도록 하는 것이 더 합리적이다.

공직선거에서 선거쟁송에 관한 판례는 선거종료전 선거관리기관의 개개의 행위를 대상으로 하는 쟁송은 허용될 수 없고, 설사 선거전에 선거관리기관의 어떤 개별적인 위법행위가 있더라도 이에 대하여는 선거종료 후에 선거무효 소송으로만 그 시정을 구할 수 있을 뿐이고 이에 대하여 곧바로 소송을 제기할 수 없다고 판시하고 있다.16)

이러한 법리는 특별한 사정이 없는 한 위탁선거의 선거쟁송에도 동일하게 적용되는 것으로 보인다. 다만, 과거 일부 판례는 공직선거의 쟁송에 적용되는 법리는 농업협동조합법에 의한 당선무효확인의 소에 적용될 수 없다고 판시한 사례가 있다.17)

---

16) 대법원 1989. 2. 28. 선고 88두8 결정
17) 대법원 2003. 12. 26. 선고 2003다11837 판결 참조. 해당 사건은 조합장선거에서 상대 후보자를 비방하는 유인물을 전 조합원에게 발송한 후보자가 2%의 득

그러나 이는 선거전 개별적인 행위를 포착하여 다툴 수 있다는 취지가 아니라, 조합장선거에서는 공직선거와 달리 조합 선거관리위원회가 후보자 등 제3자에 의한 선거과정상의 위법행위에 대하여 적절한 시정조치를 취함이 없이 묵인, 방치하는 등 그 책임을 돌릴 만한 사유가 없더라도 선거무효 확인의 소가 인용될 수 있다는 점을 명확히 밝힌 것으로 보인다.

라. 선거 후 개별 행위에 대한 소송 가능 여부

처분의 무효확인 또는 취소를 구하는 소송은 위법한 처분에 의하여 발생한 위법상태를 배제하여 원상으로 회복시키고 그 처분으로 침해되거나 방해받은 권리와 이익을 보호·구제하려는 소송이므로, 처분이 무효임을 확인하거나 처분을 취소하더라도 그 목적을 달성할 수 없는 경우에는 그 처분의 무효확인 또는 취소를 구할 소의 이익이 인정될 수 없다.

이사장선거에서 이미 당선인이 결정되고 해당 선거가 완전 종료된 상황에서 후보자등록무효결정의 취소를 구하는 소송이 제기된 경우에는 원고의 청구가 인용되더라도 후보자 지위를 회복할 수 없어 소송을 통하여 회복할 법률상 이익이 존재하지 않는다.

따라서 일단 당선인이 결정되고 선거가 종료된 이상 선거 절차의 위법을 주장하려면 후보자등록 등 개별적인 선거관리 행위의 효력을 다투기보다는 집합적 합성행위인 선거 자체의 효력을 다투는 것이 권리구제의 측면에서 보다 효과적이다.

결국 선거 후 후보자 등록무효결정의 무효나 취소를 청구하는 등 개별적 사안에 대한 다툼은 소송을 통하여 회복할 수 있는 법률상 이

표차로 조합장에 당선되자 법원이 해당 선거를 무효로 판결한 사례이다.

익이 존재하지 않으므로 소의 이익이 없어 본안을 들여다볼 필요조차
없이 각하 대상으로 보인다.

마. 선거쟁송 제기시 유의사항

선거는 적법하게 실시되었으나 관할 선거관리위원회가 투표의 효
력 판단에 오류를 범하였거나 후보자별 득표집계에 착오를 일으킨 것
으로 의심되어 선거결과를 수긍하기 어려운 때에는 상급선거관리위원
회에 이의를 제기하는 것이 소송경제적 측면에서나 권리구제의 실효
성 측면에서도 가장 확실한 방법이다.

후보자의 이의제기에 따라 상급 선거관리위원회가 투표지에 대한
검증을 실시한 결과 당초 관할 선거관리위원회의 투표의 효력 판단에
오류가 있어 다수득표자를 당선인으로 결정하지 않은 사실이 확인된
때에는 따로 선거를 실시할 필요가 없이 상급 선거관리위원회의 검증
결과를 통보받은 관할 선거관리위원회가 정당한 다수득표자를 당선인
으로 재결정하기 때문이다.

투표의 효력판단이나 후보자별 득표 집계에 관한 오류를 이유로
법원에 소송을 제기한 경우에도 법원의 검증을 통하여 다수득표자가
변경된 경우, 즉 원고의 청구가 인용된 경우에는 다시 선거를 치를 필
요가 없이 판결문 등본을 송부받은 관할 선거관리위원회가 당선인을
재결정함으로써 권리를 구제하고 분쟁을 합리적으로 종결할 수 있다.

만일 이러한 경우에도 다시 선거를 실시한다면, 당초 선거에서
실제 다수득표를 한 후보자와 그 후보자에게 투표한 선거인들의 권리
가 부당하게 침해될 것이기 때문이다.

따라서 법원에 소송을 제기하거나 금고 선거관리위원회에 이의를
제기할 경우 청구취지를 정확하게 기재해야 한다. 만일 근소표차로 낙
선한 후보자가 청구취지로 선거무효를 주장한다면, 그 청구가 인용되

더라도 선거 자체의 효력이 무효가 되므로 해당 선거에서 자신이 당선인으로 결정될 수 있는 기회까지 함께 소멸되기 때문이다.

가장 합리적 방안은 주위적으로 투표의 효력판단이나 후보자별 득표수 집계의 오류를 청구원인으로 하여 당선무효 소송을 제기하면서 투표지에 대한 검증을 신청하고, 주위적 청구가 인용되지 않을 경우에 대비하여 예비적 청구로 당선인의 위법행위나 선거인명부 작성과 확정에 관한 위법 등을 청구원인으로 선거무효를 주장하는 것이 적절할 것이다.

결론적으로 근소 표차로 낙선한 후보자가 선거결과에 승복하지 못하여 소송을 제기하는 경우 함부로 선거무효를 주장해서는 안 될 일이다. 목욕물을 버린다고 아기까지 함께 쏟아 버리는 어리석음이다.

3. 당선무효 또는 선거무효 판결의 요건

가. 선거에 관한 규정을 위반한 경우

선거에 관한 법규명령이나 정관 또는 임원선거규약 등 내부규범을 위반한 경우 기본적으로 선거무효의 요건이 된다. 여기에서 위반의 주체는 원칙적으로 선거관리기관이다. 선거관리 집행의 권한과 책임이 있기 때문이다. 예컨대, 후보자등록업무를 수행하면서 자격이 없는 사람의 후보자 등록신청을 수리하거나, 정당한 자격이 있는 사람의 후보자등록신청을 거부하거나, 결격사유가 존재하는 후보자의 등록을 무효로 결정하지 않는 경우에는 선거무효 사유가 될 수 있다.

또한 관할 선거관리위원회가 선거운동을 관리하면서 일부 선거인에게 선거공보를 발송하지 않거나, 투표용지를 제작하면서 후보자의 성명이나 기호를 틀리게 인쇄하거나, 투표 또는 개표관리 과정에 후보자측의 참관을 보장하지 않은 경우에도 선거무효의 사유가 될 수 있다.

특히 유의할 부분은 위탁선거 위반행위에 대한 공정한 조사·단속의 의무가 있는 관할 선거관리위원회가 후보자 또는 제3자의 불법 선거운동 등 위탁선거 위반행위를 묵인 또는 방치하거나 불공정한 조사를 한 경우에도 선거에 관한 규정 위반으로 선거무효 청구가 인용될 수 있다는 점이다.

검찰이나 경찰이 선거사범에 대한 수사를 미적거리거나 편파적인 수사를 하거나 부당하게 불기소 처분을 하더라도 선거무효의 사유는 아니다. 그들에게는 자유롭고 정의로운 선거질서를 수호할 헌법적 책무도 없거니와 검찰청법이나 형사소송법이 선거에 관한 규정도 아니기 때문이다.

모름지기 심판이 되어 경기장에 선 사람은 호루라기에 실린 헌법적 무게를 느껴야 한다.

나. 규정 위반이 선거결과에 영향을 미친 경우

새마을금고법과 위탁선거법은 선거의 효력이나 당선의 효력에 이의가 있는 사람이 이의를 제기하거나 선거소송을 제기할 수 있다고 규정하고 있을 뿐, 구체적으로 규정 위반의 정도가 어떠한 수준에 이르러야 선거나 당선의 효력을 무효로 할 수 있는지에 관해서는 명시적으로 규정하고 있지 않다.

선거는 후보자등록부터 당선인 결정에 이르기까지 일련의 행위의 집합으로서 선거권자의 집단적 의사표시의 결과이므로, 인·허가 등의 개별적인 행정행위와 달리 그 법적 안정성이 특히 강하게 요구된다. 따라서 선거에 관한 규정 위반이 있었더라도 그 규정 위반이 없었던 경우와 그 결과가 동일하다면 다시 선거를 실시하는 것은 사회경제적

손실만 초래할 뿐이다.

이를테면 선거결과에 아무런 영향을 미칠 수 없는 경미한 법규 위반을 이유로 선거나 당선의 효력을 무효로 한다면, 당선이 무효로 되는 당사자뿐만 아니라 해당 후보자를 선출한 선거인의 권리까지 함께 침해되는 것으로 평가할 수 있다. 따라서 선거나 당선의 효력을 무효로 하기 위해서는 먼저 선거에 관한 규정에 위반된 사실이 있어야 하고, 다음으로 그 규정 위반이 실제 선거의 결과에 영향을 미쳤음이 인정되어야 한다.

선거의 결과에 영향을 미쳤음을 판단하는 대표적인 기준으로는 당선자와 낙선자의 표차이다. 큰 표 차이로 당락이 엇갈린 경우 경미한 위법행위를 이유로 함부로 그 선거를 무효로 선언해서는 안 되겠지만, 당선자와 낙선자의 표차이가 상당하더라도 중대한 위법행위가 전방위적으로 광범위하게 자행되었다면 해당 선거나 당선의 효력을 무효로 하는 것이 타당할 것이다.

예컨대, 금고 가입 6개월에 미달하는 회원은 선거인 자격이 없음에도 불구하고 착오로 이러한 회원 10명을 선거인명부에 등재하고 이들이 모두 투표에 참여한 경우에도 당선자와 낙선자의 표차이가 20표를 초과한다면, 10명의 투표 전체를 당선자의 득표에서 공제하고 이를 전부 낙선자의 득표에 더하더라도 다수득표자가 바뀔 가능성이 없다. 이 경우에는 비록 선거에 관한 규정을 위반하였지만 다른 특별한 사정이 없다면 해당 선거와 당선인 결정의 효력이 부인(否認)되어서는 안 될 것이다.

실제 공직선거에서도 후보자 중 1인이 피선거권에 결격사유가 있었음에도 해당 후보자의 등록을 무효로 결정하지 아니한 채 투·개표가 이루어졌으나, 그 후보자의 득표수를 다른 낙선후보자에 모두 가산하더라도 당선인의 득표수에 미달하는 사안에서 비록 선거관리위원회의 관리·집행상의 위법이 존재하긴 하였지만, 그 위법이 선거의 결과

에까지 영향을 미쳤다고 볼 수 없다는 이유로 선거무효 청구를 기각한 바 있다.[18]

다. 중대한 위법행위로 선거의 공정을 침해한 경우

후보자가 선거운동 과정에서 위반행위를 하였더라도 이를 선거무효의 사유로 삼기 위해서는 후보자의 위법행위의 정도가 중대하여 선거결과에까지 영향을 미쳤다고 인정되어야 한다. 특히 당선무효소송은 선거가 하자 없이 적법하고 유효하게 실시된 것을 전제로 선거관리위원회의 당선인 결정만이 위법하다고 그 효력을 다투는 소송이므로, 당선인이 선거운동과정에서 위법행위를 한 경우 이는 당사자가 형사상 처벌대상이 될 뿐이고 당선인의 위법행위 자체를 당선무효의 사유로 삼을 수 없다.[19]

한편, 선거무효 청구가 인용되기 위해서는 원칙적으로 관할 선거관리위원회가 후보자의 위법행위를 묵인·방치하는 등 그 책임을 돌릴 만한 선거사무 관리집행의 하자가 있어야 한다. 그러나 후보자의 위법한 선거운동으로 선거인들의 자유로운 판단에 의한 투표를 방해하여 선거의 기본이념인 선거의 자유와 공정이 현저히 침해되고 그로 인하여 선거의 결과에 영향을 미쳤다고 인정될 때에는 그 선거와 이를 기초로 한 당선인 결정을 무효로 한다.[20]

다시 말하면, 중대한 위법행위로 선거의 자유와 공정이 현저하게 침해된 경우에는, 선거관리위원회가 후보자나 제3자에 의한 위법행위에 대하여 적절한 시정조치를 취함이 없이 묵인·방치하는 등 그 책임을 돌릴 만한 사유가 따로 있어야만 그 선거의 무효를 결정할 수 있는

18) 대법원 1996. 11. 22. 선고 96수59 판결
19) 대법원 1993. 5. 11. 선고 92수150 판결
20) 대법원 2003. 12. 26. 선고 2003다11837 판결

것이 아니라는 뜻이다.

이러한 법리는 20여 년 전부터 공직선거법의 선거무효소송에 적용되어 왔다. 예컨대, 2000년 4월 13일 실시한 제16대 총선에서 당선자의 선거구에 영업기반을 둔 대기업 계열사와 그 임직원들을 동원한 조직적이고 체계적인 불법선거운동이 자행된 적이 있었다. 물론 관할 선거관리위원회는 수십 건의 고발 또는 수사의뢰 조치를 하면서 단속 활동에 전력을 다하였다.

선거종료 후 선거무효소송을 심리한 대법원은 불법선거운동 방법이 회사조직을 이용한 조직적·체계적인 것으로서 동원된 인원과 그들이 상대한 유권자의 수, 제공한 향응 규모가 광범위하고 위반의 정도가 심히 중대하여 선거의 공정을 현저히 저해하고 선거결과에 영향을 미쳤을 가능성이 있다고 평가하여 선거무효로 판결하였다.[21]

본래 선거무효의 원인으로 삼을 수 있는 선거에 관한 규정 위반의 주체는 선거관리위원회이지만, 해당 판례는 위법행위에 대한 선거관리위원회의 묵인 또는 방치가 없었더라도 위법행위가 선거구 전역에 걸쳐 전방위적이고 조직적으로 자행된 경우에는 선거의 자유와 공정이 현저하게 침해된 것이므로 관할 선거관리위원회에 상징적인 책임을 물어 선거를 무효화한 최초의 사례이다.

이제 이러한 선거무효의 법리는 이사장선거와 조합장선거 등 위탁선거에도 적용되는 것으로서 선거의 유효성을 판정하는 일반화된 원칙이자 보편적 기준이 된 것으로 보인다.

---

21) 대법원 2001. 7. 13. 선고 2000수216 판결

4. 당선무효와 선거무효 판결 사례

가. 위법홍보물 배부

2001년 12월 14일 실시한 농협조합장선거에서 선거일 1주일 전 상대방 후보자에 대한 허위 내지 비방의 유인물을 전체 조합원에게 발송한 후보자가 근소한 표차이[22)]로 당선되자 억울한 낙선자가 소송을 제기하기에 이르렀다.

이에 법원은 유인물의 내용, 발송일과 투표일 사이의 시간적 간격과 상대방 후보자의 효과적인 대응방법 유무, 해당 선거에서 허용된 선거운동의 방법, 후보자간 득표차 등을 고려하여 해당 조합장선거가 무효라고 판결하였다.[23)]

해당 판례는 공직선거법은 선거무효소송과 당선무효소송을 나누어 당사자 적격, 무효요건, 소 제기기간 등을 따로 규정하고 있어 공직선거법의 선거무효소송과 당선무효소송의 법리는 상법상 주주총회 결의무효확인의소에 관한 규정이 준용되는 농업협동조합법에 의한 당선무효확인의 소에 적용될 수 없다고 보았다.

따라서 조합장선거에 후보자 등이 당선을 목적으로 허위사실을 공표하는 등 선거절차에서 법령에 위반한 사유가 있는 경우 그 사정만으로 해당 선거의 당선이 무효로 되는 것은 아니다. 하지만 이와 같은 위법한 선거운동으로 조합원들의 자유로운 판단에 의한 투표를 방해하여 선거의 기본이념인 선거의 자유와 공정을 현저히 침해하고 그로 인하여 선거의 결과에 영향을 미쳤다고 인정될 때에는 그 선거의 효력과 당선인 결정을 무효로 본 것이다.

---

22) 유효투표수 1,024표 중 당선자가 522표, 낙선자가 502표를 얻은 사안이다.
23) 대법원 2003. 12. 26. 선고 2003다11837 판결

432

나. 유사학력 게재

2020년 1월 7일 실시한 지역 체육회장선거에서 경영대학원 최고 경영자과정을 이수한 후보자가 후보자등록신청서의 학력란에 그 사실을 기재하였다. 이에 상대방 후보자가 체육회 선거관리위원회에 이의를 신청하였고, 해당 선거관리위원회는 체육회장선거에서는 공직선거와 달리 정규학력만을 표기하도록 의무화되지 않았기 때문에 무방하다는 결정을 하였다.

선거결과 총 316명의 선거인 중 297명이 투표에 참여하였고, 유사학력을 게재한 후보자가 139표를 득표하여 당선되었으나, 122표를 득표하여 낙선한 후보자가 당선인 결정이 무효임을 주장하며 법원에 소송을 제기하였다. 이에 관하여 법원이 당선인이 후보자등록신청서에 최종학력을 거짓으로 기재한 것은 선거의 공정을 훼손하는 것으로서 선거결과에 영향을 미쳤다고 판단하여 해당 선거와 이를 기초로한 당선인 결정은 모두 무효라고 판결하였다.[24]

법원은 그 판단이유로 낙선자와 불과 17표(6%)의 차이로 당선된점, 선거인에게 오인을 불러일으킬 만한 충분한 소지가 있는 학력 기재에 대하여 관대한 용인이 이루어질 수는 없는 점, 상당한 수준의 청렴성과 도덕성이 요구되는 후보자로서 그 등록사항에 대한 허위 기재는 선거인들에 대한 신뢰를 저버리는 비난가능성이 높은 행위로 볼수 있다는 점 등을 들었다.

헌법재판소도 비정규학력 게재를 허용할 경우 유권자들이 후보자의 학력을 과대평가하고 공정한 판단을 흐릴 수 있어 이에 관한 규제가 헌법에 위반되지 않는다고 판시한 바 있다.[25]

---

24) 울산지법 2020. 9. 9. 선고 2020가합10349 판결
25) 헌법재판소 2000. 11. 30. 99헌바95 결정

다. 이익제공의 의사표시

2015년 12월 11일 실시한 새마을금고 이사장선거에서 투표 직전 실시된 소견발표 중 후보자가 "제가 당선이 된다면 이 연봉의 50%, 5천만원을 1년에 꼭 대의원 여러분에게 쓰겠습니다. 박수 한 번 쳐주십시오"라고 발언하였고, 곧이어 선거인 131명이 투표한 결과, 해당 발언을 한 후보자가 70표, 상대방 후보자가 60표를 얻어 선거관리위원회가 문제의 발언을 한 다수득표자를 당선인으로 결정하였다.

이에 낙선자는 당선자의 발언이 새마을금고법과 정관 및 임원선거규약에 위반된다는 이유로 금고 선거관리위원회에 이의신청을 하였고, 해당 선거관리위원회가 2015년 12월 16일 임원선거규약 제38조 제4항에 따라 당선무효를 결정하자 당선인이 법원에 당선자 지위확인 소송을 제기하였다.

법원은 이 사건 발언이 금고 전체 회원의 복지를 위하여 보수의 50%를 사용하겠다는 것이 아니라 이사장 선거에 투표권을 가진 대의원 130명에게 이를 사용하겠다는 것으로서 금품, 향응, 그 밖의 재산상의 이익제공의 의사표시에 해당한다면서, 해당 발언이 약 4,400여명 전체 회원들의 복지를 위하여 급여 중 일부를 사용하겠다는 의미로 해석될 여지는 없다고 판단하였다.

이에 따라 법원은 낙선자와 표차가 10표에 불과하고, 해당 발언에 따른 대의원 1인당 금품제공 의사표시 금액은 약 38만원에 이르며, 상대 후보자가 반박할 시간적 여유가 없었던 점 등을 고려하면, 해당 발언은 위법한 선거운동으로서 그 정도가 중하여 선거의 자유와 공정을 현저히 침해하였고 선거결과에 영향을 미쳤으므로 당선무효 사유에 해당한다며 원고의 청구를 기각하였다.[26]

---

26) 부산고법 2017. 4. 13. 선고 2016나57079 판결

라. 선량한 풍속에 반하는 행위

1994년 8월 3일 엽연초생산협동조합장선거에서 2명이 후보자로
등록하여 선거인 68명 모두가 투표한 결과 유효투표수 68표 중 35표
를 얻은 후보자가 당선되었다.

이에 33표를 얻은 낙선자는 선거 과정에서 당선자가 3인의 선거
인을 매수하였다는 위법행위를 이유로 법원에 당선자결정 무효확인의
소송을 제기하였다.

법원은 임원선거에서 금품 제공행위를 형사처벌하거나 그로 인한
당선을 무효로 한다는 규정이 없더라도 당선을 목적으로 선거인들에
게 금품을 제공한 행위는 선량한 풍속 기타 사회질서에 반하는 행위
이고, 당선인과 차순위 후보자의 득표 차에 비추어 보면 당선인의 금
품제공 행위는 선거결과에도 영향을 미쳤으므로 해당 조합장 선거와
이를 기초로 한 당선인 결정은 무효라고 판결하였다.[27]

이사장선거 등 금고의 임원선거에서 새마을금고법, 위탁선거법
등 선거 관계 법령이나 표준정관 또는 임원선거규약 등 자치규범의
명시적 규정에 위반되지 않았더라도 선량한 풍속 기타 사회질서에 반
하는 방법으로 선거운동을 하였다면 당선이 되더라도 이를 무효로 한
다는 의미이다.

---

27) 대법원 1996. 6. 25. 선고 95다50196 판결

부 록

새마을금고법

[시행 2023. 10. 12.]

행정안전부 지역금융지원과, 044-205-3946

제1조(목적) 이 법은 국민의 자주적인 협동 조직을 바탕으로 우리나라 고유의 상부상조 정신에 입각하여 자금의 조성과 이용, 회원의 경제적·사회적·문화적 지위의 향상, 지역사회 개발을 통한 건전한 국민정신의 함양과 국가경제 발전에 이바지함을 목적으로 한다.

제2조(정의와 명칭) ① 이 법에서 "금고"란 제1조의 목적을 달성하기 위하여 이 법에 따라 설립된 비영리법인인 새마을금고를 말한다.

② 이 법에서 "지역금고"란 제1항의 금고 중 동일한 행정구역, 경제권 또는 생활권을 업무구역으로 하는 금고를 말한다.

③ 이 법에서 "중앙회"란 모든 금고의 공동이익 증진과 지속적인 발전을 도모하기 위하여 이 법에 따라 설립한 비영리법인인 새마을금고중앙회를 말한다.

④ 금고나 중앙회는 그 명칭 중 "새마을금고" 또는 "새마을금고중앙회"라는 문자를 사용하여야 한다.

⑤ 금고나 중앙회가 아니면 제4항에 따른 명칭이나 이와 유사한 명칭을 사용할 수 없다.

제7조(설립) ① 금고는 50명 이상의 발기인이 중앙회장(이하 "회장"이라 한다)이 정하는 정관례에 따라 정관을 작성하여 창립총회의 의결을 거친 뒤에 회장을 거쳐 특별자치시장·특별자치도지사 또는 시장·군수·구청장(구청장은 자치구의 구청장을 말한다. 이하 같다)의 인가를 받아 그 주된 사무소의 소재지에서 설립등기를 함으로써 성립한다.

② 창립총회의 의사(議事)는 발기인에게 금고 설립 동의서를 개의(開

438

議) 전까지 제출한 자 과반수의 출석과 출석자 3분의 2 이상의 찬성으로 의결한다.

③ 창립총회의 공고·의결사항과 설립인가 신청 절차, 인가 제한 사유 등 금고 설립에 필요한 사항은 대통령령으로 정한다.

제9조(회원과 자본금) ① 금고의 회원은 그 금고의 정관으로 정하는 업무 구역에 주소나 거소(居所)가 있는 자 또는 생업에 종사하는 자로서 출자 1좌 이상을 현금으로 납입한 자로 한다.

② 한 금고의 회원 수는 100명 이상으로 한다.

③ 금고는 정당한 사유 없이 회원이 될 수 있는 자격을 가진 자의 가입을 거절할 수 없으며, 가입에 관하여 필요한 사항은 정관으로 정한다.

④ 출자 1좌의 금액은 정관으로 정하며, 한 회원이 가질 수 있는 출자 좌수(出資座數)의 최고한도는 총출자좌수의 100분의 15를 초과할 수 없다.

⑤ 회원은 출자좌수에 관계없이 평등한 의결권과 선거권을 가진다. 다만, 정관으로 정하는 바에 따라 미성년자 또는 해당 금고의 회원 자격을 유지한 기간이 6개월 미만인 회원에 대하여만 의결권과 선거권을 제한할 수 있다.

⑥ 회원은 다른 회원을 대리인으로 하여 의결권을 행사할 수 있다. 이 경우 한 회원이 대리할 수 있는 회원의 수는 두 명을 초과할 수 없다.

⑦ 회원이 금고에 납입할 출자금은 금고에 대한 채권과 상계(相計)하지 못한다.

⑧ 출자금은 질권(質權)의 목적이 될 수 없다.

⑨ 회원은 이사장의 승인을 받아 그의 출자금을 다른 회원에게 양도할 수 있다. 이 경우 양수인은 양도인의 출자금에 관한 재산상의 권리와 의무를 승계한다.

⑩ 회원의 책임은 그 출자액을 한도로 한다.

⑪ 금고의 자본금은 회원이 납입한 출자금(제9조의2에 따른 출자금을 포함한다), 제9조의3에 따른 회전출자금 및 제9조의4에 따른 우선출자금(누적되지 아니하는 것만 해당한다)의 총액으로 한다.

제10조(탈퇴 등) ① 회원은 언제라도 정관으로 정하는 바에 따라 금고에서 탈퇴할 수 있다.

② 회원이 다음 각 호의 어느 하나에 해당하는 경우에는 당연히 금고에서 탈퇴한 것으로 본다.

　1. 사망한 경우(법인은 해산한 경우)

　2. 파산선고를 받은 경우

　3. 피성년후견인이 된 경우

　4. 회원의 자격을 잃은 경우

③ 제2항제4호의 자격상실에 관한 사항은 정관으로 정한다.

④ 제1항에 따라 탈퇴한 회원(제2항에 따라 탈퇴한 것으로 보는 경우와 제10조의2에 따라 제명된 경우를 포함한다. 이하 이 조에서 같다)은 정관으로 정하는 바에 따라 그의 예탁금 및 적금의 환급(還給)을 청구할 수 있다.

⑤ 제1항에 따라 탈퇴한 회원은 탈퇴 당시 회계연도 다음 회계연도부터 정관으로 정하는 바에 따라 출자금의 환급을 청구할 수 있다.

⑥ 금고는 금고의 재산으로 그 채무를 다 갚을 수 없는 경우에는 제5항에 따른 출자금을 환급할 때 정관으로 정하는 바에 따라 탈퇴하거나 제명된 회원이 부담하여야 할 손실액을 빼고 환급할 수 있다.

⑦ 제4항 및 제5항에 따른 환급청구권은 환급을 청구할 수 있는 날부터 출자금은 2년 간, 예탁금·적금은 5년 간 행사하지 아니하면 시효의 완성으로 소멸한다.

제10조의2(제명) ① 회원이 다음 각 호의 어느 하나에 해당하는 경우에는 총회의 의결로 제명할 수 있다.

　1. 1년 이상의 장기간에 걸쳐 대출금 상환을 지체한 경우

　2. 금고의 사업집행을 고의로 방해한 사실이 입증된 경우

　3. 2년 이상 계속하여 금고의 사업을 이용하지 아니한 경우

　4. 고의 또는 중대한 과실로 금고에 직접적인 재산상의 손해를 끼친 경우

② 금고는 제1항에 따라 회원을 제명하려면 총회 개최일 10일 전까지 그 회원에게 제명의 사유를 알리고 총회에서 의견을 진술할 기회를 주어야 한다.

③ 제1항에 따라 제명된 자에 대하여 해당 금고는 제명된 날부터 2년 간 회원가입을 제한할 수 있다.

제11조의2(의결 취소의 소 등) ① 회원은 총회(창립총회를 포함한다)의 소집 절차, 의결방법, 의결내용 또는 임원의 선거가 법령이나 법령에 따른 행정처분 또는 정관을 위반한 것을 사유로 하여 그 의결이나 선거에 따른 당선의 취소 또는 무효확인을 청구하는 소(訴)를 제기할 수 있다.

② 제1항에 따른 소에 관하여는 「상법」 제376조부터 제381조까지의 규정을 준용한다.

제12조(총회) ① 금고에 총회를 둔다.

② 총회는 정기총회와 임시총회로 하며, 정기총회는 매년 1회 정관으로 정하는 바에 따라 소집하고, 임시총회는 필요하다고 인정할 때에 소집한다.

③ 총회는 회원으로 구성하며 이사장이 소집한다.

④ 다음 각 호의 사항은 총회의 의결이 있어야 한다.

 1. 정관의 변경
 2. 해산, 합병 또는 휴업
 3. 임원의 선임(이사장의 선임은 정관으로 이사장을 총회에서 선출하도록 한 경우로 한정한다)과 해임
 4. 기본 재산의 처분
 5. 결산보고서(사업보고서·재무상태표·손익계산서와 잉여금처분안 또는 손실금처리안을 포함한다)의 승인
 6. 사업계획, 예산의 결정
 7. 경비의 부과와 징수 방법
 8. 그 밖의 중요한 사항

⑤ 제4항제1호의 사항은 회장을 거쳐 특별자치시장·특별자치도지사 또는 시장·군수·구청장의 인가를 받지 아니하면 그 효력을 발생하지 아니한다.

⑥ 금고는 대통령령으로 정하는 바에 따라 총회 의사록을 작성하여야 한다.

제13조(총회의 개의와 의결) ① 총회는 이 법에 다른 규정이 있는 경우 외에는 재적회원(在籍會員) 과반수의 출석으로 개의(開議)하고 출석회원 과반수의 찬성으로 의결한다. 다만, 재적회원이 300명을 초과하는

경우에는 151명 이상 출석으로 개의하고 출석회원 과반수의 찬성으로 의결할 수 있다.

② 제12조제4항제1호 및 제2호의 사항은 재적회원 과반수(제1항 단서의 경우에는 151명 이상의 회원)의 출석과 출석회원 3분의 2 이상의 찬성으로 의결하여야 한다.

③ 총회에서는 제15조제2항에 따라 공고한 사항에 대하여만 의결할 수 있다. 다만, 긴급한 사항으로서 재적회원 과반수(제1항 단서의 경우에는 151명 이상의 회원)의 출석과 출석회원 3분의 2 이상의 찬성이 있는 경우에는 그러하지 아니하다.

④ 금고와 특정회원과의 관련 사항을 의결하는 경우에는 그 회원은 의결권이 없다.

제16조(대의원회) ① 회원이 300명을 초과하는 금고는 대통령령으로 정하는 바에 따라 총회를 갈음할 대의원회를 둘 수 있다.

② 대의원의 임기는 3년으로 한다.

③ 제2항에도 불구하고 대의원 중 일부의 궐원으로 인한 재선거 또는 보궐선거로 선임된 대의원의 임기는 다음 각 호와 같다.

　1. 재선거의 경우에는 재선거 실시 전에 실시한 선거로 선출된 대의원의 남은 임기

　2. 보궐선거의 경우에는 전임자의 남은 임기

④ 대의원의 자격, 정수, 선임 방법 등에 필요한 사항은 대통령령으로 정한다.

⑤ 대의원은 다음 각 호의 직을 겸할 수 없다.

　1. 해당 금고의 임직원(이사장은 제외한다)

　2. 다른 금고의 대의원

　3. 다른 금고의 임직원

⑥ 대의원회에 관하여는 총회에 관한 규정을 준용한다.

제17조(이사회) ① 금고에 이사회를 둔다.

② 이사회는 이사장을 포함한 이사로 구성하며, 이사장이 이를 소집한다.

③ 다음 각 호의 사항은 이사회의 의결이 있어야 한다.

　1. 규정의 제정, 변경 또는 폐지

442

2. 사업 집행에 대한 기본 방침의 결정

3. 소요 자금의 차입. 다만, 중앙회에서 차입할 경우는 최고한도

4. 정관으로 정하는 간부 직원의 임면(任免)과 직원의 징계

5. 총회로부터 위임된 사항과 총회에 부칠 사항

6. 그 밖에 이사장이 회의에 부치는 사항

④ 이사장은 다음 각 호의 사항을 이사회에 보고하여야 한다.

1. 제76조에 따른 감사 결과

2. 제79조제6항에 따른 경영 평가 결과

3. 제74조제3항, 제79조제3항 및 제81조제1항에 따른 검사 결과

⑤ 이사회는 재적이사 과반수의 출석으로 개의하고 출석이사 과반수의 찬성으로 의결한다.

⑥ 이사회의 소집 방법, 의사록 작성 등은 정관으로 정하는 바에 따른다.

제18조(임원의 선임 등) ① 금고의 임원으로 이사장 1명을 포함한 7명 이상 15명 이하의 이사와 3명 이하의 감사를 두며, 임원은 금고의 다른 직(職)을 겸할 수 없다.

② 금고의 자산 규모, 재무구조 등을 고려하여 대통령령으로 정하는 금고의 경우에는 정관으로 정하는 바에 따라 임원 중 1명 이상을 상근으로 할 수 있되, 상근하는 임원의 수는 이사장을 포함한 이사 중 2명, 감사 중 1명을 초과할 수 없다. 이 경우 상근하는 임원은 금고 업무에 대한 전문지식과 경험이 풍부한 사람으로서 대통령령으로 정하는 요건을 갖춘 사람 중에서 제4항부터 제9항까지에 따라 선임하거나 선출하여야 한다.

③ 제2항을 적용할 때 이사장이 상근하지 아니하는 지역금고의 경우에는 제4항에 따라 선임된 상근이사를 두어야 한다.

④ 제2항에 따라 상근하는 임원 중 이사장이 아닌 이사는 이사회의 추천을 받아 총회에서 선임한다.

⑤ 이사장은 회원 중에서 회원의 무기명 비밀투표로 직접 선출한다. 다만, 자산이 일정 규모 이하인 금고 등 대통령령으로 정하는 금고의 이사장은 회원의 투표로 직접 선출하는 방법, 총회에서 선출하는 방법 또는 대의원회에서 선출하는 방법 중 정관으로 정하

는 방법을 택하여 선출할 수 있다.

⑥ 제5항에 따라 회원의 투표로 직접 선출하는 경우 투표의 방법·절차, 투표의 사전 통지 등에 필요한 사항은 정관으로 정한다.

⑦ 제5항에도 불구하고 이사장의 후보자가 1명인 경우에는 정관으로 따로 정하는 방법에 따라 이사장을 선출할 수 있다.

⑧ 이사장의 선출 방법에 따른 당선인의 결정은 다음 각 호에 따른다.

 1. 회원의 투표로 직접 선출하는 경우에는 최다득표자를 당선인으로 결정

 2. 총회에서 선출하거나 대의원회에서 선출하는 경우에는 과반수득표자를 당선인으로 결정. 다만, 과반수득표자가 없는 경우에는 1위와 2위의 다수득표자만을 후보자로 하여 다시 투표를 실시하여 최다득표자를 당선인으로 결정한다.

⑨ 이사장을 제외한 임원은 총회에서 무기명 비밀투표로 선출하되, 다수득표자 순으로 임원의 정수에 해당하는 사람으로 한다. 다만, 이사장을 제외한 임원의 후보자가 각각 그 정수 이내일 경우에는 정관으로 따로 정하는 방법에 따라 선출할 수 있으며, 이사장을 제5항에 따라 회원의 투표로 직접 선출하는 경우에는 본문에도 불구하고 이사장을 제외한 임원도 같은 방법으로 이사장과 동시에 선출할 수 있다.

⑩ 금고의 임원은 명예직으로 한다. 다만, 제2항에 따라 상근하는 임원에게는 급여를 지급할 수 있다.

⑪ 임원의 선임 방법과 절차 등에 관하여 이 법에서 정한 사항 외에 필요한 사항은 정관으로 정한다.

제20조(임원의 임기) ① 이사장 및 이사의 임기는 4년으로 하고, 감사의 임기는 3년으로 한다.

② 제1항에도 불구하고 임원 중 일부의 궐원으로 인한 재선거 또는 보궐선거로 선임된 임원의 임기는 다음 각 호와 같다.

 1. 재선거의 경우에는 재선거 실시 전에 실시한 선거로 선출된 임원의 남은 임기

 2. 보궐선거의 경우에는 전임자의 남은 임기

③ 이사장은 2차에 한정하여 연임할 수 있다. 이 경우 이사장이 임기만료일 전 2년부터 임기만료일까지 퇴임한 경우에는 1회를 재임한 것

으로 보고, 임기만료에 따라 퇴임한 이사장이 임기만료 후 2년 이내에 이사장으로 선임되는 경우에는 연임한 것으로 본다.

제21조(임원의 결격 사유) ① 다음 각 호의 어느 하나에 해당하는 사람은 금고의 임원이 될 수 없다. 다만, 제18조제3항에 따른 상근이사는 제16호를 적용하지 아니한다.

1. 미성년자·피성년후견인 또는 피한정후견인

2. 파산선고를 받고 복권되지 아니한 사람

3. 제85조제1항, 「형법」 제355조부터 제357조까지의 죄(금고나 중앙회의 사업과 관련된 죄만 해당한다)를 범하여 금고 이상의 실형을 선고받고 그 집행이 끝나거나(집행이 끝난 것으로 보는 경우를 포함한다. 이하 이 항에서 같다) 집행이 면제된 날부터 5년이 지나지 아니한 사람

4. 제3호의 죄를 범하여 금고 이상의 형의 집행유예를 선고받고 그 집행유예 기간이 끝난 날부터 3년이 지나지 아니한 사람

5. 제3호의 죄를 범하여 금고 이상의 형의 선고유예를 받고 그 선고유예 기간이 끝난 날부터 3년이 지나지 아니한 사람

6. 제3호의 죄를 범하여 벌금형을 선고받고 그 형이 확정된 후 3년이 지나지 아니한 사람

7. 삭 제

8. 제85조제3항 또는 「공공단체등 위탁선거에 관한 법률」 제58조, 제59조, 제61조부터 제66조까지에 규정된 죄를 범하여 100만원 이상의 벌금형을 선고받고 그 형이 확정된 후 3년이 지나지 아니한 사람

9. 제3호의 죄 외의 죄로 금고 이상의 실형을 선고받고 그 집행이 끝나거나 집행이 면제된 날부터 3년이 지나지 아니한 사람

10. 제3호의 죄 외의 죄로 금고 이상의 형의 집행유예를 선고받고 그 집행유예 기간 중에 있는 사람

11. 제3호의 죄 외의 죄로 금고 이상의 형의 선고유예를 받고 그 선고유예 기간 중에 있는 사람

11의2. 금고의 임직원으로 재임 또는 재직 중 다른 임직원에게 「형법」 제257조제1항, 제260조제1항, 제261조(제260조제2항의 죄를 범한 경우는 제외한다), 제262조(제260조제2항의 죄를 범한 경우는 제

외하며, 제257조의 예에 따르는 경우로 한정한다) 또는 제324조의 죄를 범하여 300만원 이상의 벌금형을 선고받고 그 형이 확정된 후 3년이 지나지 아니한 사람

11의3. 금고의 임직원으로 재임 또는 재직 중 다른 임직원에게 「형법」 제303조제1항 또는 「성폭력범죄의 처벌 등에 관한 특례법」 제10조제1항의 죄를 범하여 100만원 이상의 벌금형을 선고받고 그 형이 확정된 후 3년이 지나지 아니한 사람

12. 이 법 또는 대통령령으로 정하는 금융 관련 법령(이하 "금융관계법령"이라 한다)에 따라 징계면직 또는 해임된 사람으로서 징계면직 또는 해임된 날부터 5년이 지나지 아니한 사람

12의2. 이 법 또는 금융관계법령에 따라 직무정지(업무의 집행정지를 포함한다. 이하 이 항에서 같다) 또는 정직의 제재조치를 받은 사람으로서 제재조치 종료일부터 4년이 지나지 아니한 사람

13. 이 법 또는 금융관계법령에 따라 재직 또는 재임 중이었더라면 징계면직 또는 해임요구의 조치를 받았을 것으로 통보된 퇴임 직원이나 임원으로서 그 통보가 있는 날부터 5년(통보가 있는 날부터 5년이 퇴직 또는 퇴임한 날부터 7년을 초과하는 경우에는 퇴직또는 퇴임한 날부터 7년으로 한다)이 지나지 아니한 사람

13의2. 이 법 또는 금융관계법령에 따라 재임 또는 재직 중이었더라면 직무정지 또는 정직의 제재조치를 받았을 것으로 통보된 퇴임 임원이나 퇴직한 직원으로서 그 통보가 있는 날부터 4년(통보가 있은 날부터 4년이 퇴임 또는 퇴직한 날부터 6년을 초과하는 경우에는 퇴임 또는 퇴직한 날부터 6년으로 한다)이 지나지 아니한 사람

14. 법원의 판결이나 다른 법률에 따라 자격을 잃거나 정지된 사람

15. 공공기관 또는 다른 법인이나 회사에서 징계면직된 사람으로서 징계면직된 날부터 2년이 지나지 아니한 사람

16. 회원으로서 임원 선임 선거일공고일 현재의 정관으로 정하는 출자좌수 이상을 2년 이상 계속 보유하고 있지 아니한 사람. 다만, 설립이나 합병 후 2년이 지나지 아니한 금고의 경우에는 그러하지 아니하다.

17. 임원 선임 선거일공고일 현재 해당 금고에 대하여 정관으로 정하

446

는 금액이나 기간을 초과하는 채무를 연체한 사람

18. 그 밖에 정관으로 정하는 자격 제한 사유에 해당하는 사람

② 임원에게 제1항(제12호의2는 제외한다)에 따른 사유가 발견되거나 발생한 경우에는 해당 임원은 당연 퇴임된다.

③ 제2항에 따라 퇴임한 임원이 퇴임 전에 관여한 행위는 그 효력을 잃지 아니한다.

④ 금고와 중앙회는 임원 또는 임원 후보자에게 제1항의 결격사유가 있는지를 확인하기 위하여 주된 사무소를 관할하는 경찰관서의 장에게 제1항제3호부터 제6호까지 및 제8호부터 제11호까지, 제11호의2 및 제11호의3에 해당하는 범죄의 경력조회 등 필요한 협조를 요청할 수 있고, 해당 경찰관서의 장은 그 결과를 회보하여야 한다.

제21조의2(벌금형의 분리 선고) 「형법」 제38조에도 불구하고 제21조제1항제8호·제11호의2 또는 제11호의3에 규정된 죄와 다른 죄의 경합범(競合犯)에 대하여 벌금형을 선고하는 경우에는 이를 분리하여 선고하여야 한다.

제22조(임원의 선거운동 제한) ① 임원의 선거운동은 공영제(公營制)를 원칙으로 한다.

② 누구든지 자기 또는 특정인을 금고의 임원으로 당선되게 하거나 당선되지 못하게 할 목적으로 다음 각 호의 어느 하나에 해당하는 행위를 할 수 없다.

1. 회원(제9조에 따라 회원이 될 수 있는 자를 포함한다. 이하 이 조에서 같다)이나 그 가족(회원의 배우자, 회원 또는 그 배우자의 직계존비속과 형제자매, 회원의 직계존비속 및 형제자매의 배우자를 말한다. 이하 같다)에게 금품·향응, 그 밖의 재산상의 이익이나 공사(公私)의 직(職)을 제공, 제공의 의사표시 또는 그 제공을 약속하는 행위

2. 후보자가 되지 아니하게 하거나 후보자가 된 것을 사퇴하게 할 목적으로 후보자가 되려는 사람이나 후보자에게 제1호에 규정된 행위를 하는 경우

3. 제1호 또는 제2호에 규정된 이익이나 직을 제공받거나 그 제공의 의사표시를 승낙하는 행위 또는 그 제공을 요구하거나 알선하는

행위

4. 후보자에 관하여 거짓의 사실(학력을 포함한다)을 유포하거나 공
연히 사실을 적시(摘示)하여 비방하는 행위

5. 임원의 임기만료일 전 90일(보궐선거 또는 재선거의 경우 임원선
거 공고일)부터 선거일까지 회원의 호별(사업장을 포함한다)로 방
문하거나 특정장소에 모이게 하는 행위

③ 선거운동을 할 수 있는 사람은 후보자에 한정하며, 후보자는 임원
선거와 관련하여 다음 각 호의 방법 외의 선거운동을 할 수 없다.

1. 금고에서 발행하는 선거공보 제작 및 배부

2. 금고에서 개최하는 합동연설회 또는 공개토론회에서의 지지 호소

3. 전화(문자메시지를 포함한다) 및 컴퓨터통신(전자우편을 포함한다)
을 이용한 지지 호소

4. 도로·시장 등 행정안전부령으로 정하는 다수인이 왕래하거나 모이
는 공개된 장소에서의 지지 호소 및 명함 배부

④ 제3항에 따른 선거운동은 후보자등록마감일의 다음 날부터 선거일
전날까지만 할 수 있다. 다만, 후보자가 선거일에 제3항제2호에 따른
합동연설회 또는 공개토론회에서 자신의 소견을 발표하는 때에는 그
러하지 아니하다.

⑤ 제3항에 따른 선거운동 방법 등에 관한 세부적인 사항은 행정안전
부령으로 정한다.

제22조의2(기부행위의 제한) ① 금고의 임원 선거 후보자(후보자가 되려
는 사람을 포함한다. 이하 이 조에서 같다), 그 배우자 및 후보자가
속한 기관·단체·시설은 임원의 임기만료일 전 180일(재선거 또는 보
궐선거의 경우에는 그 선거의 실시 사유가 확정된 날)부터 그 선거일
까지 회원(금고에 가입 신청을 한 사람을 포함한다. 이하 이 조에서
같다)이나 그 가족 또는 회원이나 그 가족이 설립·운영하고 있는 기
관·단체·시설에 대하여 금전·물품이나 그 밖의 재산상 이익의 제공,
이익 제공의 의사표시 또는 그 제공을 약속하는 행위(이하 "기부행위"
라 한다)를 할 수 없다.

② 제1항에도 불구하고 다음 각 호의 어느 하나에 해당하는 행위는
기부행위로 보지 아니한다.

1. 직무상의 행위

　가. 후보자가 소속된 기관·단체·시설(나목에 따른 금고는 제외한다)의 자체 사업 계획과 예산으로 하는 의례적인 금전·물품을 그 기관·단체·시설의 명의로 제공하는 행위(포상 및 화환·화분 제공 행위를 포함한다)

　나. 법령과 정관에 따른 금고의 사업 계획 및 예산에 따라 집행하는 금전·물품을 그 기관·단체·시설의 명의로 제공하는 행위(포상 및 화환·화분 제공 행위를 포함한다)

　다. 물품 구매, 공사, 역무(役務)의 제공 등에 대한 대가의 제공 또는 부담금의 납부 등 채무를 이행하는 행위

　라. 가목부터 다목까지에 해당하는 행위 외에 법령의 규정에 따라 물품 등을 찬조·출연 또는 제공하는 행위

2. 의례적 행위

　가. 「민법」 제777조에 따른 친족(이하 이 조에서 "친족"이라 한다)의 관혼상제 의식이나 그 밖의 경조사에 축의·부의금품을 제공하는 행위

　나. 후보자가 친족 외의 자의 관혼상제 의식에 통상적인 범위에서 축의·부의금품(화환·화분을 포함한다)을 제공하거나 주례를 서는 행위

　다. 후보자의 관혼상제 의식이나 그 밖의 경조사에 참석한 하객이나 조객(弔客) 등에게 통상적인 범위에서 음식물이나 답례품을 제공하는 행위

　라. 후보자가 그 소속 기관·단체·시설(후보자가 임원이 되려는 해당 금고는 제외한다)의 유급(有給) 사무직원 또는 친족에게 연말·설 또는 추석에 의례적인 선물을 제공하는 행위

　마. 친목회·향우회·종친회·동창회 등 각종 사교·친목단체 및 사회단체의 구성원으로서 해당 단체의 정관·규약 또는 운영관례상의 의무에 기초하여 종전의 범위에서 회비를 내는 행위

　바. 후보자가 평소 자신이 다니는 교회·성당·사찰 등에 통상적으로 헌금(물품의 제공을 포함한다)하는 행위

3. 「공직선거법」 제112조제2항제3호에 따른 구호적·자선적 행위에

준하는 행위

4. 제1호부터 제3호까지에 준하는 행위로서 행정안전부령으로 정하는
행위

③ 제2항에 따라 통상적인 범위에서 1명에게 제공할 수 있는 축의·부
의금품, 음식물, 답례품 및 의례적인 선물의 금액 범위는 행정안전부
령으로 정한다.

④ 누구든지 제1항에 따른 기부행위를 약속·지시·권유·알선 또는 요
구할 수 없다.

⑤ 누구든지 해당 선거에 관하여 후보자를 위하여 제1항에 따른 기부
행위를 하거나 하게 할 수 없다. 이 경우 후보자의 명의를 밝혀 기부
행위를 하거나 후보자가 기부하는 것으로 추정할 수 있는 방법으로
기부행위를 하는 것은 해당 선거에 관하여 후보자를 위한 기부행위로
본다.

⑥ 이사장은 재임 중 제1항에 따른 기부행위를 할 수 없다. 다만, 다
음 각 호의 어느 하나에 해당하는 경우에는 그러하지 아니하다.

1. 해당 금고의 경비로 관혼상제 의식이나 그 밖의 경조사에 축의·부
의금품을 제공하면서 해당 금고의 경비임을 명기하여 해당 금고의
명의로 한 경우(해당 금고 이사장의 직명 또는 성명을 밝히거나
그가 하는 것으로 추정할 수 있는 방법으로 하는 행위는 제외한다)

2. 제2항에 따라 기부행위로 보지 아니하는 행위

제23조(선거관리위원회의 설치·운영 등) ① 금고는 임원 선거를 공정하게
관리하기 위하여 선거관리위원회를 구성·운영한다.

② 선거관리위원회는 이사회가 위촉하는 5명 이상의 위원으로 구성하
며, 2명 이상의 위원을 회원이 아닌 사람으로 위촉하되 그 자격요건
등은 대통령령으로 정한다.

③ 불법선거운동 감시를 위하여 선거관리위원회에 공명선거감시단을
둔다.

④ 금고의 임직원은 선거관리위원회의 위원 또는 공명선거감시단의 단
원이 될 수 없다.

⑤ 제1항부터 제3항까지에 따른 선거관리위원회와 공명선거감시단의
구성·운영·직무 등에 관한 사항은 대통령령으로 정한다.

제23조의2(선거관리의 위탁) ① 금고는 이사장 선거의 관리에 대하여 정관으로 정하는 바에 따라 그 주된 사무소의 소재지를 관할하는 「선거관리위원회법」에 따른 구·시·군선거관리위원회에 위탁하여야 한다.

② 금고는 이사장을 제외한 임원선거의 관리에 대하여 정관으로 정하는 바에 따라 그 주된 사무소의 소재지를 관할하는 「선거관리위원회법」에 따른 구·시·군선거관리위원회에 위탁할 수 있다.

제24조(경업자의 임직원 취임 금지) ① 금고의 사업과 실질적으로 경쟁관계에 있는 사업을 경영하거나 이에 종사하는 자는 금고의 임원이나 직원이 될 수 없다.

② 제1항에 따른 실질적인 경쟁관계에 있는 사업의 범위는 대통령령으로 정한다.

제79조의5(퇴임한 임원 등에 대한 명령내용의 통보) ① 주무부장관과 회장은 중앙회 또는 금고에서 퇴임 또는 퇴직한 임직원이 재임 또는 재직 중이었더라면 다음 각 호의 어느 하나에 해당하는 명령을 받았을 것으로 인정되는 경우에는 그 받았을 것으로 인정되는 명령내용을 중앙회 또는 해당 금고에 통보하여야 한다.

 1. 제74조의2제1항(제79조제7항에서 준용하는 경우를 포함한다)에 따른 임원의 개선 또는 직무정지

 2. 제74조의2제1항(제79조제7항에서 준용하는 경우를 포함한다)에 따른 직원의 징계면직 또는 정직

② 제1항에 따른 통보를 받은 중앙회 또는 금고는 이를 해당 임직원에게 통보하고, 그 내용을 기록·관리하여야 한다.

제85조(벌칙) ① 금고 또는 중앙회의 임직원이 다음 각 호의 어느 하나에 해당하는 행위를 한 경우에는 5년 이하의 징역 또는 5천만원 이하의 벌금에 처한다.

 1. 자금을 금고나 중앙회의 사업 목적 외에 사용·대출하거나 금고나 중앙회의 재산을 투기 목적으로 처분하거나 이용한 경우

 2. 제80조제1항에 따른 경영지도 사항을 이행하지 아니한 경우

② (생 략)

③ 제22조제2항부터 제4항까지 및 제22조의2(제64조의2제6항에서 준용하는 경우를 포함한다)를 위반한 자는 2년 이하의 징역이나 2천만원

이하의 벌금에 처한다.

④ 제5조를 위반하여 금고나 중앙회로 하여금 정치에 관여하는 행위를 하게 한 자는 다른 법률에 특별히 규정된 경우 외에는 1년 이하의 징역이나 1천만원 이하의 벌금에 처한다.

⑤ 제2조제5항을 위반한 자는 1년 이하의 징역이나 1천만원 이하의 벌금에 처한다.

⑥ 제3항에 따른 죄의 공소시효는 해당 선거일 후 6개월(선거일 후에 이루어진 범죄는 그 행위를 한 날부터 6개월)을 경과함으로써 완성된다. 다만, 범인이 도피하거나 범인이 공범 또는 증명에 필요한 참고인을 도피시킨 경우에는 그 기간을 3년으로 한다.

제87조(자수자에 대한 특례) ① 다음 각 호의 어느 하나에 해당하는 자가 자수한 때에는 그 형을 감경 또는 면제한다.

　1. 제22조제2항(제64조의2제6항에서 준용하는 경우를 포함한다)을 위반하여 자기 또는 특정인을 금고의 임원으로 당선되게 하거나 당선되지 못하게 한 자

　2. 제22조제3항 또는 제4항(제64조의2제6항에서 준용하는 경우를 포함한다)을 위반하여 선거운동을 한 자

② 제1항에 규정된 자가 이 법에 따른 선거관리위원회에 자신의 선거범죄사실을 신고하여 선거관리위원회가 관계 수사기관에 이를 통보한 때에는 선거관리위원회에 신고한 때를 자수한 때로 본다.

부　칙 〈제18492호, 2021. 10. 19.〉

제1조(시행일) 이 법은 공포 후 6개월이 경과한 날부터 시행한다.

제2조(회장 선거의 중앙선거관리위원회 위탁에 관한 적용례) 제64조의2제6항에서 준용하는 제23조의2의 개정규정은 이 법 시행 이후 실시하는 회장 선거부터 적용한다.

제3조(이사장의 임기 및 선출 등에 관한 특례) ① 2019년 3월 22일부터 2023년 3월 21일까지의 기간 동안 이사장의 임기가 개시되었거나 개시되는 경우에는 제20조제1항에도 불구하고 해당 이사장의 임기는

2025년 3월 20일까지로 한다. 다만, 2021년 3월 21일부터 이 법 시행일 전에 새로이 선출되거나 임기가 개시되는 이사장의 임기는 제20조제1항에 따른 임기만료일까지로 한다.

② 제1항 단서에 따라 임기가 만료되는 이사장 다음에 새로이 임기가 개시되는 이사장의 경우에는 제20조제1항에도 불구하고 해당 이사장의 임기는 2029년 3월 20일까지로 한다.

③ 제1항 본문에 따라 임기가 2025년 3월 20일에 만료되는 이사장 선거는 2025년 3월 12일에 동시 실시하고, 이후 임기만료에 따른 이사장 선거는 임기가 만료되는 해당 연도 3월의 두 번째 수요일에 동시 실시한다.

④ 2023년 3월 22일 이후 재선거 또는 보궐선거로 선출되는 이사장의 임기는 전임자 임기의 남은 기간으로 한다. 다만, 그 실시사유가 발생한 날부터 임기만료일까지의 기간이 1년 미만인 경우에는 재선거 또는 보궐선거를 실시하지 아니한다.

⑤ 2023년 3월 22일 이후 다음 각 호의 어느 하나에 해당하는 금고에서 선출된 이사장의 임기는 그 임기개시일부터 제1항 본문에 따른 임기만료일(이후 매 4년마다 도래하는 임기만료일을 포함하며, 이하 "동시선거임기만료일"이라 한다)까지의 기간이 2년 이상인 경우에는 해당 동시선거임기만료일까지로 하고, 그 임기개시일부터 최초로 도래하는 동시선거임기만료일까지의 기간이 2년 미만인 경우에는 차기 동시선거임기만료일까지로 한다.

 1. 제7조에 따라 새로 설립하는 금고

 2. 제37조에 따라 합병하는 금고

⑥ 다음 각 호의 어느 하나에 해당하는 경우 해당 금고는 이사회 의결에 따라 제3항에 따른 이사장 동시선거를 실시하지 아니할 수 있다.

 1. 제37조제1항에 따른 합병의결이 있는 때

 2. 다음 각 목의 어느 하나에 해당하여 주무부장관 또는 중앙회장이 선거를 실시하지 아니하도록 권고한 때

   가. 이 법에 따라 합병 권고·요구 또는 명령을 받은 경우

   나. 거액의 금융사고, 천재지변 등으로 선거를 실시하기 곤란한 경우

⑦ 제6항에 따라 이사장 동시선거를 실시하지 아니하였으나 같은 항

각 호에 해당하지 아니하게 된 때에는 지체 없이 이사회 의결로 선거일을 지정하여 30일 이내에 이사장 선거를 실시하여야 한다. 이 경우 이사장의 임기는 제3항에 따른 이사장 동시선거를 실시하지 아니하여 선출하지 못한 이사장 임기의 남은 기간으로 하며, 그 기간이 1년 미만인 경우에는 해당 이사장 선거를 실시하지 아니한다.

⑧ 제1항 본문, 제2항 또는 제5항에 따라 이사장의 임기가 단축되는 경우에는 해당 임기를 제20조제1항 단서에 따른 연임제한 횟수에 포함하지 아니한다.

⑨ 제4항 단서에 따라 재선거 또는 보궐선거를 실시하지 아니하는 경우 또는 제7항 후단에 따라 이사장을 선출하지 아니한 경우 이사장의 직무는 제4항 단서의 경우에는 전임 이사장 임기만료일까지, 제7항 후단의 경우에는 제3항에 따른 이사장 동시선거를 실시하지 아니하여 선출하지 못한 이사장의 임기만료일까지 제19조제3항에 따른 직무대행자가 대행한다.

제5조(이사장의 선출 방법에 관한 경과조치) 이 법 시행 이후 2025년 3월 12일 전까지 실시하는 이사장의 선출에 관하여는 제18조제5항부터 제7항까지의 개정규정에도 불구하고 종전의 규정에 따른다.

제6조(이사장 선거의 구·시·군선거관리위원회 위탁에 관한 경과조치) 이 법 시행 이후 2025년 3월 12일 전까지 실시하는 이사장 선거에 관하여는 제23조의2(제64조의2제6항에서 준용하는 경우는 제외한다)의 개정규정에도 불구하고 종전의 규정에 따른다.

부 칙 〈법률 제19329호, 2023. 4. 11.〉

제1조(시행일) 이 법은 공포 후 6개월이 경과한 날부터 시행한다.

제2조(재선거로 선임된 대의원의 임기에 관한 적용례) 제16조제3항의 개정규정(제58조제6항에서 준용하는 경우를 포함한다)은 이 법 시행 이후 선임되는 대의원부터 적용한다.

제3조(상근이사장 및 상근감사의 요건에 관한 적용례) 제18조제2항 후단의 개정규정은 이 법 시행일 이후 상근이사장 또는 상근감사를 선출하는

경우부터 적용한다. 다만, 이 법 시행일 당시 재임 중인 상근이사장 또는 상근감사의 임기만료 전에 퇴임, 해임 등의 사유가 발생하여 제 20조제2항의 개정규정에 따라 상근이사장 또는 상근감사를 보선하는 경우에는 종전의 제18조제2항에 따른다.

제4조(재선거로 선임된 임원의 임기에 관한 적용례) 제20조제2항의 개정규 정(제64조의2제6항에서 준용하는 경우를 포함한다)은 이 법 시행 이후 선임되는 임원부터 적용한다.

제5조(선거운동 방법 및 선거운동 기간에 관한 적용례) 제22조제3항·제4 항의 개정규정(제64조의2제6항에서 준용하는 경우를 포함한다)은 이 법 시행 이후 선거일을 공고하는 선거부터 적용한다.

제6조(임원의 결격사유에 관한 경과조치) 이 법 시행 당시 재임 중인 임 원에 대해서는 제21조제1항의 개정규정(제64조의2제6항에서 준용하는 경우를 포함한다)에도 불구하고 해당 임원의 임기가 만료될 때까지는 종전의 규정에 따른다.

제7조(임직원 제재처분에 관한 경과조치) 이 법 시행 전의 행위에 대하여 는 제74조의2제1항의 개정규정(제79조제7항에서 준용하는 경우를 포함 한다)에도 불구하고 종전의 규정에 따른다.

■ 새마을금고법 시행령

[시행 2023. 10. 12.]

행정안전부 지역금융지원과, 044-205-3946

제1조(목적) 이 영은 「새마을금고법」에서 위임된 사항과 그 시행에 필요한 사항을 규정함을 목적으로 한다.

제6조(대의원회 등) ① 법 제16조제1항에 따른 금고의 대의원회는 그 금고의 이사장과 대의원으로 구성한다.

② 대의원의 자격은 정관으로 정하되, 회원으로 가입한 후 1년이 지난 자이어야 한다. 다만, 금고가 설립된 후 1년이 지나지 아니하였거나 직장 금고의 경우에는 그러하지 아니하다.

③ 금고의 대의원의 수는 회원 수에 비례하여 정관으로 정하되, 100명 이상으로 한다.

④ 대의원의 선임방법에 관하여 필요한 사항은 정관으로 정한다.

제8조(상근임원의 자격 요건) ① 법 제18조제2항 후단에서 "대통령령으로 정하는 요건을 갖춘 사람"이란 다음 각 호의 구분에 따른 요건을 갖춘 사람을 말한다.

1. 상근이사장: 다음 각 목의 어느 하나에 해당하는 요건을 갖출 것

   가. 금고에서 상근임원으로 4년 이상 근무한 경력이 있는 사람

   나. 금고에서 임원으로 6년 이상 근무한 경력이 있는 사람

   다. 금고나 중앙회에서 상근직으로 10년 이상 근무한 경력이 있는 사람

   라. 금융 관련 국가기관·연구기관·교육기관에서 공무원이나 상근직으로 10년 이상 근무한 경력이 있는 사람

   마. 「금융위원회의 설치 등에 관한 법률」 제38조에 따른 검사대상기

관에서 상근직으로 10년 이상 근무한 경력이 있는 사람

2. 상근이사: 다음 각 목의 어느 하나에 해당하는 요건을 갖출 것

　가. 금고나 중앙회에서 상근직으로 5년 이상 근무한 경력이 있는 사람

　나. 금융 관련 국가기관·연구기관·교육기관에서 공무원이나 상근직으로 10년 이상 근무한 경력이 있는 사람

　다. 「금융위원회의 설치 등에 관한 법률」 제38조에 따른 검사대상기관에서 상근직으로 10년 이상 근무한 경력이 있는 사람

3. 상근감사: 다음 각 목의 어느 하나에 해당하는 요건을 갖출 것

　가. 금고나 중앙회에서 감사·회계 또는 재무 관련 업무에 상근직으로 5년 이상 근무한 경력이 있는 사람. 다만, 해당 금고에서 최근 2년 이내에 임직원으로 근무 중이거나 근무한 사람(금고 감사로 근무 중이거나 근무한 사람은 제외한다)은 제외한다.

　나. 국가, 지방자치단체, 「공공기관의 운영에 관한 법률」에 따른 공공기관에서 감사·회계·재무 또는 금고 관련 업무에 상근직으로 5년 이상 근무한 경력이 있는 사람

　다. 「금융위원회의 설치 등에 관한 법률」 제38조에 따른 검사대상기관에서 감사·회계 또는 재무 관련 업무에 상근직으로 5년 이상 근무한 경력이 있는 사람

　라. 판사·검사·군법무관으로 5년 이상 근무한 경력이 있는 사람

　마. 변호사 또는 공인회계사로 5년 이상 근무한 경력이 있는 사람

② 제1항에도 불구하고 지역금고 외의 금고의 경우에는 업무구역에 해당하는 직장에서 상근직으로 5년 이상 근무한 경력이 있는 사람도 상근임원이 될 수 있다.

제8조의2(이사장 선출방법을 선택할 수 있는 금고의 범위) 법 제18조제5항 단서에서 "자산이 일정 규모 이하인 금고 등 대통령령으로 정하는 금고"란 다음 각 호의 금고를 말한다.

1. 이사장을 선출하는 연도의 전전 사업연도의 총자산(해당 사업연도의 평균 잔액으로 계산한 총자산을 말한다)이 2,000억원 미만인 지역금고

2. 지역금고 외의 금고

제10조의2(금융관계법령의 범위 등) 법 제21조제1항제12호에서 "대통령령

으로 정하는 금융 관련 법령"이란 다음 각 호의 법률을 말한다.

 1. 「금융산업의 구조개선에 관한 법률」
 2. 「금융실명거래 및 비밀보장에 관한 법률」
 3. 「금융위원회의 설치 등에 관한 법률」
 4. 「금융지주회사법」
 5. 「농업협동조합법」
 6. 「대부업 등의 등록 및 금융이용자 보호에 관한 법률」
 7. 「보험업법」
 8. 「산림조합법」
 9. 「상호저축은행법」
10. 「수산업협동조합법」
11. 「신용정보의 이용 및 보호에 관한 법률」
12. 「신용협동조합법」
13. 「여신전문금융업법」
14. 「외국환 거래법」
15. 「은행법」
16. 「자본시장과 금융투자업에 관한 법률」
17. 「전자금융거래법」
18. 「중소기업은행법」
19. 「특정 금융거래정보의 보고 및 이용 등에 관한 법률」
20. 「한국산업은행법」
21. 「한국수출입은행법」
22. 「한국은행법」
23. 「한국주택금융공사법」
24. 「온라인투자연계금융업 및 이용자 보호에 관한 법률」
25. 「금융소비자 보호에 관한 법률」

제10조의3(선거관리위원회의 구성·운영·직무 등) ① 법 제23조제1항에 따른 선거관리위원회(이하 "선거관리위원회"라 한다)의 설치기간은 임원 선거 공고일 전날부터 선거일 후 2개월이 되는 날까지로 한다.

② 다음 각 호의 어느 하나에 해당하는 사람은 선거관리위원회의 위원이 될 수 없다.

458

1. 해당 임원 선거에서 임원 후보자로 등록한 사람
2. 임원 후보자와 「민법」 제777조에 따른 친족 관계에 있는 사람
3. 법 제10조제2항제2호 및 제3호에 해당하는 사람
4. 법 제10조의2제1항에 따라 회원에서 제명된 날부터 2년이 지나지 아니한 사람

③ 법 제23조제2항에 따라 금고의 회원이 아닌 사람으로서 선거관리위원회의 위원이 될 수 있는 사람은 다음 각 호의 어느 하나에 해당하는 사람으로 한다.
  1. 「선거관리위원회법」에 따른 선거관리위원회에서 선거관리위원 또는 공무원으로 3년 이상 근무한 경력이 있는 사람
  2. 공무원으로 5년 이상 근무한 경력이 있는 사람
  3. 중앙회 또는 금고에서 5년 이상 임직원으로 근무한 경력이 있는 사람
  4. 그 밖에 제1호부터 제3호까지의 규정에 준하는 사람으로서 정관으로 정하는 사람

④ 선거관리위원회의 위원장(이하 "선거관리위원장"이라 한다)은 위원 중에서 호선하고, 선거관리위원회를 대표하며, 선거관리위원회의 의장이 된다.

⑤ 선거관리위원장이 부득이한 사유로 직무를 수행할 수 없을 때에는 위원 중에서 호선하여 위원장의 직무를 대행하게 한다.

⑥ 선거관리위원회는 후보자의 자격심사, 선거인명부의 확정, 그 밖에 정관으로 정하는 사무를 관장한다.

⑦ 선거관리위원회는 위원 과반수의 출석으로 개의하고, 출석위원 과반수의 찬성으로 의결한다.

⑧ 제1항부터 제7항까지에서 규정한 사항 외에 선거관리위원회의 구성·운영·직무 등에 필요한 사항은 정관으로 정한다.

제11조(실질적 경쟁관계에 있는 사업의 범위) ① 법 제24조제2항에 따른 실질적인 경쟁관계에 있는 사업의 범위는 다음 각 호의 어느 하나에 해당하는 자가 하는 사업으로 한다.
  1. 「금융위원회의 설치 등에 관한 법률」 제38조에 따른 검사대상기관
  2. 「농업협동조합법」에 따른 지역농업협동조합, 지역축산업협동조합,

품목별·업종별협동조합 및 농업협동조합중앙회

3. 「수산업협동조합법」에 따른 지구별수산업협동조합, 업종별수산업
협동조합, 수산물가공수산업협동조합 및 수산업협동조합중앙회

4. 「산림조합법」에 따른 지역산림조합, 품목별·업종별산림조합 및 산
림조합중앙회

5. 「우체국 예금·보험에 관한 법률」에 따른 체신관서

6. 「보험업법」에 따른 보험대리점·보험설계사 및 보험중개사

7. 「대부업 등의 등록 및 금융이용자 보호에 관한 법률」에 따른 대부
업자

8. 「자산유동화에 관한 법률」에 따른 유동화전문회사

9. 그 밖에 행정안전부장관이 지정하는 사업자

부 칙 〈제33779호, 2023. 10. 4.〉

제1조(시행일) 이 영은 2023년 10월 12일부터 시행한다. 다만, 제43조의
개정규정은 2024년 7월 11일부터 시행하고, 제50조제5호나목 및 다목
의 개정규정은 2025년 1월 1일부터 시행한다.

제2조(계약이전 결정의 공고에 관한 적용례) 제56조의2의 개정규정은 이
영 시행 이후 법 제80조의2제1항에 따라 행정안전부장관이 계약이전
을 결정하는 경우부터 적용한다.

제3조(상근이사장의 자격요건에 관한 특례) 이 영 시행 이후 각 금고별로
법률 제19329호 새마을금고법 일부개정법률 부칙 제3조 본문에 따라
상근이사장을 선출하기 위한 최초의 선거(보선은 제외한다) 시 해당
상근이사장의 자격요건을 적용하는 경우 제8조제1항제1호가목의 개정
규정 중 '4년 이상'은 '1년 이상'으로 본다.

새마을금고법 시행규칙

[시행 2023. 10. 25.]

행정안전부 지역금융지원과, 044-205-3946

제1조(목적) 이 규칙은 「새마을금고법」 및 같은 법 시행령에서 위임된 사항과 그 시행에 필요한 사항을 규정함을 목적으로 한다.

제5조의2(선거운동 방법에 관한 세부 사항) ① 법 제22조제3항 각 호에 따른 선거운동 방법(법 제64조의2제6항에서 준용하는 경우를 포함한다)에 관한 세부 사항은 별표 1과 같다.

② 법 제22조제3항제4호에서 "도로·시장 등 행정안전부령으로 정하는 다수인이 왕래하거나 모이는 공개된 장소"란 도로·도로변·광장·공터·주민회관·시장·점포·공원·운동장·주차장·경로당 등 누구나 오고갈 수 있는 공개된 장소를 말한다. 다만, 다음 각 호의 장소는 제외한다.

  1. 선박·여객자동차·열차·전동차·항공기의 안과 그 터미널 구내 및 지하철역 구내

  2. 병원, 종교시설, 극장, 금고 사무소·사업장의 안(담장이 있는 경우에는 담장의 안을 포함한다)

제5조의3(축의·부의금품 등의 금액 범위) 법 제22조의2제2항제2호 및 같은 조 제3항에 따라 통상적인 범위에서 1명에게 제공할 수 있는 축의·부의금품, 음식물, 답례품 및 의례적인 선물의 금액 범위는 다음 각 호의 구분에 따른다.

  1. 법 제22조의2제2항제2호나목에 따른 축의·부의금품(화환·화분을

포함한다): 5만원 이내

2. 법 제22조의2제2항제2호다목에 따른 음식물: 3만원 이내

3. 법 제22조의2제2항제2호다목에 따른 답례품: 1만원 이내

4. 법 제22조의2제2항제2호라목에 따른 의례적인 선물: 3만원 이내

부　칙 〈행정안전부령 제433호, 2023. 10. 25.〉

제1조(시행일) 이 규칙은 공포한 날부터 시행한다.

제2조(임직원에 대한 제재처분의 절차에 관한 적용례) 제11조의3의 개정규 정은 이 규칙 시행 이후 발생한 금고 또는 중앙회 임직원의 위반행위 부터 적용한다.

462

[별표 1]
선거운동 방법 세부사항(제5조의2제1항 관련)

1. 선거공보의 제작 및 배부
가. 선거공보의 작성 및 제출
법 제22조제3항제1호에 따라 선거공보의 배부를 통해 선거운동을 하려는 후보자는 다음의 기준에 따른 선거공보 1종을 작성하여 후보자등록마감일 후 3일까지 법 제23조에 따른 선거관리위원회(법 제23조의2에 따라 임원 선거의 관리를 「선거관리위원회법」에 따른 구·시·군선거관리위원회에 위탁한 경우에는 구·시·군선거관리위원회를 말하며, 이하 "위원회"라 한다)에 제출해야 한다.
 1) 선거공보의 규격 및 매수
  가) 크기: 길이 29.7센티미터, 너비 21센티미터 이내
  나) 매수: 1매(중앙회장 선거는 4매 이내). 이 경우 선거공보의 내용을 양면에 모두 작성할 수 있다.
  다) 무게: 제곱미터당 100그램 이내
  라) 색도: 제한 없음
 2) 선거공보 게재사항
 선거공보에는 후보자의 기호·사진·성명·학력·주요경력 및 선거공약만 게재한다. 이 경우 학력 게재에 관하여는 「공직선거법」 제64조제1항에 따른다.
나. 제출된 선거공보의 발송
위원회는 제출된 선거공보를 확인한 후 다음의 구분에 따른 기간까지 선거인에게 발송하되, 투표안내문과 동봉하여 발송할 수 있다. 다만, 후보자가 후보자등록마감일 후 3일까지 선거공보를 제출하지 않거나 선거공보의 규격에 맞지 않는 선거공보를 제출한 경우에는 발송하지 않는다.
 1) 금고 임원 선거의 경우: 선거일 전 5일까지
 2) 중앙회 임원 선거의 경우: 선거일 전 7일까지
다. 그 밖의 사항
 1) 후보자는 제출한 선거공보를 정정하거나 철회할 수 없다. 다만, 법

령 또는 정관에 위반되는 사항이 있는 경우에는 선거공보의 제출마감
일까지 해당 사항을 정정하거나 철회할 수 있다.

2) 위원회는 후보자가 되려는 자 또는 후보자에게 선거공보에 관한
사항을 사전에 검토받도록 안내할 수 있으며, 그 검토 결과 법령 또는
정관에 위반되는 사항이 있는 경우에는 관련 이유를 제시한 후 수정
하여 작성·제출하게 할 수 있다.

3) 위원회는 후보자가 제출할 선거공보의 수량 및 제출마감시간을 선
거일을 공고할 때 함께 공고해야 한다.

4) 선거공보의 작성비용은 후보자가 부담한다.

라. 임원(금고의 이사장 및 중앙회장은 제외한다) 선거에 관한 특례

가목부터 다목까지의 규정에도 불구하고 위원회는 후보자로 하여금 사
진 및 선거공보 전산원고를 후보자등록마감일 후 3일까지 제출하게 한
후 각 후보자의 기호 순으로 선거공보를 작성하여 다음의 구분에 따른
기간까지 투표안내문과 동봉하여 선거인에게 발송할 수 있다. 이 경우
선거공보 전산원고의 제출마감시간은 선거일을 공고할 때 함께 공고하
며, 선거공보의 작성비용은 금고(금고 임원 선거로 한정한다) 또는 중
앙회(중앙회 임원 선거로 한정한다)가 부담한다.

1) 금고 임원 선거의 경우: 선거일 전 5일까지

2) 중앙회 임원 선거의 경우: 선거일 전 7일까지

2. 합동연설회 또는 공개토론회의 개최

가. 개최 일시·장소의 지정 및 공고

1) 위원회는 후보자등록마감 후 후보자와 협의하여 적당한 일시와 장
소를 정한 후 법 제22조제3항제2호에 따른 합동연설회 또는 공개토
론회를 1회 개최한다. 다만, 후보자가 1명이거나 후보자 전원이 합의
하는 경우에는 개최하지 아니할 수 있다.

2) 위원회는 합동연설회 또는 공개토론회의 일시 및 장소 등을 개최
일 전 2일까지 공고하고, 후보자에게 통지한다.

나. 합동연설회 또는 공개토론회의 진행 방법

1) 합동연설회에서의 연설순서는 연설당일 추첨에 따라 결정하고, 연
설시간은 후보자별 10분의 범위에서 균등하게 배정해야 한다. 이 경우

위원회의 위원장은 연설순서 추첨시각까지 후보자가 참석하지 않을 때에는 그 후보자를 대리하여 연설순서를 추첨할 수 있다.

2) 공개토론회는 후보자가 사회자의 주관 하에 금고운영에 관한 소견을 발표하거나 사회자를 통하여 참석자의 질문에 답변하는 방식으로 진행한다. 이 경우 사회자는 질문 및 답변의 횟수와 시간을 모든 후보자에게 공정하게 해야 한다.

다. 합동연설회 또는 공개토론회의 관리

1) 후보자가 합동연설회의 본인연설 순서시각까지 또는 공개토론회의 개시시각까지 참석하지 않을 때에는 연설 또는 토론을 포기한 것으로 본다.

2) 위원회의 위원장, 위원회의 위원장이 미리 지명한 위원 또는 위원회가 미리 지명한 관리자는 합동연설회 또는 공개토론회에서 후보자가 법령 또는 정관에 위반되는 연설이나 발언을 할 때에는 이를 제지할 수 있으며, 후보자가 이에 불응할 때에는 연설이나 발언의 중지 또는 그 밖의 필요한 조치를 취할 수 있다.

3) 위원회의 위원장, 위원회의 위원장이 미리 지명한 위원 또는 위원회가 미리 지명한 관리자는 합동연설회장 또는 공개토론회장에서 연설이나 발언을 방해하거나 질서를 문란하게 하는 자가 있을 때에는 이를 제지할 수 있으며, 이에 불응할 때에는 합동연설회장 또는 공개토론회장 밖으로 퇴장시킬 수 있다.

3. 전화(문자메시지를 포함한다. 이하 이 호에서 같다) 또는 컴퓨터통신(전자우편을 포함한다. 이하 이 호에서 같다)을 이용한 지지 호소

가. 전화 또는 컴퓨터통신을 이용한 지지 호소 방법

법 제22조제3항제3호에 따라 전화 또는 컴퓨터통신을 이용해 선거운동을 하려는 후보자는 후보자등록마감일의 다음 날부터 선거일 전날까지 다음의 방법으로 선거운동을 할 수 있다.

1) 전화(문자메시지는 제외한다)를 이용해 직접 통화하는 방식으로 선거운동을 하는 방법. 이 경우 해당 선거운동은 오후 10시부터 다음 날 오전 7시까지는 할 수 없다.

2) 문자메시지(문자 외의 음성·화상·동영상 등은 제외한다. 이하 같

다)를 이용해 선거운동정보를 전송하는 방식으로 선거운동을 하는 방법. 이 경우 해당 선거운동은 오후 10시부터 다음 날 오전 7시까지는 할 수 없다.

3) 금고(금고의 임원 선거로 한정한다) 또는 중앙회(중앙회장 선거로 한정한다)가 개설·운영하는 인터넷 홈페이지의 게시판 또는 대화방에 선거운동정보를 게시하는 방식으로 선거운동을 하는 방법

4) 전자우편 또는 사회관계망서비스(SNS)로 선거운동정보를 전송하는 방식으로 선거운동을 하는 방법

나. 전화 또는 컴퓨터통신을 이용한 선거운동에 대한 관리

1) 위원회는 법령 또는 정관에 위반되는 정보가 가목3)에 따른 금고 또는 중앙회 인터넷 홈페이지의 게시판 또는 대화방에 게시된 경우 그 관리·운영자에게 해당 정보의 삭제를 요청할 수 있으며, 그 요청을 받은 인터넷 홈페이지 관리·운영자는 지체 없이 이에 따라야 한다.

2) 1)에 따라 법령 또는 정관에 위반되는 정보가 삭제된 경우 해당 정보를 게시한 후보자는 그 정보가 삭제된 날부터 3일 이내에 위원회에 서면으로 이의를 제기할 수 있다.

3) 위원회는 2)에 따라 이의 제기를 받은 때에는 다음의 기준에 따라 처리한다.

가) 이의 제기 기간을 경과한 이의에 대해서는 각하한다.

나) 이의 제기가 이유 있다고 인정할 때에는 해당 인터넷 홈페이지 관리·운영자에게 1)의 요청을 철회하고, 이의를 제기한 후보자에게 그 처리결과를 통지한다.

다) 이의 제기가 이유 없다고 인정할 때에는 그 이의를 기각하고 이의를 제기한 후보자에게 그 뜻을 통지한다.

4) 가목2)에 따른 문자메시지 및 같은 목4)에 따른 전자우편 또는 사회관계망서비스(SNS)의 발송에 관하여는 「공직선거법」 제82조의5 및 「공직선거관리규칙」 제45조의4에 따른다.

4. 도로·도로변·광장·공터·주민회관·시장·점포·공원·운동장·주차장·경로당 등 누구나 오고갈 수 있는 공개된 장소에서의 지지 호소 및

명함 배부

가. 공개된 장소에서의 지지 호소 및 명함 배부의 기간

법 제22조제3항제4호에 따라 공개된 장소에서의 지지 호소 및 명함 배부를 통해 선거운동을 하려는 후보자는 후보자등록마감일의 다음 날부터 선거일 전날까지 해당 선거운동을 할 수 있다.

나. 명함 게재사항 및 규격 등

  1) 명함에는 후보자의 성명 · 사진 · 전화번호 · 학력 · 경력, 그 밖에 홍보에 필요한 사항을 게재한다. 이 경우 학력 게재에 관하여는 「공직선거법」 제64조제1항에 따른다.

  2) 명함의 규격은 길이 9센티미터, 너비 5센티미터 이내로 한다.

  3) 명함의 작성비용은 후보자가 부담한다.

■ 공공단체등 위탁선거에 관한 법률

[시행 2024. 7. 31.]

중앙선거관리위원회 법제과, 02-3294-8400

제1장 총 칙

제1조(목적) 이 법은 공공단체등의 선거가 깨끗하고 공정하게 이루어지도록 함으로써 공공단체등의 건전한 발전과 민주사회 발전에 기여함을 목적으로 한다.

제2조(기본원칙) 「선거관리위원회법」에 따른 선거관리위원회(이하 "선거관리위원회"라 한다)는 이 법에 따라 공공단체등의 위탁선거를 관리하는 경우 구성원의 자유로운 의사와 민주적인 절차에 따라 공정하게 행하여지도록 하고, 공공단체등의 자율성이 존중되도록 노력하여야 한다.

제3조(정의) 이 법에서 사용하는 용어의 뜻은 다음과 같다.

1. "공공단체등"이란 다음 각 목의 어느 하나에 해당하는 단체를 말한다.

　가. 「농업협동조합법」, 「수산업협동조합법」 및 「산림조합법」에 따른 조합 및 중앙회와 「새마을금고법」에 따른 금고 및 중앙회

　나. 「중소기업협동조합법」에 따른 중소기업중앙회 및 「도시 및 주거환경정비법」에 따른 조합과 조합설립추진위원회

　다. 그 밖의 법령에 따라 임원 등의 선출을 위한 선거의 관리를 선거관리위원회에 위탁하여야 하거나 위탁할 수 있는 단체[「공직선거법」 제57조의4(당내경선사무의 위탁)에 따른 당내경선 또는 「정당법」 제48조의2(당대표경선사무의 위탁)에 따른 당대표경선을 위탁하는 정당을 제외한다]

　라. 그 밖에 가목부터 다목까지의 규정에 준하는 단체로서 임원 등의

　　선출을 위한 선거의 관리를 선거관리위원회에 위탁하려는 단체

2. "위탁단체"란 임원 등의 선출을 위한 선거의 관리를 선거관리위
　원회에 위탁하는 공공단체등을 말한다.

3. "관할위원회"란 위탁단체의 주된 사무소 소재지를 관할하는 「선거
　관리위원회법」에 따른 구·시·군선거관리위원회(세종특별자치시선
　거관리위원회를 포함한다)를 말한다. 다만, 법령에서 관할위원회를
　지정하는 경우에는 해당 선거관리위원회를 말한다.

4. "위탁선거"란 관할위원회가 공공단체등으로부터 선거의 관리를 위
　탁받은 선거를 말한다.

5. "선거인"이란 해당 위탁선거의 선거권이 있는 자로서 선거인명부에
　올라 있는 자를 말한다.

6. (생 략)

7. "동시조합장선거"란 「농업협동조합법」, 「수산업협동조합법」 및 「산
　림조합법」에 따라 관할위원회에 위탁하여 동시에 실시하는 임기만
　료에 따른 조합장선거를 말하고, "동시이사장선거"란 「새마을금고
　법」에 따라 관할위원회에 위탁하여 동시에 실시하는 임기만료에 따
　른 이사장선거를 말한다.

　8. "정관등"이란 위탁단체의 정관, 규약, 규정, 준칙, 그 밖에 위탁단
체의 조직 및 활동 등을 규율하는 자치규범을 말한다.

제4조(적용 범위) 이 법은 다음 각 호의 위탁선거에 적용한다.

1. 의무위탁선거: 제3조제1호가목에 해당하는 공공단체등이 위탁하는
　선거와 같은 조 제1호다목에 해당하는 공공단체등이 선거관리위원
　회에 위탁하여야 하는 선거

2. 임의위탁선거: 제3조제1호나목 및 라목에 해당하는 공공단체등이
　위탁하는 선거와 같은 조 제1호다목에 해당하는 공공단체등이 선
　거관리위원회에 위탁할 수 있는 선거

제5조(다른 법률과의 관계) 이 법은 공공단체등의 위탁선거에 관하여 다
른 법률에 우선하여 적용한다.

제6조(선거관리 협조 등) ① 국가기관·지방자치단체·위탁단체 등은 위탁
선거의 관리에 관하여 선거관리위원회로부터 인력·시설·장비 등의 협
조 요구를 받은 때에는 특별한 사유가 없으면 이에 따라야 한다.

② 중앙행정기관의 장은 위탁선거의 관리에 관한 내용의 법령을 제정·개정 또는 폐지하려는 경우에는 미리 해당 법령안을 중앙선거관리위원회에 보내 그 의견을 들어야 한다. 국회의원이 발의한 위탁선거의 관리에 관한 법률안이 국회 소관 상임위원회 등에 회부된 사실을 통보받은 때에도 또한 같다.

제2장 선거관리의 위탁 등

제7조(위탁선거의 관리 범위) 관할위원회가 관리하는 위탁선거 사무의 범위는 다음 각 호와 같다.

1. 선거관리 전반에 관한 사무. 다만, 선거인명부의 작성 및 확정에 관한 사무는 제외한다.
2. 선거참여·투표절차, 그 밖에 위탁선거의 홍보에 관한 사무
3. 위탁선거 위반행위[이 법 또는 위탁선거와 관련하여 다른 법령(해당 정관등을 포함한다)을 위반한 행위를 말한다. 이하 같다]에 대한 단속과 조사에 관한 사무

제8조(선거관리의 위탁신청) 공공단체등이 임원 등의 선출을 위한 선거의 관리를 위탁하려는 때에는 다음 각 호에 따른 기한까지 관할위원회에 서면으로 신청하여야 한다. 다만, 재선거, 보궐선거, 위탁단체의 설립·분할 또는 합병으로 인한 선거(이하 "보궐선거등"이라 한다)의 경우에는 그 선거의 실시사유가 발생한 날부터 5일까지 신청하여야 한다.

1. 의무위탁선거: 임원 등의 임기만료일 전 180일까지. 이 경우 동시조합장선거 및 동시이사장선거에서는 임기만료일 전 180일에 별도의 신청 없이 위탁한 것으로 본다.
2. 임의위탁선거: 임원 등의 임기만료일 전 90일까지

제10조(공정선거지원단) ① 관할위원회는 위탁선거 위반행위의 예방 및 감시·단속활동을 위하여 선거실시구역·선거인수, 그 밖의 조건을 고려하여 다음 각 호의 기간의 범위에서 중립적이고 공정한 사람으로 구성된 공정선거지원단을 둘 수 있다. 다만, 동시조합장선거 및 동시이사장선거의 경우에는 임기만료일 전 180일부터 선거일까지 공정선거지원단을 둔다.

1. 의무위탁선거: 제8조에 따라 위탁신청을 받은 날부터 선거일까지

470

2. 임의위탁선거: 제9조에 따라 위탁받아 관리하기로 결정하여 통지
한 날부터 선거일까지

② 공정선거지원단은 위탁선거 위반행위에 대하여 관할위원회의 지휘
를 받아 사전안내·예방 및 감시·단속·조사활동을 할 수 있다.

③ 공정선거지원단의 구성·활동방법 및 수당·실비의 지급, 그 밖에
필요한 사항은 중앙선거관리위원회규칙으로 정한다.

제11조(위탁선거의 관리) ① 중앙선거관리위원회는 이 법에 특별한 규정
이 있는 경우를 제외하고는 위탁선거 사무를 통할·관리하며, 하급선거
관리위원회의 위법·부당한 처분에 대하여 이를 취소하거나 변경할 수
있다.

② 특별시·광역시·도·특별자치도선거관리위원회는 하급선거관리위원
회의 위탁선거에 관한 위법·부당한 처분에 대하여 이를 취소하거나
변경할 수 있다.

③ 관할위원회는 선거관리를 위하여 필요하다고 인정하는 경우에는 중
앙선거관리위원회규칙으로 정하는 바에 따라 관할위원회가 지정하는
사람 또는 하급선거관리위원회나 다른 구·시·군선거관리위원회로 하
여금 위탁선거 사무를 행하게 할 수 있다.

④ 직근 상급선거관리위원회는 관할위원회가 천재지변, 그 밖의 부득
이한 사유로 그 기능을 수행할 수 없는 경우에는 위탁선거 사무를 직
접 관리하거나 다른 선거관리위원회로 하여금 관할위원회의 기능이
회복될 때까지 대행하게 할 수 있다. 이 경우 다른 선거관리위원회로
하여금 위탁선거 사무를 대행하게 하는 때에는 대행할 업무의 범위도
함께 정하여야 한다.

⑤ 직근 상급선거관리위원회는 제4항에 따라 위탁선거 사무를 직접
관리하거나 대행하게 한 경우에는 해당 선거관리위원회와 업무의 범
위를 지체 없이 공고하여야 한다.

제3장 선거권 및 피선거권

제12조(선거권 및 피선거권) 위탁선거에서 선거권 및 피선거권(입후보자
격 등 그 명칭에 관계없이 임원 등이 될 수 있는 자격을 말한다. 이하
같다)에 관하여는 해당 법령이나 정관등에 따른다.

제4장 선거기간과 선거일

제13조(선거기간) ① 선거별 선거기간은 다음과 같다.

1. 「농업협동조합법」, 「수산업협동조합법」 및 「산림조합법」에 따른 조합장선거(이하 "조합장선거"라 한다)와 「새마을금고법」에 따른 이사장선거(이하 "이사장선거"라 한다): 14일

2. 제1호에 따른 선거 외의 위탁선거: 관할위원회가 해당 위탁단체와 협의하여 정하는 기간

② "선거기간"이란 후보자등록마감일의 다음 날부터 선거일까지를 말한다.

제14조(선거일) ① 동시조합장선거 및 동시이사장선거의 선거일은 그 임기가 만료되는 해당 연도 3월 중 첫 번째 수요일로 한다.

② 동시조합장선거·동시이사장선거 외의 위탁선거의 선거일은 관할위원회가 해당 위탁단체와 협의하여 정하는 날로 한다.

③ ~ ⑤ (생 략)

⑥ 관할위원회는 선거인명부작성개시일 전일까지 선거일을 공고하여야 한다. 이 경우 동시조합장선거 및 동시이사장선거에서는 선거인명부작성개시일 전일에 선거일을 공고한 것으로 본다.

제5장 선거인명부

제15조(선거인명부의 작성 등) ① 위탁단체는 관할위원회와 협의하여 선거인명부작성기간과 선거인명부확정일을 정하고, 선거인명부를 작성 및 확정하여야 한다. 다만, 조합장선거 및 이사장선거의 경우에는 선거일 전 19일부터 5일 이내에 선거인명부를 작성하여야 하며, 그 선거인명부는 선거일 전 10일에 확정된다.

② 위탁단체는 선거인명부를 작성한 때에는 즉시 그 등본(전산자료 복사본을 포함한다. 이하 이 항에서 같다) 1통을, 선거인명부가 확정된 때에는 지체 없이 확정된 선거인명부 등본 1통을 각각 관할위원회에 송부하여야 한다. 이 경우 둘 이상의 투표소를 설치하는 경우에는 투표소별로 분철하여 선거인명부를 작성·확정하여야 한다.

③ 제2항에도 불구하고 동시조합장선거 또는 동시이사장선거를 실시하는 경우 위탁단체는 중앙선거관리위원회규칙으로 정하는 구역단위로

선거인명부를 작성·확정하여야 하며, 중앙선거관리위원회는 확정된 선거인명부의 전산자료 복사본을 해당 조합 또는 금고로부터 제출받아 전산조직을 이용하여 하나의 선거인명부를 작성한 후 투표소에서 사용하게 할 수 있다. 이 경우 위탁단체는 선거인명부 등본을 제출하지 아니할 수 있다.

④ 위탁단체는 선거인명부작성개시일 전 30일까지(보궐선거등의 경우 그 실시사유가 발생한 날부터 5일까지) 해당 위탁단체의 조합원 자격 등을 확인하여 회원명부(그 명칭에 관계없이 위탁단체가 해당 법령이나 정관등에 따라 작성한 구성원의 명부를 말한다)를 정비하여야 한다.

⑤ 동시조합장선거 및 동시이사장선거를 실시하는 경우 위탁단체는 선거인명부의 작성을 위하여 「주민등록법」 제30조에 따라 주민등록전산정보자료를 이용할 수 있다.

⑥ 선거인명부의 작성·수정 및 확정 사항과 확정된 선거인명부의 오기 등의 통보, 그 밖에 필요한 사항은 중앙선거관리위원회규칙으로 정한다.

제16조(명부 열람 및 이의신청과 결정) ① 위탁단체는 선거인명부를 작성한 때에는 선거인명부작성기간만료일의 다음 날부터 3일간 선거권자가 선거인명부를 열람할 수 있도록 하여야 한다. 이 경우 선거인명부의 열람은 공휴일에도 불구하고 매일 오전 9시부터 오후 6시까지 할 수 있다.

② 선거권자는 누구든지 선거인명부에 누락 또는 오기가 있거나 자격이 없는 선거인이 올라 있다고 인정되면 열람기간 내에 구술 또는 서면으로 해당 위탁단체에 이의를 신청할 수 있다.

③ 위탁단체는 제2항의 이의신청이 있는 경우에는 이의신청을 받은 날의 다음 날까지 이를 심사·결정하되, 그 신청이 이유가 있다고 결정한 때에는 즉시 선거인명부를 정정하고 관할위원회·신청인·관계인에게 통지하여야 하며, 이유 없다고 결정한 때에는 그 사유를 신청인에게 통지하여야 한다.

제17조(선거인명부 사본의 교부 신청) 후보자는 해당 법령이나 정관등에서 정하는 바에 따라 선거인명부 사본의 교부를 신청할 수 있다.

제6장 후보자

제18조(후보자등록) ① 후보자가 되려는 사람은 선거기간개시일 전 2일부터 2일 동안 관할위원회에 서면으로 후보자등록을 신청하여야 한다. 이 경우 후보자등록신청서의 접수는 공휴일에도 불구하고 매일 오전 9시부터 오후 6시까지로 한다.

② 후보자등록을 신청하는 사람은 다음 각 호의 서류 등을 제출하여야 한다.

1. 후보자등록신청서
2. 해당 법령이나 정관등에 따른 피선거권에 관한 증명 서류
3. 기탁금(해당 법령이나 정관등에서 기탁금을 납부하도록 한 경우에 한정한다)
4. 그 밖에 해당 법령이나 정관등에 따른 후보자등록신청에 필요한 서류 등

③ 관할위원회가 후보자등록신청을 접수한 때에는 즉시 이를 수리한다. 다만, 제2항제1호부터 제3호까지의 규정에 따른 서류 등을 갖추지 아니한 등록신청은 수리하지 아니한다.

④ 후보자가 되려는 사람은 선거기간개시일 전 60일부터 본인의 범죄경력(해당 법령이나 정관등에서 정하는 범죄경력을 말한다. 이하 같다)을 국가경찰관서의 장에게 조회할 수 있으며, 그 요청을 받은 국가경찰관서의 장은 지체 없이 그 범죄경력을 회보(回報)하여야 한다. 이 경우 회보받은 범죄경력은 후보자등록시 함께 제출하여야 한다.

⑤ 관할위원회는 후보자등록마감 후에 후보자의 피선거권에 관한 조사를 하여야 하며, 그 조사를 의뢰받은 기관 또는 단체는 지체 없이 그 사실을 확인하여 해당 관할위원회에 회보(回報)하여야 한다.

⑥ 관할위원회는 제4항 후단에 따라 제출된 범죄경력에 대하여 그 확인이 필요하다고 인정되는 경우에는 후보자등록마감 후 지체 없이 해당 위탁단체의 주된 사무소 소재지를 관할하는 검찰청의 장에게 해당 후보자의 범죄경력을 조회할 수 있고, 해당 검찰청의 장은 그 범죄경력의 진위여부를 지체 없이 관할위원회에 회보하여야 한다.

⑦ 후보자등록신청서의 서식, 그 밖에 필요한 사항은 중앙선거관리위원회규칙으로 정한다.

제19조(등록무효) ① 관할위원회는 후보자등록 후에 다음 각 호의 어느 하나에 해당하는 사유가 있는 때에는 그 후보자의 등록은 무효로 한다.

1. 후보자의 피선거권이 없는 것이 발견된 때
2. 제18조제2항제1호부터 제3호까지의 규정에 따른 서류 등을 제출하지 아니한 것이 발견된 때
3. 제25조제2항을 위반하여 범죄경력을 게재하지 아니한 선거공보를 제출하거나 범죄경력에 관한 서류를 별도로 제출하지 아니한 것이 발견된 때

② 관할위원회가 후보자등록을 무효로 한 때에는 지체 없이 그 후보자와 해당 위탁단체에 등록무효의 사유를 명시하여 그 사실을 알려야 한다.

제20조(후보자사퇴의 신고) 후보자가 사퇴하려는 경우에는 자신이 직접 관할위원회에 가서 서면으로 신고하여야 한다.

제21조(후보자등록 등에 관한 공고) 관할위원회는 후보자가 등록·사퇴·사망하거나 등록이 무효로 된 때에는 지체 없이 그 사실을 공고하여야 한다.

제7장 선거운동

제22조(적용 제외) 제3조제1호가목에 해당하는 공공단체등이 위탁하는 선거 외의 위탁선거에는 이 장을 적용하지 아니한다. 다만, 제3조제1호 다목에 따라 공공단체등이 임원 등의 선출을 위한 선거의 관리를 위탁하여야 하는 선거(「교육공무원법」 제24조의3에 따른 대학의 장 후보자 추천 선거는 제외한다)에는 제31조부터 제34조까지, 제35조제1항부터 제4항까지, 제37조를 적용한다.

제23조(선거운동의 정의) 이 법에서 "선거운동"이란 당선되거나 되게 하거나 되지 못하게 하기 위한 행위를 말한다. 다만, 다음 각 호의 어느 하나에 해당하는 행위는 선거운동으로 보지 아니한다.

1. 선거에 관한 단순한 의견개진 및 의사표시
2. 입후보와 선거운동을 위한 준비행위

제24조(선거운동의 주체·기간·방법) ① 후보자와 후보자가 그의 배우자, 직계존비속 또는 해당 위탁단체의 임직원이 아닌 조합원·회원 중 지

정하는 1명(이하 "후보자등"이라 한다)이 제25조부터 제30조의4까지의
규정에 따라 선거운동을 하는 경우(제30조의4에 따른 방법은 후보자가
하는 경우에 한정한다)를 제외하고는 누구든지 어떠한 방법으로도 선
거운동을 할 수 없다.

② 선거운동은 후보자등록마감일의 다음 날부터 선거일 전일까지에 한
정하여 할 수 있다. 다만, 다음 각 호의 어느 하나에 해당하는 경우에
는 그러하지 아니하다.

1. 제24조제3항제3호에 따른 중앙회장선거의 후보자가 선거일 또는
   결선투표일에 제28조제2호에 따른 문자메시지를 전송하는 방법으
   로 선거운동을 하는 경우
2. 제30조의2에 따라 후보자가 선거일 또는 결선투표일에 자신의 소
   견을 발표하는 경우

③ 선거별 선거운동방법은 다음 각 호와 같다.

1. 「농업협동조합법」 제45조제5항제1호, 「수산업협동조합법」 제46조
   제3항제1호 및 「산림조합법」 제35조제4항제1호에 따른 선출방법
   중 총회 외에서 선출하는 조합장선거와 「새마을금고법」 제18조제
   5항에 따라 회원의 투표로 직접 선출하는 이사장선거: 제25조부터
   제30조까지, 제30조의3 및 제30조의4의 규정에 따른 방법
2. 「농업협동조합법」 제45조제5항제1호, 「수산업협동조합법」 제46조
   제3항제1호 및 「산림조합법」 제35조제4항제1호에 따른 선출방법
   중 총회에서 선출하는 조합장선거와 「새마을금고법」 제18조제5항
   단서에 따라 총회에서 선출하는 이사장선거: 제25조부터 제30조의
   4까지의 규정에 따른 방법
3. 「농업협동조합법」, 「수산업협동조합법」, 「산림조합법」 및 「새마을
   금고법」에 따른 중앙회장선거, 「농업협동조합법」 제45조제5항제2
   호, 「수산업협동조합법」 제46조제3항제2호 및 「산림조합법」 제35
   조제4항제2호에 따라 대의원회에서 선출하는 조합장선거 및 「새마
   을금고법」 제18조제5항 단서에 따라 대의원회에서 선출하는 이사
   장선거: 제25조·제28조·제29조·제30조 및 제30조의2부터 제30조
   의4까지에 따른 방법(제30조에 따른 방법은 중앙회장선거에 한정
   한다)

476

제24조의2(예비후보자) ① 제24조제3항제1호부터 제3호까지에 따른 선거
의 예비후보자가 되려는 사람은 선거기간개시일 전 30일부터 관할위
원회에 예비후보자등록을 서면으로 신청하여야 한다.
② 제1항에 따라 예비후보자등록을 신청하는 사람은 해당 법령이나
정관 등에 따른 피선거권에 관한 증명서류를 제출하여야 한다.
③ 제1항에 따른 등록신청을 받은 관할위원회는 이를 지체 없이 수리
하여야 한다.
④ 관할위원회는 피선거권을 확인할 필요가 있다고 인정되는 예비후보
자에 대하여 관계 기관의 장에게 필요한 사항을 조회할 수 있다. 이
경우 관계 기관의 장은 지체 없이 해당 사항을 조사하여 회보하여야
한다.
⑤ 예비후보자등록 후에 피선거권이 없는 것이 발견된 때에는 그 예
비후보자의 등록은 무효로 한다.
⑥ 예비후보자가 사퇴하려는 경우에는 자신이 직접 관할위원회에 가서
서면으로 신고하여야 한다.
⑦ 제24조에도 불구하고 예비후보자와 예비후보자가 그의 배우자, 직
계존비속 또는 해당 위탁단체의 임직원이 아닌 조합원·회원 중 지정
하는 1명(이하 "예비후보자등"이라 한다)은 다음 각 호의 어느 하나에
해당하는 방법으로 선거운동을 할 수 있다.
 1. 제28조 및 제29조에 따른 방법
 2. 제30조에 따른 방법(위탁단체가 사전에 공개한 행사장에서 하는
    경우에 한정하며, 제24조제3항제3호에 해당하는 선거의 경우에는
    중앙회장선거에 한정한다)
 3. 제30조의4에 따른 방법(예비후보자가 하는 경우에 한정한다)
⑧ 제18조에 따라 후보자로 등록한 사람은 선거기간개시일 전일까지
예비후보자를 겸하는 것으로 본다.
⑨ 예비후보자등록신청서의 서식, 그 밖에 필요한 사항은 중앙선거관
리위원회규칙으로 정한다.
제24조의3(활동보조인) ① 중앙선거관리위원회규칙으로 정하는 장애인 예
비후보자·후보자는 그의 활동을 보조하기 위하여 배우자, 직계존비속
또는 해당 위탁단체의 임직원이 아닌 조합원·회원 중에서 1명의 활동

보조인(이하 "활동보조인"이라 한다)을 둘 수 있다.

② 제1항에 따라 예비후보자·후보자가 활동보조인을 선임하거나 해임하는 때에는 지체 없이 관할위원회에 서면으로 신고하여야 한다.

③ 제24조에도 불구하고 예비후보자·후보자와 함께 다니는 활동보조인은 다음 각 호에 따라 선거운동을 할 수 있다. 이 경우 활동보조인은 관할위원회가 교부하는 표지를 패용하여야 한다.

1. 예비후보자의 활동보조인: 제24조의2제7항제2호에 해당하는 방법
2. 후보자의 활동보조인: 선거운동기간 중 제27조(제24조제3항제3호에 해당하는 선거의 경우에는 제외한다) 및 제30조(제24조제3항제3호에 해당하는 선거의 경우에는 중앙회장선거에 한정한다)에 해당하는 방법

④ 예비후보자·후보자는 활동보조인에게 수당과 실비를 지급할 수 있다.

⑤ 활동보조인의 선임·해임 신고서, 표지, 수당과 실비, 그 밖에 필요한 사항은 중앙선거관리위원회규칙으로 정한다.

제25조(선거공보) ① 후보자는 선거운동을 위하여 선거공보 1종을 작성할 수 있다. 이 경우 후보자는 선거인명부확정일 전일까지 관할위원회에 선거공보를 제출하여야 한다.

② 후보자가 제1항에 따라 선거공보를 제출하는 경우에는 중앙선거관리위원회규칙으로 정하는 바에 따라 선거공보에 범죄경력을 게재하여야 하고, 선거공보를 제출하지 아니하는 경우에는 범죄경력에 관한 서류를 별도로 작성하여 제1항에 따른 선거공보의 제출마감일까지 관할위원회에 제출하여야 한다.

③ 관할위원회는 제1항 또는 제2항에 따라 제출된 선거공보 또는 범죄경력에 관한 서류를 선거인명부확정일 후 3일까지 제43조에 따른 투표안내문과 동봉하여 선거인에게 발송하여야 한다.

④ 후보자가 제1항 후단에 따른 기한까지 선거공보 또는 범죄경력에 관한 서류를 제출하지 아니하거나 규격을 넘는 선거공보를 제출한 때에는 그 선거공보는 발송하지 아니한다.

⑤ 제출된 선거공보는 정정 또는 철회할 수 없다. 다만, 오기나 이 법에 위반되는 내용이 게재되었을 경우에는 제출마감일까지 해당 후보자가 정정할 수 있다.

⑥ 후보자 및 선거인은 선거공보의 내용 중 경력·학력·학위·상벌·범죄경력에 관하여 거짓으로 게재되어 있음을 이유로 이의제기를 하는 때에는 관할위원회에 서면으로 하여야 하고, 이의제기를 받은 관할위원회는 후보자와 이의제기자에게 그 증명서류의 제출을 요구할 수 있으며, 그 증명서류의 제출이 없거나 거짓 사실임이 판명된 때에는 그 사실을 공고하여야 한다.

⑦ 관할위원회는 제6항에 따라 허위게재사실을 공고한 때에는 그 공고문 사본 1매를 선거일에 투표소의 입구에 첨부하여야 한다.

⑧ 선거공보의 작성수량·규격·면수·제출, 그 밖에 필요한 사항은 중앙선거관리위원회규칙으로 정한다.

제26조(선거벽보) ① 후보자는 선거운동을 위하여 선거벽보 1종을 작성할 수 있다. 이 경우 후보자는 선거인명부확정일 전일까지 관할위원회에 선거벽보를 제출하여야 한다.

② 관할위원회는 제1항에 따라 제출된 선거벽보를 제출마감일 후 2일까지 해당 위탁단체의 주된 사무소와 지사무소의 건물 또는 게시판 및 위탁단체와 협의한 장소에 첨부하여야 한다.

③ 제25조제4항부터 제7항까지의 규정은 선거벽보에 이를 준용한다. 이 경우 "선거공보"는 "선거벽보"로, "발송"은 "첨부"로, "규격을 넘는"은 "규격을 넘거나 미달하는"으로 본다.

④ 선거벽보의 작성수량·첨부수량·규격·제출, 그 밖에 필요한 사항은 중앙선거관리위원회규칙으로 정한다.

제27조(어깨띠·윗옷·소품) 후보자등은 선거운동기간 중 어깨띠나 윗옷(上衣)을 착용하거나 소품을 이용하여 선거운동을 할 수 있다.

제28조(전화를 이용한 선거운동) 후보자등은 선거운동기간 중 다음 각 호의 어느 하나에 해당하는 방법으로 선거운동을 할 수 있다. 다만, 오후 10시부터 다음 날 오전 7시까지는 그러하지 아니하다.

1. 전화를 이용하여 송화자·수화자 간 직접 통화하는 방법

2. 문자(문자 외의 음성·화상·동영상 등은 제외한다)메시지를 전송하는 방법

제29조(정보통신망을 이용한 선거운동) ① 후보자등은 선거운동기간 중 다음 각 호의 어느 하나에 해당하는 방법으로 선거운동을 할 수 있다.

1. 인터넷 홈페이지의 게시판·대화방 등에 글이나 동영상 등을 게시하는 방법
2. 전자우편(컴퓨터 이용자끼리 네트워크를 통하여 문자·음성·화상 또는 동영상 등의 정보를 주고받는 통신시스템을 말한다)을 전송하는 방법

② 관할위원회는 이 법에 위반되는 정보가 인터넷 홈페이지의 게시판·대화방 등에 게시된 때에는 그 인터넷 홈페이지의 관리자·운영자 또는 「정보통신망 이용촉진 및 정보보호 등에 관한 법률」 제2조(정의)제1항제3호에 따른 정보통신서비스 제공자(이하 이 조에서 "정보통신서비스 제공자"라 한다)에게 해당 정보의 삭제를 요청할 수 있다. 이 경우 그 요청을 받은 인터넷 홈페이지의 관리자·운영자 또는 정보통신서비스 제공자는 지체 없이 이에 따라야 한다.

③ 제2항에 따라 정보가 삭제된 경우 해당 정보를 게시한 사람은 그 정보가 삭제된 날부터 3일 이내에 관할위원회에 서면으로 이의신청을 할 수 있다.

④ 위법한 정보의 게시에 대한 삭제 요청, 이의신청, 그 밖에 필요한 사항은 중앙선거관리위원회규칙으로 정한다.

제30조(명함을 이용한 선거운동) 후보자등은 선거운동기간 중 다수인이 왕래하거나 집합하는 공개된 장소에서 길이 9센티미터 너비 5센티미터 이내의 선거운동을 위한 명함을 선거인에게 직접 주거나 지지를 호소하는 방법으로 선거운동을 할 수 있다. 다만, 중앙선거관리위원회규칙으로 정하는 장소에서는 그러하지 아니하다.

제30조의2(선거일 후보자 소개 및 소견발표) ① 제24조제3항제2호 및 제3호에 따른 조합장선거, 이사장선거 또는 중앙회장선거에서 투표관리관 또는 투표관리관이 지정하는 사람(이하 이 조에서 "투표관리관등"이라 한다)은 선거일 또는 제52조에 따른 결선투표일(제24조제3항제3호에 따른 중앙회장선거에 한정한다)에 투표를 개시하기 전에 투표소 또는 총회나 대의원회가 개최되는 장소(이하 이 조에서 "투표소등"이라 한다)에서 선거인에게 기호순에 따라 각 후보자를 소개하고 후보자로 하여금 조합 또는 금고 운영에 대한 자신의 소견을 발표하게 하여야 한다. 이 경우 발표시간은 후보자마다 10분의 범위에서 동일하게 배정하

480

여야 한다.

② 후보자가 자신의 소견발표 순서가 될 때까지 투표소등에 도착하지 아니한 때에는 소견발표를 포기한 것으로 본다.

③ 투표관리관등은 후보자가 제61조 또는 제62조에 위반되는 발언을 하는 때에는 이의 중지를 명하여야 하고 후보자가 이에 따르지 아니하는 때에는 소견발표를 중지시키는 등 필요한 조치를 취하여야 한다.

④ 투표관리관등은 투표소등에서 후보자가 소견을 발표하는 것을 방해하거나 질서를 문란하게 하는 사람이 있는 때에는 이를 제지하고, 그 명령에 불응하는 때에는 투표소등 밖으로 퇴장시킬 수 있다.

⑤ 제1항에 따른 후보자 소개 및 소견발표 진행, 그 밖에 필요한 사항은 중앙선거관리위원회규칙으로 정한다.

제30조의3(선거운동을 위한 휴대전화 가상번호의 제공) ① 후보자는 제28조에 따른 선거운동을 하기 위하여 해당 위탁단체에 그 구성원의 이동전화번호가 노출되지 아니하도록 생성한 번호(이하 "휴대전화 가상번호"라 한다)를 이동통신사업자로부터 제공받아 후보자에게 제공하여 줄 것을 요청할 수 있다.

② 위탁단체는 제1항에 따른 휴대전화 가상번호 제공 요청이 있는 경우에는 관할위원회를 경유하여 이동통신사업자에게 휴대전화 가상번호를 제공하여 줄 것을 서면(이하 "휴대전화 가상번호 제공 요청서"라 한다)으로 요청하여야 한다.

③ 관할위원회는 해당 휴대전화 가상번호 제공 요청서를 심사한 후 제출받은 날부터 3일 이내에 해당 휴대전화 가상번호 제공 요청서를 이동통신사업자에게 송부하여야 한다.

④ 관할위원회는 휴대전화 가상번호 제공 요청서의 심사를 위하여 필요하다고 판단되는 때에는 해당 위탁단체에 휴대전화 가상번호 제공 요청서의 보완 또는 자료의 제출을 요구할 수 있으며, 그 요구를 받은 위탁단체는 지체 없이 이에 따라야 한다.

⑤ 이동통신사업자가 제2항에 따른 요청을 받은 때에는 그 요청을 받은 날부터 7일 이내에 휴대전화 가상번호 제공 요청서에 따라 휴대전화 가상번호를 생성하여 유효기간을 설정한 다음 관할위원회를 경유하여 해당 위탁단체에 제공하여야 한다.

⑥ 이동통신사업자(그 대표자 및 구성원을 포함한다)가 제5항에 따라 휴대전화 가상번호를 제공할 때에는 다음 각 호의 어느 하나에 해당하는 행위를 하여서는 아니 된다.

 1. 휴대전화 가상번호에 유효기간을 설정하지 아니하고 제공하거나 휴대전화 가상번호를 제공하는 날부터 선거일까지의 기간을 초과하는 유효기간을 설정하여 제공하는 행위

 2. 휴대전화 가상번호의 제공을 요청한 위탁단체 이외의 자에게 휴대전화 가상번호를 제공하는 행위

⑦ 위탁단체는 제2항에 따라 휴대전화 가상번호 제공 요청을 하기 전에 해당 단체의 구성원에게 위탁선거 후보자의 선거운동을 위하여 본인의 이동전화번호가 후보자에게 휴대전화 가상번호로 제공된다는 사실과 그 제공을 거부할 수 있다는 사실을 알려야 한다. 이 경우 위탁단체는 전단에 따른 고지를 받고 명시적으로 거부의사를 밝힌 구성원의 휴대전화 가상번호를 후보자에게 제공하여서는 아니 된다.

⑧ 위탁단체는 제5항에 따라 제공받은 휴대전화 가상번호를 제1항에 따라 제공을 요청한 후보자 외에 해당 선거의 다른 후보자에게도 제공할 수 있다.

⑨ 위탁단체로부터 휴대전화 가상번호를 제공받은 후보자는 다음 각 호의 어느 하나에 해당하는 행위를 하여서는 아니 된다.

 1. 제공받은 휴대전화 가상번호를 제28조에 따른 선거운동 외의 다른 목적으로 사용하는 행위

 2. 제공받은 휴대전화 가상번호를 다른 자에게 제공하는 행위

⑩ 휴대전화 가상번호를 제공받은 후보자는 유효기간이 지난 휴대전화 가상번호를 즉시 폐기하여야 한다.

⑪ 이동통신사업자가 제5항에 따라 휴대전화 가상번호를 생성하여 제공하는 데 소요되는 비용은 휴대전화 가상번호의 제공을 요청한 위탁단체가 부담한다. 이 경우 이동통신사업자는 휴대전화 가상번호 생성·제공에 소요되는 최소한의 비용을 청구하여야 한다.

⑫ 휴대전화 가상번호 제공 요청 방법과 절차, 휴대전화 가상번호의 유효기간 설정, 휴대전화 가상번호 제공 요청서 서식, 그 밖에 필요한 사항은 중앙선거관리위원회규칙으로 정한다.

제30조의4(공개행사에서의 정책 발표) ① 예비후보자와 후보자는 해당 위탁단체가 개최하는 공개행사에 방문하여 자신의 정책을 발표할 수 있다.

② 제1항에 따라 공개행사에서 정책을 발표하려는 예비후보자와 후보자는 참석할 공개행사의 일시, 소견 발표에 소요되는 시간과 발표 방법 등을 해당 위탁단체에 미리 신고하여야 한다. 이 경우 위탁단체는 정당한 사유 없이 이를 거부할 수 없다.

③ 위탁단체는 예비후보자등록신청개시일 전 5일부터 선거일 전일까지 매주 제1항에 따른 공개행사의 일시와 소견 발표가 가능한 시간을 공고하여야 한다.

④ 제2항에 따른 신고 및 제3항에 따른 공고의 절차·방법과 그 밖에 필요한 사항은 중앙선거관리위원회규칙으로 정한다.

제31조(지위를 이용한 선거운동금지 등) 위탁단체의 임직원은 다음 각 호의 어느 하나에 해당하는 행위를 할 수 없다.

1. 지위를 이용하여 선거운동을 하는 행위
2. 지위를 이용하여 선거운동의 기획에 참여하거나 그 기획의 실시에 관여하는 행위
3. 후보자(후보자가 되려는 사람을 포함한다)에 대한 선거권자의 지지도를 조사하거나 이를 발표하는 행위

제32조(기부행위의 정의) 이 법에서 "기부행위"란 다음 각 호의 어느 하나에 해당하는 사람이나 기관·단체·시설을 대상으로 금전·물품 또는 그 밖의 재산상 이익을 제공하거나 그 이익제공의 의사를 표시하거나 그 제공을 약속하는 행위를 말한다.

1. 선거인[선거인명부를 작성하기 전에는 그 선거인명부에 오를 자격이 있는 자(해당 위탁단체에 가입되어 해당 법령이나 정관등에 따라 위탁선거의 선거권이 있는 자 및 해당 위탁단체에 가입 신청을 한 자를 말한다)를 포함한다. 이하 이 조에서 같다]이나 그 가족(선거인의 배우자, 선거인 또는 그 배우자의 직계존비속과 형제자매, 선거인의 직계존비속 및 형제자매의 배우자를 말한다. 이하 같다)
2. 선거인이나 그 가족이 설립·운영하고 있는 기관·단체·시설

제33조(기부행위로 보지 아니하는 행위) ① 다음 각 호의 어느 하나에 해
당하는 행위는 기부행위로 보지 아니한다.
1. 직무상의 행위
   가. 기관·단체·시설(나목에 따른 위탁단체를 제외한다)이 자체사업
      계획과 예산에 따라 의례적인 금전·물품을 그 기관·단체·시설
      의 명의로 제공하는 행위(포상을 포함한다. 이하 나목에서 같다)
   나. 위탁단체가 해당 법령이나 정관등에 따른 사업계획 및 수지예
      산에 따라 집행하는 금전·물품을 그 위탁단체의 명의로 제공하
      는 행위
   다. 물품구매·공사·역무의 제공 등에 대한 대가의 제공 또는 부담
      금의 납부 등 채무를 이행하는 행위
   라. 가목부터 다목까지의 규정에 따른 행위 외에 법령에 근거하여
      물품 등을 찬조·출연 또는 제공하는 행위
2. 의례적 행위
   가. 「민법」 제777조(친족의 범위)에 따른 친족(이하 이 조에서 "친
      족"이라 한다)의 관혼상제의식이나 그 밖의 경조사에 축의·부
      의금품을 제공하는 행위
   나. 친족 외의 사람의 관혼상제의식에 통상적인 범위에서 축의·
      부의금품을 제공하거나 주례를 서는 행위
   다. 관혼상제의식이나 그 밖의 경조사에 참석한 하객이나 조객 등
      에게 통상적인 범위에서 음식물 또는 답례품을 제공하는 행위
   라. 소속 기관·단체·시설(위탁단체는 제외한다)의 유급 사무직원이
      나 친족에게 연말·설 또는 추석에 의례적인 선물을 제공하는
      행위
   마. 친목회·향우회·종친회·동창회 등 각종 사교·친목단체 및 사
      회단체의 구성원으로서 그 단체의 정관 등 또는 운영관례상의
      의무에 기하여 종전의 범위에서 회비를 납부하는 행위
   바. 평소 자신이 다니는 교회·성당·사찰 등에 통상의 예에 따라
      헌금(물품의 제공을 포함한다)하는 행위
3. 「공직선거법」 제112조제2항제3호에 따른 구호적·자선적 행위에
   준하는 행위

4. 그 밖에 제1호부터 제3호까지의 어느 하나에 준하는 행위로서 중앙선거관리위원회규칙으로 정하는 행위

② 제1항제1호 각 목 중 위탁단체의 직무상 행위는 해당 법령이나 정관등에 따라 포상하는 경우를 제외하고는 해당 위탁단체의 명의로 하여야 하며, 해당 위탁단체의 대표자의 직명 또는 성명을 밝히거나 그가 하는 것으로 추정할 수 있는 방법으로 제공하는 행위는 기부행위로 본다. 이 경우 다음 각 호의 어느 하나에 해당하는 경우에는 "그가 하는 것으로 추정할 수 있는 방법"에 해당하는 것으로 본다.

1. 종전의 대상·방법·범위·시기 등을 법령 또는 정관등의 제정 또는 개정 없이 확대 변경하는 경우

2. 해당 위탁단체의 대표자의 업적을 홍보하는 등 그를 선전하는 행위가 부가되는 경우

③ 제1항에 따라 통상적인 범위에서 1명에게 제공할 수 있는 축의·부의금품, 음식물, 답례품 및 의례적인 선물의 금액범위는 중앙선거관리위원회규칙으로 정한다.

제34조(기부행위제한기간) 기부행위를 할 수 없는 기간(이하 "기부행위제한기간"이라 한다)은 다음 각 호와 같다.

1. 임기만료에 따른 선거: 임기만료일 전 1년부터 선거일까지

2. 해당 법령이나 정관등에 따른 보궐선거등: 그 선거의 실시 사유가 발생한 날부터 선거일까지

제35조(기부행위제한) ① 후보자(후보자가 되려는 사람을 포함한다. 이하 이 조에서 같다), 후보자의 배우자, 후보자가 속한 기관·단체·시설은 기부행위제한기간 중 기부행위를 할 수 없다.

② 누구든지 기부행위제한기간 중 해당 위탁선거에 관하여 후보자를 위하여 기부행위를 하거나 하게 할 수 없다. 이 경우 후보자의 명의를 밝혀 기부행위를 하거나 후보자가 기부하는 것으로 추정할 수 있는 방법으로 기부행위를 하는 것은 해당 위탁선거에 관하여 후보자를 위한 기부행위로 본다.

③ 누구든지 기부행위제한기간 중 해당 위탁선거에 관하여 제1항 또는 제2항에 규정된 자로부터 기부를 받거나 기부의 의사표시를 승낙할 수 없다.

④ 누구든지 제1항부터 제3항까지 규정된 행위에 관하여 지시·권유·알선 또는 요구할 수 없다.

⑤ 「농업협동조합법」, 「수산업협동조합법」 및 「산림조합법」에 따른 조합장·중앙회장과 「새마을금고법」에 따른 이사장·중앙회장은 재임 중에 기부행위를 할 수 없다.

제36조(조합장 등의 축의·부의금품 제공제한) 「농업협동조합법」, 「수산업협동조합법」, 「산림조합법」에 따른 조합·중앙회 또는 「새마을금고법」에 따른 금고·중앙회(이하 이 조에서 "조합등"이라 한다)의 경비로 관혼상제의식이나 그 밖의 경조사에 축의·부의금품을 제공하는 경우에는 해당 조합등의 경비임을 명기하여 해당 조합등의 명의로 하여야하며, 해당 조합등의 대표자의 직명 또는 성명을 밝히거나 그가 하는 것으로 추정할 수 있는 방법으로 하는 행위는 기부행위로 본다.

제37조(선거일 후 답례금지) 후보자, 후보자의 배우자, 후보자가 속한 기관·단체·시설은 선거일 후 당선되거나 되지 아니한 데 대하여 선거인에게 축하·위로나 그 밖의 답례를 하기 위하여 다음 각 호의 어느 하나에 해당하는 행위를 할 수 없다.

  1. 금전·물품 또는 향응을 제공하는 행위
  2. 선거인을 모이게 하여 당선축하회 또는 낙선에 대한 위로회를 개최하는 행위

제38조(호별방문 등의 제한) 누구든지 선거운동을 위하여 선거인(선거인명부작성 전에는 선거인명부에 오를 자격이 있는 자를 포함한다)을 호별로 방문하거나 특정 장소에 모이게 할 수 없다.

제8장 투표 및 개표

제39조(선거방법 등) ① 선거는 투표로 한다.

② 투표는 선거인이 직접 투표용지에 기표(記票)하는 방법으로 한다.

③ 투표는 선거인 1명마다 1표로 한다. 다만, 해당 법령이나 정관등에서 정하는 사람이 법인을 대표하여 행사하는 경우에는 그러하지 아니하다.

제40조(투표소의 설치 등) ① 관할위원회는 해당 위탁단체와 투표소의 설치수, 설치장소 등을 협의하여 선거일 전일까지 투표소를 설치하여야

한다.

② 관할위원회는 공정하고 중립적인 사람 중에서 투표소마다 투표에 관한 사무를 관리할 투표관리관 1명과 투표사무를 보조할 투표사무원을 위촉하여야 한다.

③ 관할위원회로부터 투표소 설치를 위한 장소 사용 협조 요구를 받은 기관·단체의 장은 정당한 사유가 없으면 이에 따라야 한다.

제41조(동시조합장선거·동시이사장선거의 투표소의 설치 등) ① 동시조합장선거 또는 동시이사장선거를 실시하는 경우 관할위원회는 제40조제1항에도 불구하고 그 관할구역 안의 읍·면[「지방자치법」 제7조(자치구가 아닌 구와 읍·면·동 등의 명칭과 구역)제3항에 따라 행정면을 둔 경우에는 행정면을 말한다]·동(「지방자치법」 제7조제4항에 따라 행정동을 둔 경우에는 행정동을 말한다)마다 1개소씩 투표소를 설치·운영하여야 하며, 감염병 발생 등 부득이한 사유가 있는 경우 중앙선거관리위원회규칙으로 정하는 바에 따라 추가로 투표소를 설치할 수 있다. 다만, 조합 또는 금고의 주된 사무소가 설치되지 아니한 지역 등 중앙선거관리위원회규칙으로 정하는 경우에는 관할위원회가 해당 조합 또는 금고와 협의하여 일부 읍·면·동에 투표소를 설치할 수 있다.

② 동시조합장선거 또는 동시이사장선거에서 선거인은 자신이 올라 있는 선거인명부의 작성 구역단위에 설치된 어느 투표소에서나 투표할 수 있다.

③ 투표관리관은 제2항에 따라 투표하려는 선거인에 대해서는 본인임을 확인할 수 있는 신분증명서를 제시하게 하여 본인여부를 확인한 다음 전자적 방식으로 무인 또는 서명하게 하고, 투표용지 발급기를 이용하여 선거권이 있는 해당 선거의 투표용지를 출력하여 자신의 도장을 찍은 후 선거인에게 교부한다.

④ 중앙선거관리위원회는 2개 이상 조합장선거 또는 2개 이상 이사장선거의 선거권이 있는 선거인이 투표하는 데 지장이 없도록 하고, 같은 사람이 2회 이상 투표를 할 수 없도록 하는 데 필요한 기술적 조치를 하여야 한다.

⑤ 관할위원회는 섬 또는 산간오지 등에 거주하는 등 부득이한 사유

로 투표소에 가기 어려운 선거인에게는 그 의결로 거소투표, 순회투표, 인터넷투표 등 중앙선거관리위원회규칙으로 정하는 방법으로 투표를 하게 할 수 있다. 이 경우 투표방법 등에 관하여는 해당 조합 또는 금고와 협의하여야 한다.

⑥ 제5항에 따른 거소투표, 순회투표, 인터넷투표 등의 대상·절차·기간·방법, 그 밖에 필요한 사항은 중앙선거관리위원회규칙으로 정한다.

제42조(투표용지) ① 투표용지에는 후보자의 기호와 성명을 표시하되, 기호는 후보자의 게재순위에 따라 "1, 2, 3" 등으로 표시하고, 성명은 한글로 기재하여야 한다. 다만, 한글로 표시된 성명이 같은 후보자가 있는 경우에는 괄호 속에 한자를 함께 기재한다.

② 관할위원회는 후보자등록마감 후에 후보자 또는 그 대리인의 참여 하에 투표용지에 게재할 후보자의 순위를 추첨의 방법으로 정하여야 한다. 다만, 추첨개시시각에 후보자 또는 그 대리인이 참여하지 아니하는 경우에는 관할위원회 위원장이 지정하는 사람이 그 후보자를 대리하여 추첨할 수 있다.

③ 투표용지는 인쇄하거나 투표용지 발급기를 이용하여 출력하는 방법으로 작성할 수 있다.

제43조(투표안내문의 발송) 관할위원회는 선거인의 성명, 선거인명부등재번호, 투표소의 위치, 투표할 수 있는 시간, 투표할 때 가지고 가야 할 지참물, 투표절차, 그 밖에 투표참여를 권유하는 내용 등이 기재된 투표안내문을 선거인명부확정일 후 2일까지 선거인에게 우편으로 발송하여야 한다.

제44조(투표시간) ① 선거별 투표시간은 다음과 같다.
 1. 동시조합장선거 및 동시이사장선거: 오전 7시부터 오후 5시까지
 2. 제1호에 따른 선거 외의 위탁선거: 관할위원회가 해당 위탁단체와 협의하여 정하는 시간

② 투표를 마감할 때에 투표소에서 투표하기 위하여 대기하고 있는 선거인에게는 번호표를 부여하여 투표하게 한 후에 닫아야 한다.

제45조(투표·개표의 참관) ① 후보자는 해당 위탁단체의 조합원 또는 회원 중에서 투표소마다 2명 이내의 투표참관인을 선정하여 선거일 전 2일까지, 개표소마다 2명 이내의 개표참관인을 선정하여 선거일 전일

까지 관할위원회에 서면으로 신고하여야 한다. 이 경우 개표참관인은 투표참관인이 겸임하게 할 수 있다.

② 관할위원회는 제1항에 따라 신고한 투표참관인·개표참관인이 투표 및 개표 상황을 참관하게 하여야 한다.

③ 후보자가 제1항에 따른 투표참관인·개표참관인의 신고를 하지 아니한 때에는 투표·개표 참관을 포기한 것으로 본다.

④ 후보자 또는 후보자의 배우자와 해당 위탁단체의 임직원은 투표참관인·개표참관인이 될 수 없다.

⑤ 제1항에도 불구하고 동시조합장선거 및 동시이사장선거의 투표참관인은 투표소마다 12명으로 하며, 후보자수가 12명을 넘는 경우에는 후보자별로 1명씩 우선 선정한 후 추첨에 따라 12명을 지정하고, 후보자수가 12명에 미달하되 후보자가 선정·신고한 인원수가 12명을 넘는 때에는 후보자별로 1명씩 선정한 자를 우선 지정한 후 나머지 인원은 추첨에 의하여 지정한다.

⑥ 투표참관인·개표참관인의 선정·신고 및 투표참관인 지정의 구체적인 절차·방법, 그 밖에 필요한 사항은 중앙선거관리위원회규칙으로 정한다.

제46조(개표소의 설치 등) ① 관할위원회는 해당 관할구역에 있는 위탁단체의 시설 등에 개표소를 설치하여야 한다. 다만, 섬 또는 산간오지 등의 지역에 투표소를 설치한 경우로서 투표함을 개표소로 이송하기 어려운 부득이한 경우에는 관할위원회의 의결로 해당 투표소에 개표소를 설치할 수 있다.

② 관할위원회는 개표사무를 보조하게 하기 위하여 개표사무를 보조할 능력이 있는 공정하고 중립적인 사람을 개표사무원으로 위촉할 수 있다.

③ 개표사무원은 투표사무원이 겸임하게 할 수 있다.

④ 개표소의 설치를 위한 장소 사용 협조 요구를 받은 위탁단체 등의 장은 정당한 사유가 없으면 이에 따라야 한다.

⑤ 제1항 단서에 따라 투표소에 개표소를 설치하는 경우의 개표 절차, 개표사무원의 위촉, 개표참관, 그 밖에 필요한 사항은 중앙선거관리위원회규칙으로 정한다.

제47조(개표의 진행) ① 개표는 위탁단체별로 구분하여 투표수를 계산한다.

② 관할위원회는 개표사무를 보조하기 위하여 투표지를 유효별·무효별 또는 후보자별로 구분하거나 계산하는 데 필요한 기계장치 또는 전산조직을 이용할 수 있다.

③ 후보자별 득표수의 공표는 최종 집계되어 관할위원회 위원장이 서명 또는 날인한 개표상황표에 의한다. 이 경우 출석한 관할위원회의 위원 전원은 공표 전에 득표수를 검열하여야 하며, 정당한 사유 없이 개표사무를 지연시키는 위원이 있는 때에는 검열을 포기한 것으로 보고, 개표록에 그 사유를 기재한다.

④ 제11조제3항에 따라 개표사무의 관리를 지정받은 사람 또는 하급선거관리위원회나 다른 구·시·군선거관리위원회는 그 개표결과를 관할위원회에 즉시 송부하여야 하며, 해당 관할위원회는 송부 받은 개표결과를 포함하여 후보자별 득표수를 공표하여야 한다.

⑤ 제4항에 따른 개표결과의 작성·송부, 그 밖에 필요한 사항은 중앙선거관리위원회규칙으로 정한다.

제48조(개표관람) ① 누구든지 관할위원회가 발행하는 관람증을 받아 구획된 장소에서 개표상황을 관람할 수 있다.

② 관할위원회는 투표와 개표를 같은 날 같은 장소에서 실시하는 경우에는 관람증을 발급하지 아니한다. 이 경우 관람인석과 투표 및 개표 장소를 구분하여 관람인이 투표 및 개표 장소에 출입할 수 없도록 하여야 한다.

제49조(투표록·개표록 및 선거록의 작성 등) ① 관할위원회는 투표록, 개표록을 각각 작성하여야 한다. 다만, 투표와 개표를 같은 날 같은 장소에서 실시하는 경우에는 투표 및 개표록을 통합하여 작성할 수 있다.

② 제11조제3항에 따라 관할위원회가 지정하는 사람 등에게 투표사무 또는 개표사무를 관리하게 하는 경우에는 그 지정을 받은 사람 또는 하급선거관리위원회나 다른 구·시·군선거관리위원회는 제1항에 따른 투표록·개표록 또는 투표 및 개표록을 작성하여 지체 없이 관할위원회에 송부하여야 한다.

③ 제2항에 따라 투표록·개표록 또는 투표 및 개표록을 송부받은 관할위원회는 지체 없이 후보자별 득표수를 계산하고 선거록을 작성하여야 한다.

④ 투표록·개표록, 투표 및 개표록과 선거록은 전산조직을 이용하여 작성·보고 또는 송부할 수 있다.

제50조(선거 관계 서류의 보관) 관할위원회는 투표지, 투표록, 개표록, 투표 및 개표록, 선거록, 그 밖에 위탁선거에 관한 모든 서류를 그 당선인의 임기 중 보관하여야 한다. 다만, 중앙선거관리위원회규칙으로 정하는 바에 따라 그 보존기간을 단축할 수 있다.

제51조(「공직선거법」의 준용 등) ① 투표 및 개표의 관리에 관하여는 이 법에 규정된 것을 제외하고는 그 성질에 반하지 아니하는 범위에서 「공직선거법」 제10장(투표) 및 제11장(개표)을 준용한다.

② 임의위탁선거의 투표 및 개표의 절차 등에 관하여는 해당 위탁단체와 협의하여 달리 정할 수 있다.

제52조(결선투표 등) ① 결선투표 실시 여부에 관하여는 해당 법령이나 정관등에 따른다.

② 결선투표일은 관할위원회가 위탁단체와 협의하여 정한다.

③ 제1항에 따른 결선투표는 특별한 사정이 없으면 당초 위탁선거에 사용된 선거인명부를 사용한다.

④ 천재지변이나 그 밖의 부득이한 사유로 선거를 실시할 수 없거나 실시하지 못한 때에는 관할위원회가 해당 위탁단체와 협의하여 선거를 연기하여야 한다. 이 경우 처음부터 선거절차를 다시 진행하여야 하고, 선거일만을 다시 정한 때에는 이미 진행된 선거절차에 이어 계속하여야 한다.

제53조(총회 등에서 선출하는 조합장선거·이사장선거에 관한 특례) ① 동시조합장선거 또는 동시이사장선거를 실시하는 경우 제24조제3항제2호 및 제3호에 따른 조합장선거·이사장선거(이하 이 조에서 "총회 등에서 선출하는 조합장선거 등"이라 한다)의 선거인명부 작성·확정, 투표 및 개표에 관하여는 다음 각 호에 따른다.

1. 제24조제3항제2호 및 제3호에 따른 조합장선거와 이사장선거에서는 제15조제3항을 적용하지 아니한다.

2. 제41조제1항에도 불구하고 투표소는 선거인이 투표하기 편리한 곳에 1개소를 설치하여야 한다.

3. 제41조제2항에도 불구하고 해당 조합 또는 금고의 선거인은 제2호에 따른 투표소에서 투표하여야 한다.

4. 제44조제1항제1호에도 불구하고 투표시간은 관할위원회가 해당 조합 또는 금고와 협의하여 정하되 투표마감시각은 오후 5시까지로 한다.

5. 결선투표는 제52조제2항에도 불구하고 해당 선거일에 실시하고, 결선투표시간은 관할위원회가 해당 조합 또는 금고와 협의하여 정한다.

6. 그 밖에 투표 및 개표의 절차 등에 관하여 이 법에서 정한 사항을 제외하고는 해당 법령이나 정관등에 따른다.

② 제1항에도 불구하고 관할위원회는 총회 등에서 선출하는 조합장선거 등의 보궐선거등의 투표 및 개표의 절차 등에 관하여 해당 조합 또는 금고와 협의하여 달리 정할 수 있다.

제54조(위탁선거의 동시실시) 관할위원회는 선거일을 같은 날로 정할 수 있는 둘 이상의 선거의 관리를 위탁받기로 결정한 때에는 해당 위탁단체와 협의하여 이들 위탁선거를 동시에 실시할 수 있다.

제55조(위탁선거의 효력 등에 대한 이의제기) 위탁선거에서 선거 또는 당선의 효력에 대한 이의제기는 해당 위탁단체에 하여야 한다. 다만, 위탁선거 사무의 관리집행 상의 하자 또는 투표의 효력에 대한 이의제기는 관할위원회의 직근 상급선거관리위원회에 하여야 한다.

제9장 당선인

제56조(당선인 결정) 당선인 결정은 해당 법령이나 정관등에 따른다.

제10장 벌 칙

제57조(적용 제외) ① 제3조제1호가목에 해당하는 공공단체등이 위탁하는 선거 외의 위탁선거에는 이 장을 적용하지 아니한다. 다만, 제65조, 제66조제12호, 제68조제1항·제2항제2호 및 제4항·제5항은 그러하지

492

아니하다.

② 제1항 본문에도 불구하고 제3조제1호다목에 따라 공공단체등이 임원 등의 선출을 위한 선거의 관리를 위탁하여야 하는 선거(「교육공무원법」제24조의3에 따른 대학의 장 후보자 추천 선거는 제외한다)에는 제58조부터 제65조까지, 제66조제8호·제10호·제12호·제13호, 제67조, 제68조제1항, 같은 조 제2항제2호, 같은 조 제3항부터 제5항까지를 적용한다.

제58조(매수 및 이해유도죄) 선거운동을 목적으로 다음 각 호의 어느 하나에 해당하는 행위를 한 자는 3년 이하의 징역 또는 3천만원 이하의 벌금에 처한다.

1. 선거인[선거인명부를 작성하기 전에는 그 선거인명부에 오를 자격이 있는 자(해당 위탁단체에 가입되어 해당 법령이나 정관등에 따라 위탁선거의 선거권이 있는 자 및 해당 위탁단체에 가입 신청을 한 자를 말한다)를 포함한다. 이하 이 조에서 같다]이나 그 가족 또는 선거인이나 그 가족이 설립·운영하고 있는 기관·단체·시설에 대하여 금전·물품·향응이나 그 밖의 재산상 이익이나 공사(公私)의 직을 제공하거나 그 제공의 의사를 표시하거나 그 제공을 약속한 자

2. 후보자가 되지 아니하도록 하거나 후보자가 된 것을 사퇴하게 할 목적으로 후보자가 되려는 사람이나 후보자에게 제1호에 규정된 행위를 한 자

3. 위탁단체의 회원으로 가입하여 특정 후보자에게 투표하게 할 목적으로 위탁단체의 회원이 아닌 자에게 제1호에 규정된 행위를 한 자

4. 제1호부터 제3호까지에 규정된 이익이나 직을 제공받거나 그 제공의 의사표시를 승낙한 자

5. 제1호부터 제4호까지에 규정된 행위에 관하여 지시·권유·알선하거나 요구한 자

6. 후보자등록개시일부터 선거일까지 포장된 선물 또는 돈봉투 등 다수의 선거인(선거인의 가족 또는 선거인이나 그 가족이 설립·운영하고 있는 기관·단체·시설을 포함한다)에게 배부하도록 구분된

형태로 되어 있는 금품을 운반한 자

제59조(기부행위의 금지·제한 등 위반죄) 제35조를 위반한 자(제68조제3항에 해당하는 자를 제외한다)는 3년 이하의 징역 또는 3천만원 이하의 벌금에 처한다.

제60조(매수 및 이해유도죄 등으로 인한 이익의 몰수) 제58조 또는 제59조의 죄를 범한 자가 받은 이익은 몰수한다. 다만, 그 전부 또는 일부를 몰수할 수 없는 때에는 그 가액을 추징한다.

제61조(허위사실 공표죄) ① 당선되거나 되게 할 목적으로 선거공보나 그 밖의 방법으로 후보자(후보자가 되려는 사람을 포함한다. 이하 이 조에서 같다)에게 유리하도록 후보자, 그의 배우자 또는 직계존비속이나 형제자매에 관하여 허위의 사실을 공표한 자는 3년 이하의 징역 또는 3천만원 이하의 벌금에 처한다.

② 당선되지 못하게 할 목적으로 선거공보나 그 밖의 방법으로 후보자에게 불리하도록 후보자, 그의 배우자 또는 직계존비속이나 형제자매에 관하여 허위의 사실을 공표한 자는 5년 이하의 징역 또는 500만원 이상 5천만원 이하의 벌금에 처한다.

제62조(후보자 등 비방죄) 선거운동을 목적으로 선거공보나 그 밖의 방법으로 공연히 사실을 적시하여 후보자(후보자가 되려는 사람을 포함한다), 그의 배우자 또는 직계존비속이나 형제자매를 비방한 자는 2년 이하의 징역 또는 2천만원 이하의 벌금에 처한다. 다만, 진실한 사실로서 공공의 이익에 관한 때에는 처벌하지 아니한다.

제63조(사위등재죄) ① 거짓의 방법으로 선거인명부에 오르게 한 자는 1년 이하의 징역 또는 1천만원 이하의 벌금에 처한다.

② 선거인명부작성에 관계 있는 자가 선거인명부에 고의로 선거권자를 기재하지 아니하거나 거짓 사실을 기재하거나 하게 한 때에는 3년 이하의 징역 또는 3천만원 이하의 벌금에 처한다.

제64조(사위투표죄) ① 성명을 사칭하거나 신분증명서를 위조 또는 변조하여 사용하거나 그 밖에 거짓의 방법으로 투표하거나 하게 하거나 또는 투표를 하려고 한 자는 1년 이하의 징역 또는 1천만원 이하의 벌금에 처한다.

② 선거관리위원회의 위원·직원·투표관리관 또는 투표사무원이 제1항

에 규정된 행위를 하거나 하게 한 때에는 3년 이하의 징역에 처한다.

제65조(선거사무관계자나 시설 등에 대한 폭행·교란죄) 다음 각 호의 어느 하나에 해당하는 자는 1년 이상 7년 이하의 징역 또는 1천만원 이상 7천만원 이하의 벌금에 처한다.

1. 위탁선거와 관련하여 선거관리위원회의 위원·직원, 공정선거지원단원, 그 밖에 위탁선거 사무에 종사하는 사람을 폭행·협박·유인 또는 불법으로 체포·감금한 자

2. 폭행하거나 협박하여 투표소·개표소 또는 선거관리위원회 사무소를 소요·교란한 자

3. 투표용지·투표지·투표보조용구·전산조직 등 선거관리 및 단속사무와 관련한 시설·설비·장비·서류·인장 또는 선거인명부를 은닉·파손·훼손 또는 탈취한 자

제66조(각종 제한규정 위반죄) ① 다음 각 호의 어느 하나에 해당하는 자는 3년 이하의 징역 또는 3천만원 이하의 벌금에 처한다.

1. 제30조의3제6항제2호를 위반하여 해당 위탁단체 이외의 자에게 휴대전화 가상번호를 제공한 자

2. 제30조의3제7항을 위반하여 명시적으로 거부의사를 밝힌 구성원의 휴대전화 가상번호를 제공한 자

3. 제30조의3제9항제1호를 위반하여 휴대전화 가상번호를 제28조에 따른 선거운동 외의 다른 목적으로 사용한 자

4. 제30조의3제9항제2호를 위반하여 휴대전화 가상번호를 다른 자에게 제공한 자

5. 제30조의3제10항을 위반하여 유효기간이 지난 휴대전화 가상번호를 즉시 폐기하지 아니한 자

② 다음 각 호의 어느 하나에 해당하는 자는 2년 이하의 징역 또는 2천만원 이하의 벌금에 처한다.

1. 제24조를 위반하여 후보자등이 아닌 자가 선거운동을 하거나 제25조부터 제30조의4까지의 규정에 따른 선거운동방법 외의 방법으로 선거운동을 하거나 선거운동기간이 아닌 때에 선거운동을 한 자. 다만, 제24조의2제7항에 따라 선거운동을 한 예비후보자등과 제24조의3제3항에 따라 선거운동을 한 활동보조인은 제외한다.

1의2. 제24조의2제7항을 위반하여 선거운동을 한 자

2. 제25조에 따른 선거공보의 종수·수량·면수 또는 배부방법을 위반하여 선거운동을 한 자

3. 제26조에 따른 선거벽보의 종수·수량 또는 첩부방법을 위반하여 선거운동을 한 자

4. 제27조를 위반하여 선거운동을 한 자

5. 제28조에 따른 통화방법 또는 시간대를 위반하여 선거운동을 한 자

6. 삭제 <2024. 1. 30.>

7. 제30조에 따른 명함의 규격 또는 배부방법을 위반하여 선거운동을 한 자

7의2. 제30조의2제4항을 위반하여 투표관리관등의 제지명령에 불응한 자

7의3. 제30조의3제6항제1호를 위반하여 휴대전화 가상번호에 유효기간을 설정하지 아니하고 제공하거나 휴대전화 가상번호를 제공하는 날부터 선거일까지의 기간을 초과하는 유효기간을 설정하여 제공한 자

8. 제31조를 위반한 자

9. 제36조를 위반하여 축의·부의금품을 제공한 자

10. 제37조를 위반한 자

11. 제38조를 위반한 자

12. 제73조제3항을 위반하여 출입을 방해하거나 자료제출의 요구에 응하지 아니한 자 또는 허위자료를 제출한 자

13. 제75조제2항을 위반한 자

제67조(양벌규정) 법인 또는 단체의 대표자나 법인 또는 단체의 대리인, 사용인, 그 밖의 종업원이 그 법인 또는 단체의 업무에 관하여 이 법의 위반행위를 하였을 때에는 행위자를 벌하는 외에 그 법인 또는 단체에 대하여도 해당 조문의 벌금형을 과(科)한다. 다만, 그 법인 또는 단체가 그 위반 행위를 방지하기 위하여 해당 업무에 관하여 상당한 주의와 감독을 게을리하지 아니한 경우에는 그러하지 아니하다.

제68조(과태료의 부과·징수 등) ① 「형사소송법」 제211조(현행범인과 준현행범인)에 규정된 현행범인 또는 준현행범인으로서 제73조제4항에 따른 동행요구에 응하지 아니한 자에게는 300만원 이하의 과태료를 부과한다.

② 다음 각 호의 어느 하나에 해당하는 자에게는 100만원 이하의 과태료를 부과한다.

1. 제29조제2항에 따른 관할위원회의 요청을 이행하지 아니한 자

2. 제73조제4항에 따른 출석요구에 정당한 사유 없이 응하지 아니한 자

③ 제35조제3항을 위반하여 금전·물품이나 그 밖의 재산상 이익을 제공받은 자(그 제공받은 금액 또는 물품의 가액이 100만원을 초과한 자는 제외한다)에게는 그 제공받은 금액이나 가액의 10배 이상 50배 이하에 상당하는 금액의 과태료를 부과하되, 그 상한액은 3천만원으로 한다. 다만, 제공받은 금액 또는 음식물·물품(제공받은 것을 반환할 수 없는 경우에는 그 가액에 상당하는 금액을 말한다) 등을 선거관리위원회에 반환하고 자수한 경우에는 그 과태료를 감경 또는 면제할 수 있다.

④ 과태료는 중앙선거관리위원회규칙으로 정하는 바에 따라 관할위원회(이하 이 조에서 "부과권자"라 한다)가 부과한다. 이 경우 과태료처분대상자가 납부기한까지 납부하지 아니한 때에는 관할세무서장에게 징수를 위탁하고 관할세무서장이 국세체납처분의 예에 따라 이를 징수하여 국가에 납입하여야 한다.

⑤ 이 법에 따른 과태료의 부과·징수 등의 절차에 관하여는 「질서위반행위규제법」 제5조(다른 법률과의 관계)에도 불구하고 다음 각 호에서 정하는 바에 따른다.

1. 당사자[「질서위반행위규제법」 제2조(정의)제3호에 따른 당사자를 말한다. 이하 이 항에서 같다]는 「질서위반행위규제법」 제16조(사전통지 및 의견 제출 등)제1항 전단에도 불구하고 부과권자로부터 사전통지를 받은 날부터 3일까지 의견을 제출하여야 한다.

2. 제4항 전단에 따른 과태료 처분에 불복이 있는 당사자는 「질서위반행위규제법」 제20조(이의제기)제1항 및 제2항에도 불구하고 그 처분의 고지를 받은 날부터 20일 이내에 부과권자에게 이의를 제기하여야 하며, 이 경우 그 이의제기는 과태료 처분의 효력이나 그 집행 또는 절차의 속행에 영향을 주지 아니한다.

3. 「질서위반행위규제법」 제24조(가산금 징수 및 체납처분 등)에도 불구하고 당사자가 납부기한까지 납부하지 아니한 경우 부과권자

는 체납된 과태료에 대하여 100분의 5에 상당하는 가산금을 더하
여 관할세무서장에게 징수를 위탁하고, 관할세무서장은 국세 체납
처분의 예에 따라 이를 징수하여 국가에 납입하여야 한다.
4. 「질서위반행위규제법」 제21조(법원에의 통보)제1항 본문에도 불구
하고 제4항에 따라 과태료 처분을 받은 당사자가 제2호에 따라 이
의를 제기한 경우 부과권자는 지체 없이 관할법원에 그 사실을 통
보하여야 한다.

제11장 보 칙

제69조(전자투표 및 개표) ① 관할위원회는 해당 위탁단체와 협의하여 전
산조직을 이용하여 투표와 후보자별 득표수의 집계 등을 처리할 수
있는 방법으로 투표 및 개표(이하 이 조에서 "전자투표 및 개표"라 한
다)를 실시할 수 있다.
② 관할위원회가 제1항에 따라 전자투표 및 개표를 실시하려는 때에
는 이를 지체 없이 공고하고 해당 위탁단체 및 후보자에게 통지하여
야 하며, 선거인의 투표에 지장이 없도록 홍보하여야 한다.
③ 전자투표 및 개표를 실시하는 경우 투표 및 개표의 절차·방법, 그
밖에 필요한 사항은 중앙선거관리위원회규칙으로 정한다.
제70조(위탁선거범죄로 인한 당선무효) 다음 각 호의 어느 하나에 해당하
는 경우에는 그 당선은 무효로 한다.
 1. 당선인이 해당 위탁선거에서 이 법에 규정된 죄를 범하여 징역형
또는 100만원 이상의 벌금형을 선고받은 때
 2. 당선인의 배우자나 직계존비속이 해당 위탁선거에서 제58조나 제
59조를 위반하여 징역형 또는 300만원 이상의 벌금형을 선고받은
때. 다만, 다른 사람의 유도 또는 도발에 의하여 해당 당선인의
당선을 무효로 되게 하기 위하여 죄를 범한 때에는 그러하지 아
니하다.
제70조의2(기소·판결에 관한 통지) ① 위탁선거에 관한 범죄로 당선인,
후보자, 후보자의 배우자 또는 직계존비속을 기소한 때에는 관할위원
회에 이를 통지하여야 한다.
② 제58조, 제59조, 제61조부터 제66조까지의 범죄에 대한 확정판결을

498

행한 재판장은 그 판결서등본을 관할위원회에 송부하여야 한다.

제71조(공소시효) 이 법에 규정한 죄의 공소시효는 해당 선거일 후 6개월 (선거일 후 행하여진 범죄는 그 행위가 있는 날부터 6개월)이 지남으로써 완성한다. 다만, 범인이 도피한 때나 범인이 공범 또는 범죄의 증명에 필요한 참고인을 도피시킨 때에는 그 기간은 3년으로 한다.

제71조의2(재판기간) 이 법을 위반한 죄를 범한 자와 그 공범에 관한 재판은 다른 재판에 우선하여 신속히 하여야 하며, 그 판결의 선고는 제1심에서는 공소가 제기된 날부터 6개월 이내에, 제2심 및 제3심에서는 전심의 판결의 선고가 있은 날부터 각각 3개월 이내에 하도록 노력하여야 한다.

제72조(위반행위에 대한 중지경고 등) ① 관할위원회의 위원·직원은 직무수행 중에 위탁선거 위반행위를 발견한 때에는 중지·경고 또는 시정명령을 하여야 한다.

② 관할위원회는 위탁선거 위반행위가 선거의 공정을 현저하게 해치는 것으로 인정되거나 중지·경고 또는 시정명령을 이행하지 아니하는 때에는 관할수사기관에 수사의뢰 또는 고발할 수 있다.

제73조(위반행위에 대한 조사 등) ① 선거관리위원회의 위원·직원은 위탁선거 위반행위에 관하여 다음 각 호의 어느 하나에 해당하는 경우에는 그 장소에 출입하여 관계인에 대하여 질문·조사를 하거나 관련 서류 그 밖의 조사에 필요한 자료의 제출을 요구할 수 있다.

 1. 위탁선거 위반행위의 가능성이 있다고 인정되는 경우
 2. 후보자가 제기한 위탁선거 위반행위의 가능성이 있다는 소명이 이유 있다고 인정되는 경우
 3. 현행범의 신고를 받은 경우

② 선거관리위원회의 위원·직원은 위탁선거 위반행위 현장에서 위탁선거 위반행위에 사용된 증거물품으로서 증거인멸의 우려가 있다고 인정되는 때에는 조사에 필요한 범위에서 현장에서 이를 수거할 수 있다. 이 경우 해당 선거관리위원회의 위원·직원은 수거한 증거물품을 그 관련된 위탁선거 위반행위에 대하여 고발 또는 수사의뢰한 때에는 관계 수사기관에 송부하고, 그러하지 아니한 때에는 그 소유·점유·관리하는 사람에게 지체 없이 반환하여야 한다.

③ 누구든지 제1항에 따른 장소의 출입을 방해하여서는 아니 되며 질문·조사를 받거나 자료의 제출을 요구받은 사람은 이에 따라야 한다.

④ 선거관리위원회의 위원·직원은 위탁선거 위반행위 조사와 관련하여 관계자에게 질문·조사하기 위하여 필요하다고 인정되는 때에는 선거관리위원회에 동행 또는 출석할 것을 요구할 수 있다. 다만, 선거기간 중 후보자에 대하여는 동행 또는 출석을 요구할 수 없다.

⑤ 선거관리위원회의 위원·직원이 제1항에 따른 장소에 출입하거나 질문·조사·자료의 제출을 요구하는 경우에는 관계인에게 그 신분을 표시하는 증표를 제시하고 소속과 성명을 밝히고 그 목적과 이유를 설명하여야 한다.

⑥ 소명절차·방법, 증거자료의 수거, 증표의 규격, 그 밖에 필요한 사항은 중앙선거관리위원회규칙으로 정한다.

제74조(자수자에 대한 특례) ① 제58조 또는 제59조의 죄를 범한 사람 중 금전·물품이나 그 밖의 이익 등을 받거나 받기로 승낙한 사람이 자수한 때에는 그 형을 감경 또는 면제한다. 다만, 다음 각 호의 어느 하나에 해당하는 사람은 그러하지 아니하다.

1. 후보자 및 그 배우자
2. 후보자 또는 그 배우자의 직계존비속 및 형제자매
3. 후보자의 직계비속 및 형제자매의 배우자
4. 거짓의 방법으로 이익 등을 받거나 받기로 승낙한 사람

② 제1항의 본문에 규정된 사람이 선거관리위원회에 자신의 해당 범죄사실을 신고하여 선거관리위원회가 관계 수사기관에 이를 통보한 때에는 선거관리위원회에 신고한 때를 자수한 때로 본다.

제75조(위탁선거범죄신고자 등의 보호) ① 이 법에 규정된 범죄에 관한 신고·진정·고소·고발 등 조사 또는 수사단서의 제공, 진술 또는 증언, 그 밖의 자료제출행위 및 범인검거를 위한 제보 또는 검거활동을 한 사람이 그와 관련하여 피해를 입거나 입을 우려가 있다고 인정할 만한 상당한 이유가 있는 경우 해당 범죄에 관한 형사절차 및 관할위원회의 조사과정에서는 「특정범죄신고자 등 보호법」 제5조(불이익처우의 금지)·제7조(인적 사항의 기재 생략)·제9조(신원관리카드의 열람)부터 제12조(소송진행의 협의 등)까지 및 제16조(범죄신고자등에 대한

형의 감면)를 준용한다.

② 누구든지 제1항에 따라 보호되고 있는 범죄신고자 등이라는 정을 알면서 그 인적사항 또는 범죄신고자 등임을 알 수 있는 사실을 다른 사람에게 알려주거나 공개 또는 보도하여서는 아니 된다.

제76조(위탁선거 위반행위 신고자에 대한 포상금 지급) ① 관할위원회는 위탁선거 위반행위에 대하여 선거관리위원회가 인지하기 전에 그 위반행위의 신고를 한 사람에게 포상금을 지급할 수 있다.

② 관할위원회는 제1항에 따라 포상금을 지급한 후 다음 각 호의 어느 하나에 해당하는 사유가 있는 경우에는 그 포상금의 지급결정을 취소한다.

1. 담합 등 거짓의 방법으로 신고한 사실이 발견된 경우
2. 사법경찰관의 불송치결정이나 검사의 불기소처분이 있는 경우
3. 무죄의 판결이 확정된 경우

③ 관할위원회는 제2항에 따라 포상금의 지급결정을 취소한 때에는 해당 신고자에게 그 취소 사실과 지급받은 포상금에 해당하는 금액을 반환할 것을 통지하여야 하며, 해당 신고자는 통지를 받은 날부터 30일 이내에 그 금액을 해당 관할위원회에 납부하여야 한다.

④ 관할위원회는 제3항에 따라 포상금의 반환을 통지받은 해당 신고자가 납부기한까지 반환할 금액을 납부하지 아니한 때에는 해당 신고자의 주소지를 관할하는 세무서장에게 징수를 위탁하고 관할 세무서장이 국세강제징수의 예에 따라 징수한다.

⑤ 제3항 또는 제4항에 따라 납부 또는 징수된 금액은 국가에 귀속된다.

⑥ 포상금의 지급 기준 및 절차, 제2항제2호에 해당하는 불송치결정 또는 불기소처분의 사유, 반환금액의 납부절차, 그 밖에 필요한 사항은 중앙선거관리위원회규칙으로 정한다.

제77조(위탁선거에 관한 신고 등) ① 이 법 또는 이 법의 시행을 위한 중앙선거관리위원회규칙에 따라 선거기간 중 선거관리위원회에 대하여 행하는 신고·신청·제출·보고 등은 이 법에 특별한 규정이 있는 경우를 제외하고는 공휴일에도 불구하고 매일 오전 9시부터 오후 6시까지 하여야 한다.

② 각급선거관리위원회는 이 법 또는 이 법의 시행을 위한 중앙선거

관리위원회규칙에 따른 신고·신청·제출·보고 등을 해당 선거관리위
원회가 제공하는 서식에 따라 컴퓨터의 자기디스크나 그 밖에 이와
유사한 매체에 기록하여 제출하게 하거나 해당 선거관리위원회가 지
정하는 인터넷 홈페이지에 입력하는 방법으로 제출하게 할 수 있다.

제78조(선거관리경비) ① 위탁선거를 위한 다음 각 호의 경비는 해당 위
탁단체가 부담하고 선거의 실시에 지장이 없도록 제1호의 경우에는
선거기간개시일 전 60일(보궐선거등의 경우에는 위탁신청을 한 날부터
10일)까지, 제2호부터 제4호까지의 경우에는 위탁관리 결정의 통지를
받은 날(의무위탁선거의 경우에는 위탁신청을 한 날)부터 10일까지 관
할위원회에 납부하여야 한다.
 1. 위탁선거의 준비 및 관리에 필요한 경비
 2. 위탁선거에 관한 계도·홍보에 필요한 경비
 3. 위탁선거 위반행위의 단속 및 조사에 필요한 경비
 4. 제79조에 따른 보상을 위한 재해보상준비금
② 동시조합장선거 및 동시이사장선거에서 제76조에 따른 포상금 지
급에 필요한 경비는 해당 조합 또는 금고와 그 중앙회가 균분하여 부
담하여야 한다.
③ 위탁선거의 관리에 필요한 다음 각 호의 경비는 국가가 부담한다.
 1. 위탁선거에 관한 사무편람의 제정·개정에 필요한 경비
 2. 그 밖에 위탁선거 사무의 지도·감독 등 통일적인 업무수행을 위
    하여 필요한 경비
④ 중앙선거관리위원회는 위탁기관의 의견을 들어 선거관리경비 산출
기준을 정하고 이를 관할위원회에 통지하여야 하며, 관할위원회는 그
산출기준에 따라 경비를 산출하여야 한다.
⑤ 관할위원회는 제52조에 따른 결선투표가 실시될 경우 그 선거관리
경비를 제4항과 별도로 산출하여야 한다.
⑥ 관할위원회는 제4항에 따라 선거관리경비를 산출하는 때에는 예측
할 수 없는 경비 또는 불가피한 사유로 산출기준을 초과하는 경비에
충당하기 위하여 산출한 선거관리경비 총액의 100분의 5 범위에서 부
가경비를 계상하여야 한다.
⑦ 제1항에 따른 납부금은 체납처분이나 강제집행의 대상이 되지 아

니하며 그 경비의 산출기준, 납부절차와 방법, 집행, 검사, 반환, 그 밖에 필요한 사항은 중앙선거관리위원회규칙으로 정한다.

제79조(질병·부상 또는 사망에 대한 보상) ① 중앙선거관리위원회는 각급 선거관리위원회위원, 투표관리관, 공정선거지원단원, 투표 및 개표사무원(공무원인 자를 제외한다)이 선거기간(공정선거지원단원의 경우 공정선거지원단을 두는 기간을 말한다) 중에 이 법에 따른 선거업무로 인하여 질병·부상 또는 사망한 때에는 보상금을 지급하여야 한다.

② 제1항의 보상금 지급사유가 제3자의 행위로 인하여 발생한 경우에는 중앙선거관리위원회는 이미 지급한 보상금의 지급 범위에서 수급권자가 제3자에 대하여 가지는 손해배상청구권을 취득한다. 다만, 제3자가 공무수행 중의 공무원인 경우에는 손해배상청구권의 전부 또는 일부를 행사하지 아니할 수 있다.

③ 제2항의 경우 보상금의 수급권자가 그 제3자로부터 동일한 사유로 인하여 이미 손해배상을 받은 경우에는 그 배상액의 범위에서 보상금을 지급하지 아니한다.

④ 제1항의 보상금 지급사유가 그 수급권자의 고의 또는 중대한 과실로 인하여 발생한 경우에는 해당 보상금의 전부 또는 일부를 지급하지 아니할 수 있다.

⑤ 보상금의 종류 및 금액, 고의 또는 중대한 과실에 의한 보상금의 감액, 중대한 과실의 적용범위, 그 밖에 필요한 사항은 중앙선거관리위원회규칙으로 정한다.

제80조(선전물의 공익목적 활용 등) ① 각급선거관리위원회는 이 법에 따라 위탁단체 또는 후보자(후보자가 되려는 사람을 포함한다. 이하 이 조에서 같다)가 선거관리위원회에 제출한 벽보·공보 등 각종 인쇄물, 사진, 그 밖의 선전물을 공익을 목적으로 출판·전시하거나 인터넷 홈페이지 게시, 그 밖의 방법으로 활용할 수 있다.

② 제1항에 따라 각급선거관리위원회가 공익을 목적으로 활용하는 위탁단체 또는 후보자의 벽보·공보 등 각종 인쇄물, 사진, 그 밖의 선전물에 대하여는 누구든지 각급선거관리위원회에 대하여 「저작권법」상의 권리를 주장할 수 없다.

제81조(시행규칙) 위탁선거의 관리에 관하여 이 법의 시행을 위하여 필요

한 사항은 중앙선거관리위원회규칙으로 정한다.

부 칙 〈법률 제20179호, 2024. 1. 30.〉

제1조(시행일) 이 법은 공포 후 6개월이 경과한 날부터 시행한다. 다만, 제33조의 개정규정은 공포한 날부터 시행한다.

제2조(재판기간에 관한 적용례) 제71조의2의 개정규정은 이 법 시행 이후 최초로 공소가 제기되는 사건의 재판부터 적용한다.

제3조(벌칙에 관한 경과조치) 이 법 시행 전의 행위에 대한 벌칙의 적용은 종전의 규정에 따른다.

제4조(포상금 지급결정 취소 및 반환에 관한 경과조치) 이 법 시행 전의 위탁선거 위반행위 신고로 인하여 제76조제2항 및 제3항의 개정규정에 해당하게 되는 사람은 이 법의 개정규정에도 불구하고 종전의 규정에 따른다.

공공단체등 위탁선거에 관한 규칙

[시행 2023. 1. 20.]

중앙선거관리위원회 법제과, 02-3294-8400

제1조(목적) 이 규칙은 「공공단체등 위탁선거에 관한 법률」에서 위임된
사항과 그 시행에 필요한 사항을 규정함을 목적으로 한다.

제2조(선거관리 협조) 위탁단체는 선거공보의 발송, 선거벽보의 첩부 및
후보자 소견발표의 개최 등에 관하여 관할위원회로부터 인력·시설·장
비 등의 협조 요구를 받은 때에는 우선적으로 이에 따라야 한다.

제3조(선거관리의 위탁신청) ① 「공공단체등 위탁선거에 관한 법률」(이하
"법"이라 한다) 제8조에 따른 위탁신청은 별지 제1호서식에 따른다.

② 동시조합장선거를 실시하는 경우 관할위원회는 임기만료일 전 200
일까지 선거권자의 수, 선거벽보 첩부 예정 수량 및 장소, 정관 및 선
거규정 등 선거관리에 필요한 사항을 통보해 줄 것을 위탁단체에 요
청할 수 있다. 이 경우 그 요청을 받은 위탁단체는 임기만료일 전 180
일에 해당하는 날의 다음 날까지 서면으로 해당 사항을 관할위원회에
통보하여야 한다.

③ 합병·해산 등 법령이나 정관 또는 규약 등이 정하는 바에 따라 위
탁선거를 실시하지 아니할 사유가 발생한 경우에는 해당 위탁단체는
지체 없이 합병 관련 등기서 사본, 합병·해산 관련 총회 의결록 또는
인가서의 사본, 그 밖에 그 사유를 증명할 수 있는 서류를 첨부하여
서면으로 그 사유를 관할위원회에 통보하여야 한다.

제4조(정관등에 관한 의견표시) 관할위원회는 위탁단체의 정관등에 규정
된 선거에 관한 규정이 위탁선거를 관리하는 데 현저하게 불합리하다
고 판단될 때에는 해당 규정을 개정할 것을 권고할 수 있다.

제7조(선거인명부의 작성·확정 등) ① 위탁단체가 법 제15조에 따라 선거
인명부를 작성하는 경우에는 그 회원명부(그 명칭에 관계없이 위탁단
체가 해당 법령이나 정관등에 따라 작성한 구성원의 명부를 말한다)에
따라 엄정히 조사·작성하여야 한다.

② 선거인명부는 별지 제2호서식에 따라 작성하여야 한다.

③ 위탁단체가 법 제15조제2항에 따라 선거인명부 등본을 관할위원회
에 송부할 때에는 그 작성상황 또는 확정상황을 별지 제3호서식 또는
별지 제4호서식에 따라 각각 작성하여 함께 보내야 한다.

④ 하나의 투표소에서 사용하는 선거인명부는 선거권자의 원활한 투표
를 위해 필요한 경우 해당 투표소의 선거권자의 수, 투표시간 및 장소
등을 고려하여 선거인수가 서로 엇비슷하게 분철할 수 있다.

⑤ 동시조합장선거를 실시하는 경우 위탁단체는 관할구역의 구(자치구
가 아닌 구를 포함한다)·시(구가 설치되지 아니한 시를 말한다)·군
(이하 이 항에서 "구·시·군"이라 한다) 또는 관할위원회의 관할구역
단위로 선거인명부를 작성·확정하여야 하며, 중앙선거관리위원회는 법
제15조제3항에 따라 각 위탁단체로부터 제출받은 확정된 선거인명부
의 전산자료 복사본을 이용하여 구·시·군 또는 관할위원회의 관할구
역별로 하나의 선거인명부(이하 "통합선거인명부"라 한다)를 작성하여
야 한다.

⑥ 관할위원회는 제22조제2항에 따라 투표용지와 투표함을 투표관리
관에게 인계할 때에 확정된 선거인명부를 함께 인계하여야 한다.

제8조(선거인명부의 확정 후 오기사항 등 통보) ① 위탁단체는 선거인명부
확정 후 오기 또는 선거권이 없는 자나 사망한 사람이 있는 것을 발
견한 경우에는 선거일 전일까지 관할위원회에 별지 제5호서식에 따라
그 사실을 통보하고, 이를 통보받은 관할위원회는 선거인명부의 비고
칸에 그 사실을 적어야 한다.

② 관할위원회는 선거인명부를 투표관리관에게 인계한 후에 제1항에
따른 오기 등을 통보받은 경우에는 지체 없이 이를 투표관리관에게
통지하여야 하며, 투표관리관은 그 사실을 선거인명부의 비고칸에 적
어야 한다.

제9조(후보자등록) ① 법 제18조제1항에 따른 후보자등록신청서는 별지

제6호서식에 따른다.

② 위탁단체는 법 제18조제2항제2호 및 제4호에 해당하는 서류 등의 목록을 후보자등록신청개시일 전 30일까지 관할위원회에 제출하여야 한다. 다만, 보궐선거등의 경우에는 법 제8조에 따라 위탁신청을 할 때에 그 신청서와 함께 제출하여야 한다.

③ 법 제18조제2항제3호에 따른 기탁금의 납부는 관할위원회가 기탁금의 예치를 위하여 개설한 금융기관(우체국을 포함한다)의 예금계좌에 후보자등록을 신청하는 사람의 명의로 입금하고 해당 금융기관이 발행한 입금표를 제출하는 것으로 한다. 다만, 부득이한 사유가 있는 경우에는 현금(금융기관이 발행한 자기앞수표를 포함한다)으로 납부할 수 있다.

④ 기탁금의 반환 및 귀속에 관하여는 해당 법령이나 정관등에 따른다.

⑤ 법 제18조제4항 및 제5항에 따른 피선거권에 관한 조사 및 범죄경력에 관한 기록 조회는 별지 제7호서식에 따른다.

제10조(후보자 등의 인영) 후보자·예비후보자가 되려는 사람은 해당 후보자등록신청서 또는 예비후보자등록신청서에 별지 제8호서식에 따른 각각의 인영을 첨부하여 관할위원회에 제출하여야 한다. 이 경우 후보자등록신청 시 후보자의 인영을 제출하지 아니한 때에는 제출된 해당 예비후보자의 인영을 후보자의 인영으로 한다.

제12조(선거공보) ① 법 제25조제1항에 따른 선거공보의 규격·면수 및 앞면에 적어야 할 사항은 다음 각 호에 따른다.

1. 규격: 길이 27센티미터 너비 19센티미터 이내

2. 면수: 8면 이내

3. 앞면에 적어야 할 사항: 선거명, 후보자의 기호 및 성명

② 선거공보의 작성수량·제출수량은 제3항에 따른 예상 선거인수에 그 100분의 10을 더한 수로 한다. 이 경우 작성·제출할 수량의 단수가 10미만인 때에는 10매로 한다.

③ 위탁단체는 후보자등록신청개시일 전 10일까지 별지 제10호서식에 따라 예상 선거인수를 관할위원회에 통보하여야 한다.

④ 관할위원회는 후보자등록신청개시일 전 5일까지 선거공보의 작성수량·제출수량 및 제출장소를 공고하여야 한다.

⑤ 후보자의 선거공보 제출은 별지 제11호서식에 따른다.

⑥ 후보자가 제출한 선거공보의 수량이 선거인수에 미달하는 경우에는 선거인명부등재순에 따라 제출매수에 달하는 순위자까지 발송한다.

⑦ 법 제25조제4항에 따라 후보자가 선거공보를 정정하려는 때에는 별지 제12호서식에 따라 관할위원회에 요청하여야 한다.

⑧ 법 제25조제5항에 따른 이의제기는 별지 제13호서식에 따라 하여야 하며, 관할위원회로부터 이의제기에 대한 증명서류의 제출을 요구받은 후보자와 이의제기자는 그 요구를 받은 날부터 3일 이내에 관련 증명서류를 제출하여야 한다.

⑨ 법 제25조제5항에 따른 이의제기는 선거공보의 제출·접수 또는 발송의 계속진행에 영향을 주지 아니한다.

제13조(선거벽보) ① 법 제26조제1항에 따른 선거벽보는 길이 53센티미터 너비 38센티미터로 하되, 길이를 상하로 하여 종이로 작성한다.

② 후보자가 제출할 선거벽보의 수량은 제5항에 따라 해당 위탁단체로부터 통보받은 첩부수량에 그 100분의 10을 더한 수로 하고, 후보자가 보완첩부를 위하여 보관할 수량은 제5항에 따라 해당 위탁단체로부터 통보받은 첩부수량의 100분의 30에 해당하는 수로 한다. 이 경우 후보자가 작성할 수 있는 총수량의 단수가 10미만인 때에는 10매로 한다.

③ 후보자가 제출한 선거벽보의 수량이 첩부수량에 미달하는 경우 관할위원회는 제5항에 따라 통보받은 첩부장소 중에서 선거벽보를 첩부하지 아니할 장소를 지정한다.

④ 후보자는 관할위원회가 첩부한 선거벽보가 오손되거나 훼손되어 보완첩부하려는 때에는 제5항에 따라 공고된 수량의 범위에서 그 선거벽보 위에 덧붙여야 한다.

⑤ 제12조제3항부터 제5항까지 및 제7항부터 제9항까지의 규정은 선거벽보에 이를 준용한다. 이 경우 "예상 선거인수"는 "선거벽보의 첩부수량 및 첩부장소"로, "선거공보"는 "선거벽보"로, "작성수량·제출수량"은 "작성수량·제출수량·첩부수량"으로, "발송"은 "첩부"로 본다.

제14조(위법게시물에 대한 삭제요청) ① 관할위원회가 법 제29조제2항에 따라 법에 위반되는 정보의 삭제를 요청할 때에는 다음 각 호의 사항을

508

기재한 서면[「선거관리위원회 사무관리규칙」 제3조(정의)제5호에 따른
전자문서를 포함한다]으로 한다.

1. 법에 위반되는 정보가 게시된 인터넷 홈페이지의 게시판·대화방
   등의 주소
2. 법에 위반되는 정보의 내용
3. 요청근거 및 요청내용
4. 요청사항의 이행기간
5. 불응시 조치사항

② 법 제29조제3항에 따른 이의신청은 별지 제14호서식에 따른다. 이
경우 관할위원회는 이의신청서에 기재사항이나 서명 또는 날인이 누
락되었거나 명확하지 아니하다고 인정될 때에는 해당 이의신청인에게
보정기간을 정하여 보정을 요구할 수 있다.

③ 관할위원회는 이의신청이 법 제29조제3항의 이의신청기간을 지난
경우에는 그 이의신청을 각하한다.

④ 관할위원회는 이의신청이 이유 있다고 인정되는 경우에는 해당 인
터넷 홈페이지의 관리자·운영자 또는 정보통신서비스 제공자에 대한
법 제29조제2항의 요청을 철회하고 이의신청인에게 그 처리결과를, 이
유 없다고 인정되는 경우에는 이를 기각하고 이의신청인에게 그 뜻을
각각 통지하여야 한다.

제15조(명함배부 제한장소) 법 제30조 단서에서 "중앙선거관리위원회규칙으
로 정하는 장소"란 다음 각 호의 어느 하나에 해당하는 장소를 말한다.

1. 병원·종교시설·극장의 안
2. 위탁단체의 주된 사무소나 지사무소의 건물의 안

제15조의2(선거일 등 후보자 소개 및 소견발표) ① 관할위원회는 후보자
소견발표(결선투표의 경우를 포함한다) 개시시간·장소 및 발표시간을
정한 후 제18조제1항에 따라 투표소의 명칭과 소재지를 공고할 때 함
께 공고하여야 한다. 이 경우 선거일 또는 결선투표일이나 투표소가
변경되는 등 부득이한 사유로 소견발표 일시 또는 장소를 변경한 때
에는 지체 없이 그 사실을 공고하고 후보자와 위탁단체에 통지하여야
한다.

② 관할위원회와 투표관리관은 선거일 또는 결선투표일 전일까지 후보

자 소견발표에 필요한 설비를 하여야 한다.

③ 법 제30조의2제1항에 따라 투표관리관이 후보자를 소개할 사람을 지정하는 경우에는 위탁단체의 구성원이 아닌 사람 중에서 공정한 사람으로 선정하여야 한다.

④ 법 제30조의2제1항에 따라 후보자를 소개할 때에는 해당 후보자의 소견발표 순서에 그 기호, 성명 및 경력을 소개하는 방법으로 한다. 이 경우 경력은 해당 후보자의 후보자등록신청서에 기재된 경력에 따른다.

⑤ 후보자가 소견발표를 하는 장소에는 특정 후보자를 지지·추천하거나 반대하는 내용의 시설물·인쇄물, 그 밖의 선전물을 설치·게시 또는 첩부할 수 없다.

⑥ 그 밖에 후보자 소견발표의 실시에 관하여 필요한 사항은 중앙선거관리위원회 위원장이 정한다.

제16조(축의·부의금품 등의 금액의 범위) 법 제33조제2항에 따른 금액범위는 다음 각 호와 같다.

1. 법 제33조제1항제2호 나목에 따른 축의·부의금품: 5만원 이내
2. 법 제33조제1항제2호 다목에 따른 음식물: 3만원 이내
3. 법 제33조제1항제2호 다목에 따른 답례품: 1만원 이내
4. 법 제33조제1항제2호 라목에 따른 선물: 3만원 이내

제17조(투표관리관 및 투표사무원) ① 관할위원회는 선거가 있을 때마다 선거일 전 30일(보궐선거등의 경우에는 위탁신청을 받은 날부터 10일)부터 선거일 후 10일까지 투표관리관을 위촉·운영한다.

② 투표관리관은 법규를 준수하고 성실하게 직무를 수행하여야 하며 관할위원회의 지시에 따라야 한다.

③ 투표관리관은 해당 투표소의 투표사무원에 대하여 투표관리사무의 처리에 필요한 지시·감독을 할 수 있다.

④ 관할위원회는 투표소마다 투표사무원 중에서 1명을 미리 지정하여 투표관리관이 유고 또는 그 밖의 사유로 직무를 수행할 수 없게 된 때에 그 직무를 행하게 할 수 있으며, 미리 지정한 투표사무원이 유고 또는 그 밖의 사유로 직무를 수행할 수 없게 된 때에는 투표사무원 중 연장자순에 따라 투표관리관의 직무를 행하게 할 수 있다.

⑤ 관할위원회로부터 투표관리관 또는 투표사무원의 추천을 요청받은 국가기관·지방자치단체, 각급 학교 및 위탁단체의 장은 우선적으로 이에 따라야 한다.

⑥ 투표관리관이 되려는 사람은 별지 제15호서식에 따른 본인승낙서를 제출하여야 한다.

⑦ 관할위원회는 투표관리관이 다음 각 호의 어느 하나에 해당하는 경우에는 해촉할 수 있다.

 1. 법규를 위반하거나 불공정한 행위를 한 경우
 2. 정당한 사유 없이 관할위원회의 지시·명령에 따르지 아니하거나 그 임무를 게을리 한 경우
 3. 건강 또는 그 밖의 사유로 임무를 성실히 수행할 수 없다고 판단되는 경우

⑧ 관할위원회가 투표관리관을 위촉 또는 해촉한 때에는 지체 없이 이를 공고하고, 그가 소속된 국가기관·지방자치단체, 각급 학교 및 위탁단체의 장에게 통지하여야 한다.

⑨ 투표관리관의 여비는 「선거관리위원회법 시행규칙」 별표 3의 읍·면·동선거관리위원회의 위촉직원과 같은 금액으로 하고, 투표관리관 및 투표사무원의 수당은 같은 규칙 별표 4에 따른다.

제18조(투표소의 설치 등) ① 관할위원회는 법 제40조제1항 또는 제41조제1항에 따라 투표소를 설치하는 경우에는 선거일 전 10일까지 그 명칭과 소재지를 공고하여야 한다. 다만, 천재지변 또는 그 밖의 부득이한 사유가 있는 경우 이를 변경할 수 있으며, 이 경우에는 즉시 공고하여 선거인에게 알려야 한다.

② 관할위원회와 투표관리관은 선거일 전일까지 투표소에 다음의 설비를 하여야 한다.

 1. 투표참관인의 좌석
 2. 본인여부 확인에 필요한 시설
 3. 투표용지 발급 또는 교부에 필요한 시설
 4. 투표함
 5. 기표소
 6. 그 밖의 투표사무에 필요한 시설

③ 관할위원회로부터 투표소 설치를 위한 장소 사용 협조요청을 받은 국가기관·지방자치단체, 각급 학교 및 위탁단체의 장은 우선적으로 이에 따라야 한다.

제19조(잠정투표) ① 동시조합장선거에서 투표관리관은 전기통신 장애 또는 그 밖의 부득이한 사유로 해당 투표소에서 통합선거인명부를 사용하여 투표를 할 수 없는 경우에는 투표하러 온 선거인이 자신이 올라 있는 선거인명부의 작성 구역단위에 설치된 다른 투표소에서 투표할 수 있도록 하여야 한다.

② 제1항에도 불구하고 선거인이 다른 투표소에 가서 투표할 수 없는 경우에는 관할위원회는 투표관리관으로 하여금 선거인의 본인여부를 확인하고, 그 명단(이하 이 조에서 "잠정투표자명부"라 한다)을 별도로 작성한 다음 선거인에게 투표용지와 별지 제16호양식에 따른 봉투를 교부하여 투표(이하 이 조에서 "잠정투표"라 한다)하게 할 수 있다.

③ 관할위원회는 잠정투표의 실시사유가 해소되면 지체 없이 잠정투표자명부를 통합선거인명부 운용시스템에 전송하고 그 기록을 보관하여야 한다.

④ 다음 각 호의 어느 하나에 해당하는 잠정투표는 무효로 한다.

1. 같은 선거에서 한 사람이 2회 이상 투표를 한 경우 해당 선거에서 본인이 한 모든 투표
2. 선거인명부에 올라 있지 아니한 사람이 한 투표

제20조(거소투표자·순회투표자·인터넷투표자) ① 동시조합장선거에서 법 제41조제5항에 따라 거소투표, 순회투표 또는 인터넷투표(중앙선거관리위원회가 제공하는 정보통신망을 이용한 투표를 말한다. 이하 같다)를 실시하려는 위탁단체는 선거인명부작성기간개시일 전일까지 관할위원회와 협의하여 거소투표 대상 선거인(이하 "거소투표자"라 한다), 순회투표 대상 선거인(이하 "순회투표자"라 한다) 또는 인터넷투표 대상 선거인(이하 "인터넷투표자"라 한다)을 선정하여야 한다.

② 위탁단체는 제1항에 따라 거소투표자, 순회투표자 또는 인터넷투표자로 선정된 선거인에게 그 사실과 투표방법 등을 지체 없이 알려야 한다.

③ 위탁단체는 제1항에 따른 선거인을 선거인명부의 비고칸에 "거소투

512

표자", "순회투표자" 또는 "인터넷투표자"로 적고, 선거인명부작성기간 중 거소투표자명부, 순회투표자명부 또는 인터넷투표자명부를 각각 작성하여 지체 없이 관할위원회에 송부하여야 한다.

제21조(거소투표·순회투표·인터넷투표) ① 동시조합장선거에서 법 제41조제5항에 따라 거소투표를 실시하는 경우 관할위원회는 선거인명부 확정일 후 2일까지 거소투표자에게 투표용지와 회송용봉투를 등기우편으로 발송하여야 한다. 이 경우 법 제25조에 따라 후보자가 제출한 선거공보와 법 제43조에 따른 투표안내문을 동봉하여 발송한다.

② 거소투표자는 거소투표를 하여야 한다. 다만, 다음 각 호의 어느 하나에 해당하는 사람은 선거일에 해당 투표소에서 투표할 수 있다.

1. 거소투표용지가 반송되어 거소투표용지를 송부받지 못한 사람
2. 거소투표용지를 송부받았으나 거소투표를 하지 못한 사람으로서 선거일에 해당 투표소에서 투표관리관에게 거소투표용지와 회송용봉투를 반납한 사람

③ 거소투표는 선거일 오후 5시까지 관할위원회에 도착되어야 한다.

④ 동시조합장선거에서 법 제41조제5항에 따라 순회투표 또는 인터넷투표를 실시하는 경우 관할위원회는 해당 위탁단체와 협의하여 투표일시, 투표장소, 투표방법 등을 정하고 선거일 전 10일까지 공고하여야 한다.

⑤ 관할위원회는 그 소속 위원·직원·선거사무를 처리할 능력이 있는 공정하고 중립적인 사람 중에서 순회투표관리관·순회투표사무원 또는 인터넷투표관리관·인터넷투표사무원을 지정하여 순회투표 또는 인터넷투표를 각각 관리하게 하여야 한다.

⑥ 순회투표자는 순회투표를, 인터넷투표자는 인터넷투표를 하여야 한다. 다만, 순회투표자 또는 인터넷투표자가 투표를 하지 못한 경우에는 선거일에 해당 투표소에서 순회투표 또는 인터넷투표를 하지 않았음을 확인받은 후 투표할 수 있다.

⑦ 그 밖에 거소투표, 순회투표 또는 인터넷투표의 실시에 관하여 필요한 사항은 중앙선거관리위원회 위원장이 정한다.

제22조(투표용지 등) ① 투표용지는 「공직선거관리규칙」별지 제42호서식의(가)를 준용하여 작성한다. 이 경우 정당칸은 작성하지 아니한다.

② 관할위원회는 투표용지 또는 투표용지 발급기를 투표함과 함께 선거일 전일까지 투표관리관에게 인계하여야 한다.

③ 투표관리관이 투표용지에 자신의 도장을 찍는 경우 도장의 날인은 인쇄날인으로 갈음할 수 있다.

제24조(투표참관인·개표참관인) ① 법 제45조제1항에 따른 투표참관인 또는 개표참관인(이하 이 조에서 "참관인"이라 한다)의 신고는 별지 제19호서식에 따른다. 이 경우 동시조합장선거에서는 법 같은 조 제5항에 따라 투표참관인을 지정하는 경우의 순위를 적어야 한다.

② 참관인의 선정이 없거나 한 후보자가 선정한 참관인 밖에 없는 때에는 관할위원회가 공정하고 중립적인 사람 중에서 본인의 승낙을 얻어 4명이 될 때까지 선정한 사람을 참관인으로 한다. 이 경우 참관인으로 선정된 사람은 별지 제15호서식에 준하는 본인승낙서를 제출하여야 한다.

③ 참관인의 수당과 식비 등에 관하여는 「공직선거법」 제122조의2제4항 및 「공직선거관리규칙」 제90조·제103조를 준용한다.

제25조(개표소의 설치 등) ① 관할위원회는 선거일 전 5일까지 개표소의 명칭과 소재지를 공고하여야 한다. 다만, 천재지변 또는 그 밖의 부득이한 사유가 있는 경우 이를 변경할 수 있으며, 이 경우에는 즉시 공고하여야 한다.

② 법 제46조제1항 단서에 따라 투표소에 개표소를 설치할 경우에는 제1항에 따른 공고를 할 때에 이를 함께 공고한다.

③ 관할위원회는 선거일 전일까지 개표소에 다음의 설비를 하여야 한다.
 1. 투표함의 접수에 필요한 시설
 2. 투표함의 개함과 투표지의 점검, 심사·집계 및 정리 등에 필요한 시설
 3. 관할위원회 위원과 개표참관인의 좌석 및 일반인의 개표관람시설
 4. 그 밖의 개표사무에 필요한 시설

④ 개표소 설치를 위한 장소 사용 협조요청에 관하여는 제18조제3항을 준용한다.

⑤ 개표사무원의 수당은 「선거관리위원회법 시행규칙」 별표 4에 따른다.

⑥ 개표상황표의 표준서식은 「공직선거관리규칙」별지 제54호서식을

준용한다.

제26조(투표소 개표) ① 법 제46조제1항 단서에 따라 투표소에 개표소를
설치할 경우 투표관리관은 해당 개표소의 개표를 총괄 관리하는 책임
사무원(이하 "책임사무원"이라 한다)이, 투표사무원 및 투표참관인은
각각 해당 개표소의 개표사무원 및 개표참관인이 된다.

② 책임사무원은 해당 투표소의 투표를 마감한 후 개표소의 개표 절
차에 준하여 개표를 실시하여야 한다. 이 경우 법 제47조제3항에도 불
구하고 해당 개표소의 후보자별 득표수의 공표는 책임사무원이 서명
또는 날인한 개표상황표에 의한다.

제27조(거소투표 등의 개표) 제21조에 따른 거소투표·순회투표의 투표함
은 개함하여 일반투표함과 혼합하여 개표하고, 인터넷투표의 투표결과
는 법 제47조제3항에 따른 후보자별 득표수에 합산한다.

제28조(개표결과의 송부) 법 제11조제3항에 따라 개표의 관리를 지정받은
대행위원회등과 책임사무원은 개표상황표를 작성하여 관할위원회에 모
사전송의 방법으로 우선 송부하고, 개표가 종료된 후 그 원본을 송부
하여야 한다. 이 경우 책임사무원은 투표지·투표함·투표록, 그 밖의
투표 및 개표에 관한 모든 서류 등을 함께 송부하여야 한다.

제29조(투표록·개표록 및 선거록의 작성) 법 제49조에 따른 투표록·개표
록 및 선거록의 표준서식은 「공직선거관리규칙」별지 제53호서식 및
별지 제57호서식의(가)·(나)·(다)를 각각 준용한다.

제30조(투표지 등의 보존기간의 단축) 법 제49조에 따른 투표록·개표록
및 선거록을 제외한 선거 관계 서류 등은 법 제50조 단서에 따라 해
당 위탁선거에 관한 소송 등이 제기되지 아니할 것으로 예상되거나
위탁선거에 관한 소송 등이 종료된 때에는 관할위원회의 결정으로 폐
기할 수 있다.

제31조(「공직선거관리규칙」의 준용 등) 투표 및 개표의 관리에 관하여는
이 규칙에 규정된 것을 제외하고는 그 성질에 반하지 아니하는 범위
에서 「공직선거관리규칙」 제9장(투표) 및 제10장(개표)을 준용한다.

제32조(투표의 효력 등에 관한 이의제기 등) ① 법 제55조 단서에 따른
이의제기를 하려는 해당 위탁선거의 후보자 및 선거인(이하 이 조에서
"이의제기자"라 한다)은 그 사유가 발생한 날(투표의 효력에 관하여는

선거일을 말한다)부터 5일 이내에 별지 제26호서식에 따라 서면으로 하여야 한다.

② 제1항에 따른 이의제기를 접수한 직근 상급선거관리위원회는 이의제기를 접수한 날부터 10일 이내에 그 이의제기에 대한 결정을 하여야 하며, 그 결정 내용을 지체 없이 이의제기자 및 해당 관할위원회에 통지하여야 한다.

제34조(과태료의 부과·징수 등) ① 법 제68조제1항 및 제2항의 위반행위에 대한 과태료 부과기준은 별표 1과 같다.

② 관할위원회는 과태료의 처분을 하는 경우에는 해당 위반행위의 동기와 그 결과 및 위탁선거에 미치는 영향, 위반기간 및 위반정도 등을 고려하여 제1항의 기준금액의 2분의 1의 범위에서 이를 경감하거나 가중할 수 있다. 이 경우 1회 부과액은 법 제68조제1항 및 제2항에 따른 과태료의 상한액을 넘을 수 없다.

③ 법 제68조제3항 본문에 해당하는 사람에 대한 과태료의 부과기준은 별표 2와 같다.

④ 관할위원회는 법 제68조제3항에 따라 과태료를 부과할 때 과태료 처분 대상자가 제공받은 금액 또는 음식물·물품의 가액이 명확하지 아니한 경우에는 통상적인 거래가격 또는 시장가격을 기준으로 과태료를 부과한다.

⑤ 법 제68조제3항 단서에 해당하는 사람에 대한 과태료의 감경 또는 면제의 기준은 다음 각 호에 따른다.

1. 금품·음식물 등을 제공받은 경위, 자수의 동기와 시기, 금품·음식물 등을 제공한 사람에 대한 조사의 협조 여부와 그 밖의 사항을 고려하여 과태료 부과기준액과 감경기준 등은 별표 3과 같이 한다.

2. 과태료의 면제

가. 선거관리위원회와 수사기관이 금품·음식물 등의 제공사실을 알기 전에 선거관리위원회 또는 수사기관에 그 사실을 알려 위탁선거범죄에 관한 조사 또는 수사단서를 제공한 사람

나. 선거관리위원회와 수사기관이 금품·음식물 등의 제공사실을 알게 된 후에 자수한 사람으로서 금품·음식물 등을 제공한 사람과 제공받은 일시·장소·방법·상황 등을 선거관리위원회 또는

수사기관에 자세하게 알린 사람

⑥ 관할위원회는 제5항에 해당하는 사람을 법 제75조제1항에 따라 보호하여야 하며, 이 조 제5항제2호가목에 해당하는 사람에게는 법 제76조에 따른 포상금을 지급할 수 있다.

⑦ (생 략)

⑧ 법 제68조제4항에 따라 관할위원회가 과태료를 부과하는 경우에는 해당 위반행위를 조사·확인한 후 위반사실·이의제기 방법·이의제기 기한·과태료 부과액 및 납부기한 등을 명시하여 이를 납부할 것을 과태료 처분 대상자에게 통지하여야 한다.

⑨ 제8항에 따라 과태료 처분의 고지를 받은 과태료 처분 대상자는 그 고지를 받은 날부터 20일까지 납부하여야 한다.

⑩ 법 제68조제5항제2호에 따른 이의제기는 별지 제28호서식에 따른다.

⑪ 관할위원회 또는 관할세무서장이 징수한 과태료의 국가에의 납부절차에 관하여는 「국고금 관리법 시행규칙」의 관계규정을 준용한다.

제35조(위반행위에 대한 조사 등) ① 선거관리위원회의 위원·직원(이하 "위원·직원"이라 한다)이 법 제73조제1항에 따른 장소에 출입하여 관계인에 대하여 자료제출을 요구하는 경우 정당한 사유 없이 출입을 방해하거나 자료제출의 요구에 불응하거나 허위자료를 제출할 때에는 법 제66조제12호에 따라 처벌받을 수 있음을 알려야 한다.

② 위원·직원은 조사업무에 필요하다고 인정될 때에는 법 제6조에 따라 경찰공무원·경찰관서의 장이나 행정기관의 장에게 원조를 요구할 수 있다.

③ 위원·직원은 조사업무 수행 중 필요하다고 인정될 때에는 질문답변내용의 기록, 녹음·녹화, 사진촬영, 위탁선거 위반행위와 관련 있는 서류의 복사 또는 수집, 그 밖에 필요한 조치를 취할 수 있다.

④ 위원·직원은 직접 방문하여 조사하는 경우 외에 필요하다고 인정될 때에는 서면답변 또는 자료의 제출을 요구할 수 있다.

⑤ 위원·직원은 법 제73조제2항에 따라 위탁선거 위반행위에 사용된 증거물품을 수거한 경우에는 그 목록 2부를 작성하여 그 중 1부를 해당 물품을 소유·점유 또는 관리하는 자에게 교부하고, 나머지 1부는 관할위원회에 제출하여야 한다.

⑥ 위원·직원이 법 제73조제4항에 따라 관계자에게 동행을 요구할 때에는 구두로 할 수 있으며, 출석을 요구할 때에는 별지 제29호서식에 따른다. 이 경우「형사소송법」제211조(현행범인과 준현행범인)에 규정된 현행범인 또는 준현행범인에 해당하는 관계자에게 동행요구를 할 때에는 정당한 사유 없이 동행요구에 응하지 아니하는 경우 법 제68조제1항에 따라 과태료를 부과할 수 있음을 알려야 한다.

⑦ 선거관리위원회는 중앙선거관리위원회 위원장이 정하는 바에 따라 법 제73조제4항에 따른 위탁선거 위반행위 조사와 관련하여 동행 또는 출석한 관계자에게 여비·일당을 지급할 수 있다.

⑧ 법 제73조제5항에 따른 위원·직원의 신분을 표시하는 증표는 별지 제30호양식에 따르되, 선거관리위원회가 발행하는 위원신분증 또는 공무원증으로 갈음할 수 있다.

제36조(위탁선거범죄신고자등의 보호) ① 위원·직원은 위탁선거범죄신고와 관련하여 문답서·확인서, 그 밖의 서류(이하 이 조에서 "문답서등"이라 한다)를 작성하는 경우 위탁선거범죄에 관한 신고·진술·증언, 그 밖의 자료제출행위 등을 한 사람(이하 이 조에서 "위탁선거범죄신고자등"이라 한다)의 성명·연령·주소 및 직업 등 신원을 알 수 있는 사항(이하 이 조에서 "인적사항"이라 한다)의 전부 또는 일부를 기재하지 아니할 수 있다.

② 위탁선거범죄신고자등은 문답서등을 작성하는 경우 위원·직원의 승인을 얻어 인적사항의 전부 또는 일부를 기재하지 아니할 수 있다.

③ 제1항 또는 제2항의 경우 위원·직원은 문답서등에 기재하지 아니한 인적사항을 별지 제31호서식에 따른 위탁선거범죄신고자등 신원관리카드에 등재하여야 한다.

④ 관할위원회가 수사의뢰 또는 고발을 하는 경우에는 조사서류와 별도로 제3항에 따른 신원관리카드를 봉인하여 조사기록과 함께 관할 경찰관서 또는 관할 검찰청에 제출하여야 한다.

제37조(포상금 지급기준 및 포상방법 등) ① 법 제76조에 따른 위탁선거 위반행위 신고자에 대한 포상은 1억원(동시조합장선거에서는 3억원)의 범위에서 포상금심사위원회의 의결을 거쳐 관할위원회 위원장이 포상하되, 포상대상자를 익명으로 할 수 있다.

518

② 포상금의 지급기준·지급절차, 포상금심사위원회의 설치 등에 관하여는 「공직선거관리규칙」 제143조의4(포상금 지급기준 및 포상방법)제2항 및 제4항부터 제7항까지의 규정과 제143조의5(포상금심사위원회의 설치 및 구성)부터 제143조의8(포상금심사위원회의 의견청취 등)까지의 규정을 준용한다.

제38조(위탁선거에 관한 신고 등) ① 법 제77조제2항에 따라 신고·신청·제출 및 보고 등을 관할위원회가 제공하는 서식에 따라 컴퓨터의 자기디스크 등에 기록하여 제출하거나 관할위원회가 정하는 인증방식에 따라 인증을 받은 후 관할위원회가 지정하는 인터넷 홈페이지에 입력하는 방법으로 제출하는 경우에는 위탁단체·후보자 또는 신청권자 등의 도장이 찍혀있지 아니하더라도 정당한 도장이 찍힌 신고·신청·제출 및 보고 등으로 본다.

② 법 제77조제2항에 따른 방법으로 신고·신청·제출 및 보고 등을 하는 경우 그 첨부서류는 컴퓨터·스캐너 등 정보처리능력을 가진 장치를 이용하여 전자적인 이미지 형태로 제출하게 할 수 있다.

③ 법 및 이 규칙에 따른 공고는 관할위원회, 위탁단체의 주된 사무소 및 지사무소의 건물 또는 게시판에 첨부하는 것으로 한다.

부 칙 〈제567호, 2023. 1. 20.〉

이 규칙은 공포한 날부터 시행한다.

■ 새마을금고 정관(예)

[일부개정 2023. 12. 28.]

제1조(목적) 이 새마을금고는 회원의 자주적인 협동조직을 바탕으로 우리 나라 고유의 상부상조 정신에 입각하여 자금의 조성 및 이용과 회원 의 경제적·사회적·문화적 지위의 향상 및 지역사회개발을 통한 건전 한 국민정신의 함양과 국가경제 발전에 기여함을 목적으로 한다.

제2조(명칭) 이 새마을금고는 ○○ 새마을금고(이하 "금고"라 한다)라 한다.

제3조(용어의 정의) ① 이 정관에서 "법"이라 함은 새마을금고법을 말 한다.

② 이 정관에서 "영"이라 함은 새마을금고법시행령을 말한다.

③ 이 정관에서 "규칙"이라 함은 새마을금고법시행규칙을 말한다.

④ 이 정관에서 "중앙회"라 함은 새마을금고중앙회를, "중앙회장"이라 함은 새마을금고중앙회장을 말한다.

제5조(업무구역) 하단 참조

〈제1례〉 지역금고

본 금고의 업무구역은 ○○시·군·구 ○○읍·면·동의 일원으로 한다.

〈제2례〉 지역금고 외의 금고(이하 "직장금고"라 한다)

본 금고의 업무구역은 ○○(공공기관명, 법인·조합 등의 직장명)의 경 내 및 ○○과 협력관계에 있는 법인·단체 등의 경내로 한다.

제8조(회원) 하단 참조

〈제1례〉 지역금고

금고의 회원은 본 금고의 업무구역 안에 주소나 거소가 있는 자 또는 생업에 종사하는 자(법인·단체에 소속된 자를 포함한다) 중에서 회원으로 가입한 자로 한다.

〈제2례〉 지역금고 중 단체금고(제1례 지역금고 제외)

금고의 회원은 ○○(단체명·시장·상가명)에 소속된 자와 그의 배우자 및 직계혈족인 자 중에서 회원으로 가입한 자로 한다.

〈제3례〉 직장금고

금고의 회원은 ○○ (공공기관명, 법인 · 조합 등의 직장명)에 소속된 자와 그의 배우자 및 직계혈족인 자 또는 ○○과 협력관계에 있는 법인·단체에 소속된 자 중에서 회원으로 가입한 자로 한다.

제9조(회원가입) ① 금고의 회원으로 가입하고자 하는 자는 다음 각 호의 사항을 기재한 회원가입신청서를 금고에 제출하여야 한다.

1. 주소 또는 거소, 성명 및 주민등록번호

2. 회원가입시에 출자하고자 하는 출자좌수

② 금고가 회원가입신청서를 접수한 때에는 이를 심사하여 제8조의 규정에 의한 회원자격에 적합하다고 판단될 때에는 제1항제2호의 규정에 의한 출자좌수에 상응한 출자금을 납입하게 하고 지체 없이 회원명부에 회원으로 등재하여야 한다.

③ 제2항에 따라 회원자격 유무를 심사하는 경우 회원가입신청서에 회원가입신청서에 기재된 주소나 거소 또는 생업 종사여부를 확인할 수 있는 서류를 징구하여야 한다.

④ 회원가입을 신청한 자는 출자금을 납입함으로써 금고의 회원이 된다.

제10조(의결권 등) ① 회원은 출자좌수에 관계없이 평등한 의결권 및 선거권을 가진다. 다만, 미성년자 또는 본 금고에 회원으로 가입한 후 6월이 경과되지 아니한 회원은 의결권과 선거권을 가지지 아니한다.

② 회원은 다른 회원을 대리인으로 하여 그의 의결권을 행사할 수 있다. 이 경우 그 회원은 출석한 것으로 본다. 다만, 제24조의 단서의 규정에 의하여 개의 및 의결하는 경우에는 그러하지 아니하다.

③ 1회원이 대리할 수 있는 회원의 수는 2인 이내로 하고 대리인은 대리권을 증명하는 서면을 금고에 제출하여야 한다.

④ 회원은 다른 사람으로 하여금 선거권을 대리하여 행사하게 할

수 없다.

제11조(회원의 신고의무) 회원이 제9조의 규정에 의하여 제출한 가입신청서의 기재사항에 변경이 있을 때에는 지체 없이 이를 금고에 신고하여야 한다.

제12조(탈퇴) ① 회원은 언제라도 서면으로 탈퇴의 뜻을 통고하고 탈퇴할 수 있다.

② 법 제10조제3항의 자격상실의 요건은 다음 각 호의 어느 하나와 같다.

　1. 제5조의 규정에 의한 업무구역에 속하지 아니한 때

　2. 출자좌수가 1좌 미만이 될 때

③ 금고는 회원의 전부 또는 일부를 대상으로 법 제10조제2항 각 호의 어느 하나에 해당하는지를 확인하여야 한다. 이 경우 회원 전부를 대상으로 하는 확인은 매년 1회 이상 실시하여야 한다.

④ 금고는 회원이 자격을 상실한 경우 해당 회원에게 그 사실을 통지하고, 이사회에 그 현황을 보고하여야 한다.

제13조(제명) ① 금고는 다음 각 호의 어느 하나에 해당하는 회원에 대하여는 총회 의결로 제명할 수 있다.

　1. 1년 이상의 장기간에 걸쳐 대출금상환을 지체한 경우

　2. 금고의 사업집행을 고의로 방해한 사실이 입증된 경우

　3. 2년 이상 계속하여 금고의 사업을 이용하지 아니한 경우

　4. 고의 또는 중대한 과실로 금고에 직접적인 재산상의 손해를 끼친 경우

② 제1항의 규정에 의하여 회원을 제명하고자 할 때에는 총회개최일 10일전까지 그 회원에게 제명의 사유를 알리고 총회에서 의견을 진술할 기회를 주어야 한다.

③ 제1항의 규정에 의하여 제명된 자는 제명된 날로부터 2년간 금고 회원이 될 수 없다.

제15조(출자금액과 납입방법) ① 금고의 출자 1좌의 금액은 ○○○원으로 한다.

② 회원은 출자 1좌 이상을 가져야 하며, 출자금은 현금으로 납입하여야 한다. 다만, 회원의 편의를 위해 회원가입시 납입하는 출자금 외의

출자금은 이를 분할하여 납입하게 할 수 있다.

제17조(총회) ① 금고에 회원으로 구성하는 총회를 둔다.

② 총회는 정기총회와 임시총회로 구분하며 이사장이 이를 소집한다.

제18조(정기총회) 정기총회는 매사업연도 종료 후 2개월 이내에 개최하며, 그 일시 및 장소는 이사회에서 정한다.

제19조(임시총회) ① 임시총회는 다음 각 호의 어느 하나에 해당하는 경우에 이사장이 이를 소집한다.

1. 이사장이 필요하다고 인정한 때

2. 이사회가 필요하다고 인정하여 서면으로 소집을 요구한 때

3. 회원 3분의 1이상이 그들의 대표자를 선임한 후 회의의 목적과 이유를 기재하고 서명날인한 서면으로 그 소집을 요구한 때

4. 감사가 법 제19조제4항에 따른 감사결과 금고의 재산 상황 또는 업무집행에 부정한 사실이 발견되어 그 내용을 총회에 신속히 보고할 필요가 있다고 판단(감사가 2인 이상인 경우에는 합의하여 판단)하여 회의의 목적과 소집 이유를 적은 서면으로 그 소집을 요구한 때

5. 중앙회장이 법 제79조제1항의 규정에 의한 감독상 필요하여 그 소집을 요구한 때

② 제1항제2호 내지 제4호의 규정에 의한 요구가 있을 때에는 이사장은 2주일 이내에 총회를 개최하여야 한다.

제24조(총회의 개의와 의결) 총회의 의사는 법령 또는 정관에 특별한 규정이 있는 경우를 제외하고는 재적회원 과반수의 출석으로 개의하고 출석회원 과반수의 찬성으로 의결한다. 다만, 재적회원이 300인을 초과하는 경우에는 151인 이상 출석으로 개의하고 출석회원 과반수의 찬성으로 의결할 수 있다.

제25조(총회의 의결사항) ① 다음 각 호의 사항은 총회의 의결을 거쳐야 한다.

1. 정관의 변경

2. 규약의 제정 및 변경

3. 해산, 합병 또는 휴업

4. 임원의 선임(이사장의 선임은 정관으로 이사장을 총회에서 선출하

도록 한 경우로 한정한다)과 해임(주무부장관 또는 중앙회장의 조
치요구에 따른 개선의 경우는 제외한다)

5. 기본 재산의 처분

6. 결산보고서(사업보고서·재무상태표·손익계산서와 잉여금처분안 또
는 손실금처리안을 포함한다)의 승인

7. 사업계획, 예산의 결정

8. 경비의 부과와 징수 방법

9. 이사회가 정하는 중요한 사항

10. 그 밖의 중요한 사항

② 제1항 각 호의 사항을 부의하는 때에는 이를 서면으로 하여야 한다.

제25조의2(의결 취소의 소 등) ① 회원은 총회(창립총회를 포함한다)의
소집 절차, 의결방법, 의결내용 또는 임원의 선거가 법령이나 법령에
따른 행정처분 또는 정관을 위반한 것을 사유로 하여 그 의결이나 선
거에 따른 당선의 취소 또는 무효확인을 청구하는 소(訴)를 제기할 수
있다.

② 제1항에 따른 소(訴)에 관하여는 「상법」 제376조부터 제381조까지
의 규정을 준용한다.

제28조(대의원회) 하단 참조

〈제1례〉 대의원회를 두는 금고

① 금고는 총회를 갈음하는 대의원회를 둔다.

② 대의원회는 이사장과 100명 이상의 대의원으로 구성하며, 이사장이
그 의장이 된다.

③ 대의원은 선거구별로 회원 수에 비례한 정수를 정하여 선임한다.
이 경우 선거구와 선거구별 대의원 정수는 이사회의 의결을 얻어 규
정으로 정한다.

④ 대의원은 본 금고 이사장을 제외한 임직원과 다른 금고의 임직원
및 대의원을 겸직하여서는 아니 된다.

⑤ 대의원회에 관하여는 총회에 관한 규정을 준용하되, 그 의결권과
선거권은 대리인으로 하여금 행사하게 할 수 없다.

⑥ 대의원의 임기는 3년으로 한다. 다만, 대의원 중 일부의 궐원으로
인한 재선거 또는 보궐선거로 선임된 대의원의 임기는 다음 각 호와

같다.

  1. 재선거의 경우에는 재선거 실시 전에 실시한 선거로 선출된 대
의원의 남은 임기

  2. 보궐선거의 경우에는 전임자의 남은 임기

⑦ 대의원회에 참석한 대의원에 대하여 참석여비 등을 규정으로 정하
는 바에 따라 지급할 수 있다.

⑧ 대의원 선거에 관하여 법령 및 이 정관에서 규정한 것을 제외하고
는 중앙회장이 정하는 규약예에 따른다.

〈제2례〉 대의원회를 두지 않는 금고

금고의 회원 수가 300명을 초과하는 경우에는 총회에 갈음하여 이
사장과 대의원으로 구성하는 대의원회를 둘 수 있다.

제32조(이사장의 직무) ①이사장은 금고를 대표하고 금고의 업무를 통할
한다.

② 이사장은 정관에 다른 규정이 있는 경우를 제외하고는 총회와 이
사회의 의장이 된다.

③ 이사장은 정관에서 따로 정한 경우를 제외하고는 총회와 이사회의
의결에 참가한다.

④ 이사장은 정관과 총회의사록 및 회원명부(대의원명부를 포함한다)
를 주된 사무소에 비치하여야 한다.

⑤ 회원 또는 금고의 채권자는 제4항의 서류를 열람할 수 있으며, 금
고가 정한 비용을 지급하고 그 서류의 사본을 청구할 수 있다.

⑥ (생 략)

제38조(임원의 임기) ① 이사장을 포함한 이사의 임기는 4년으로 하고 감
사의 임기는 3년으로 하며, 이사장은 2차에 한하여 연임할 수 있다.
이 경우 이사장이 임기만료일 전 2년부터 임기만료일까지 퇴임한 경
우에는 1회를 재임한 것으로 보고, 임기만료에 따라 퇴임한 이사장이
임기만료 후 2년 이내에 이사장으로 선임되는 경우에는 연임한 것으
로 본다.

② 제1항에도 불구하고 임원 중 일부의 궐원으로 인한 재선거 또는
보궐선거로 선임된 임원의 임기는 다음 각 호와 같다. 다만, 이사 전
원 또는 감사 전원의 궐원으로 인하여 실시하는 선거에서 당선된 임

원의 임기는 당선이 결정된 때부터 새로이 기산한다.

 1. 재선거의 경우에는 재선거 실시 전에 실시한 선거로 선출된 임원
의 남은 임기

 2. 보궐선거의 경우에는 전임자의 남은 임기

③ 임원의 수가 그 정수를 결한 경우에는 임기의 만료 또는 사임으로
말미암아 퇴임한 임원은 새로 선임된 임원이 취임할 때까지 그 권리·
의무가 있다.

제39조(임원의 결격사유) ① 다음 각 호의 어느 하나에 해당하는 자는 금
고의 임원이 될 수 없다. 다만, 제2호, 제4호, 제8호부터 제10호까지의
규정은 법 제18조제3항에 의한 상근이사의 경우에는 이를 적용하지
아니한다.

 1. 법 제21조제1항제1호부터 제6호까지, 같은 항 제8호부터 제11호까
   지, 같은 항 제11호의2·제11호의3·제12호·제12호의2·제13호·제
   13호의2·제14호 및 제15호에 해당하는 자

 1의2. 대한민국 국민이 아닌 자

 2. 임원선거공고일 현재 금고의 회원으로서 금고에 100좌 이상의 납
   입출자금을 2년 이상 계속 보유하고 있지 아니한 자. 다만, 본 호
   를 적용하는 데에 제15조제1항의 출자 1좌 금액이 10만원 이하인
   경우에는 제15조제1항의 금액으로 적용하고, 제15조제1항의 출자
   1좌의 금액이 10만원을 초과하는 경우에는 10만원으로 적용하며,
   설립이나 합병 후 2년이 지나지 아니한 금고의 경우에는 본 호를
   적용하지 아니한다.

 3. 임원선거공고일 현재 금고 또는 그 밖에「신용정보의 이용 및 보
   호에 관한 법률」제2조제7호의 규정에 의한 신용정보제공·이용자에
   게 1백만원 이상의 채무(원리금을 포함하되 보증채무를 제외함)를
   3월을 초과하여 연체하고 있는 자

 3의2. 임원선거공고일 현재「신용정보의 이용 및 보호에 관한 법률」
   제2조제1호의 규정에 따른 국세 또는 지방세 체납관련 공공정보에
   등록된 자 또는 어음·수표 부도 관련 부도정보에 등록된 자

 4. 임원선거공고일 현재 금고의 사업이용실적(가목부터 다목까지의
   경우는 선거공고일 1년 전부터 선거공고일 전날까지의 기간동안

이용한 금액으로 산정하고, 라목의 경우는 선거공고일 전날까지 공제청약이 승낙된 계약으로 산정한다)이 다음 각 목의 사항 중 2가지 이상에 해당하지 아니한 사람. 다만, 직장금고 및 설립이나 합병 후 1년이 지나지 아니한 금고의 경우에는 본 호를 적용하지 아니한다.

  가. 제48조제1항제1호 가목의 신용사업 이용에 따른 입출금이 자유로운 예금 평잔 : ( ) 이상

  나. 제48조제1항제1호 가목의 신용사업 이용에 따른 저축성예금(거치식예금과 적립식예금의 합계) 평잔 : ( ) 이상

  다. 제48조제1항제1호 나목의 신용사업 이용에 따른 대출금 평잔 : ( ) 이상

  라. 제48조제1항제5호의 공제사업 이용에 따른 공제유효계약건수 : ( ) 이상

5. 임원선거에서 당선된 자가 법 제22조제2항부터 제4항까지를 위반하여 당선이 무효로 되거나 취소된 후 그 확정된 날부터 4년이 경과하지 아니한 자

6. <삭 제>

7. 후보자등록개시일 전날까지 본 금고의 직원 및 다른 금고의 대의원이나 임·직원의 직을 사임하지 아니한 자

8. 후보자등록개시일 전날까지 본 금고의 임원의 직을 사임하지 아니한 자. 다만, 임원이 그 직을 가지고 동일한 직에 입후보하는 경우에는 이를 적용하지 아니한다.

9. 후보자등록개시일 전날까지 공무원(선거에 의하여 취임하는 공무원은 제외한다)의 직을 사직하지 아니한 자. 다만, 공무원으로 구성된 금고의 경우에는 이를 적용하지 아니한다.

10. 후보자등록개시일 전날까지 법 제24조제1항에 따른 겸업관계를 해소하지 아니한 자

11. 임원선거공고일 현재 본 금고에 재임 또는 재직중인 임직원의 배우자(사실혼을 포함한다. 이하 이 호에서 같다), 직계존비속과 그 배우자, 배우자의 직계존비속

② 제1항의 규정에 의한 사유(법 제21조제1항제12호의2는 제외한다)가

발견 또는 발생되었을 때에는 당해 임원은 당연 퇴임된다. 이 경우 제
1항제2호·제3호·제3호의2·제4호·제11호의 규정을 적용할 때에 "임원
선거 공고일 현재", 제1항제7호 내지 제10호의 규정을 적용할 때에
"후보자등록개시일 전날"은 각각 "현재"로 본다.

③ 제2항의 규정에 의하여 퇴임한 임원이 퇴임 전에 관여한 행위는
그 효력을 상실하지 아니한다.

④ 제1항제7호 내지 제9호의 적용에 있어서는 본 금고 또는 그 소속
기관의 장에게 사임원이 접수된 때에 사임한 것으로 본다.

⑤ 금고의 이사장 선거에 입후보하기 위하여 임기 중 그 직을 그만둔
금고의 이사 및 감사(상근이사 및 상근감사를 포함한다)는 그 사직으
로 인하여 실시사유가 확정된 보궐선거의 후보자가 될 수 없다.

제40조(선거운동방법 등) ① 후보자를 제외하고는 누구든지 어떠한 방법
으로도 선거운동을 할 수 없다.

② <삭제>

③ 임원의 선임방법, 절차, 비용 및 선거운동방법 등에 관하여 법령
및 이 정관에서 규정한 것을 제외하고는 중앙회장이 정하는 규약예에
의한다.

제40조의2(선거관리위원회의 설치) ① 임원선거사무를 관리하기 위하여
금고에 선거관리위원회(이하 "위원회"라 한다)를 두며, 그 설치기간은
선거공고일전일부터 선거일후 2월까지로 한다.

② 위원회는 불법선거운동의 효율적인 감시를 위하여 공명선거감시단
을 둔다. 다만, 「선거관리위원회법」에 따른 구·시·군선거관리위원회
(이하 "관할위원회"라 한다)가 임원 선거를 수탁·관리하는 경우에는
그러하지 아니하다.

③ ~ ⑥ (생 략)

제40조의4(위원회의 기능) 위원회는 다음 각호의 사무를 관장한다.

1. 선거인명부의 확정
2. 후보자 등록서류의 심사 및 접수
3. 선거공보의 심사 및 접수
4. 합동소견발표회의 운영관리
5. 선거 투·개표 관리

528

6. 선거록 작성
7. 선거결과 공표 및 당선 통지서 발송
8. 선거에 관한 이의신청의 심사·결정
8의2. 선거와 관련한 분쟁의 조정
8의3. 불법선거운동 감시(자료수집 포함)
8의4. 선거운동 제한 및 금지사항 위반 여부의 심사와 심사결과에 대한 통보
8의5. 공명선거감시단 공명선거감시단 단원의 위촉 및 해촉
9. 기타 위원장이 필요하다고 인정하는 사항

제40조의5(개의 및 의결) 위원회의 회의는 재적위원 과반수의 출석으로 개의하고 출석위원 과반수의 찬성으로 의결한다.

제40조의6(직무대행과 간사) ① 위원장이 부득이한 사유로 직무를 수행할 수 없을 때에는 위원 중에서 호선된 자가 위원장의 직무를 대행한다.
② 위원장은 이사장에게 요청하여 직원 중 1인 또는 2인을 간사로 지명할 수 있으며, 간사는 위원장의 명을 받아 선거사무를 보좌하여야 한다.

제40조의7(기탁금) 임원선임과 관련하여 규약이 정하는 바에 따라 임원후보자로부터 기탁금을 받을 수 있다.

제40조의8(선거범죄 신고자에 대한 포상금 지급) 금고는 법제85조제3항의 죄에 대하여 신고한 사람에게 규약이 정하는 바에 따라 포상금을 지급할 수 있다.

제40조의9(임원의 선출) 하단 참조

〈제1례〉 이사장을 총회 또는 대의원회 외에서 회원의 투표로 직접 선출하고자 하는 금고(법 제18조제5항 본문에 따라 이사장을 회원의 투표로 직접 선출하는 금고를 포함한다)
① 이사장은 총회 또는 대의원회 외에서 회원의 투표로 직접 선출한다.
② 이사장은 회원 중에서 무기명 비밀투표로 선출한다. 다만, 이사장의 후보자가 1명인 경우에는 등록된 후보자를 선거일에 당선인으로 결정한다.
③ 제2항 본문에 따른 투표 결과 최다득표자를 당선인으로 결정한다. 다만, 최다득표자가 2명 이상인 경우에는 연장자를 당선인으로 결정한다.

④ 이사장을 제외한 임원은 총회(대의원회를 두는 금고의 경우에는 "대의원회"로 한다)에서 무기명 비밀투표로 선출하되, 다수득표자 순으로 임원의 정수에 해당하는 사람을 당선인으로 결정한다. 다만, 이사(상근이사는 제외한다) 및 감사의 후보자가 각각 그 정수 이내일 경우에는 등록된 후보자를 선거일에 당선인으로 결정한다.

⑤ 제4항 본문에도 불구하고 이사장을 제외한 임원도 이사장과 같은 방법으로 동시에 선출할 수 있다.

〈제2례〉 이사장을 총회에서 선출하고자 하는 금고

① 이사장은 총회에서 선출한다.

② 이사장은 회원 중에서 무기명 비밀투표로 선출한다. 다만, 이사장의 후보자가 1명인 경우에는 등록된 후보자를 선거일에 당선인으로 결정한다.

③ 제2항 본문에 따른 투표 결과 과반수득표자를 당선인으로 결정한다. 다만, 과반수득표자가 없는 경우에는 1위와 2위의 다수득표자만을 후보자로 결선투표를 실시하여 최다득표자를 당선인으로 결정하되, 결선투표에서 최다득표자가 2명 이상인 경우에는 연장자를 당선인으로 결정한다.

④ 이사장을 제외한 임원은 총회에서 무기명 비밀투표로 선출하되, 다수득표자 순으로 임원의 정수에 해당하는 사람을 당선인으로 결정한다. 다만, 이사(상근이사는 제외한다) 및 감사의 후보자가 각각 그 정수 이내일 경우에는 등록된 후보자를 선거일에 당선인으로 결정한다.

⑤ 제1항에도 불구하고 영 제8조의2 각 호에 해당하는 경우 외에는 이사장을 총회 외에서 회원의 투표로 직접 선출하여야 하며 투표의 방법·절차 및 당선인 결정 등에 관한 사항은 법령 및 이 정관에서 규정한 것을 제외하고는 중앙회장이 정하는 규약예에 의한다.

⑥ 제5항에 따라 이사장을 선출하는 경우에는 제3항에도 불구하고 투표 결과 최다득표자를 당선인으로 결정한다. 다만, 최다득표자가 2명 이상인 경우에는 연장자를 당선인으로 결정한다.

〈제3례〉 이사장을 대의원회에서 선출하고자 하는 금고

① 이사장은 대의원회에서 선출한다.

② 이사장은 회원 중에서 무기명 비밀투표로 선출한다. 다만, 이사장

의 후보자가 1명인 경우에는 등록된 후보자를 선거일에 당선인으로 결정한다.

③ 제2항 본문에 따른 투표결과 과반수득표자를 당선인으로 결정한다. 다만, 과반수득표자가 없는 경우에는 1위와 2위의 다수득표자만을 후보자로 결선투표를 실시하여 최다득표자를 당선인으로 결정하되, 결선투표에서 최다득표자가 2명 이상인 경우에는 연장자를 당선인으로 결정한다.

④ 이사장을 제외한 임원은 대의원회에서 무기명 비밀투표로 선출하되, 다수득표자 순으로 임원의 정수에 해당하는 사람을 당선인으로 결정한다. 다만, 이사(상근이사는 제외한다) 및 감사의 후보자가 각각 그 정수 이내일 경우에는 등록된 후보자를 선거일에 당선인으로 결정한다.

⑤ 제1항에도 불구하고 영 제8조의2 각 호에 해당하는 경우 외에는 이사장을 대의원회 외에서 회원의 투표로 직접 선출하여야 하며 투표의 방법·절차 및 당선인 결정 등에 관한 사항은 법령 및 이 정관에서 규정한 것을 제외하고는 중앙회장이 정하는 규약예에 의한다.

⑥ 제5항에 따라 이사장을 선출하는 경우에는 제3항에도 불구하고 투표 결과 최다득표자를 당선인으로 결정한다. 다만, 최다득표자가 2명 이상인 경우에는 연장자를 당선인으로 결정한다.

제47조(규약·규정 등) ① 금고운영에 필요한 사항은 법령 및 정관이 정하는 것을 제외하고는 규약 또는 규정 등으로 정하여 시행한다.

② 금고는 법 제79조제2항에 의하여 중앙회장이 정하는 규약(예) 및 규정(예)에 따라 규약 또는 규정을 정하여야 한다. 다만, 법령에 따르거나 중앙회장이 금고에 위임한 사항은 다르게 규정할 수 있다.

③ (생 략)

부 칙 〈2023. 12. 28.〉

제1조(시행일) 이 정관은   년 월 일부터 시행한다.

제2조(임원의 결격사유 중 사업이용실적에 관한 적용례) 제39조제1항제4호의 개정규정은 이 정관 시행 이후 공고되는 선거부터 적용한다.

제3조(임원의 결격사유에 관한 경과조치) 이 정관 시행 당시 재임 중인 임

원에 대해서는 제39조제1항의 개정규정에도 불구하고 해당 임원의 임기가 만료될 때까지는 종전의 규정에 따른다.

제4조(임원의 선출 방법에 관한 경과조치) 이 정관 시행 이후 2025년 3월 12일 전까지 실시하는 임원의 선출에 관하여는 제40조의9(제4항을 제외한다)의 개정규정에도 불구하고 종전의 규정에 따른다.

임원선거규약(예)[제2안]

이사장을 총회 또는 대의원회 외에서 회원의 투표로
직접 선출하는 경우
[시행 2022. 11. 4.]

제1조(목적) 이 규약은 새마을금고(이하 "금고"라 한다)의 임원선거에 관하여 필요한 사항을 규정함을 목적으로 한다.

제2조(적용범위) ① 임원선거에 관하여 법령 및 정관에서 정한 사항 이외에는 이 규약에서 정하는 바에 의한다.

② 「새마을금고법」 제23조의2에 따라 선거 관리를 「선거관리위원회법」에 따른 구·시·군선거관리위원회(이하 "관할위원회"라 한다)에 위탁하는 때에는 「공공단체등 위탁선거에 관한 법률」 및 중앙선거관리위원회규칙에서 정하는 바에 따른다.

제6조(선거인명부) ① 금고는 선거공고일 다음 날부터 3일이내에 선거인명부를 작성하여야 한다.

② (생 략)

③ 선거인명부는 선거일 7일전에 확정되며 당해 선거에 한하여 효력을 가진다.

④ 제1항의 선거인명부의 작성은 전산조직에 의할 수 있다.

제7조(선거인명부의 비치 및 열람) ① 이사장은 선거인명부 작성기간 만료일의 다음날부터 선거인명부 확정일 전일까지 선거인명부를 금고의 주사무소에 비치하여 선거권자가 열람할 수 있도록 하여야 한다.

② (생 략)

③ 제1항에 따른 선거인명부의 열람시간은 선거인명부 열람기간 중 매일 상오 9시부터 하오 5시까지로 한다.

제9조(선거인명부의 교부) ① 후보자등록마감일의 다음 날부터 선거일 전일 중 후보자의 서면에 의한 교부신청이 있는 때에는 작성된 선거인

명부 사본 1부를 교부하여야 한다.

② 후보자는 제1항의 규정에 따라 교부받은 선거인명부 사본을 다른 사람에게 양도·대여하거나 선거 이외의 목적으로 사용할 수 없다.

제10조(선거관리위원회의 설치) ① 임원선거 사무를 관리하기 위하여 금고에 선거관리위원회(이하 "위원회"라 한다)를 두며, 그 설치기간은 선거공고일 전날부터 선거일 후 2월까지로 한다.

② (생 략)

제17조(선거권) ① 선거공고일 전날 현재 회원명부에 등재된 자중 6월 이상 회원자격을 보유하고 있는 자에게 선거권이 있다. 다만, 다음 각 호의 어느 하나에 해당하는 자는 선거권이 없다.

 1. 파산선고를 받은 자

 2. 피성년후견인

 3. 미성년자

 4. 회원 탈퇴를 한 자(선거일 전일까지 탈퇴한 자를 포함한다)

② 선거권은 타인으로 하여금 대리하여 행사하게 할 수 없다.

제18조(피선거권) ① 금고의 회원은 피선거권이 있다. 다만, 정관 제39조 제1항의 규정에 저촉되는 사람은 금고의 임원이 될 수 없다.

② 제1항의 규정의 적용에 있어 정관 제39조제1항제1호 및 제5호의 피선거권 자격기준 기산일은 임원선거공고일 전날로 한다.

③ 당선인이 임기 개시전에 피선거권이 없게 된 때에는 당선의 효력이 상실된다.

④ 임원 후보자는 다른 임원의 직에 동시에 입후보 할 수 없다.

제19조(선거공고) ① 이사장은 선거일전 15일까지 다음 각 호의 사항을 공고한다.

 1. 선거일시 및 장소

 2. 선거권·피선거권에 관한 사항

 3. 선임하고자 하는 임원 및 임원수

 4. 선거사유

 5. 후보자등록 접수 장소

 6. 후보등록 기간

 7. 투표시간 및 투표장소

534

8. 선거인 명부 열람 기간 및 방법
9. 후보자등록서류
10. 기탁금의 납부 및 반환에 관한 사항
11. 기타 필요한 사항

② 이사장은 금고 주사무소 및 분사무소의 게시판과 인터넷 홈페이지(홈페이지를 운영하는 금고에 한한다)에 공고내용을 게시하고 선거인에게 서면의 통지서를 발송하여야 한다. 다만, 회원총회를 운영하는 금고의 경우 서면통지를 문자메세지 또는 전자우편으로 갈음할 수 있다.

③ 제1항의 규정에 의한 공고용지의 규격은 길이 76센티미터, 너비 53.6센티미터 이상으로 한다.

④ 위탁선거의 경우 제1항부터 제3항까지의 규정을 각각 준용한다. 이 경우 제1항 및 제2항 중 "이사장"을 "이사장 및 관할위원회"로 각각 하고, 제2항 중 "금고 주사무소 및 분사무소의 게시판"을 "금고(주사무소 및 분사무소를 포함한다) 및 관할위원회의 게시판"으로 본다.

제21조(후보자 등록신청) ① 후보자 등록을 하고자 하는 자는 다음 각 호의 서류를 첨부하여 위원회에 등록을 신청하여야 한다. 이 경우 제23조제1항 및 제46조제1항에 따른 기탁금을 납부하여야 한다.

1. 후보자등록신청서
2. 주민등록등본 1부
3. 이력서 1부
4. 선거공보에 게재할 원고 1부(후보자가 공보의 발행을 원하지 않는 경우 생략 가능)
5. 개인(신용)정보 제공·활용 동의서
6. 최종학력증명서(이력서 및 선거공보에 학력을 기재한 경우에 한함)
7. 위임장 및 인감증명서(대리인에 의한 후보등록시)
8. 회원가입 및 출자금 확인서 1부(이사장 발행)
9. 연체채무유무 확인서 1부(이사장 발행)
10. 퇴직증명서 또는 사직원 접수증 1부(해당자에 한함)
11. 비경업사실 확인서 1부(해당자에 한함)
12. 금고거래이용실적 충족유무 확인서 1부(이사장 발행)
13. 기타 필요한 사항

② 제1항 각 호의 규정에 의한 서류는 선거목적 외에 사용할 수 없다.

③ 후보자의 등록신청 접수는 후보등록기간중 매일(휴일을 포함하지 아니한다) 상오 9시부터 하오 5시까지로 한다.

④ 위탁선거의 경우 제1항에 따라 후보자 등록을 하고자 하는 자는 제1호부터 제13호까지의 서류를 첨부하여 관할위원회에 등록·신청하여야 한다.

제23조(기탁금 등) ① 후보자 등록을 신청하는 자는 등록신청 시 ( )만원의 기탁금을 납부하여야 한다. 다만, 직장새마을금고의 경우에는 그러하지 아니하다.

② 위원회는 다음 각 호의 구분에 따른 금액을 선거일 후 30일 이내에 기탁자에게 반환하고, 반환하지 않는 기탁금은 금고에 귀속한다. 이 경우 기탁금 반환은 1차 투표 결과에 따른다.

 1. 당선자, 사망자 및 낙선자가 유효투표총수의 100분의 30 이상을 득표한 경우에는 기탁금 전액

 2. 낙선자가 유효투표총수의 100분의 15 이상 100분의 30 미만을 득표한 경우에는 기탁금의 100분의 50에 해당하는 금액

③ 제1항의 규정에 따른 기탁금 납부는 위원회가 기탁금의 예치를 위하여 개설한 금고의 예금계좌에 후보자등록을 신청하는 자의 명의로 계좌입금하고 금고가 발행한 입금표를 제출하여야 한다. 다만, 부득이한 사유가 있는 경우에는 현금(금융기관이 발행한 자기앞수표를 포함한다. 이하 이조에서 같다)으로 납부할 수 있다.

④ 위원회가 제3항 단서의 규정에 따라 기탁금을 현금으로 받은 때에는 영수증을 교부하고 금고에 즉시 예치하여야 한다.

⑤ 기탁금의 반환 또는 귀속 절차 및 그 밖에 필요한 사항은 위원회에서 정한다.

⑥ 위탁선거의 경우 제1항부터 제5항까지의 규정을 각각 준용한다. 이 경우 "위원회"를 "관할위원회"로 본다.

제29조(선거범죄 신고자에 대한 포상금 지급) ① 금고는 법 제85조제3항의 죄(법 제22조제2항 및 제3항 위반에 한한다)에 대하여 금고, 위원회 또는 감시단이 인지하기 전에 그 범죄행위를 신고한 사람에게 1,000만원 범위내에서 포상금을 지급할 수 있다.

536

② 제1항에 따라 포상금의 지급금액, 지급기준 및 세부절차는 위원회가 금고와 협의하여 정한다.

③ 위탁선거의 경우 제1항 및 제2항의 규정을 각각 준용한다. 이 경우 "위원회"를 "관할위원회"로 본다.

제56조(재선거 및 보궐선거) ① 다음 각 호의 어느 하나에 해당하는 사유가 발생하였을 때에는 재선거를 실시한다.

1. 당선인이 임기 개시전에 사퇴 또는 사망하였을 때
2. 당선인이 임기 개시전에 제18조제3항에 의거 당선의 효력이 상실되거나 제57조제4항에 의거 당선무효로 된 때
3. 당선인이 취임 승낙을 하지 아니한 때
4. 당선의 취소 또는 무효의 판결이 있을 때
5. 선거의 전부 무효의 판결이 있을 때
6. 선거 결과 당선자가 각 임원별 정수보다 부족하거나 당선자가 없을 때

② 재임중인 임원이 제3조제3호의 규정에 의한 각 임원별 최저정수에 미달한 때에는 보궐선거를 실시하여야 한다. 다만, 이사장의 경우 이사 7인 이상이 재임하고 있으면서 잔여임기가 1년 미만인 때에는 보궐선거를 실시하지 아니할 수 있다.

③ 보궐선거에 의하여 선임된 임원의 임기는 전임자의 잔임기간으로 한다.

제57조(선거에 관한 이의신청) ① 임원선거와 당선의 효력에 관하여 이의가 있는 선거인 또는 후보자는 임원선거일부터 10일이내에 위원회에 이의신청을 할 수 있다.

② 제1항의 규정에 의한 이의신청을 할 때에는 이의사유와 이를 증명할 수 있는 자료를 첨부하여 서면으로 하여야 한다.

③ 위원회는 제1항의 규정에 의한 이의신청을 접수한 때에는 15일이내에 이를 심사하고 당사자의 의견을 들은 후 심사결과를 이의신청을 한 선거인 또는 후보자에게 통지하여야 한다.

④ 위원회는 제1항의 규정에 의한 이의신청 내용이 선거결과에 영향을 미칠 정도로 중대한 사안으로 이유있다고 인정될 때에는 선거의 전부나 일부의 무효 또는 당선무효를 의결한 후 재선거를 실시하여야

한다. 다만, 투표·개표수의 산정에 있어서의 오류 등 선거사무 집행과 관련한 오류가 명백한 경우에 한하여 당선인의 결정을 변경하고 이를 금고 게시판에 공고하여야 한다.

⑤ 위탁선거의 경우 관할위원회는 제1항에 따라 임원선거와 당선의 효력에 관하여 위원회에 이의신청을 할 수 있다.

제61조(선거관리지침 등) 임원선거에 관하여 이 규약의 시행에 필요한 세부사항은 새마을금고중앙회장 또는 관할위원장(위탁선거의 경우를 말한다)이 따로 정하는 바에 따른다.

부 칙 〈2022. 11. 4.〉

제1조(시행일) 이 규약은 년 월 일부터 시행한다.

제2조(임원선거에 관한 경과조치) 이 규약 시행 전에 공고된 선거의 경우에는 종전의 규정에 따른다.

찾아보기

554

556

558

저자 약력

신우용(申禹容)

충청남도 서천군 비인중학교 졸업
국립구미전자공고 통신과 졸업
건국대학교 정치외교학과 학사
연세대학교 법무대학원 석사

중앙선거관리위원회 정당과장
　　　　　　　　홍보과장
　　　　　　　　법제과장
　　　　　　　　법제국장
　　　　　　　　선거정책실장
　　　　　　　　기획조정실장
서울시선거관리위원회 상임위원
경기도선거관리위원회 상임위원
제주도선거관리위원회 상임위원
인터넷선거보도심의위원회 상임위원
한국선거협회 법률고문

선거관리유공 근정포장
중앙선거관리위원회위원장 표창

주요저서
『신용협동조합 선거론』

제2판
개정 새마을금고법 · 위탁선거법 해설
MG새마을금고 선거론

초판발행   2023년 7월 1일
제2판발행   2024년 4월 1일

지은이   신우용
펴낸이   안종만 · 안상준

편 집   윤혜경
기획/마케팅   박부하
표지디자인   권아린
제 작   고철민 · 조영환

펴낸곳   (주) **박영사**
                서울특별시 금천구 가산디지털2로 53, 210호(가산동, 한라시그마밸리)
                등록 1959. 3. 11. 제300-1959-1호(倫)
전 화   02)733-6771
f a x   02)736-4818
e-mail   pys@pybook.co.kr
homepage   www.pybook.co.kr
ISBN   979-11-303-4712-7 93360

정 가   36,000원